哈佛中国学

文化与学术卷

张冠梓 主编

张泽 黄畅 副主编

中国社会科学出版社

目录 contents

新儒学的机遇与挑战 001

　　　　　　受访人——杜维明（1940— ）

　　——不充分调动所有资源，而是把复杂系统的问题变成线、点的问题，是无法解决问题的。粗暴对待自己的传统文化，则对于外来文化的接受也必然是肤浅的。如果粗暴到完全抛弃传统，而又割不尽糟粕，则西方进来的也多为糟粕。

　　——目前中国最大的危机就是诚信的缺失，譬如有人甚至卖劣质的婴儿奶粉。发展市场经济可以以廉价商品开道，但不能危害人的生命。一味发展经济而不能进行健康的调控，就会形成市场社会，即社会上的一切关系都要让位于竞争的市场关系，这是非常危险的。

　　——学术界精深的研究，可以提升知识界智慧的水平，知识界智慧水平可以塑造文化界的人文素质，相得益彰。当然实际的情况往往恰恰相反，文化界有时候会有些媚俗的意味，影响到知识界，而知识界的肤浅使得学术界变得浮躁，使深刻的学术工作不能在安定的环境下进行。

中国思想与文化的新动向　　　　　　　　　021

受访人——林同奇(1923—2015)

——有些国人一个劲儿地骂自己的祖宗,这在世界上很少见。最近我老想到这个问题。我跟张灏、林毓生他们两位或许算是谈友,他们退休了,都住在美国,我们不时在电话里聊。他们两位都有西方自由主义的传承,对中国文化传统中缺少民主资源比较敏感,但对中国传统文化也不是简单地反对。

——宇宙如果没有价值含量,那天人合一有什么意义啊?合一的"合"如果是拥抱一块大石头,那有什么意义啊?中国的天人合一显然是预设了宇宙是有价值含量的,你拥抱它,可以从它那里得到很多力量和安慰。

——走向语言的途中,思想是一团浑浊,你要真正知道它是什么话,那是很难的。我们肚子里头有很多东西,甚至相互之间有很多张力和冲突,潜存着各种可能性,我的思想就在这些冲突和可能中化为语言。但我一说出来,它就死了。你说这些就是我的思想吗?是,但也不是。因为我还需要补充、修订啊,我的思想在通向语言的途中。

植根于传统的文化创新　　　　　　　　　065

受访人——薛龙(Ronald Suleski,1942—　)

——中国正变得慢慢脱离负面的影响。积极的因素正在成长,消极的因素正逐渐消失。我常常鼓励我的美国朋友到中国去任教,去感受这种变化。

——法律本身不是进步。进步是要有能力成为体系的一部分,有个法官,有个律师替你辩护,有审讯,有公众,并能公之于报端,那才是法治,那才是进步。进步绝非仅仅体现在书本上新增加的法律条文。

——而中国文化，我个人觉得更接近美国文化：同样宽松、开放、多样并且多变。虽然美国和中国之间存在很多差别，但是相比较日本而言，中国文化更为接近美国文化。

区域研究与中国文化 089

受访人——柯文（Paul A. Cohen, 1934— ）

——中国文化是关于故事的文化，这些故事蕴涵在中国文化之中，而且许多人阅读了这些故事，并互相交流、传播。科学研究记忆揭示，必须给记忆建立关联性，否则无法记忆。勾践的故事发生在公元前5世纪，当时没有出版物，人们记住这一故事只能通过手抄本，并通过讲故事的方式流传这一故事。美国并没有这一现象，因为美国只有二三百年的历史。

——中国文化有更广泛的范围，它可以到达任何地方。目前，中国文化遍及全世界，如开中国餐馆、吃中国食物、说汉语、过中国的节日等等。因此，从这一角度来讲，中国是一个文化概念、政治概念，但这一概念并不总是和其内部相一致。

——有些人认为中国在过去是一个父权社会，男女结婚后，女方住到男方家里去，但在中国的某些地方，情况并非如此，而是男方住到女方家里去。这对"中国是父权社会"的观点是一个挑战。传统上认为中国妇女必须嫁给单身男性，而在中国南方有一些抵制婚姻的女性，她们生活独立，并不结婚，因此，如何用统一的概念界定是非常复杂的事情。

变迁中的唐人街 103

受访人——宋怡明（Michael A. Szonyi, 1967— ）

——中国人移居海外的历史,事实上早于国家概念的产生。在我看来,明清时代中国人流动到海外,不能说是一种移民,因为移民这一概念是源起于国家的概念,而早期中国人的向海外流动是国家概念产生之前就有的。

——20世纪华侨史研究有相当一部分学者认为中国移民与其他国家移民不一样,中国人不懂融合,喜欢聚族而居,住在唐人街,保持原有的生活方式。所以从这个假设出发,学者就尽力去理解中国人为什么是这样子。实际上我们现在很清楚,华人这样做主要不是他们自身的选择,而是住在国排华的结果,这是他们对住在国排华适应的结果,就像美国的唐人街。

——唐人街现在也是中国老移民和新移民的接触点,这是唐人街的另一个新功能。改革开放后由中国移民美国的大量的技术移民、投资移民、亲属移民等的到来使得美国的华侨华人人数大规模增加,改革开放后过来的这部分新移民与广东、福建的老移民有很多不同,可是新移民和老移民因为唐人街的中介现在接触甚多。

民族历史文化的通与变 **111**

受访人——欧立德(Mark C. Elliott,1968—)

——在汉学中,满语研究的历史很悠久。现在,许多研究清史的学生开始利用满语文献,当然,也并不只是满语文献,还包括蒙古语、藏语和察合台语文献。我很高兴我能够待在这样一个位置,拥有这么好的学生,他们中的很多人都有很好的学习语言的天赋。因此,我能够把我从老师那里学来的知识传授给学生。

——虽然我不主张使用"汉化"这个词,但是我们不能否认满族的同化,在某种程度上"汉化"确实发生了。如果满族人完全汉化了,满汉没有区别了,那么为什么还会有满语这样的语言?人们又为什么要关注他们呢?还有人在260多年后谈及这些所谓的北方蛮人时还会表现出激动的情绪,这个事实提醒了我,满汉之间的关系比我们想象的要复杂。

——19世纪的满族人与18世纪初期的满族人是完全不同的,但是他们仍然认为自己是满族人,其他人也仍然认为他们是满族人,只不过是他们的满族特性发生了变化。尽管这种满族特性发生了变化,但是事情还在继续发展,即使在清朝灭亡以后,他们仍是一个群体,这个群体在今天被称作满族。

如何理解满族史和清史的关系 135
受访人——欧立德(Mark C. Elliott)

——我之所以对满洲或者说东北产生兴趣是因为之前俄国在东北一带非常活跃,我既懂俄语,又懂中文,所以一边用俄文的资料,一边用中文的资料进行比较研究。在辽宁大学历史系读书期间,我完成了关于在中国近代史上如何看待和理解中俄关系的论文。从那时候起,我就已决定将来要走从事中国历史研究的道路。

——在我看来,中国清代史的研究历来是以汉族为中心的研究范式,因为汉族占据中国人口的绝大多数,所以这种以汉族为中心的研究范式我认为是可以理解的。我那个时候还没有意识到满族史和清代史在中国区分得这么开,不过我想他们也慢慢意识到不应该把清代史和满族史分得那么开,要两者结合才有道理。事实上,我一直努力将这两者结合到一起,那时候刚好所谓"新清史"的英文著作开始出版,然后美国、日本的学者们开始意识到要想

研究好清代史,不能不重视满洲人在其中的作用。

——在我看来,对任何一个政府来说,人民的信心不管在什么时候都很重要,尤其是在信息发达的时代。那么,为什么清朝会灭亡呢?主要是因为在一个正在转变的历史环境里它没有能够说服大多数的人来支持其统治。当时大家都能看到周围已出现了各种各样的威胁,可政府对此束手无策。对于清朝灭亡可从微观方面去解释,也可从宏观地角度去理解。从宏观上来说,任何制度都有它的寿命,一旦它不能适应时代的变化就会面临被淘汰的命运。

文化的传承需要世界眼光 143

受访人——田晓菲(1971—)

——我觉得对中国传统文化,大家有很多误解和偏见。有时候是美国人的误解和偏见,有时候是中国人自己的误解和偏见。比如一个最常见的偏见是,中国传统文化就是儒家文化。所以,在这门课里,我特别想传达的一点是,中国传统文化是多元、复杂、不断变化、充满了矛盾的价值观的文化;中国传统文化是儒家文化的说法,是简单化的、片面的说法。

——只有把文学文本还原到它们产生的语境中,我们才能理解它们的意义;我们对文本的了解,反过来又可以帮助我们理解框架文本的社会、历史和文化语境。

——现在,大家对国家主义、民族主义很买账,除此之外,好像看不到任何其他可能性的存在。在我的课上有一个学生,他的一个想法很有启发性。他说以前提到中国,他想到的只是现当代的中国,20世纪的中国,但是在一个学期里面学了中国3000多年的历史之后,他意识到我们现在生活的世纪,在3000多年的历史中只是一眨眼的事情。

文学:活在百姓的精神诉求里 **165**

    受访人——伊维德(Wilt L. Idema,1944—)

  ——鲁迅、胡适,这些五四运动的权威都说,小说、戏曲是通俗文学,是老百姓的文学。但这个不对。吴敬梓、曹雪芹、冯梦龙都是文人,都受过非常好的教育,与一般的文人一样,他们写的东西都是为其同行而写的。很有意思,五四运动的领导者写中国文学史,将古典小说、元曲这样的东西,当作很重要的东西,而且说这是老百姓才有的传统,不是死的文学,是活的文学。但是小说和元曲,都是文人要看的东西,大部分也是文人写的。

  ——要理解一个文本,需要了解它是什么时候写的,是谁写的,给谁写的,其功用何在。而且很多文学作品是为了反对其他的文学作品而写,所以需要理解这些背景和具体的情况。当然,也可以考虑到比较大的文化背景,但是这些可能对文学作品的影响不大。

  ——白居易的诗歌比较容易翻译。杜甫作为诗人比白居易要好得多,但是他的诗很难翻译。这与诗人本身的思想和语言有关系。杜甫的儒家思想很浓厚,且一辈子很想做官。这个观念荷兰诗人不能接受,很多诗人不想做官,也不想谈这个事情,因此杜甫的诗在荷兰会很难找到读者。

浪漫主义:对现代社会的另一种自觉 **185**

    受访人——李欧梵(Leo Ou-fan Lee,1942—)

  ——中国的"现代性"(modernity),不仅是以排斥过去的现时意识为主的信念,而且也是向西方求新的探索。他们在不同程度上继承了西方中产阶级现代性中司空见惯的观念:"进步"与"进化"的观念,实证主义对历史前进运

哈佛中国学

文化与学术卷

动的信心,以为科技可能造福人类的信仰,广义的人文主义架构中自由与民主的理想。

——我的前半生都是浪漫的历史,都是"断代史",得从"断代史"里面读出"通史";从文学理论的角度来说,我把过去当作"作品",那时的"我",可能已经死了,剩下的只是"作品",你我可谈论的就是"作品"。

——对我来讲,人生的价值就是感情。理智可由学问中来,而感情是天生的,或是从不停自问、自省中提炼出来的。做人世故很容易,但我六七十岁了,却仍然很天真。只有把一切名利杂念打掉,不怕人笑,才能以真心待人!我身体力行浪漫主义,反对雕琢、形式化,主张发扬个性、皈依自然、奔泻一己的坦诚和情感。返璞归真的意义就在于此。

沉溺于中国古典文学之美　　　　　　　217

受访人——宇文所安(Stephen Owen,1946—　)

——学习文学,最重要的是学习怎样放慢阅读速度。细读的目的是放慢速度,注意到有趣的东西,这可以运用于所有的理论学派。

——中国的文学史写作有一种模式,一旦形成就会被不断地重复。断代的模式就是要讲述一种国家民族的文化和历史。我并非批评中国的文学史的讲述方式,他们在很多方面有其长处。但如果用断代的方式,一个时代结束了,另一个时代开始了,你就看不到那种并存性;如果你把唐和之前的时期放在一起,就会看到北齐、北周到隋、唐,是一个较为一贯的世界。

——一部文学史永远无法包括所有的知识,而对于读者来说,关于个人的信息也只有在作为大的文化背景的一部分的时候才有意义,也才可能被记住。这种叙事方式让传统文学史使用的程式化的线性叙述变得复杂起来。你能看到同一时代中很多互相竞争和制约的力量,在文学史叙述中的一群干巴巴的人物当中看到他们之间动态的关系,看到一个鲜活的世界中不同类型的作品。

中国文学的现代意识　　　　　　　　　　233

受访人——王德威(David Der-wei Wang,1954—)

——中国现代作家不只关怀个人主体,也对作者"我"和读者群体的关系、作品跟国事、天下事的关系进行再度估量。他们虽也处理孤立感、疏离感的问题,但表现的却是写作主体在参与改造国家、社会的深切愿望破灭之后,那种无人了解的孤立;或者表现知识分子因与落后的故乡人事之间隔着一堵看不见的墙,而坠入有心无力的自惭孤独。这与西方现代文学是不同的。

——我们不必斤斤计较各种理论的国籍身份,但也不应该仅仅甘于做"西学东渐"的代理人。我们应该叩问:在什么意义上,19、20世纪的中国文学发明,可以放在跨文化的平台上,成为独树一帜的贡献?在审理海外中国文学研究的成果时,我们也应该问一问:西方理论的洞见,如何可以成为我们的不见?

——对西方主流的理论话语,我们所能做的就是批判性的转化。这十多年来,西方的文学理论也陷入沉寂中,已经很久没有新的理论话语出现了。其实这也是一个契机,我们可以重新返回扎实的文本研究,进行细腻的、专业的研究累积,以我们的努力真正丰富文学研究史的研究,发出我们的学术之声。

何为文学史?文学史何为?　　　　　　　　279

受访人——王德威(David Der-wei Wang,1954—)

——"华语语系"(Sinophone)文学不限于中国大陆的华文文学,也不必与以国家定位的中国文学抵牾,而是可以成为两者之外的另一介面。《新编中国现代文学史》本身即是一种"华语语系"的"文学"/"学术"实践,它应当面向不同的学术环境中的同行开放。

——我们必须明白"中国"一词至少包含如下含义:作为一个由生存经验构成的历史进程,一个文化和知识的传承,一个政治实体,以及一个"想象的共同体"。何为"中国"?这是《新编中国现代文学史》的自觉思考。我们一方面可以并且应当在某种程度上呼应作为一个主权国家的中国,其中的政治意涵并不需要特别回避,但除此以外,我们另一方面还需要照顾到其他华语地区中的文学实践。

——文学史在中国的文化语境中受到如此重视,这既与我们建设现代国家的历史进程有关,此外还有中国的文化传统在其间发挥作用。晚清以来,一代又一代的文学研究者所做的从来不仅是把西方的文学观念简单地移植到中国语境中来,而是努力在两者之间创造诸种"互缘"的契机。与"影响"相比,我更愿意使用"渗透"来描述过去百余年间的中西文学关系。

考古:匡正书本上的历史　　　　　　　　　　321

受访人——罗泰(Lothar von Falkenhausen,1959—　)

——我主张在研究的时候要采用平行研究的方法,不混合。就是说,一方面用适当的方法研究文献,一方面用另外一套适当的方法研究考古资料;最后能得出结论的时候再把它们结合到一起。我认为这种"分行合击"的方法才是正确的研究方法。

——考古可以提供很多根本没有文献记载的东西,使我们能够更加全面地理解古代文化和现代文化，在这个基础上就可以作跨文化的比较。因为也许有的文献出现得很晚，不可避免地夹杂一些后来的文化理念；也许某些方面刚好没有文献记载；也许被记载下来的东西是出于偶然的原因；也许当时识字的人喜欢写这种东西而不喜欢写那种东西。

——我不喜欢"影响"这个词，太泛，说明不了任何问题。你要具体说明这是在什么情况下发生的：到底是他们直接拿了外面的那些东西；或是他们听说过，然后自己使用，试一试再自己做；还是来了一些人，把那些东西带来了等等，各种可能性都存在。而且所谓的影响在不同的场合中都会有完全不一样的形态，所以这些方面要慢慢地找材料。

期待"中国版本"的考古学　　　　　　　　　　355

受访人——付罗文（Rowan K. Flad，1972—　）

——在中国考古中刚开始发生的一些问题，却已然是北美考古非常基本的问题。因此，关键不仅仅是让世界其他地区的考古学家对中国考古发生兴趣，而且要与世界其他地区的考古学家进行有意义的对话。

——当有了积极的对话，人们就会不断批评这一模式的各个方面，试图使它越来越具有适用性。所以希望中国考古学家在更多地了解世界体系之类的相关西方理论后，能根据中国考古学的资料提出"中国版本"的世界体系理论或其他理论。

——我个人认为，每一个考古学家都应该参加完全在自己感兴趣的区域之外的至少一个地区的考古调查或发掘，或因地理区域的不同，或因生态环境的不同。中外合作让研究中国考古的西方或非中国的考古学家有机会在中国做一些考古工作,也希望中国考古学家有机会多参加中国以外的考古工作。考古合作对每一个参与合作项目的考古学家都非常有益。

在田野中发现真正的学术问题　　375

受访人——迈克尔·赫茨菲尔德(Michael Herzfeld,1947—　)

——英国人类学家强调社会结构和秩序,美国更强调文化符号和象征,但总的来说,英、美、法三国都很重视社会和文化。当今社会,包括中国在内的很多国家都在研究人类学,越来越多的人类学家可以阅读多语种的文献,促进了人类学领域的交流。人类学已经超越了只局限于某个国家或地域的时代,取而代之的是全球视野下的人类学。

——中西方人类学研究的不同取向更多源于民族文化和民族传统的不同,但人类学发展方向是在不断演进的,因此现今中国的人类学研究并不能代表未来中国人类学的发展方向。我不是建议中国学者应放弃对本土文化的研究,而是希望他们能兼收并蓄,通过研究其他社会文化来理解这些文化对中国人类学发展所带来的影响。

——我们并不需要汲汲追求科学性的语言,而是应该用适合研究语境的语体进行描述,并坚信后代会对我们的学术作品做出修正和改进,人类学会在历史洪流中不断向前发展。但詹姆斯·克利福德在论述民族志的权威时,认为田野研究不利于人们全面了解研究本身,我的观点恰恰相反,在我看来,通过田野研究能掌握更多的一手资料,了解更多的人类学研究问题。

早期人类：中国乃至东亚的证据 385

受访人——奥菲尔（Ofer Bar-Yosef，1937—2020）

——我们现在都知道现代人在55000年至45000年前走出非洲。我们不知道东亚发生了什么。现代人曾迁移到澳洲，因此他们也能扩散到中国。问题是能和这个时期相联系的化石不能很好地断代。现代人是否扩散进入中国，他们是否和当地人通婚，这些都不太清楚。解决这个问题的唯一途径是做更多的田野工作。

——我们所知道的关于中国早期人类演变的证据，现在还不充分。直立人如何生存，直立人如何在东南亚和非洲继续进化成别的人种，大脑如何演变，头骨形态如何变化（可能通过一系列基因突变），这些都是尚待回答的问题，我们需要从东亚找到更多证据。

——我最希望的是在更多的大学里有考古系。考古学家越多，田野发掘的质量就会更高。另外一个建议是考古项目里应当包括交叉学科的内容，比如古气候、地理和地质地貌等等。让不同学科的人一起参加工作需要个人魅力，但最重要的是学生要对多学科合作的重要性有充分的认识，而且要知道应该找谁去合作。

中西学术之间的通与塞 395

受访人——冯胜利（1957—　）

——一个人总有自己独特的角度，因为你的知识结构跟别人的不一样嘛。你个人的兴趣爱好和别人的不一样，你个人的经历和别人的也不一样，因此，如果你掌握好你个人的独特角度之后，一定能做出和别人不一样的学问来。

——中国人不是个个都通国学，外国人也不是个个都通逻辑。我有两个标准：第一，用小学来衡量，看到底通不

通国学,通到多深的程度;第二,用逻辑来衡量,看到底通不通洋学,通到多深的程度。所谓中西学术的通塞,或许就在于斯。

——无论如何,不通小学却说精通国学、不通逻辑却说精通西学者,都名不副实。谈一般的思想文化可以,谈民族的灵魂血脉则嫌肤浅。当然,我所谓的小学不只是文字学或甲骨学,小学的根底在训诂,它关涉深化到血液经络中的语义观念及其传承发展,这绝非甲骨字形所能涵括。

跨越边界的深度学习:比较神学与中国　　　　413

受访人——弗兰西斯·克鲁尼(Francis X. Clooney, 1950—　)

——比较神学,在起点到终点上既都是比较的,又都是神学的,表示的是信仰寻求理解的活动。这些活动根植于一个特定的信仰传统,但它从这个根基出发,又大胆地去学习另外一个或多个信仰传统。这个学习,是为了寻求新的神学洞见,而这个洞见,则归功于它自身与其他传统之间的新相遇。

——尽管"神学"这个词来自于基督宗教,但没有理由认为道教、佛教或其他宗教不能进行这样一种学术活动。要形成任何确定的关于中国或中国宗教的认识,十几天是远远不够的。给我留下深刻印象的地方,是我参观的两个宗教活动场所:北京的白云观和杭州的灵隐寺。这两个地方都是给人深刻印象的圣地,拥有丰富的历史和多重的意义。这些地方都得到了很好的保护,环境优美,去那里的人都很虔诚,这些都给我留下了深刻印象。在某种意义上,这两个地方都是个教育场所。

——利玛窦的根本使命是进行文化的沟通和交流。他是以一个传教士的身份来到中国,但他懂得,他既应该传播新文化,同时也要接受本土文化。在文化的层面来说,既要为中国文化做出贡献,又要自身受惠于中国文化。我所倡导的比较神学,与此类似,既致力于文化的沟通和交流,也期望对其他文化和宗教进行深度学习,并接受这些文化和宗教对我自己的基督教信仰的影响。

海外中国研究的"精彩"时刻　　　　　　　　　　421

受访人——裴宜理(Elizabeth Perry,1948—　)

——中国革命无论从时间还是地域跨度来说都更具挑战性。首先在时间上更漫长,如果说从中国共产党成立算起,到1949年成立新中国,几乎30年的时间,这是个很漫长的历程。其次,从地域上讲,中国革命范围所跨区域之广也是罕见的。从大城市如上海、北京,延伸至农村;从海陆丰到江西、云南等地。总之,无论在地域、社会、还是文化等各个层面,中国革命都面临多样性的挑战。

——在当代中国政治中,也可以看到对文化传统的强调。如习近平总书记访问曲阜、参观孔府,通过"重访"中国传统文化符号,向民众传递出当下中国对传统文化的传承,塑造共同的认同感。习近平总书记提出的中华民族复兴的"中国梦""社会主义核心价值观"等,都是通过传统文化符号来展示当代政治对传统文化的认同和强调。

——现在无论是研究人文社科还是研究专业技术的学者,都对中国研究越来越有兴趣。中国研究已经不再和过去一样是个"新奇"的领域,对美国很多大学来说也不再是个"奢侈"的课程。相反,它已经成为大学的基本课程,无论是教员的教学研究实力还是学生的学习热情都在逐年看涨。

中日中产阶级消费文化之对比　　　　　　　　　　433

受访人——安德鲁·戈登(Andrew Gordon,1952—　)

——在日本的日常生活中,到处都可以看到日式与西式的分界,如日本料理与西餐,还有建筑、音乐、书籍等,而且,两者中隐约存在着争夺胜负的冲突。生活在这两种生活方式中,有时很令人激动,但有时也是个负担,因为拥有两种生活方式经常是昂贵的。

——中产阶级反映了一种生活方式,起初,真正能拥有这种生活方式的人并不多,后来,真正能拥有这种生活方式的人也没有人们想象得那么多,但将之作为一个梦,这一点十分重要。

——目前,日本的消费正在从物质商品向精神商品转移,这种转移依然处在进行过程中。事实上,这种转移不仅发生在日本,在世界各地都在发生。如今,人们把越来越多的时间花在网络上,比如网络游戏,他们生活在物质世界和精神世界中。

教育与学术之痛 447

受访人——丘成桐(Shing-Tung Yau,1949—)

——通识教育很重要。一般来说,理科生需要了解相当多的文科知识,文科生也必须学习较多的理科知识。

——美国中学教育有这样两个特点:一是重视兴趣培养;二是重视语言表达。关于兴趣,中国家长以为美国的小学不抓书本知识,放任学生去玩。事实上,学校是在培养孩子的兴趣,让他们到博物馆、到郊外多看看。到了高中在学业上就抓得很紧了,同时美国的小孩子因为兴趣所致,这时候也知道开始用功了。关于语言表达,美国学生上课要写报告,语文能力不行就很辛苦。不但书面表达能力重要,口头表达也很重要。美国有些优秀的中学生可能很害羞,但在课堂上表达自己的观点却毫不含糊。

——中国大学的弊病在于,导师对由自己培养出来的研究生坚决不放,好像是自己的棋子。美国的大学刚好相反,导师都希望自己培养的学生能到外面走走,在外面证明了自己再回来。

文理教育的终极目标与学者的责任担当　　463

受访人——霍华德·加德纳(Howard Gardner,1943—)

——文理教育(education in the liberal arts and sciences)在世界范围内备受推崇,但如今在美国,其地位却岌岌可危。究其原因,一是文理教育费用太高;二是很多人只关心毕业后能否找到工作;三是美国大学校园存在各种病症,如猖獗作弊、使用毒品和性侵犯等。毫无疑问,许多国家,包括中国在内,都认为"自由教育"的形式在某些方面是可取的。教育工作者和政策制定者们羡慕威廉姆斯学院(Williams College)、耶鲁、斯坦福、波莫纳学院(Pomona College)等大学的毕业生身上所具有的广泛见识、批判性思维技能、综合能力、口头和书面沟通能力。

——无论在哪里,实现"善作"(和其他的"善")都不容易。人类很擅长走捷径,也容易在追求卓越、工作投入或遵守道德规范等方面做出妥协。我的猜测是,不同社会阶层和文化中,"善作"面对的挑战是相异的。例如,有些行业具有伦理指南,有些则没有;有专业技能的人比那些蓝领工作者有更多的选择;社会中的强大信息——像迅速地赚取大量金钱——往往会破坏实现"善作"的可能性。

——我对自己世界观有两个论断。对自己的第一个论断是,"我虽可称作人文学家或科学家,但我更认为自己主要是一个整合家。"对自己的第二个论断是,"我开始第一次反思,作为一位学者,我的责任是什么?"

数字化教学传播中国文化　　　　　　　　　471

受访人——包弼德（Peter K. Bol, 1948—　）

——中国有那么多的历史朝代，如何记忆确实是件比较头疼的事。我们希望能找到一个让学生迅速记住这些历史朝代的方法。在我们看来，唱歌是个非常好的记忆法。《两只老虎》是首朗朗上口、旋律简单的童谣，虽然我们的歌词中没有包括中国所有的历史朝代，但是主要的都包括进去了，而且歌词也是按照一定的逻辑关系来编写的。

——通过慕课我们可以和全世界的用户分享哈佛的课程资源。这有什么意义呢？可以这样来看，我们生活的世界充满了冲突、仇恨、民族主义以及偏见，我们能为这个世界做出的最好的贡献，就是让每个人都有学习的机会。我们认为现代领导力的培养应该基于"学习"。有人认为我们应该只传播美国的价值观，我觉得这是个非常愚蠢的想法。我们要给学生介绍全世界的价值观和文化。

——中国的发展需要中国学者的智慧。中国学者自己应该去判断"中国梦"和"中华民族伟大复兴"等的价值。对我而言，我想要了解他们的看法、他们的选择。当然，中国有很多不同的思想理论，我希望能了解他们是如何思考、如何讨论的。

音乐：流动的民风　　　　　　　　　483

受访人——赵如兰（1922—2013）

——我常到中国进行实地音乐研究，过去有机会就往中国跑。早在设备沉重的时代，我就背着器材到处采风，如今依然向往这种生活。我对中国的感情是深的，因为自己本身就是华裔。

——中国音乐研究也是很新的东西。"比较音乐学"研究的题目,不光可以应用在西方音乐上,应用在中国音乐上也很有意思。研究音乐的方法论问题,这是很大的题目。

——音乐平常说是玩的东西、娱乐的东西,可是你也可以作严肃的研究。这最重要。不管是什么样的音乐,都可以作为研究的音乐课题;不管是什么阶级、什么地方的人,都可以研究音乐。研究可以涉及很多方面,比如:在什么样的情形下产生的?为什么会有音乐?音乐起什么作用?

附录一	本卷采访人、合作者简介	509
附录二	三十年河西　哈佛看中国	
	——记张冠梓和他的哈佛访谈计划	517
附录三	对外交流应考虑的若干问题	
	——兼谈编写《哈佛看中国》的体会	521
附录四	当代哈佛汉学家的"中国观"	
	——从张冠梓主编的《哈佛看中国》谈起	537
附录五	我的哈佛一年	
	——访中国社会科学院研究员张冠梓	545
附录六	多面体与多面镜	
	——张冠梓主编《哈佛看中国》读后记	553
附录七	后现代化中国发展的思考	
	——张冠梓与他的《哈佛看中国》	559
附录八	难忘的一次学术沙龙	563
后记		569

新儒学的机遇与挑战

受访人——杜维明
采访人——李琳
协调人——黄万盛

杜维明教授

杜维明，祖籍广东南海，1940年生于云南省昆明市；1961年毕业于台湾东海大学；后获得哈佛—燕京奖学金赴美留学，在哈佛大学相继取得硕士、博士学位。1976年加入美国籍；先后任教于普林斯顿大学、柏克莱加州大学，1981年始任哈佛大学中国历史和哲学教授，并曾担任该校宗教研究委员会主席、东亚语言与文明系系主任。1988年，获选美国人文社会科学院院士，自1996年开始出任哈佛燕京学社社长至今。1990年借调至夏威夷东西方文化研究与交流中心担任文化与传播研究所所长。1995年，应印度哲学委员会之邀，在南亚五大学府发表"国家讲座"。2010年回国，创办北京大学高等人文研究院并担任院长，并于2012年创办北京大学世界伦理中心。杜维明的研究以中国儒家传统的现代转化为中心，被称为第三代新儒学代表人物之一，出版英文著作11部、中文著作16部，发表论文数百篇。由于其杰出的贡献，杜维明在2001年和2002年分别荣获第九届国际李滉（李退溪）研究奖（International T'oegye Studies Award）和联合国颁发的生态宗教奖等奖项。2009年9月，杜维明在第二届世界儒学大会上获得首届"孔子文化奖"。2014年荣获"2013中华文化人物"荣誉称号。2018年荣颁全球华人国学终身成就奖。2019年获得第五届世界中国学特殊贡献奖。

主编手记

听说要采访杜维明，《侨报周刊》记者李琳主动请缨。她采访过杜维明多次，每次都有新收获。李琳介绍说，第一次去哈佛燕京学社见杜教授那天，他还为她讲了"四书"。听讲的是几个哈佛学子，围坐在长桌边。那日讲的是《孟子》，杜教授安然坐着，一段一段讲解答疑。李琳在一旁听着，感觉时光仿佛倒流，而杜教授仿佛旧时的私塾先生，只缺了戒尺和长袍。那时候，谁又会想到，这位安详的老人就是名贯中西的大学者杜维明教授。杜维明1940年出生于昆明，少时随家迁至台湾，青年时代入读东海大学中文系，专攻中国哲学，尤其是儒学。后来哈佛燕京学社提供奖学金，杜维明得以来哈佛研究哲学，师从史华慈（Benjamin I. Schwartz）、杨联陞两位教授。作为学者，杜维明教授在美国近40年的执教生涯中开创了许多个第一。他是哈佛大学东亚系第一位华裔系主任，也是哈佛燕京学社第一任华裔社长，更是第一位荣膺美国人文艺术科学院哲学组院士的中国学者。顶着如此众多的光环，杜维明教授在华语世界里已成为当世传奇，一位著作等身的名家，一位继往开来的大儒。而杜维明教授自己在访谈中却一再表示，像钱穆、唐君毅、牟宗三、徐复观那样的老师辈学者才算得上儒学大师，而自己还在一个学习的过程中。本文"启蒙与现代主义"部分参考了黄万盛著述《革命不是原罪》一书中《启蒙的反思：与杜维明的对话》章节。

一　儒者与儒学

李琳：以前我曾经读过辜鸿铭的《中国人的精神》，他在文章中认为中国之所以没有大一统的宗教是因为儒家思想扮演着宗教的角色,儒教是中国的国教。您是如何看待这种观点的?

杜维明: 如果说完全从生活习惯、从文化心理结构来看儒家传统的"天地君亲师",今天我们可以把君改成国,天是指生命最高的价值源头,地指自然,然后是我的国家、父母、师长。父母给我自然的生命,老师给我精神的生命,但是我们应该如何让我们的生命跟自然、天地配合呢?这是儒家考虑的问题,也因此儒家有它的精神性及宗教性——面向世俗又不完全认同世俗。从这个角度讲,辜鸿铭的观点是可以接受的。但要注意的是,辜本人是马来西亚长大的华侨,在英国接受教育,十几岁才开始学中文,他回到中国后,对五四运动的强烈的反传统精神非常反感,所以他有意识地突出中国传统的精神价值,使得自己完全站在反传统学者的对立面。

李琳: 在过去的100年里,即20世纪里,中国经历了从古典到现代的巨大变迁,从"五四"开始,许多学者提出了"全盘西化"的观点,而同时一些国学大师坚守着中国文化的底线,50年代以来,包括您在内的一些学者通过努力又使得"新儒学"广为人知。作为一个局外人,我对这个过程感到非常好奇。

2007年11月,杜维明在北京大学演讲

杜维明：不同的学者对于这个过程有不同的看法，因为知识分子在不同的时代会碰到不同的挑战。胡适的观点其实是"充分现代化"，虽然他开始是赞成陈序经倡导的"全盘西化"的。"全盘西化"有矫枉过正的意愿在里头，因为如果我们说要向西方学习50%，那么真正学习到的只有10%左右，所以说"全盘"学习的结果应该是20%而已，譬如自由主义重要人物李慎之晚年时说，现在是急需向西方学习的时候，你还讲儒学如何好。西方有人说21世纪要靠孔子，李慎之听了嗤之以鼻，认为即使完全致力于西化，我们也未必能达到一定水平，因为我们的民主科学底子太差，更不要说自由、人权了。

在我看来，"全盘西化"往往是在悲愤心态下迸发出来的应对之策，强调对西方的文化有个全面的理解和认识。这个观念到今天还有非常强的说服力，因为我们现在才刚刚开始对西方有了进一步的了解。西方比较深刻的观念，不管是科学理性、自由人权，还是它最深刻的一些普世价值和宗教理念，我们都了解得比较片面。我个人多年来在美国认识了一些杰出的神学家和哲学家，但即使如此，我觉得不要说西方文化的全貌，哪怕是一家一派、一个传统，要"食而知其味"，然后深入下去，都非常困难。全面了解西方文化的工作我觉得必须要进行，而且力度要更大。

而钱穆对于中国文化的发展则强调的是一种强烈的"民族文化自觉""民族文化认同"，乃至"民族文化主体性"。他对民族主义的推崇，对清政府的批评，甚至对宋明思想的继承都体现了这种主张。另一方面，他在研究古代诗词歌赋方面做出了重要贡献，虽然现在的年轻人不太读这些，但他的工作毕竟引起了一定的重视，所以现在有识之士开始发现传统文化的价值，开始重视"国学"。

这两种观点彼此对立，而这种对立其缺点在于，两种本来都是有价值、并进的观点，却告诉年轻人，你必须从中做出选择：要么向东，选择神秘的东方，要么向西，学习科学理性；要么就退回传统，继续保守，要么就学西方，科学进步。

然而所谓的进步、保守，或者左翼、右翼，这些都是政治的论述，而不是文化的论述。举例来说，在美国，对主流社会的种族歧视和不平等等问题提出深刻批评的往往都是虔诚的基督徒或者说宗教分子，像马丁·路德·金（Martin Luther King）和田立克（Paul Tillich）。这些宗教改革家或神学家同时又是最重要的政治改革家，一个有虔诚信仰的人同时也有开放的心灵，希望环境有所改变。再比如我的老师牟宗三、唐君毅和徐复观，他们都对西方文化有着虔敬的情感，为此他们花了大量的时间精力研究西方哲学，这些国学大师并不像外界想象的那样顽固保守。了解西学的同时，他们又在发掘中国的传统文化，并产生一种强烈的认同，而这两种文化对他们产生的冲击是一种良性的循环，激发出创作的浪花。这是值得我们重视的。

李琳：那么，文化的观点应该是兼容并蓄的？

杜维明：文化解释不同于政治解释或经济解释之处在于，它必须对政治、经济、社会有一定的敏感度，因此它也是更复杂、更全面的一种理解。我们不应该把文化和政治、经济、社会对立起来，因为文化是渗透在不同领域中的。没有一个制度可以没有价值、没有理念，即缺乏文化素质而能够建立起来的。另外，不管是通过什么方法来研究一个政治现象，这里面必然浸润着许多文化的因素。文化是个比较全面的描述，在讨论的层次上更高、更复杂。

李琳：杜教授，这么看来，您是选择了人文科学中最难的一部分来研究，因为文化是最纷繁复杂、最难以"一言以蔽之"的。

杜维明：应该这么说，如果一件事情能够描述得简单明了，我们就是要用最简单、最清晰的方式来描述，但是如果这种方式不能把现象描述得很全面，我们就不能为了追求清楚的表达方式，而忽略了复杂的层面。文化研究如你所说，很难，但这种难不应该成为不用心分析、不掌握理性分析方法的借口。

二　新儒学与新挑战

李琳："新儒学"是近年来人文学界的热门话题，而提起新儒学就必定会提起杜维明。您是如何定义新儒学的呢？

杜维明：新儒学这个概念本身就值得讨论。不同的时代就有不同的儒学，先秦有先秦儒学，汉代有汉代儒学，如此这般。以前的"新儒学"（Neo-Confucianism）是指明清以来的儒学，又称儒学第二期的发展。儒学从曲阜的地方文化发展成中原文化，这是其第一期的发展。从11世纪开始又从中原文化发展成东亚文化的主流，这是第二期的发展，那时候就叫"新儒学"。那么现在所谓的"新儒学"（New Confucianism）通常是指第三期，19世纪以后、"五四"以来儒学的发展，主要是面对西方文化的冲击而做出的回应。

李琳：为什么会有海外新儒学观念的出现呢？

杜维明：在20世纪80年代，中国大陆教育部有个宏大的研究计划，就是研究海外新儒家，以10位儒者为对象。1919—1949年，梁漱溟、张君劢、贺麟、熊十力、冯友兰等学者为第一代。1949年以后，儒学的发展主要体现在港

澳台的学者身上，像钱穆、徐复观、方东美、牟宗三等，代表了海外新儒学的第二代。到了我这里，就是海外新儒学第三代的发展。

其实我个人并不喜欢用"新"这个界定，因为人们会问，新儒学与旧儒学相比，到底新在哪里。的确，我们面临的都是新的挑战，最明显的就是我们现在用非汉语来进行儒学的研究和发展，这本身就是儒学在现代面临的一个挑战，也是它的一个契机。我多年来在中文和英文这两种截然不同的语境中作研究，从好处讲是不同语境相得益彰，而从坏处讲就是它们常有矛盾冲突。希望它们最终会形成一种良性循环，达到一种平衡状态。

我现在很关心一个课题，叫"文明对话"，从各个不同的精神文明的视角来看儒学。儒学有很多优势，也有很多缺陷，所以让儒学有进一步的发展就不能仅仅把它当作一个历史现象来描述，而是以承前启后、继往开来的心胸来从事扬弃和承继双管齐下的工作。

李琳： 我想，所谓"文明对话"应该是既以其他文明的观点来看儒学，也以儒学的观点来看其他文明吧？

杜维明： 对，我现在进行的一项工作就是通过儒学的观点对西方 17 世纪以来的启蒙（Enlightenment）传统一方面进行同情的了解，另一方面进行批判的认识。一直以来，所有对中国文化的批评都是基于西方启蒙运动缔造的"普世价值"。现在时机成熟了，我们以儒家的核心价值，譬如"仁、义、礼、智、信"，对西方的启蒙之路也可以作批判的认识。

李琳： 那么可不可以将新儒学理解为在各种现代挑战下产生的儒学思想？

杜维明： 可以，但是不能把新儒学简单理解成一个综合体，一个各种新思想的杂烩。我们强调坚持儒学的根源性或者特殊性，因为只有这样，我们才能真正开发出儒学的普世价值。

2009年9月，杜维明在第二届世界儒学大会上演讲

三　启蒙与现代主义

李琳：源起于西方的启蒙思想100多年来一直影响着中国的现代化进程，启蒙所塑造的一系列价值观如"民主""科学""自由""平等"等被视作先进、现代的价值理念，自"五四"以来指引着中国的现代转型，而您在著述中一再反思启蒙精神、反思现代主义，似乎不合中国改革开放以来现代化建设之时宜。您能否论述一下您对启蒙和现代主义的看法。

杜维明："启蒙心态"是近300年来最强势的意识形态，譬如近现代对人类社会影响重大的资本主义和社会主义都是从启蒙发展而来的。在制度层面上，凡是与传统关

系不大并在近代开发出来的各种组织和制度,如政府、大学、市场、专业团体、非政府组织等,以及它们背后所预设的语言系统、观念结构和价值体系,其大部分可以说都是启蒙所开辟的领域。

关于"启蒙反思",我认为至少要顾及三个方面。首先,启蒙是一个历史现象,或者说是一个推动了重大历史进程的文化运动。启蒙运动推动了科学技术的发展、生活方式的转变,乃至宇宙观、世界观、人生观的深刻改变。此外,各种利益团体也因此而重新整合,所以我们说启蒙是一个历史现象,它带动发展的力量实在是太大了。把启蒙作为一个最基本的历史存在和文化现象而进行的研究相当丰富,但这方面的资源在整个文化中国是非常薄弱的,如果我们对这个现象如何出现知之甚少,那么就无从了解它在发生学中所探讨的机制。对文化中国的知识积累而言,这造成了很大的困难。

其次,启蒙成为西方现代文明发展的理念,其背后是理性主义。自康德以来,西方所有的思想家都认同这个理念,启蒙以摧枯拉朽之势荡平许多源于中世纪、积重难返的非理性和反理性因素。当然反对者或反对潮流也有,如浪漫主义等,但皆难脱离启蒙的大语境,这些不同的声音也一直存在并发展着。这说明,启蒙是个复杂的现象。同理,现代性、现代化也如是。20世纪成为人类史上最血腥的世纪,多多少少与启蒙有关。最体现人性光辉的个人尊严和最残酷的集体主义,都在启蒙之中。如果没有启蒙精神引导的科学技术的发展,我们就不会目睹到20世纪发生的很多怪现象,譬如第二次世界大战时的"奥茨维辛"集中营,纳粹把如何在短时间内大量屠杀犹太人完全当作一件工具理性所要解决的技术问题,丝毫没有任何同情心。

启蒙现在受到来自解构主义、女性主义、生态保护主义等的质疑，但它也会继续发展下去，一方面由于政府、社会阶层和团体以它为信念主导着社会活动，另一方面是杰出的思想家怀有将启蒙进行到底的自觉，如哈贝马斯（Jürgen Habermas）。

最后，启蒙的心态有普遍性。"五四"时代的知识界既无追溯启蒙的前世今生之能力，也并未真正受其文明理念的影响。影响那个时代的其实是工具主义。当然也有人突出自由、人权的理念，比如严复强调"自由为体，民主为用"，这是他最重要的理念，也成为中国知识界深信不疑的价值。但是真正对心态产生最大影响的是"民主"与"科学"，直至今天依然十分强势。所谓的"科学主义""社会工程"，还有把现代性简单定义为"富强"的做法，以及过于强调人类中心主义而忽视了宗教问题，诸如此类，深刻地影响了中国的走向，其中有惨痛的教训，值得认真反思。

李琳：您刚才在第三点中提到启蒙心态对于中国走向的深刻影响，请问您能不能具体谈谈它在中国出现及发展的具体过程？

杜维明：我认为，在中国的语境中，"富强"是挂靠在启蒙和制度建构之后的一个基本问题，这是受到了工业革命的影响。工业革命不但带来了各种造福人类的工具变革，如蒸汽机的发明，而且还带来了军工企业的大发展，这是科学技术纯粹作为宰制性力量发展的特殊领域。殖民主义和帝国主义就是建立在"富强"理念之上的宰制性力量，表现在经济实力、军事实力，还有宪政民主等方面。

鸦片战争中，西方的船坚炮利和我们不堪一击的国防形成强烈的对比，这种困窘引发了向西方学习的思潮。我想着重强调的是，日本和美国一些学者的研究表明，那些主张学习西方的人反而都是深受儒家文化影响的人。当时的封疆大吏，如曾国藩、左宗棠、张之洞、李鸿章等人发动"洋务运动"，明确提出了发展工业和工业制度，他们的工作甚至比日本还超前。但朝廷对此的敏感度远远不够，甲午中日海战北洋水师全军覆没，凸显了制度建构存在的大问题，于是有了更深的思考，即学习西方的政治制度。康有为、梁启超、谭嗣同等人发起的"戊戌变法"已不只是从制度建构层面考虑问题，而是从更深层的如何定义社会性格的层面来变法社会制度。他们甚至提出了如何培养新人，如梁启超的"新民说"。

由此我们可以看出，反思的主线是从军事回应的失败到制度建构、到社会组织，而五四运动则走到最后一道防线——文化认同的层面上，把中国最好的精神资源看作是中国无法应付现代化大潮的制度因素。

让我们回顾一下中国变革之路和日本明治维新的不同。对于后者有种错误的认识就是，明治维新能够成功在于脱亚入欧的建国途径，全盘西化做得好，抛掉沉重的封建包袱，而中国拖着沉重的传统包袱，所以无法走上现代化的道路。其实现在学术界，尤其日韩学者都有不同的看法。譬如东京大学的渡边浩等学者注意到儒学的普世化是日本维新比较成功的一个重要因素。在幕府时代，儒学只是影响上层结构的精英文化；而到了明治时代，儒学开始进入教育制度并深入民间，因而儒学的资源被充分调动起来。所以说，事实上日本对于西方潮流做出的回应是在调动自己资源的基础上有目的性和针对性的，例如针对军事、政治、教育、医学、船务、钢铁等具体方面所采取的改革措施。同时，在文化认同的层面上，日本仍然保有强烈的自我意识。

中日维新的不同在于，日本是将所有象征性资源集中在明治旗下来开展革命。当时的天皇只是名义上的，无权无势，实权都在江户的幕府大将军手中。在这种情形下，维新志士们才可能将天皇所在的京都变成集合各种资源，尤其是象征性资源的中心，以抗衡腐化的幕府政权。在这个过程中，很多健康的传统资源都被调动起来了，来应对西方的挑战。

而在中央集权的中国，情况完全不同。清政府作为儒家传统唯一合法的代表，长期压制着独立于朝廷之外的知识分子的意见，垄断了全社会主要的象征资源，因此，一些有志革新的地方官员无法在大的方向上对时代变革做出回应，只能在外部压力和内部掣肘的夹缝中动用有限的资源，所以他们无法决定何去何从。一番忙碌过后，只留下了张之洞提出的"中学为体，西学为用"，把体用两面完全割裂，导致有体无用或有用无体的两难，因而不可能产生任何实际影响力，最后反倒成为保守者的思想避难所，为西化知识分子所讥讽和批判。

中国的基本问题在于调动传统资源时无法发挥任何积极的力量，而打破真正应该破除的封建遗毒，特别是以儒家为主的传统中负面的"心灵积习"时，又软弱无能，即该继承的没有继承，该扬弃的没有扬弃。当时的清廷是军事上遭受失败、制度上面临崩溃、社会秩序上即将瓦解，因而丧失了动员能力；而有动员能力的也只局限于地方。这与日本维新志士调动全部资源来应对西方完全不同。

由此可见，日本抛弃的是封建幕府的传统，而把儒家的资源，如"忠""义"等观念转变为全国教育的核心内容。当然，后来军国主义的出现与之有关，负面的影响需要反思和总结。而中国所谓的沉重的传统包袱，如制度方

面的沉疴、社会生活中的"心灵积习",知识分子在这方面的问题尤其严重,即使是最杰出的一批精英也如柏杨所批判的是沉浸在"酱缸文化"中,很难有平常的心态不卑不亢地面对西方的挑战,于是产生了既仇外又媚外、既反传统又迷恋传统、既傲慢无知又谨小慎微、既妄自尊大又妄自菲薄的病态心理。这种复杂状况在鲁迅笔下得到了最深刻、最彻底的揭露和批判。而胡适之类的知识分子则要柔弱得多,在生活中宽和平静,而心态结构中却是各种各样的矛盾,他们的理论建构是去消解这些矛盾所造成的张力,但没有真正面对矛盾。

2006年10月,杜维明在浙江图书馆演讲

李琳:从这个角度来看,日本的现代化经验对我们有许多启发。请您具体阐释一下应该如何调动传统资源。

杜维明:传统对于现代化是一定有阻碍作用的,如果处理得当,阻碍的力量会转化成制度创新的力量;而处理不当,则阻碍的力量会延缓全局的发展。中国是一个传统文化资源特别丰厚的民族,一方面有很多资源可以调动,另一方面它又在不同意义上困住你,使你难以跳出来。因此,我认为现代化的选择应是一个复杂系统的选择。

20世纪80年代,我在中国大陆提出过应有机结合四个问题，即把对传统的继承和扬弃以及对西化的接受和排拒有机地结合起来，而非把它们简单化——把体的问题变成面的，把面的变成线的，把线的变成点的，这会导致大的毛病。譬如选择扬弃传统并接受西化，那么四个向度就简化为两个，体成为面；如果全盘西化，就是选择一个向度，面成为线；如果西化中只选择工具理性，即只追求富强，其他一概不要，那么线又成为点。鲁迅概括为"拿来主义"，多么直截了当，但遗憾的是，这么多年了，还是拿不来。

不充分调动所有资源，而是把复杂系统的问题变成线、点的问题，是无法解决问题的。粗暴对待自己的传统文化，则对于外来文化的接受也必然是肤浅的。如果粗暴到完全抛弃传统，而又割不尽糟粕，则西方进来的也多为糟粕。中国人为这种现代化的语境吃过很多苦头，如"五四"时代、20世纪60年代的中国台湾、80年代的中国大陆，现在的情况好点，但究竟能不能跳出来还未可知，至少知识界是如此。

面对强势的外来文化，知识界走过了完全排拒、折中——如"中学为体，西学为用"、完全西化的弯路，现在看来，真正健康有效的还是融合于一途。中国历史上就有印度佛教经过翻译格义而成为中国文明的一部分，还有蒙古族、满族政权入主中原之后，经过数百年的调整，不同文化相互融合并创新发展。中国以往的经验里有太多可以汲取的资源，但都没有得到重视，没有成为思考的对象。

四 区域性和普世性

李琳：您长期以来从事儒学现代性的研究，那么儒学在现代社会的发展空间有多大呢？

杜维明：儒学完全可以从东亚走向更广阔的世界，这也是我们的使命之一。我之前提过，儒学第一期的发展是从曲阜的地方文化成为中原文化，第二期是从中国的中原文化成为东亚文明，而现代儒学的发展应该是从东亚扩展到其他地区。儒学发展的关键动力在于中国内地，儒学在中国如果发展得好，就能与其在外部的发展形成呼应。

李琳：所有儒家学者对西方启蒙以来"普世价值"的批判，似乎都以挖掘出儒学的普世性为立足点，有这个必要吗？

杜维明：非常必要。这也是使儒学成为中华文明、东亚文明乃至世界文明的精神资源——或者叫"源头活水"——必须要做的工作，就是把地方价值的全球意义或普世意义开发出来。

今天，西方启蒙思想所倡导的民主、理性、自由等观念已成为普世价值，而如果仅仅把儒学看作区域文化则是非常不公平的。儒家的"仁、义、礼、智、信"代表了中国的地区价值，但也有普世意义。每种文明都有其核心价值，是可以多元共存的。西方知识分子对东亚文明的了解远远不如我们对他们文明的了解。所以我提出了"文明对话"的观点，就是儒学要想有真正的大发展，儒家学者就必须通过同国际上最顶尖的哲学家、思想家进行对话来形成儒学的影响力。

李琳：学术界素来辩论的一个焦点就是关于普世价值存在的可能性。一方认为有普世价值；而另一方则认为这样的价值不存在，因为所有的价值体系都产生于某个地区，也仅作用于当地。

杜维明：我认为这两种观点都有道理。以儒学为例，一方面，我认为儒学的核心理念"仁、义、礼、智、信"，还有"己所不欲，勿施于人"，以及"己立立人，己达达人"等，都是具有全球意义的；而另一方面，儒学又是深植于中华文明的，不了解中国历史文化无法真正理解儒学，同时，不了解儒学也无法真正领略中华文明和东亚文明。儒家有许多缺陷，譬如男权主义、权威主义等，不批判这些，儒家的活力就会被窒杀，但批判时也要针对儒家的特殊情况作同情的理解。

李琳：您觉得儒家精神中的哪一点对于目前转型中的中国最有指导意义？

杜维明：我想是"信"的观念。《论语》中记载道："子贡问政。子曰：'足食，足兵，民信之矣。'子贡曰：'必不得已而去，于斯三者何先？'曰：'去兵。'子贡曰：'必不得已而去，于斯二者何先？'曰：'去食。自古皆有死，民无信不立。'"

杜维明在家中

如果要选择的话，孔子宁愿第一去掉兵，第二去掉食，但始终要保持信，这是伦理的基本价值。而目前中国最大的危机就是诚信的缺失，譬如有人甚至卖劣质的婴儿奶粉。发展市场经济可以以廉价商品开道，但不能危害人的生命。一味发展经济而不能进行健康的调控，就会形成市场社会，即社会上的一切关系都要让位于竞争的市场关系，这是非常危险的。

五　学术与学者

李琳：您是强调"入世"精神的儒家。您是怎么解释"入世"的呢？国内现在有一些关于入世精神的讨论，譬如一些文化学者，他们积极参与各种文化活动，甚至给歌曲大奖赛担任评委，您认为这是一种入世吗？

杜维明：儒家一定是入世的。我们先来比较一下世界上有影响的其他的精神文明，譬如基督教和佛教。基督教的终极关怀是未来的天国；而佛教是净土，不是红尘，只有参与关心社会的佛教徒才是入世的。对于儒家来说，这一生就在这个世界中发展自己，而不是等待未来的天国或是彼岸。这就是所谓的入世，对于政治要有所关切，能够参与社会，特别重视文化。有很多精神文明虽然不关心政治，也不注重文化，却也可以发展成为极高的精神境地，但儒家不行。入世是一种对现实的关怀。

有趣的是，现在不管你属于哪个宗教传统，关怀现实都成为一种主流。所有的精神领袖都在关心人类在地球上将来怎样存活，在地球上人的生活意义问题。这是什么原因呢？我们可以追溯到20世纪60年代前后，人类第一次离开地球，并且在太空中看到自己的家园——我们生活的地方，看到以后发现地球的土壤、植物、动物、矿物乃至水源和空气都很容易被伤害，而且已受到严重的破坏，所以无论是哪个教的教徒，都不愿意让地球继续污染下去。

李琳：就是说完全的"超然物外"（Detachment）是不可能的。

杜维明：对，儒学就关心这个话题，并且有新的创意可以提供世人参照。入世并不是指你刚才提到的参与各种媒体活动，入世完全可以在学术界体现，甚至体现为一种深刻的哲学反思。对我来说，"社会活动家"有时是一个贬义词，即指不务正业，没有花足够的时间和精力在学术工作中。

李琳：但是，光是在学院中作学术研究和讨论反思，来关切人的终极关怀，似乎与我们身处的大千世界联系并不紧密。

杜维明：对，这不能不说是我们所面对的一种困境（dilemma），这也是为什么我们现在将人文学者和有人文关怀的学者分开。前者可能只是专家学者，他们对文史哲领域有很精深的研究（pure scholarship），这本身就是价值。如果学术要发展的话，需要有一大批做这样工作的人，不然，学术领域就无法开展。但是只有这种人不够，还需要有另外一种人，一方面他们从事自己本专业的研究，同时他希望把他所研究的课题同更宽广的世界联系起来。也就是说，我们可以分出学术界、知识界和文化界三个领域。

这三个领域的关系是，学术界精深的研究，可以提升知识界智慧的水平，知识界智慧水平可以塑造文化界的人文素质，相得益彰。当然实际的情况往往恰恰相反，文化界有时候会有些媚俗的意味，影响到知识界，而知识界的肤浅使得学术界变得浮躁，使深刻的学术工作不能在安定

的环境下进行。应该说，有人文关怀的学者所面临的挑战更大。

李琳：2006年中国中央电视台《百家讲坛》栏目邀请于丹教授讲授《〈论语〉心得》，颇为轰动。您是怎样看待这种现象的呢？

杜维明：这反映了目前的一种潮流，就是开发传统资源，从儒家的精神传统中汲取养分。从我1985年在北大开课教授儒学到现在，我切身体会到一种观念的改变。在1985年，中国知识界还不敢想象以儒学思想作为安身立命之所在。那时候有人对我说，之前开过这门课的是梁漱溟，时间是1923年。也有人担心传授儒学是不是就要低估"五四"，学者陈奎德曾这么对我说："杜教授，您50年后来跟我们谈儒学我们可能还有兴趣，现在是一点都没有。我们现在是要向西方学习来发展经济。"这段话是当时语境下的真情实感。

而现在致力于儒学已不难实现，譬如重点大学都设有儒学研究中心，像于丹、易中天等引发的国学热，其实在学术界早已有深厚的基础，他们的讲座是在学术界和大众之间架设了桥梁。应该说，儒学能够成为热点，成为辩论的焦点，彰显了其生命力和现代意义，希望它不要像"超女"一样，红火个两三年，之后就无人再提。需要注意的是，人们似乎又过于美化儒家思想，而忘记了对它的糟粕进行批判，这又是一种矫枉过正。

中国思想与文化的新动向

受访人——林同奇
采访人——魏长宝

林同奇教授

林同奇（1923—2015）。1941年入重庆中央大学化工系，两年后转入重庆北碚复旦大学历史系，毕业后留校任教。1949年起先后在洛阳外国语学院和北京外国语学院英语系任教，前后达35年之久。1984年赴美，先后任哈佛大学费正清研究中心、东亚语言与文明系和哈佛燕京学社研究员（Associate）直至2015年7月去世。在哈佛从事学术研究30余年，主要研究方向为当代中国与美国学术思想；发表中、英文论文约30篇，散见于海内外重要学术刊物。林同奇教授晚年对本杰明·史华慈（Benjamin Schwarz）关于恢复"轴心时代文明"的文化传统的思想进行了深入研究，受到中国学者的认可，有助于中国学者加深对史华慈思想的认识。

主要著作有《林同奇文集：人文寻求录——当代中美著名学者思想辨析》（新星出版社2006年版）。译著有柯文（Paul A. Cohen）的《在中国发现历史——中国中心观在美国的兴起》（中华书局2002年版）。

主编手记

  本次访谈为时任中国社会科学杂志社副编审、哈佛燕京学社访问学者魏长宝（现任中国社会科学出版社总编辑）对已故哈佛著名学者林同奇教授所作的一次访谈，于 2008 年 3 月 30 日在波士顿近郊雷丁（Reading）小镇林同奇教授家中进行，访谈录音于 5 月 28 日整理完毕，8 月 10 日编校定稿。原文首发于香港中文大学《中国哲学与文化》杂志 2009 年第 5 期。

  魏长宝：林教授，您多年来一直比较关注国内的思想文化状况。您的文集中的大部分文章都是关于这方面的，这些文章汇集了您对 20 世纪八九十年代中国思想文化状况的持续不断的观察和思考。我们今天这次访谈的主题可否就聚焦于您对 21 世纪以来中国国内思想文化状况的看法？这样从时间上就可以前后衔接起来了。

  林同奇：我对 20 世纪 80 年代知道得多一些，对 90 年代也知道一点，进入 21 世纪以来，我关注的重点就缩到关于史华慈的研究里面去了，对国内当然我还是很注意的。托现代科技通信之福，使我能够和国内学术界的朋友们一直保持着频繁的电话和网上书信交流。另外，哈佛大学人文荟萃，学术交流渠道十分通达。加之我常上网浏览，因此印象还是有一些的。

一　全球化时代的国学热

  魏长宝：以您的观察，最近几年中国内地思想文化界有哪些值得一提的新动向？

  林同奇：最近中国内地好像传统文化又比较热，国学

受到大家的关注。国学里边，儒学受到的关注多一些，其他方面讲的人似乎不很多。比如道家，就没有太多人关注。以前北大有位陈鼓应，后来回台湾去了。中国内地对老庄的研究好像不如儒学。近年来于丹在电视上讲《〈论语〉心得》，易中天讲《品三国》，我都看了。我对于丹印象还不错。她自我定位很好，她说我是讲自己的心得，我不是搞学术。

魏长宝：她做的是一个普及的工作。

林同奇：对，她做的是一个普及的工作，起码她这么一弄，大家都对《论语》有兴趣了。中国传统文化复苏，我觉得是好事。国内好像有些人认为儒学是落后的东西。我不太赞同。

魏长宝：有很多批评的声音。国内很多人对传统文化很有成见，其实有时候是不太了解，对传统文化的容忍有时候反而不如西方人。

林同奇：有些国人一个劲儿地骂自己的祖宗，这在世界上很少见。最近我老想到这个问题。我跟张灏、林毓生他们两位或许算是谈友，他们退休了，都住在美国，我们不时在电话里聊。他们两位都有西方自由主义的传承，对中国文化传统中缺少民主资源比较敏感，但对中国传统文化也不是简单地反对。例如张灏提出"以传统批判现代性，以现代性批判传统文化"，林毓生提出"传统的创造性转化"。我觉得每个国家都有自己的立国之本，中国人处世为人主要靠的是儒家的那一套，知识分子也会汲取一些道家的东西来调节一下心灵。这当然有历史的原因。其实《论语》中也有一些思想和道家相通，而且儒家的思想也不光是孔子的，儒家本身有一个诠释的过程，从汉儒一直接到宋明，儒学本身是一个充满张力的东西，形成了一个开放的"问题意识"。另外，儒学的思想不止于儒家的经典，它渗透到经史子集之中，如唐诗宋词、《三国演义》、《红楼梦》，乃至《二十四史》，广泛体现在丰富多彩的各种民间文化中。在中国文化中，大传统、小传统的界限也不那么清晰。精英文化与民间文化、大传统与小传统之间的交流比西方更多一些，儒家思想通过许多渠道渗透到民间，渗透到各种文学和史学作品里头。当然往往还有道家、法家、阴阳五行等思想混在一起。

魏长宝：还有日常生活。这是儒家文化的一个最大的基础。

林同奇：对。还有日常生活。总之，我们中国人处世待人还得靠这一套。你现在要完全去掉这一套的话，你怎么处世待人啊？有人说，儒家这一套搞等级制度，搞什么君君、臣臣、父父、子子啊，搞什么三纲五常啊，等等；这个问题很复杂。王元化不久前还谈到这个问题，史华慈对这个问题也有独特的看法，这里不能细谈。总之，这个传统你总得要有的，没有你怎么做人呢？有人说可以把基督教引进来，那行吗？怎么可能呢？这叫"见异思迁"，我想相当困难。基督教顶多只能在部分中国人中间流传，它很难在中国有那么深、那么广的根啊！

魏长宝：对，每个文化传统都得有自己的根。

林同奇：文化的根，要由时间来延伸，慢慢渗透到各个领域去。传统就是这样，你没有办法摆脱，也不需要去把它全部摆脱掉。孔子讲仁，孟子讲义；仁强调人间真情，义则突出见义勇为。中国老百姓富有人的真情和救死扶伤的人道精神，这和儒家是有密切联系的。至于说取其精华、去其糟粕，也不是那么容易。什么是精华、什么是糟粕，不是能够截然分开的，往往难以界定。

魏长宝：那只是一个口号，缺乏可操作性。对我们的文化建设来说，光有一个口号是不够的。

林同奇：你说得很对。说"去其糟粕"，对"糟粕"，啪！——一下子就给扔掉了，然后伸手就可以取其"精华"，哪有那么容易啊！

魏长宝：文化建设得要有个根本，没有根本，那就是无源之水。

林同奇：是的。你首先得有个基础，也就是"根"，然后再慢慢成长、演进。美国社会现在还有点样子、有点秩序，居民相对比较守法、比较诚实，我觉得这一切固然和法治民主制度的规范有关，和启蒙运动有关，但这和他们有一个源远流长的犹太教与基督教传统也有密切关系。我昨天读了一篇文章，说中国应该吸收基督教的博爱、平等这些东西。这个意见我当然不反对。他说西方社会现在之所以有点样子，是因为有基督教，这个看法乍一看和我的想法很相像。但我再一读下去，才知道并非如此。他说了什么呢？他说西方市场经济运转中有平等、博爱的思想，是因为有基督教融在市场经济里面，所以西方社会现在看上去还有点样子。大意如此。这个看法也许有一点道理，但事情远没有这么简单。实际上一方面也许是基督教渗透到市场经济里面去，但另一方面更重要的是，我认为市场经济是在腐蚀（eroding）或蚕食（gnawing）基督教的基本精神，包括平等和博爱的原则。这点我跟他不一样。

魏长宝：您说的这个腐蚀或蚕食是什么意思？

林同奇：因为市场经济是预设在竞争的基础上的，有竞争（competition）才有效率。这个基于物质性的刺激（incentive）的竞争，它很厉害，没有竞争就没有效率。以前我们"文化大革命"搞的那一套东西，就是没有效率，把整个社会搞得很穷。你要富强（wealth and power），你就要拼搏，首先是为富强而拼搏。西方近代社会追逐富强非常成功，尤其在追逐国家富强上，相互厮杀。这种竞争在社会达尔文主义式的框架里头，在丛林的弱肉强食的定律下，进行了最少有三四百年了。它由国际公约定出了这么个厮杀的框架，在这个框架里头，民族—国家（state-nation）相互竞争的目的就是富强。英、法、美、德、日、俄相继崛起，他们在寻求富强上都非常成功。而且你要不寻求富强，你就完蛋，八国联军就打进来，要瓜分你，所以中国也必须要富强。这个富强有没有好处？当然有好处。它使人类的生活整体上变得更好，当然，有些人生活改善得快些，有些人慢些，但起码现在饿死的人极少。这个富强的火车头就是科学、技术、经济。你看现代社会就是高楼大厦啊、立体交叉啊，车水马龙的。你到中国，一下飞机，跟美国没什么大的区别。

魏长宝：西部地区还是差多了。

林同奇：我想说的是人类这样追逐富强是有代价的。这个代价是什么呢？代价就是人的精神道德受到蚕食。为什么呢？这是竞争、厮杀的必然后果。比如说，我的儿子在"文化大革命"的时候，一直在乡下插队。和他一起的还有他的一个要好的同学，姓周，我记得。他们两个人当时在农村都待了七八年了，别人都调回城了，他们还待在那儿。后来有一个招工的名额。那时候农民很苦，能当工人当然是很好的。他们想回城已经很久了，两个人都想上来，这当然就会有竞争。结果他们两个人相互让。如果按照现在的竞争思想，谁让谁啊，首先我得保密，赶快办手续调走。所以这种竞争、这种对富强的追逐，是建立在人性当中不是很好的那一面的基础上的。当然，有所谓"开

明的自利""无形的手"之类的学说，但并不能完全抑制"割喉战"（cut throat）的心态，你死我活的。这样慢慢就会影响人的精神道德世界。我儿子他们两个人当时那样的情况，要是换成今天的人们，还会不会出现，我不敢说。孔融让梨的故事，现在的人可能会说，傻瓜嘛，让什么梨啊，孔融那套现在完全过时了（out of date），因为让梨就是我要压制自己的欲望。孔子就非常注重礼让。现在不是这样，现在是我要满足我的欲望，"食色性也"，因此满足我的欲望是天经地义的。史华慈在他临终的遗篇中提出所谓"当今的千禧年主义"，其特征就是物质的唯我的享乐主义，加上失控的消费主义。你看，国内就净宣传这个，而且宣传得很厉害，甚至认为不这样的话，就是落后的。不过，这个也绝不光是中国国内的问题，这个是全世界的问题，首先是以美国为代表的整个西方的问题。

但我觉得美国社会现在还有点样子，其中很重要的一个原因，是因为它有一个根深叶茂的基督教作为其精神道德的基础。基督教讲博爱啊、平等啊、爱敌人胜过爱自己啊、不要说谎啊，"摩西十诫"基本上就是讲这些。美国是西方世界宗教情操最重的国家之一。美国的小孩从小受基督教的熏陶。美国的政客，没有一个敢讲自己是无神论者，他一讲他是无神论者，他的选票唰地一下就会落下去。在中国，流行的看法是，无神论是先进的。在美国，到处都是教堂。像你刚才一踏进我们住的这个小镇雷丁，在镇中心看见的那座最气派的建筑就是教堂。这么一个小镇，至少有五六座教堂。

魏长宝：我们刚才还看见了韩国人的教堂。

林同奇：他们的教堂多，进教堂的人自然不少。据统计——我忘了准确的数字——大概是1/4吧，或者更多。

林同奇在波士顿郊外的家中

诚然,进教堂的人也不是每个人都念《圣经》,就像中国人一样,现在谁还念"四书""五经"啊,早就不念了。但美国也跟我们中国一样,文化传统潜移默化、代代相传,做人的规矩还是那一套,这些都不是市场经济教他们的。美国建国虽然只有 200 多年,但其精神文化传统中有相当大一部分可以追溯到两三千年前的古希腊和罗马,他们处世待人就靠这个,不是全靠市场经济。相反,市场经济是要挤掉这一套。许多中国人谈到美国的时候,往往喜欢谈民主啊、谈科学啊,这也对,但很少有人会注意到他们背后的精神道德的支柱。马克斯·韦伯(Max Weber)这个人的高明之处,就是能在资本主义精神的发轫中看到新教的作用。

魏长宝:韦伯认为资本主义是从新教伦理里边孕育出来的。

林同奇:是的。韦伯所谓的"资本主义精神",是指一种理性地、系统地追求利润的心态。新教（特别是加尔文教派）的伦理则是一种苦行主义，把兢兢业业做好自己的"天职"、取得此世的成功视为神的救恩的显现，是光耀神的行为。据说石油大王约翰·洛克菲勒（John D. Rockefeller）这个人，赚钱的时候非常用心，那真是一心一意，但他很节俭。他在公司上班时，中饭吃得很差，他的亲友就每天给他一块钱，让他吃好点。结果他死后，人们在他的抽屉里发现好多一块钱的票子。他就是那么节省苦行。因为他认为在世上勤奋工作，积累财富是为了荣耀上帝，所以不能滥用所获得的财富。韦伯指出，对外在货物的关注本来被人们认为是"一件随时可以抛掉的披在圣者肩上的轻纱，但是命运却指令它将变成一只铁笼"。换言之，在100多年以前，韦伯已经看到本来支持早期资本主义的精神道德价值已经被蚕食殆尽，剩下的只是史华慈所说的唯我主义的物质享乐主义和失控的消费主义，把追求财富的人类都关在里面。多年前林毓生曾给王元化写过一封信，信中说，按韦伯的说法，"工具理性有自我推展至极致的内在动力，这种内在动力排斥一切阻挡，抑制其推展的思想、文化、道德、社会素质，使它们无法产生效用"。这种"人的异化"只能继续下去，"最终切断与超越的联系；而人的精神和呈现道德与美的品质的境界与格调，必须与超越相联系才有源头活水"。

魏长宝：就是说这个社会越来越世俗化了吧？

林同奇：是的。这也看如何理解"世俗化"。世俗化可以指从以"彼世"（the world beyond）为中心转到以"此世"为中心，即所谓"人文主义"（humanism）的兴起。但欧洲"人文主义"大体可以分两种：一种是激进的人文主义（radical humanism），它切断了人间与任何形式的"超越"（transcendent）的联系，认为人间价值的最终源头就在人间；另一种是"超越的人文主义"，认为人间价值的最终源头来自某种"超越"。中国传统文化有很强的人文主义传统，但是这种人文主义几乎都属于后一类。

魏长宝：您认为，从思想史研究的角度来看，如何理解传统文化，尤其是儒家文化对现代社会发展的意义？

林同奇：现在有人说东亚产生了"儒家资本主义"。按照牟宗三的说法，儒学可以通过"自我坎陷"，开出现代的科学与民主。这个看法我不太赞同，它可能会产生误导。台湾"中研院"的李明辉对此有过仔细分析。我觉得从逻辑上说，儒家与现代民主、科学之间没有什么必然的因果联系。但是如果民主、科学已经开始启动了，儒家文化中有一些因素，是可以推动它、平衡它的发展的。就这方面说，我们应该开发儒家文化的资源。怎么开发？毛泽东说，"去其糟粕，取其精华"，但是要弄清楚什么是糟粕、什么是精华并不容易。我觉得作思想史研究的，首先要理解古人，而理解的前提是尊重。所谓"韦伯式的理解"（Weberian Verstehen）就是要尽可能设身处地地进入对方的思想天地。理解要比评判难得多，你首先必须预设乃至深信对方是有分量的人。对一个思想深刻并有内在连贯性的思想家，不要在未深入理解之前就匆匆地给他贴上标签。思想的发生学研究很重要，例如思想的社会阶级或心理根源的开掘，等等。但是，这些都是为理解古人的思想世界服务的。我们国内的学术界长期以来喜欢写"史论"，但是思想史研究的最主要任务，是理解古人的思想天地。

史华慈有一句话讲得很好，他说西方人一谈起家庭，就联想起年富力强的成年人可能会压迫子女（家庭暴力问题），所以要保护子女权益；但孔子谈起家庭，首先关心的

则是年富力强的子女对他们的父母会不会忘恩负义。我觉得他说的这句话反映了一种对孔子的设身处地的理解。中国人和西方人相比，的确是比较讲孝道的，但美国人也并不是不讲这个，他们有一套孝敬他们的父母的习惯做法，两种文化不一样。

魏长宝：家庭观念不一样。

林同奇：对，不一样。现代社会一般以三口人的小家庭为主，大家都忙着赚钱养家，顾不上年老体弱的父母，因此，更主要的问题可能是年富力强的子女对父母的照顾问题，而不是父母是否会虐待年幼的子女的问题，当然后者也需要注意。所以，孔子着重讲孝道没什么不对。至于后人把孝道强调得过于极端，甚至不近人情，那主要不是孔子的错。

再比如说等级制度，史华慈有一篇文章专门对这个问题作出"韦伯式的理解"。他认为等级制度（hierarchy）在孔子看来难以避免，不仅孔子认为如此，孟德斯鸠、卢梭这些西方的思想家也有这样的看法。他们认为，等级制度对于广土众民的社会来说，是不可避免的。如果是小国寡民，像古希腊那种城邦政治，自由民可以平等地参与在"广场"中的政治讨论，但即使这样，对于奴隶来说，也是不可能平等的。一旦进入广土众民，马上就必须要设立等级，古今中外莫不如此。你看美国，难道就没等级吗？美国政治上的等级是非常分明的，联邦政府不必说，议会的组织也是有等级的。宪政民主可以对等级起到缓解作用，但无法消解等级。孔子提倡仁与礼，就是为把等级制度加以道德化和人情化。我感觉这就是史华慈对孔子所作的"移情地理解"。在批判之前，需要有这种理解。

魏长宝：在中国复兴传统文化，确实面临一些问题。

您认为这些问题主要是哪些方面？

林同奇：就我所知，在当前的传统文化复苏中，主要有两个方面的问题值得注意。一是搞些浮躁的东西。如有人要建立什么中国文化标志城，而且要以孔子、孟子为主。这个本身就不对。中国文化也不光是孔子、孟子嘛。

魏长宝：那些鼓噪往往主要不是出于文化的考虑，而主要是一种经济的考虑。

林同奇：对。所谓的"文化搭台，经济唱戏"。这些东西搞得轰轰烈烈，有时反而会转移人们的视线，大家都看热闹去了。例如，今天祭炎黄，明天祭大禹，后天祭孔子，规模搞得都很大。这些东西我也不是一概反对，但搞得很浮夸，没有多少东西进入人们的心灵当中去，那就不好了。应该多做些扎扎实实的学术、文化和教育工作。

而且一旦把这个东西和民族主义情绪结合起来，还可能产生民族文化沙文主义。所以我说在传统文化复兴中的第二个问题就是"民族主义"。民族主义当然也是非常复杂的东西，它有非常深的根基，需要慎重对待。

魏长宝：近代以来，民族主义一直是中国的一个比较强势的传统。

林同奇：不仅在中国是这样，近20年来在全世界范围内第二次掀起一股强烈的新的民族主义浪潮，席卷了亚、非、拉乃至欧洲。这主要是因为近20年来欧美之外的其他国家或地区的经济迅速发展，而这些国家或地区过去长期被视为经济与文化上都很落后的边缘化地区。如今经济的快速增长带来了民族文化的复兴与自尊、自信的提高，从而出现民族主义强烈反弹的现象。这种现象比较明显的有所谓的"金砖四国"（BRIC）即巴西、俄罗斯、印度、中国，其他如韩国、越南、缅甸及一些拉美、非洲国家也在自信、自负的气氛中发展了民族主义；美国著名的《新闻周刊》（*Newsweek*）国际版主编法里德·扎卡里亚（Fareed Zakaria）称之为"美国太平盛世"（Pax Americana）的终结和"后美国世界"的来临。所以，我很同意以赛亚·柏林（Isaiah Berlin）对民族主义的看法。他和史华慈的看法差不多。他把民族主义比喻为一条"压弯的树枝"（bent twig）。什么意思呢？就是说民族主义的产生一般是一种"反弹"，就是受到别人歧视、蔑视甚至侵略压迫的民族，它的民族主义就特别强烈。在西方，民族主义首先是从德国真正发展起来的，因为在19世纪，德国在当时的欧洲是比较贫穷落后的。英国、法国都发展起来了，德国的经济一直落后，国家四分五裂，所以德国人就觉得被人看不起，他们就转而专注于他们的民族文化的发展。

其实，自然生长起来的民族文化是好东西。每个国家，斯土斯民，都会自然生长出自己的民族文化，如自己的语言、文学、艺术、哲学、风俗习惯等，发扬自己的民族文化，这个是好的。但这个东西你要不注意，就有可能转变成一种"恶性的政治民族主义"，那就麻烦了。恶性的民族主义最典型的代表当然是德国的纳粹。我们现在搞传统文化，说这会提高我们的民族自信心，这当然没有什么不好；又说传统文化可以产生民族的凝聚力，当然也是事实。但如果你主要是为了增强凝聚力而弘扬传统文化的话，你这个弘扬不是因为传统文化本身的价值，而是为了一个很实用的像"凝聚力"这样的目的，这就把"价值理性"变成了一个工具性的东西。这一工具化，不仅可能贬低传统文化本身的价值，而且容易导致民族文化沙文主义。

魏长宝：关键是要适度。那怎么来把握这个"度"呢？

林同奇：可能不只是"度"的问题。例如易中天曾在哈佛大学讲中国的智慧。这当然没有问题，中国人确有其智慧。但是你得知道，除了中国的智慧，还有希伯来的智慧、古希腊苏格拉底的智慧。

魏长宝：*西方的智慧。*

林同奇：还有印度的智慧。季羡林就强调东方智慧，他这样说我也不反对，但要注意文化本身是多元的，我们要用文化多元主义来冲淡文化民族主义中的沙文主义倾向。现在有很多学者喜欢谈论轴心文明，但在美国这不是主流。史华慈谈得比较多，还有艾森斯塔特（Shmuel N. Eisenstadt）也谈。

魏长宝：*在国内，汤一介谈得比较多。*

林同奇：另外，杜维明、张灏和余英时也有过论述。从轴心文明的角度来看，世界上有几个大的文明，如印度的（包括印度教和南传佛教）、中国的（包括儒道释）、古希腊和罗马的、希伯来的（涉及基督教和伊斯兰教，三者都推崇亚伯拉罕），再加上近代西方的。你把这些大的文明一摆出来，你就觉得思想视野一马平川，这样就可以冲淡一点文化民族主义的狭隘性，或唯我独尊的倾向。所以讲中国文化、中国智慧之外，还是需要培养一种文化多元主义的心态。

其实，文化多元主义并不是一种主义，它没有什么固定的教义，就是一种心态。这种心态是怎么培养起来的呢？不是说你愿意多元就可以有多元的心态，你得把世界各种文化摆出来，让大家多少领略一下，人的心态自然就会慢慢多元化了。最近中央电视台的那个《百家讲坛》，我看还不错。钱文忠讲玄奘取经，我觉得讲得很好。他题目选得不错，有一点文化多元的味道。你看那个时候的人还真是不错，那个时候印度一些国王信佛教，把外国的留学生看得那么重，而且大家平等对话、公开讨论。这个节目不错，可以开拓一点咱们中国人的视野。我建议《百家讲坛》可以讲一些其他大文化传统的代表人物，如苏格拉底、莎士比亚、列夫·托尔斯泰、爱因斯坦以及佛陀、甘地，等等。

魏长宝：您觉得21世纪的这次国学热，与20世纪80年代的文化热和90年代的国学热相比较，有什么特点？

林同奇：20世纪80年代的文化热和90年代的国学热都是有各自的背景和针对性的。80年代的文化热是在改革开放起步的背景下，对六七十年代的"文化大革命"的反弹，虽然有马克思主义和传统文化的制约，但西化思潮居于主流。90年代，学术界在专业化的驱动下，转向传统文化的研究。这种国学热在一定意义上带有收缩到学术象牙塔的味道，因此它的社会和文化思想的基础都完全比不上目前正在展开的国学热。这次国学热是在我们国家的改革开放把中国推向世界舞台的过程中产生的，和20世纪80年代、90年代相比，气势要磅礴得多，有可能持久而全面地展开。西方学术界没有明显的回归传统的问题，尽管阿兰·布鲁姆（Alan Bloom）曾主张回归古希腊传统，但没有形成气候，因为西方人很少全面反对自己的传统，不像中国人那样骂自己的祖宗，要打倒"孔家店"。从这点上来说，回归传统，我可以有条件地赞成，但不是无条件的，现在有些做法我不能完全赞同。另外，也不能完全回归儒家传统，还有佛教和道家道教呢。

魏长宝：全球化是新一轮国学热兴起的一个很重要的背景。在全球化的时代，对待文化问题，就像您前面所说的那样，更加需要有一种开放的和多元文化的心态。所以，不论是全盘复古还是全盘西化，都不太容易有市场。

林同奇：全球化是一件好事，可以打开视野，吸取多种文化资源。不过我觉得对全球化这个问题也要有一点警惕。现在动不动就是要与国际接轨啊、融入国际主流意识啊。

魏长宝：其实国际上也不一定有一个什么统一的"轨"。所谓"接轨"，在某种程度上是我们国内某些人自己想象出来的。

林同奇：说得好。国际上的"轨"当然不是只有一条。在美国国内，也有像阿门宗派（Amish）那样另类的文化，他们不赞成现代化，还在用马车。你究竟想接哪一条"轨"？而且不少人心目中想接的那条所谓国际主流意识的"轨"，也未必就没有问题。

魏长宝：您认为这条"轨"在哪儿出了问题？

林同奇：我比较能接受史华慈的观点。所谓"轨"，指的是一些主导的"文化导向"（dominant cultural orientations），即在充满张力和矛盾的文化复合体中有一些起引领作用的思想文化倾向。"轨"出问题指的就是这些主导的文化导向出了偏差。在西方，启蒙运动纠正了前现代的某些文化偏差，但自启蒙运动以后，西方文化的导向又出现了新的问题。这当然是一个很大胆的说法。因为现在一般人都认为启蒙运动开创了一个新时代，开创了科学、民主的新纪元。这个没错，但它的代价不小，要注意这个代价问题。

魏长宝：这个代价是指什么？

林同奇：就是指在精神、道德上的代价。启蒙运动以后，各种大的宗教传统，基督教、犹太教、佛教，都有被边缘化（marginalized）的趋势，而这些源远流长的轴心文明，仍然是当今全世界人文价值的主要源头活水，两三千年来一直灌溉着人类精神道德的园地。例如，在西方，古希腊罗马文明和希伯来文明交汇，后来又吸收了其他文明传统，孕育出蔚为壮观的西方人文天地，可是现在这些源头活水都大有被边缘化的趋向。

魏长宝：宗教和轴心文明的边缘化是一个必然的趋势吗？

林同奇：我觉得几乎是必然的趋势。我不是全盘否定市场经济，但是市场经济在给我们带来巨大利益的同时，也正在颠覆轴心文明流传下来的人文传统。

魏长宝：如果是一个必然趋势，那我们有什么办法能补救呢？

林同奇：现在是搞得有点偏，大家一个劲地强调科学技术、经济增长，竞相发展生产力。不论是马克思主义还是现代化理论，都强调这一点。马克思主义说经济基础发展了，包括政治、精神道德等在内的上层建筑自然会上轨道；现代化理论也认为只要经济发展了，一切都好办了。我跟李泽厚曾在电话里就这个问题展开过讨论。他认为只要生产力发展了，大家都有饭吃，而且生活越来越富裕，长远地说，精神道德就不会有问题。

我说不一定。物质、经济的发展给人的精神道德带来的影响是双面的，它可以有利于人的精神道德的改善，衣食

林同奇的代表作《人文寻求录》

足而知荣辱，但也可以使人的精神道德败坏。现在你看美国的媒体，一打开电视，好莱坞的那一套东西铺天盖地而来，性、暴力、金钱、权力、成名，等等。好莱坞当然不是没有健康的东西，但它引领的文化导向有问题，换言之，"轨"的方向有偏差。我们"接轨"需要有鉴别。

魏长宝：您认为还是需要有一种人文的追求。

林同奇：对。所以我的那本书就叫《人文寻求录》。但现在的强势思潮似乎不是"人文寻求"，而是"财富寻求"。

魏长宝：那您认为儒家和传统文化在今天的人文建设中能起些什么样的作用？

林同奇：我常听到我的同行说儒家文化有历史局限性，但请注意说这话的人本身也有自己的局限性，他必然局限于自己的历史、社会、身世，等等。史华慈有一句话："We are all involved."（我们都深陷其中。）没有人能完全超越自己，独占真理。于丹讲《论语》，当然有她的"局限性"，但我不太担心她的"局限性"。像我自己，我的启蒙识字教育，念的是"四书""五经"、唐诗宋词，但我并没有因此就完全局限于传统的那一套。你总得要先有一套东西在那儿，然后才谈得上慢慢适应。你什么都没有，怎么适应呢？那就什么事情都有可能发生，那是很可怕的。所以我还是主张讲人文寻求。现在是物欲横流，所以要弄点人文主义，平衡一下。

二 儒学与宗教

魏长宝：现在在复兴儒学的呼声中，有一种观点主张把儒学宗教化。目前国内学术界对这个问题有很多争论。主要有两个层面。一个是在学术理论的层面，任继愈的学生李申，现在是上海师范大学的教授，他出了一本书，主张儒学是宗教；另一个是在生活实践的层面，有的学者认为，在现代社会，儒学与老百姓的日常生活发生了断裂，如果要把儒学的当代化落到实处，就应该抛弃现代新儒家心性化、精英化的老路，把儒学宗教化，走仪式化、大众化之路，来重新建立儒学与老百姓日常生活的关联。这种主张在国内得到了不少人的响应。您怎么看待儒学和宗教的关系？

林同奇：首先你说的这个儒学与人们日常生活的断裂，我认为主要是限于城市知识分子，我不觉得和农村的老百姓有明显的断裂。

魏长宝：您说的这种情况确实存在。苏州大学的蒋国保教授做过一个小型的调查。据说对儒家伦理的认同和了解，与所受的教育成反比。受过大学教育的年轻人对儒家伦理的认同和了解最少，而农村不认识几个字的老太太认同和了解反而更多。

林同奇：你讲的这个调查，可能正符合我自己的观察。这个断层主要发生在城市知识分子中间。中国很特别，中国的城市知识分子有100多年反传统的传统。其他像印度啊、西方国家啊，他们的知识分子没有听说像这样激烈反对自己的文化传统的。

魏长宝：但是也不可否认，这种断层在年轻人中间还是比较明显。老一辈的人更多地受到一些传统文化潜移默化的影响，但年轻人受传统东西的影响就少多了，可能许多人连"四书""五经"是什么都不知道了，这个断裂还是比较大的。这个可能也不光是在城市。在我们的日常生活中，传统的那些东西确实是越来越少了。

林同奇：知道"四书""五经"的人越来越少了，但是他们（包括你说的年轻人）待人接物实际上仍然脱离不了这一套。其实，百年来反传统最厉害的人，在待人接物上往往仍是遵循传统的规范，这是思想史中常有的事。我觉得对中国传统文化的威胁，主要并不是国内那些反传统的知识分子，而是来自西方的全球化大潮。这个全球化大潮正像我在前面提到的那样，不仅对中国传统文化是威胁，对世界所有的轴心文明，都是威胁，包括他们西方的基督教。西方的思想现在也在慢慢沉沦，只不过他们基督教的传统比较雄厚，加上多元化走向，所以这种沉沦不是很快，而是在慢慢地被腐蚀。这点我前面已经讲过。

魏长宝：这样说来，儒学的宗教化是不是还有一些意义？

林同奇：我不大赞成把儒学加以宗教化，好像儒学本来不是宗教，现在为了某种实用的目的，如要普及它，要把它宗教化。我认为儒学到底是不是宗教，是个可以讨论的问题，这要看对这个"教"怎么理解。西方意义上的宗教往往是指一神教，比如像犹太教和基督教。如果把儒学变成这样的宗教，那就是要把儒学变成一神教，把孔子变成教主。那恐怕不可能，也与历史事实不符。

儒学是不是宗教，涉及两个问题。首先是儒学是什么，其次是宗教是什么。把这两个问题搞清楚了，才能回答儒学是不是宗教。按照牟宗三讲的，中国文化涵盖了儒、释、道三教。他对这个"教"有个定义，他认为"凡足以启发人之理性，并指导人通过实践，以纯洁化人的生命而致其极者为教"。他这个定义，包含四个方面：首先是强调理性，中国的三教都是比较理性的。其次是通过实践。再次，实践的目的是净化生命。什么叫净化生命呢？看到生命中有肮脏的东西、有阴暗的东西，用张灏的话说，就是幽暗意识，它看到人性和宇宙中某种固有的黑暗势力，经过修身养性，把它净化掉。最后，"致其极"，即追求终极的完善，这叫"教"。从这个定义来看，佛、道、儒都是"教"，它们都是净化生命的。因此，传统文化应涵盖三教，而不仅限于儒教。

史华慈也有一个对宗教的定义，很特别。他大概是这样说的，世界上过去的大的轴心文化，它们到现在都还没有死，还有很强的生命力，不像埃及文化，已经死了。这些轴心文化都有一个共同特点，这个特点就是深信人间价值的源头来自终极的真实（ultimate reality as the source of human value）。意思是什么呢？即把人间的价值终极源头，放在一个超越人间的"终极真实"上。

魏长宝： 这个"终极真实"是什么？

林同奇： 这属于哲学中的本体论问题，我是外行，无法给出清晰的解释。大家知道，古希腊所谓"形而上学"（metaphysics）就是研究在经验世界之后的那个终极的东西是什么。柏拉图的理念、康德的物自体、海德格尔的存在，都可算是终极真实。犹太教、基督教和伊斯兰教把这个终极的真实称为神、上帝或安拉，印度教称之为梵天，儒家称之为天，道家称之为道，佛教称之为涅槃（尽管涅槃是"有"还是"空"，还有争论）。不同的语言或隐喻当然会带来不同的思想文化特色，但是轴心文明的各大传统都认为，人间价值的源头来自某种超越人间的终极真实。这和现代人不同。现代人认为人类的终极价值就在于人。人有需要（食色性也），人类要活下去，要活得好，这就是人间价值的源头。人间价值的源头在于人，与非人类领域无关。但是，有人要问：人怎么会杀身成仁呢？就是说人还有某种凌驾于"食色性也"这种动物性之上的东西。这如何解释？这个就是孟子讲的良知或良心。良心哪儿来的呢？李泽厚就提出了历史沉淀说，所以他喊出"人类万岁""历史万岁"两个口号。他的原创力很强，建构了一个系统框架。不过，在史华慈看来，他可能属于所谓的"人类中心主义"。

儒家如《中庸》也讲"天命之谓性"，《诗经》里也说"天生烝民，有物有则"，这个"则"就是"道"，人间价值的源头仍是"超越"，是上天给予的。如果说人间价值的源头来自一个终极的真实，则这个终极的真实本身必然拥有取之不尽的价值含量。据此，如果说宇宙或自然仅仅是物质的，没有任何价值含量，那所有轴心文明都可能全部坍塌。可是近代人自笛卡尔（Rene Descartes）以后，多半认为宇宙就是一个死的东西，不具有任何价值或意义。现在你要跟人，特别是跟咱们中国受过科学洗礼的知识分子说宇宙万物，姹紫嫣红，也就是说宇宙有价值意味，他们可能认为很难想象，甚至认为荒谬可笑。

宇宙或自然有无价值含量这个问题背后还有一个更根本的问题：价值和事实是否必然区分开来？自笛卡儿特别是休谟之后，西方学者多认为两者必然而且必须分开，但事实上未必如此。例如在人文或者社会科学的研究中，研究者的价值观必然要渗透在研究对象中，这种渗透即使在自然科学研究中也难以避免。库恩（Thomas Kuhn）的名著《科学革命的结构》（*The Structure of Scientific Revolutions*）充分论述了价值如何渗透在自然科学的研究中。因此，从本体论上预设宇宙是有价值意味的，未必荒谬可笑。宇宙如果没有价值含量，那天人合一有什么意义啊？合一的"合"如果是拥抱一块大石头，那有什么意义啊？中国的天人合一显然是预设了宇宙是有价值含量的，你拥抱它，可以从它那里得到很多力量和安慰。这是史华慈的说法。这个说法很值得重视。

魏长宝： 儒家一直就有"民胞物与"的观念。

林同奇： 对，民胞物与，草木有情，天地人都是相通的，这是一种生态学的观念。我有一个朋友塔克（Mary E. Tucker）不久后会去中国，她就专门研究深层生态学（deep ecology）。现在中国很重视生态学，讲可持续发展、环境友好型发展，不过在史华慈看来，这还是人类中心主义，还是要征服宇宙为人类服务。"科学发展观"看得比以前远一点，但人跟宇宙的关系仍然是敌对的。宇宙是死的东西，笛卡尔说"我思故我在"，我思的对象是宇宙，我跟宇宙的关系只是"我思"这个主体面对一个"客体"，两者之间是一个物理的或者科技的关系，我研究宇宙，打开宇宙的秘密，开发宇宙，是让宇宙为我服务。歌德（Johann W. Goethe）的"浮士德"就是和魔鬼订了约，以灵魂换取无限追求知识的权利。他没有体验到我跟宇宙是一种息息相关的、血肉相连的"民胞物与"的关系。"民胞物与"，天人相通，这个算不算宗教呢？你要说这个算宗教，史华

2006年12月，"史华慈与中国"学术研讨会在上海召开

慈所说的世界几大轴心文明就都是宗教。人和非人的世界有一种感情、精神、价值上的联系与交流。

魏长宝：所以您认为儒学算不算宗教，关键看对这个"教"怎么理解。

林同奇：对。如果说"教"的含义不一定就是指西方意义上的一神教，而把它的含义放宽为认同有一个终极真实作为人间价值的源头，那你把儒学叫作宗教也没有什么不可。至于说宗教还有其他的一些特点，如仪式、组织、教义等，这些东西并不是宗教的核心内涵，各种宗教可以不一样。

魏长宝：不过，形式有时候还是很重要的。现在讲复兴儒学，不能光流于一个口号，得通过一定的形式来复兴。所以有人主张把儒学宗教化，就是要借助于宗教的形式、仪式（ritual）什么的，来作为复兴儒学的一种手段。

林同奇：这个问题我没有仔细思考过。仪式本身是一种奥秘，我想搞一点当然也是可以的，但要是喧宾夺主就不好了。整天搞些仪式，搞得很大，寺庙搞得很多，尽是宗教搭台、经济唱戏，那就搞偏了。这种趋势比不提倡更坏。把孔子捧成心中无半点尘埃的至圣，未必就好。孔子也是人，他有许多疑惑，七情六欲也不可能完全没有。我同意李零的看法："去圣乃得真孔子。"王元化也指出，《论语》中的孔子富有人性色彩，首先圣化孔子的是他的弟子子贡、曾子。

魏长宝：这里还有一个很有意思的现象。20世纪前期，人们为了证明儒学的价值，拼命要划清儒学与宗教的界限。现在呢，正好倒过来了，进入21世纪，人们使劲地想把儒学论证为一种宗教，好像这样就可以抬高儒学的价值。从思想史上来看，这是一个很值得思考的问题。

林同奇：研究儒学的荣辱命运，是社会史的问题。思想史的主要任务，是老老实实理解古人的思想世界，评价古人的思想本来不是它的主要任务。思想史研究的任务既不是研究思想的起因（genetic explanation），也不是研究它是否站得住脚，即所谓"有效性"（validity）；不过它又有别于观念史（history of ideas），后者重点在观念与观念之间的连锁，而前者的重点则在于"人对他所处的生活环境所作出的有意识的反应"，换言之，在于人在遇到各种各样的存在性问题时是如何思想的，它研究的是"人在思想"（man thinking）。我想中国的学者有时强调儒家的宗教或形而上层面，可能跟黑格尔说儒家学说只是一堆道德箴言有关。总之，我想再三呼吁，在复兴中国传统思想文化时，首先要对古人的思想有真正的理解，而且理解过程中要尽可能把自己的价值判断与研究对象的真实思想划清界限。

三　经典诠释的普遍性与特殊性

魏长宝：除了思想的层面、实践的层面，在儒学的研究中，这几年也有一些变化。我们以前的儒学研究，主要是按文史哲这种学术的分科来研究的，我们把孔子作为哲学家来研究，作为教育家来研究，或者作为一个其他什么家来研究。但这种分科研究是受西方影响以后才有的，是西方学科制度引入中国的结果。我们以前没有所谓文史哲的分科，我们只有经学、子学、儒学、道学，等等。与文化层面的儒学复兴热相呼应，在学术研究的层面，也有一些学者提出，儒学就是儒学，把儒学作为文学、史学、哲学来进行分科的研究是不够的，应该把儒学作为一个整体来研究，恢复传统儒学研究的原生态。在哲学领域，一些学者倡导以传统的经学研究来取代所谓"中国哲学"的研究。因此，这几年经学和经典诠释学研究在国内相当兴盛。

林同奇：我想这是好现象。中国思想史本来就是一部经典诠释的历史。中国的传统和希伯来的传统很像，希伯来的传统就是诠释圣经。对诠释进行再诠释，就构成了几乎全部的思想史。但西方思想史自近代以来，就似乎形成了批判的传统，黑格尔出来，就批判康德；海德格尔出来，又批判黑格尔。这是好是坏很难说。当然西方思想史绝对有诠释的成分，正如中国思想史也有批判的成分，但西方是批判地诠释，中国是批判地继承，两者侧重点不太一样。这个概括是我个人的印象，没有经过论证。

至于你说的分科问题，这在美国学界确实是个大问题。史华慈曾提醒大家要警惕"学科的拜物教"（the fetish of discipline），他指出，不论人文还是社会学科，甚至包括经济学这样已高度独立的学科，都不可能是密封的、完全独立的学科，因为这些学科所研究的对象即人类的经验本身是完整的，不是按学科划分的。

魏长宝：打破学科壁垒，对经典进行重新诠释，这不仅是对经典的再研究，它代表的也是对整个中国思想传统的一种更深入的反思。

林同奇：是的。不过我不认为这种反思一定比诠释要深入一步，两者可以并行。诠释是进入文本；反思是和文本拉开一段距离，可以说是从文本后退一步，越过它向远方看，把它放在一个较宽大的视域中去观察。前者入乎其中，后者出乎其外，但两者并不对立，而是相辅相成。反思不等于站在外面指手画脚地讲传统文化先进啊、落后啊。其实先进和落后这些名词都需要反思。什么叫落后啊？孔子是不是落后啊？苏格拉底是不是落后啊？科学技术可能不断进步，但是对有无、生死、道器、善恶、常变、动静这类所谓历久弥新（perennial）的问题所作出的回答，很难说古人就不如今人。

魏长宝：这涉及对近代以来的一些观念的反省。所谓进步啊、落后啊，都是西方启蒙运动以后才出现的观念。我们以前都是用西方的这些观念来研究我们的传统文化，不仅把我们的传统分析得支离破碎，而且往往是戴着别人送给你的有色眼镜，把自己的传统解读得走了样、变了形。这种研究方式也需要反省。

林同奇：你讲得很对。因为反思要有一个立足点，就是你站在什么样的立场和角度来反思。其实对启蒙运动的反思和开展启蒙运动是同步的，今天这在西方更是已经成为一股潮流。在我们中国好像有不少人都还在那里提倡启蒙，高唱"启蒙是好的"。这点也没错，因为中国的确需要启蒙，但我们同时也需要看到启蒙的"局限性"。王元化在20世纪80年代搞新启蒙，90年代他开始反思启蒙，21世纪他的思路更广阔，所以我觉得他很不简单，他能够不断反思。当然，反思启蒙在西方也有很多角度，有后现代的，有女性主义的，还有环保主义的，等等；它们都在反思启蒙，但它们各自的角度和立场不同。例如杜维明反思启蒙，主要是站在儒家的立场；史华慈反思启蒙，是站在整个轴心文明这个大背景下，因此，可以用的资源非常多，他对启蒙的反思，视野非常宽阔。

魏长宝：站在各种角度的反思当然都是可以的。从我们中国的立场来说，我们的反思当然不可能完全摆脱西方的影响，那没有可能，也不必要。但是我们首先要真正了解自己的传统，要学会用自己的眼睛来看自己的传统，而不是通过别人的眼睛来看自己的传统，并且要珍视自己的传统。这就首先要摘下别人给你的有色眼镜，回到自己的文化原点。近年来国内经典诠释学成为一个十分热门的问题，实际上也是传统文化的复兴在学理上最终要走到这一步。

林同奇： 是的，最终要回到文本，要对传世经典重新进行文本诠释。最近李零写了一本书《丧家犬》，对《论语》进行重新诠释。他提到了白牧之（E. Bruce Brooks），不知你注意到没有，他对白牧之非常推崇。白牧之基本是从文本校正来开始解读。按他的看法，好像《论语》只有很少一部分真正是孔子的话，其他的都是别人的。而且孔子死后，他的各派弟子争夺话语权。这里他似乎是采用了福柯（Michel Foucault）的一些观点来解释，所以《论语》的文本基本上是被白牧之"解构"掉了。不过我觉得，如果从思想史而不是从文本考订来看，作为一本对中国文化有很深影响的经典，历来人们还是把《论语》看作是有一定一贯性的文本来对待的，而不去追究它是如何"发生"的。

魏长宝： 这种经典的东西，它作为一个传世的文本，不管是谁作的，不管是不是有真伪问题，并不影响其思想史意义和文化史意义。现在有些出土文献一出来，有的学者就讲要重写思想史，其实大概还没有到那种程度。局部的改写可能有时候是有必要的，但推倒重写，恐怕就言重了。毕竟从思想史和文化史意义上来说，真正对世人产生影响的还是传世文献，出土文献顶多可以起个补充的作用，不必强调到那种过分的程度。

林同奇： 可能是这样。在经学史上，历代的诠释都是根据这样一个未被解构的文本来进行诠释的，诠释以后又被诠释，这就构成了思想史。诠释它有自己的生命，有自己发展的路线,不是说你把文本卡掉一点,它就死掉了。当然如果你要研究"真孔子",那是另外一回事。白牧之是解构文本,我们是对未被解构的文本进行诠释。中国文化它有一种诠释传统。在《圣经》诠释中,也有类似的问题。

魏长宝: 刚才说了,以前我们是按西方人的视角诠释我们的传统。现在我们要按自己的理解来诠释我们的传统。那我们站在什么样的角度?

林同奇: 回到原点,回到文本。

魏长宝: 但回到原点不可能是一片空白。

林同奇: 是。不可能是一片空白。不过回到原点倒有先例,海德格尔就是回到原点,回到古希腊的原点。

魏长宝: 是的,回到原点其实不是什么新鲜的东西。历史上每一个大的时代更迭的时候,都会面临回到原点的问题。秦汉时期、唐宋之际和明末清初的时候,一些大的思想家都曾提出要回到原始儒家。

林同奇: 强调回到原点的时候,考据学就会比较盛行。余英时曾指出过明清之际从理学转向经典考订的内在理路。

魏长宝: 考据学说白了,也就是要回到文本,对经典进行一种重新诠释。除了进行这种比较技术化的考订以外,您认为我们是否还需要建立一种属于我们自己的诠释学理论,以便更好地诠释我们的传统?

林同奇: 我可能受史华慈的影响,比较强调人类由于有共同的关切和问题,因而也强调学术研究中的普遍性。有没有中国特有的诠释学我不好说,但你要是说有,那一定要把它的特点说出来。诠释学在20世纪80年代是显学。傅伟勋写过一篇文章叫《从德法之争谈到儒学现代诠释学课题》,有些观点很有启发性。他提出要建立一种创造的诠释学。

魏长宝： 成中英提出建立一种本体诠释学，还有汤一介也主张借鉴西方的诠释理论，创建中国自己的诠释学。

林同奇： 这个问题还在探讨的阶段。台湾的黄俊杰主持了一个研究东亚儒学中的经典诠释传统的课题，哈佛燕京学社在2003年专门开了经典诠释工作会议，也谈了儒家经典的诠释问题。李明辉、刘笑敢都写了文章。诠释学确实成了显学。这和中国思想传统是一个诠释的过程有关。大家知道，晚近西方诠释学中最出名的主要有两派，一派以伽达默尔（Hans-Georg Gadamer）为代表，一派以赫尔斯（E. D. Hirsch）为代表，当然还有在他之前的意大利的贝蒂（E. Betty）。不管哪派，诠释学既然是一种"学"，那就是普遍的，可以作出真理的宣称。你现在要建立中国自己的诠释学，那你有什么足够的特点啊？你得能够说出来。不能光说我们有特点或者没有特点，我们要创造特点。如果西方的诠释学是普遍的，你就可以拿来用啊，那就成了我们的诠释实践，而不是诠释学。或者我们可以说西方诠释学有什么问题，但这仍然是站在一个普遍的角度来批评它，并不一定需要或有可能建立一种中国式的诠释学。如果是中国式的话，你有哪些特点足以另立门户呢？我们可以先试着对西方诠释学作些补充、修订嘛。

魏长宝： 是否有中国的诠释学可以另当别论，但中国的经典诠释传统多少还是有些自己的特点吧。中国的经典，比如像《论语》《庄子》等，其中往往有很多故事、寓言，这些故事、寓言想要表达一个什么东西，它实际上没有明确说出来，它的意蕴是需要读者去体悟和解释的。

林同奇： 这可能更多的是属于诠释的实践层面的问题，但是否可以算是一种原创的诠释理论，我不敢说。我觉得那其实就是一种广义的隐喻（metaphor）。

魏长宝：对，隐喻。在中国的诠释传统中，很多东西是超语言的，它讲求言外之意，讲求体知、体悟，这个传统与西方的语言诠释似乎不太相同。

林同奇：隐喻、故事、寓言在西方的经典如《圣经》中也有很多，据说耶稣就有 125 个隐喻。美国后现代史学家怀特（Hayden White）在他的《元史学》这本书里就专门讨论了欧洲 19 世纪四大史家的隐喻问题。许多文化、思想的现象或导向在中国和西方都可以找到，并非哪一方所独有，但是有的导向在中国是主要的导向，而在西方则是次要的导向，反之亦然。

至于你说的言外之意的问题，其实海德格尔也讲过，未必是中国独有。海德格尔讲得很深刻，他的东西有时候让我拍案叫绝，有时让我不知所云。他有一本书，叫作 *On the Way to Language*。

魏长宝：国内也有译本，叫《通向语言的途中》。

林同奇：这个名字译得很好。"通向语言的途中"，就是说，"意"是在"途中"，还有一大堆"意"没有变成语言，一变成语言它就死了，就马上要解构这个语言。所以史华慈说德里达（Jacques Derrida）也不是都错。例如，我这会儿跟你讲了半天，我把我的意思都说清楚了吗？没有。那我的意思在哪儿呢？在"通向语言的途中"。我满肚子的东西，乱七八糟的，我也不清楚是什么，可能有个倾向吧，我一边说一边就整理出来成为语言了。所以海德格尔讲的那个 understanding，有非常特别的意思，德文叫 Verstehen，中译为"领悟"。海德格尔的诠释学其实分两个层次：一个是深层的、"存在"的层次，这时"诠释"意指让"在"（being）显现出来，或"揭蔽"（disconcealment），属于本体论的诠释。例如，他的名言"语言是存在的家"，就是在这一层面上提出的，这里的语言不是沟通的工具，而是指"在"首先是在语言中得以"在"起来的。这个层面我不敢多讲，因为没有研究。诠释的第二个层面是"命题""申言"的层次，即文本的层面，我们这里谈的主要是这个层次的诠释，但它和第一个层面密切相关。关于第一层次国内的叶秀山讲得很好。在海德格尔看来，任何大思想家的文本的含意都没有完全说清楚，它的含意都是在走向语言的途中，包含"未说出"（unsaid）的，甚至是"未想过"（unthought）的内容。没想过怎么会有思想啊？有。这个思想就处在他所谓的有待"澄明"（clearance）的地方。走向语言的途中，思想是一团浑浊，你要真正知道它是什么话，那是很难的。所以他说："每位伟大的诗人都是在同一首诗中吟诗。"什么意思呢？就是诗人的思想是一以贯之的，他一生中尽管作了很多诗，其实是不断地倾泻出他的同一思想。我们肚子里头有很多东西，甚至相互之间有很多张力和冲突，潜存着各种可能性，我的思想就在这些冲突和可能中化为语言。但我一说出来，它就死了。你说这些就是我的思想吗？是，但也不是。因为我还需要补充、修订啊，我的思想在通向语言的途中。所以史华慈曾经说，孔子讲，"予欲无言"，我不想说话，他接着说，"天何言哉！四时行焉，百物生焉；天何言哉？"史华慈就把这一章大大发挥了一下。他说，孔子因为天下无道，他才不得不说话，倘若天下有道，他就不说话了。史华慈自己在一次访谈结束时说，我现在老了，还老说话，其实说的都是"蠢话"。他的意思可能是说，我现在说的这些话都不算数，因为我真正想说的东西其实都还没有说出来。所以，"未说出"，甚至"未想过"的东西，它是确实存在的啊。傅伟勋曾经说，伽达默尔不如他的老师海德格尔就在这里，海德格尔的诠释学有一个更高层面的东西，傅伟勋称之为"创谓"，而伽达默尔讲了半天，就是视野融合啊什么的，他没有他老师的那种境界。海德格尔的东西有时很难懂，我不是这方面的专家，我是姑妄言之，你就姑妄听之吧。

林同奇（右）与采访人魏长宝交谈

魏长宝：海德格尔和庄子有些相似的东西。《庄子·天道篇》就讲过一个故事，说我们读古人之书，所得到的不过是"古人之糟魄已夫"。

林同奇：我们中国人写书信，就常说"书不尽言，言不尽意"嘛。所以冯友兰说他是接着宋明理学讲，就是要把宋儒肚子里没说完的那点东西替他们说出来，"代圣人立言"嘛。这个"代"字就叫创造的诠释学。

魏长宝：在您看来，意在言外这个问题，也不光是中国哲学所独有的。那您是倾向于有一种普遍的诠释学吗？

林同奇：我倾向于某种各有特点的诠释学，而不是某种诠释学。意在言外的问题，不光中国人讲，印度人也讲。

季羡林说中国人讲神韵，印度人则叫"韵"，这个就表明有言外之意。据我所知，苏格拉底虽然很相信语言和论辩，但当他讲到"至善"的时候，他说一旦你真的"知"了，你就会去做，有点像中国的知行合一。到最后，真跟善之间，自己会过渡，这是很特别的。在一般的西方哲学家看来，真是真，善是善，怎么能自动过渡啊。苏格拉底他跟别人就不一样。我对他的理解可能不太准确，我是从史华慈那里间接领会到的。

至于是不是有普遍的诠释学，这个我没有仔细研究，所以不好说死。就像史华慈所讲的，"问题，由于是存在性的，所以是普遍的；答案，由于是人作出的，所以各种各样"。问题是一样的，答案是不同的。不同的民族，用不同的语言、不同的隐喻，来解决同一个问题。为什么说问题是一样的呢？因为人的许多存在感受是相同的。上面说了，人都同样要生活，有各种感受，因而有生死、爱欲、善恶、义利、王霸等问题，这些问题古今中西都是共同的，大家都关心，而且到现在也还没有解决。但是这些问题的答案不一样。古今中外，各不相同；同样是在中国，孟子和荀子、程朱和陆王，也各不一样。为什么不一样呢？因为答案是人提供的，人是非常有限制的，每个人都只能是坐井观天，所以提出的解决办法就会不一样。孔子、孟子提出的许多问题，我们今天解决了吗？仍然没有。西方解决了吗？也没有。古代的大思想家对这些问题的答案就仍有现代意义，没有什么落后不落后的。中国特色当然是有的，我们的语言、历史、文化都和西方不同，我们的诠释实践非常丰富，但是否有必要或可能建立可以称得上"中国的诠释学"的东西，可以研究，我自己实在不敢下结论，因为我的确没有这种能力和素养。

四 中国哲学的"合法性"与本土化

魏长宝： 您的文集里面，最后一篇文章是关于中国哲学的新动向的。最近这几年，关于中国哲学的"合法性"问题在国内受到很多关注。您那篇文章是20世纪90年代中期写的，当时就已经谈到了这个问题。

林同奇： 那篇文章是我和罗思曼（Henry Rosement）、安乐哲（Roger T. Ames）三人合写的。那是有一次在华盛顿开亚洲学会年会，我和安乐哲住在一个房间，我们两个人聊的时候，他说，咱们合写一篇文章吧。后来文章的前半部分是他和罗思曼写的，后半部分基本上是我写的，发表在美国《亚洲学报》上。

魏长宝： 你们那篇文章一开始就谈到，在西方，"中国"与"哲学"几乎是相互排斥的两个概念，"中国哲学"则被看作是一种矛盾的修辞手法。

林同奇： 是的。在西方的正统派哲学家们看来，中国哲学有一个"合法性"的问题。这个问题的关键，还是在于哲学究竟是什么。在西方，从苏格拉底那时候起，就把严密的逻辑推演看作哲学的核心特征，从这个意义上来看，中国是否有这种严密的逻辑推演的传统是值得怀疑的。当然了，你也可以说，什么叫"严密"？中国哲学讲究言简意赅，或者意在言外，逻辑的推演可能不是那么"严密"，但它所要解决的问题，跟西方可能并没差太远，而且它的有效性未必就比西方差。

魏长宝： 还是您刚才说的，问题是一样的，答案不同。

林同奇： 对。我们中国人是用我们自己的语言，按照自己的习惯和自己的方式来解决问题。你要是认为这不是哲学，那说不定是你没看懂我的逻辑，那是你解读的问题。所以在黑格尔看来，《论语》只是一堆道德箴言。

还有另外一种对哲学的理解。比如分析哲学，它回避形而上学。可是中国哲学很多都是形而上学的东西，把这一部分删掉，中国哲学就打了一个大折扣。现在西方有一些变化。像史华慈，他就认为中国的"天"的概念很厉害，内容很丰富。中国的"哲学"和"思想"分得不是那么清楚。冯友兰把他的书叫《中国哲学史》，但史华慈就不这么叫，他的书名用的是《中国古代的思想世界》。他说我这个"思想"不光是逻辑，还有感情、意志、困惑、焦虑，等等。孔子的思想世界就不是"像水晶般透明"，而是含有许多困惑，有些事情他也不明白。他的弟子颜回早逝，他就说我的弟子怎么得这个病，死得那么早啊？这个天为什么要这样待他啊？他觉得这个天好像有点不可理喻似的。所以困惑也属于人的思想世界。按近现代西方哲学的主流观点，困惑是不能算做哲学的，那有可能是心理学的玩意儿，不能属于哲学。所谓中国哲学的"合法性"，问题其实就是他们认为这个"中国哲学"不属于他们所说的那个"哲学"。但是中国哲学的特点在于它本身不看重逻辑的那一套，它有时候就一句话、两句话，你去悟吧。你说得对，它更强调体验啊、修养啊。像禅宗，它讲以心传心，一句话砸过去，你懂不懂啊，不懂算了，哪有那么多逻辑推理啊！我自己觉得我们老祖宗的哲学应该有足够的特色，足以称得上"哲学"。它也有自己的逻辑，但这个逻辑和西方的逻辑有一些不同。中国人的逻辑有时候不是那么清楚、严谨，就是一两句话，你一定要把它分析得一清二楚的话，有时候反而会"走味"。其实，西方虽然讲逻辑，但也讲悖论（像康德的哲学，就预设了三个悖论），可能双方的主流有所不同。

魏长宝：国内近几年对中国哲学的"合法性"问题的讨论，意义其实主要不在于中国"有无"哲学，或者中国哲学是否"合法"，而是在于对近代以来，以西方哲学为参照，来诠释和建构中国哲学的研究方法和研究进路是否合理的一种反思，它体现的是中国哲学研究的一种本土化的诉求。

林同奇：我想是如此。

魏长宝：这种学科的反思和本土化的诉求，不仅对于中国哲学学科有意义，而且对整个中国的人文社会科学学科都会有启发。因为中国本来是没有"学科"这种区分的，整个中国的学科制度，都是近代以后从西方借鉴来的。这种借鉴来的东西，在中国这样一种与西方很不相同的文化背景和学术生态中，是否会有"水土不服"的问题？这个问题过去在中国的人文社会科学刚刚建立的时候，还不是那么显眼。今天，中国的经济社会发展在世界上越来越具有举足轻重的地位，中国的人文社会科学也得到了长足的进展，对其中存在的问题进行反思越来越成为一个很急迫的课题。

林同奇：是的。在咱们中国，本来文史哲是一家；而西方文是文，史是史，哲是哲。西方的这种分科有没有道理呢？当然各有各的领域，这有利于科学研究的展开。前面提到，史华慈有一篇短文，专讲这个"分科的拜物教"。人原本是整个的，你把他给分成一片一片的，这个研究他的肚子，那个研究他的心脏，你研究他的思想，我研究他的历史，这是尸体解剖，不是研究活人。分科研究当然也可以，但你应该看到分科之间的联系，现在分科搞成分家了，那不行。我赞成王元化的说法：我们可以西学为参照，但不能以它为坐标。

魏长宝：如果说借鉴西方的分科研究方法和学术分科制度是不可避免的，那么，这里同样涉及一个整个中国当代人文社会科学的本土化的问题。沃勒斯坦（Immanuel Wallerstein）说过，社会科学是现代世界体系的产物，是为回答欧洲问题而兴起的，其欧洲中心论的色彩和局限，也几乎是不可避免的。所以，学科制度问题，不光是学术研究的问题，其深层是中西文化问题。拿经济学来说，中国经济面临的问题和西方经济的问题很不相同，但我们现在的经济学理论几乎全是西方的理论，所以有些经济学家们对中国经济的分析和预测往往屡屡失败，他们只能用中国经济特殊论来掩饰自己的无奈。再比如说法学，中国的法律传统和西方也很不相同，西方法学讲究规范和法治，但中国社会有一个很强的礼治传统，礼法是相辅相成的，但我们现在的法学却罔顾中国社会的礼治传统这一事实，几乎完全套用西方法系来建立中国的法律，而对随之出现的普遍的有法不依的局面却无可奈何，甚至视而不见。还有像史学也是这样。我们中国的史学，一直有很悠久的叙事传统和经世传统，但我们现在的史学，主流完全是西方的科学化、实证化的史学，这种史学能否算作人文学科都很成问题，哪里还有经世致用、鉴往通今的抱负和胸怀啊！我们运用西方的学术分科体制研究中国社会和中国现实的时候，如何克服其局限性？如何展开我们自己的本土化的视角？

林同奇：西方的那一套并不是完美的，他们的问题也很多。中国当前走的这条路很特别，中国人口特别是农业人口这么多，地域这么大，资源又有限，文化传统又这么悠久，必然会有自己的问题、自己的特色，照搬西方肯定

是不行的。中国将来若能发展出一套自己的东西，可能会对全世界都有好处。

当然我们也不是要盲目地排斥西方。中国是有自己的特色，但也不要只强调自己的特色，如果问题是普遍性的，则特色只是对普遍的一种补充，未必有必要或可能完全另立一套。西方的好的东西我们还是要学习，而且有些东西是具有普遍性的，我们更是不能因其西方的背景而愚蠢地加以拒斥。不宜在没有深入理解西方各种学术传统之前，匆匆闭门搞自己的本土化系统。

五　美国汉学研究及其启示

魏长宝：西方的汉学研究有很多很好的传统，值得中国的学术界学习和借鉴。就中国思想史研究领域来说，您所在的哈佛大学是美国汉学研究的中心。您觉得哈佛的中国思想史研究有哪些特点？

林同奇：我的接触面其实很窄。以我的了解，美国现在对中国近代史的研究做得很好。在这方面做出了重要贡献的，包括哈佛的费正清（John King Fairbank）及其弟子，如史华慈、列文森（Joseph R. Levenson）、柯文等。

魏长宝：费正清的这几位弟子，他们是同辈人吗？

林同奇：列文森和史华慈可算是一辈，他们都是费正清的第一批学生。柯文晚一些，史华慈和柯文差17岁，他们可能不算同辈。柯文把他的重要著作《历史三调》献给史华慈和费正清，称他们为"两位卓越的老师"。在美国，师生的区分似乎不像中国那样严格，往往是亦师亦友，介乎师友之间。

列文森写的东西，我读得很少，而且也不大喜欢。他搞二分法，把传统与现代的对立看得太死。而且他较多地用了费正清的"冲击—回应"模式，过分强调了外部的冲击。

哈佛费正清中心的中国史家们的长处，可以说来自古典的兰克学派，通过费正清的老师传到费正清。他们非常重视原始材料，世界各地到处搜集。比如柯文写他的《历史三调》时，为了搞档案材料，就专门跑到莫斯科去。另外，他们的研究工具很好，语言过关，至少中文、日文他们都会，另外有的还懂法文。所以他们这些人，还是有根底的。当然，他们的中文肯定不如中国人。史华慈学汉语的时候，已经30多岁了，他能读古汉语，只是口语差一点。他这个人有天分，他懂10国文字，这是柯文告诉我的。柯文的汉语也很好，他每次和我见面都跟我说汉语。现在年轻一辈能说汉语的就更多了。墨子刻（Thomas A. Metzger）可以用汉语讲学，他也是史华慈的学生。总之他们这些人中文基础都很好，所以他们的中国近代史研究做得比较扎实。另外他们也博采社会科学的方法，经济学、社会学、心理学、文化人类学，他们都用，但也不一定都用得对。像白鲁恂（Lucian W. Pye），就用一些心理分析的方法来套，那不行，现在已经没有人用这个了。哈佛这批人不大走偏锋，他们是实实在在地做，不是用什么模式来套，所以他们做得很有成绩。这一点，史华慈尤其强调，他强调回归人类经验，强调尽量沉浸到当时的具体情势当中去，移情地理解，或者叫"同情地理解"。这可能是他们的一个传统。

魏长宝：思想史研究方面情况怎么样？

林同奇：思想史的研究方面，葛瑞汉（A. C. Graham）、安乐哲、郝大维（David L. Hall）他们是一派。这一派现在

在美国还相当盛行。另一派以史华慈为代表,他在思想史领域的影响不如葛瑞汉他们,他在西方可能后继无人。

魏长宝: 这两派各有什么特点?

林同奇: 史华慈他是从人的经验出发,注重常识,强调尽量进入对方的思想世界,尽可能理解他的思想,老老实实地说话,没有一个什么固定的理论框架。他强调轴心文明,常常引轴心文明的很多东西来支持他的观点。比如说他说到孔子的一个思想,他就引述其他轴心文明对这个问题怎么看,分析孔子与苏格拉底有什么不一样,这就给他的断语提供更多依据。也就是对一个共同的问题,有哪些不同的答案。这类的话别人一般不敢轻易说,因为你要是想说的话,其他文明的东西你看了吗?你研究了吗?他有很强的分析能力,即所谓慎思明辨,再加上多元的视野,往往看出别人看不到的东西。他说"真理常在于细微的差别中",思想史的精彩处就在于各家对同一问题作出有细微差别的回答。他不满足于"中国是 X""西方是 Y"之类的笼统的断言。

安乐哲他们这一派喜欢从哲学观点出发,他们的哲学背景是分析哲学、语言哲学,还有行为主义。他们是把孔子和《论语》与西方的分析哲学、语言哲学挂起钩来,好像孔子能和西方最新、最时髦的哲学接上轨,就是孔子的光荣。这是不对的嘛!分析哲学、语言哲学这些东西,其实在西方已经不再像 20 世纪七八十年代那样时髦了,再说时髦的东西也不一定对啊!并且安乐哲他们强调中西思想的区别或差异,比如他们认为中国的思维方式是类比的,西方的思维方式是逻辑的。史华慈说,这种说法当然也对,可是你们要注意,西方也是有类比的,中国也不是没有逻辑。我个人感到,他们有时候把这个中西的差异讲得太绝对了，甚至有些牵强附会。安乐哲这个人很不错，例如他和我合写文章时跟我说："有些美国人和中国学者合写文章，喜欢把自己的名字写在前面，我不占那个便宜。"他办事效率很高，对人也很友善，但我不太能欣赏他的东西。有人说史华慈是强调中西思想的共同性，葛瑞汉他们是强调中西思想的不同。这个说法是一个很初级、比较肤浅的说法，容易误导。其实史华慈强调的不完全是中西文化的相同之处，他强调的是问题是相同的，答案是有分歧的。如果一定要说明白，也许说他强调中西文化的分歧可能更妥帖一些。

中国思想研究据我所知在美国主要就是这两派。我更倾向于史华慈，这大概跟我的天性有关系。张灏就曾经讲，班老师（他称史华慈为班老师，即 Ben）去世以后，哈佛再无高人。史华慈的毛泽东研究举世皆知，但他的中国思想史研究人们了解得不多，我希望有更多的年轻人来关注史华慈的东西。史华慈尊重中国，热爱中国，他的东西中国人容易接受。我希望他的思想"西方不亮东方亮"。

魏长宝：您觉得中国作思想史研究的学者，可以从美国的同行那里学习什么？

林同奇：我不太了解整个美国的情况，我只能说从哈佛费正清中心的一些中国史专家那里可以学些什么。我想最重要的是学术真诚，这点中国学者当然也不弱；其次是采用的方法要有多样性，不要拘泥于一种方法；第三是掌握好语言工具。其他如注重档案材料等史料，国内史学界似乎也并不缺乏这个传统。

植根于传统的文化创新

受访人——薛龙（Ronald Suleski）
采访人——沈素萍、张安泽

薛龙教授

薛龙教授，1997—1999年成为哈佛大学费正清东亚研究中心研究助理。1999—2003年在哈佛大学燕京学社担任社长杜维明教授的助手。2003—2009年任哈佛大学费正清研究中心（2007年改名为费正清中国研究中心）副主任，2009年任美国萨福克大学罗森伯格东亚研究所所长兼历史学系教授。其主要研究领域包括亚洲经济文化以及社会学。薛龙教授19岁起旅居东亚三国，在日本工作19年，几十年的亚洲经历使得他不仅精通汉语与日语，而且对东西方社会文化有着独到和深入的见解，并为美国与东亚文化学术交流做出了杰出的贡献。此外，薛龙教授除在亚洲和美国的数所高校任职外，还在国际出版公司担任执行主任。薛龙教授的主要著作有《早期的中共中国：富田事变》（1969年）、《日本语感情表现的手引》（1984年）、《满洲的近代化：注释目录》（1994年）、《北洋军阀时期的中国地方政府：传统、近代化与东北地区》（2002年）、《满洲的青少年像》（2008年）等。薛龙教授曾担任哈佛大学燕京学社社长助理、中美关系国家委员会成员、日本亚洲事务顾问、美国新英格兰大中国区商务顾问等职务，在美国与东亚高层互访及交流中起到了重要作用。值得一提的是，作为美国最权威、影响力最大的中国问题研究中心——费正清研究中心在半个多世纪的中美关系中扮演着重要角色，而薛龙教授也是其中重要的见证者之一。

主编手记

　　2009年5月20日，哈佛大学费正清研究中心副主任、著名中国问题专家薛龙教授应邀接受了中国对外经济贸易大学沈素萍教授以及美国纽约辈盟律师事务所（Frekhtman & Associates）张安泽律师的采访。作为美国最权威、影响力最大的中国问题研究中心——费正清研究中心在半个多世纪的中美关系中扮演着重要角色，而薛龙教授也是其中重要的见证者之一。此次专访，薛龙教授向我们讲述了他的亚洲经历以及他眼中的亚洲所发生的变化，不失为一次宝贵的名家访谈。

　　沈素萍：您在哈佛大学费正清研究中心工作了好多年，是著名的中国问题专家，您的研究硕果累累，很荣幸今天能够采访您！我想请您谈谈，是什么样的动机和兴趣促使您持久深入地展开对于中国问题的研究的。

　　薛龙：谢谢！对于你的采访我感到非常高兴。自从你来到费正清中心做访问学者，参加了不少研讨会。我在这些研讨会上跟你交流过很多次，感觉非常好。

　　首先，我想向你介绍我是如何对亚洲产生兴趣的。我第一次去亚洲是1961年。那时候我还很年轻，大约19岁。当时我是一名美国士兵，随部队于1961年春天被派到韩国。那段时间充满了新奇和刺激，那时韩国政局比较动荡，刚推选了一位政治领袖朴正熙上任。

　　我们先到了韩国汉城（现在的首尔）的美军基地，随后又转移到议政府市（议政部所在地）。部队当时发给我一个头盔、一支步枪，还有一些行李。然后下令让我和六七个士兵上卡车。当时上级的人说，当地局势很混乱，让我们给枪里装上子弹，留在卡车里随时待命射击。当时我才

19岁，刚刚从美国过去，对这些感到很震惊。在向北方开进的路上，我看到了韩国的坦克。这就是我对亚洲的第一印象，让人感到不是很乐观，有些恐怖。

我待在议政府市的军营里。有一天我看到一个队列经过军营外的农田，在队伍前面，有人演奏着奇怪的音乐。那种音乐是我从来没有听过的。还有人举着印有方块字的标语。我当时根本不认识汉字。队伍后边的人抬着船的模型。他们的穿着很奇怪，全身白色，很朴素。在队伍的一头，有些敲木鱼的和尚。我不知道那是一种什么仪式，我意识到这是一个与美国文化截然不同的文化，我必须学习这种文化。

沈素萍：那种仪式激发起了您对不同文化的兴趣？

薛龙：的确从那时开始，我对不同文化产生了兴趣，这种兴趣改变了我的生活。后来我才知道那是一种葬礼。我对亚洲的韩国文化以及中国文化产生了兴趣，我觉得它们有很多相似之处。我第一次到韩国的时候，美国部队里的人对我说，你是来捍卫自由和民主的。但当时朝鲜人和中国人看到我们去了韩国，他们把我们看作帝国主义者，认为我们会阻碍他们向前发展。那是两种截然不同的观点。

沈素萍：双方存在彼此对立的意识形态。

薛龙：对。我当时到亚洲的时候才19岁，我是一个帝国主义者，还是来捍卫自由的？可能两方面的成分都有。两种观点都有它们的道理。在我看来，尽管存在着巨大的政治和意识形态的区别，但人性是相通的。我们的研究在某种程度上比这些观点更具有深远的意义。因此，我从不把自己看作是一个帝国主义者，我也不是来捍卫自由的。因为，朴正熙是个独裁家，他不允许人们有自由，当时的局势非常复杂。所以，在我研究亚洲的过程中，我会从两方面来看待这些不同的观点。我主要研究文化、历史，还有经济变革，而不是政治。一开始我就决定不把自己牵扯到政治当中。

沈素萍：嗯，我意识到您的研究是关于人民大众的。

薛龙：这一点很重要。这是我试图要作的研究，在我所有的研究与教学中，我讲授更多的是关于人民大众以及他们的思想的，他们如何构建文化、如何进行相互间的交流。我认为这是最重要的部分。

沈素萍：是的。这是一个巨大的工程，而要理解人们的思想需要花费很长的时间。

薛龙：没错，那需要时间。从20世纪30年代到40年代，再到后来，政治意识形态总是在变，而人民大众的文化却是相对稳定的，人民大众文化保持了一种恒态。

沈素萍：20世纪60年代，中美之间没有外交关系，那段时间美国人不提倡学汉语，您是怎么看待这个问题的？您又是怎么打破这种观念的呢？

薛龙：当兵3年后我退役了，然后到匹兹堡大学学习。我父亲告诉我不要学习汉语，他说中国人是共产主义者，中国是我们的敌人，学习汉语会给你带来麻烦。当时为了学习汉语，我从中国订了刊物。有时，美国邮政办公室的人会跟我说："这些刊物都是从中国邮寄过来的宣传资料，我们是不是应该烧毁啊？"但是我说："等一下，我在韩国捍卫过自由，我想要自由，所以还是把那些刊物给我吧，我得到这些刊物才能了解中国的信息。"当时，中国人不能收到来自美国的资料，可是我却能获取中国的资料。那时候的情形就是这样的。

沈素萍：当时美国政府有没有找您的麻烦？

薛龙：没有。当时匹兹堡大学刚成立了一个研究亚洲的机构，而我是第一批学习汉语的学生。我的导师朱文章是北京人，他给我介绍了亚洲的情况，包括中国还有日本。另外一位学者叫王以同，在文言文方面造诣很深。还有些美国学者也在教亚洲文化，这样我便开始了对亚洲的研究。

沈素萍：您是怎样对中国历史产生兴趣的呢？

薛龙：我首先对文化人类学产生兴趣，因为我喜欢分析文化和社会，所以在匹兹堡大学时我的研究领域是文化人类学。后来我到密歇根大学读博士的时候才开始研究历史，因为历史是包罗万象的。人类学主要研究理论，而我对理论不是很感兴趣。

沈素萍：所以您既学习了理论又学习了文化方面的一些实实在在的东西，然后把二者结合到一起？

薛龙：我对理论并不感兴趣。

沈素萍：但那是您进行研究的基础。

薛龙：我觉得经济学有自身的理论，自然科学有理论，人类学有理论，理论各不相同。或许我应该什么都学。我想得到的理论是合乎逻辑的、富有洞察力的、极具智慧内涵的有分析力的理论。

沈素萍：请您谈谈关于中美之间的学术交流。

薛龙：我想谈的第二点是关于中美之间的学术交流。我记得20世纪80年代开始，中国向西方世界开放。20世纪70年代和80年代我去过中国。那时候中国的学者们都很谨慎，因为他们大都受过"文化大革命"以及之前政治运动的伤害。尽管邓小平说过我们要开放，可是中国人心里想着，虽然现在是开放的，说不定明天国门又会关闭。

沈素萍：当时的政策还不稳定。

薛龙：确实是。所以当时中国的学者一开始写作的时候，都没有原创的作品，全都是重复他们早期的作品，就像是在编年历表或是编字典一样，因为这样做不会给他们惹麻烦。他们害怕写分析性或政治性的文章。到了20世纪90年代，特别是在1992—1995年，作家们才开始新的创作。现如今，中国很多学者的教育背景都很好，尤其是导师级别的学者，他们非常出色。我看过他们在学生毕业论文上写的评语，很不错。

另外，中国现在的出版物质量都非常高。由于我在日本出版界工作过，所以我首先把出版的书籍当作产品一样欣赏。现在中国的出版物质量是一流的，无论是纸质、装订还是页面设计等，内容也非常有条理。就像日本、德国和美国一样，现在中国也有很多彩色的设计精美的出版物了。

张安泽：您刚刚提到了中国学者的变化。您觉得传统中国文化和中国现行的教育制度之间是否存在实质性的冲突呢？换句话说，传统的中国文化和西方化的教育制度之间是否存在冲突？

薛龙：在我看来，二者之间的冲突并没有那么强烈。中国人有很多传统。其中，中国人在学习方面的传统很有魅力，受到全世界的青睐。它提倡记忆、尊敬师长、读书、增长知识，并且把积累的知识通过考试予以考核。

日本用了类似的教育制度，这种制度给了日本毕业生良好的教育。日本学生从小学开始学习就非常刻苦。而日本的大学却给了学生很多自由的空间。学生们学会了如何消化信息、如何获取和使用信息、如何谈论、如何看待社会，最终，他们获得了良好的教育。他们的教育中西方文化占的比重都很大。他们非常了解西方古典音乐、历史、艺术、社会和他们自己的文化。这点与中国教育异曲同工。

而在西方，人们鼓励孩子进行抗辩。所以到了大学，学生们都习惯于把自己的观点跟大家分享。

沈素萍：他们鼓励批判性思维。

薛龙：你说得很对。比如美国人，他们认为他们的教育制度是无与伦比的。比如所有的英语国家，他们都有类似的教育制度。然而，世界上许多其他国家和地区，像印度、拉丁美洲，他们的教育制度与中国的很相似。他们是传统的教育制度。大约在几百年前，美国的孩子不得不背诵诗歌，他们得说出诗歌的大意。那时的教育很像中国，也非常像犹太人的传统教育。然而后来，美国的教育走了另一条路，他们鼓励孩子多说、多做。看上去美国人能够创造一切，但实际上并不是一切，有时甚至什么都创造不了。

沈素萍：在过去的30多年里，特别是1997年后，中国政府已经实施了一系列的教育体制改革，改革取得了不可阻挡的进步。您觉得中国教育改革最大的成就和最大的错误分别是什么？

薛龙：这个问题问得非常好。我刚刚结束访华旅程，去了很多地方。中国的成就是明显的，建了很多学校。中国的学生激情澎湃，学习态度端正。老师们很优秀，受过良好的培训，他们到中国各处讲学。大学的多元性也变得越来越明显，留学生数量也增多了。

中国正变得慢慢脱离负面的影响。积极的因素正在成长，消极的因素正逐渐消失。我常常鼓励我的美国朋友到中国去任教，去感受这种变化。

沈素萍：您研究历史，我得知在2005年的时候您在哈佛大学出版社出版了一本书叫《哈佛大学费正清东亚研究中心五十年》。费正清研究中心作为美国第一个研究中国问题的中心，在中美两国关系的发展中起过重要作用。您能不能谈谈在过去50多年间费正清研究中心在中国研究方面的发展情况？

薛龙：我觉得第一个里程碑是1957年费正清东亚研究中心的建立。当时美国还有另外两个亚洲研究中心，分别在哥伦比亚大学和华盛顿大学。费正清教授邀请教授讲学，搜集信息资料，学生们毕业后就到其他大学去任教。但是当时大多数美国的大学都没有开设亚洲课程。后来有个很特别的学者开设了介绍中国的课程，然后这样的课程在大学里才渐渐多了起来。

第二个里程碑是把我们的研究扩展开来。我们鼓励人们对中国开展更加广泛的研究，不仅仅在语言和文化方面，还要在历史、经济和社会等方面。所以，美国的高等教育要帮助人们更加了解中国，甚至要比20世纪六七十年代的中国人更了解他们自己的国家，因为我们是研究中心，这是我们的专业。

20世纪80年代，美国人对中国的研究进一步深入。之前，很多中国的学者学识渊博，但没有太多发言权。到了20世纪90年代，他们的言论自由度提高了。所以，双方有了一起交流的机会。那也是一个里程碑。从那时开始，费正清中心常常邀请中国学者来美国交流。现在每年都举行很多国际会议，交流进一步加深。每个阶段，费正清中心都起到了引领的作用。在美国，费正清中心已经成为最活跃的中国问题研究中心。

沈素萍：在政治界呢，费正清中心是否也扮演着很重要的角色？

薛龙：是的。因为费正清一直都乐于将自己的观点与政府沟通。他觉得，学者的作用就是传播自己的想法和帮助制定对外政策。尽管他对晚清王朝很感兴趣，而且很有

费正清中国问题研究中心大楼一侧

研究，但他仍认为我们应该对当代中国有所了解。费正清过去常常去华盛顿与政府部门进行沟通，将自己的想法与他们进行交流，现在很多学者也仍然这样做。就因为这些学者的功劳，政府可以更好地制定政策。

沈素萍：我知道很多著名的学者都专门研究清史，而您也刚刚提到对清朝很感兴趣。我对此比较好奇，为什么这么多学者对中国历史上的清朝感兴趣呢？

薛龙：这个问题问得好。其实，西方学者对中国最初的了解就是从清朝开始的，西方人认为清朝不仅腐败无能而且办事效率低下。清朝是满族人统治，并不是汉人，所以才出现了以辛亥革命为代表的民主主义运动。但是当美国学者20世纪七八十年代开始研究清史的时候，他们发现情况正好相反。他们觉得清朝是相当强大的。

晚清甚至都很强大。我们发现清朝其实是很有效率的。清朝的官僚制度很完善，清朝的文化也很丰富。清朝鼓励各种各样的诗歌、艺术、文学创作以及政治、哲学观点的表达，而且清朝对中国文化的贡献很大，今天中国的很多文化元素都产生于清朝。清朝文化实际上是中国文化的一部分，所以西方学者才对清朝如此感兴趣。然后他们就开始研究清朝。当时，西方世界正在搞工业革命和帝国主义扩张，恰巧这时也是清王朝最强盛的时期。当时的清朝很强大，对外开放了新学校、铁路、电讯和艺术建筑。所以学者们找到了很多文献资料，对此他们感到很兴奋。

如果我们能够对清朝进行细致的研究，我们可以了解当代中国的根基所在。比如，毛泽东小时候留着长发，身着马褂，跟他的父母一起在中国式的房子里，整个气氛都带着清朝的气息。毛泽东就是在这样的环境中长大的，所以毛泽东的诗词都带有清朝的风格。因此，我们对清朝的研究如此感兴趣。

所以说你的问题是个好问题。另外，我之所以对清朝如此感兴趣，还因为哈佛大学欧立德教授（Mark C. Elliott）写了一本名叫《满洲之路》（*The Manch Way*：*The Eight Banners and Ethnic Identity in Late Imperial China*）的书，此书从"满洲"的角度对清王朝提出了与众不同的看法。我对这本书中的内容印象深刻。现在在哈佛大学，有的学生还在学习满语。你问我为什么学生们会去新疆，因为新疆有人还在讲满语。

沈素萍：但是满语没有保留书面文字记载。

薛龙：不是的，其实它们也有像书和报纸之类的出版物。我们有教授派学生过去，在新疆有六七百个讲满语的人，他们都是很淳朴的人。当那些学生回来的时候，他们跟我们一起分享在新疆的经历。有个学生还从中国带来了一份报纸，给我们讲了上面的一篇报道。他们还给我们展示了用满语出版的书和报纸。所以，满语看上去快消失了，但是我们并不确定在中国东北是否还有人在说满语。

沈素萍：据我了解，辽宁省的某个研究机构里还有学者在研究满语，他们都是皇家子弟的后裔，爱新觉罗的后裔。

薛龙：我知道。我们还发现，清朝的文献都是用汉语和满语两种语言来记载的，所以我们以为两种语言是平等的。但是后来中国学者在辽宁的故宫发现有些文献不是用汉语而是用满语来记载的。皇家把满语当作一种秘密记载文献的方式，情报报告等只能用满语来写，那就意味着张之洞看不懂那些情报报告。所以，我们意识到满族有一种截然不同的控制方式，这种控制比我们想象的要严格得多。因此，我对清朝研究非常感兴趣，对民国时期的研究也很有兴趣。但是，我越来越发现清朝研究更具挑战性。

张安泽：那么您认为晚清至民国时期的革命运动是否对中国传统文化产生了负面影响？换句话说，从封建专制到民主共和的和平演变方式是否对传统文化的负面影响会小一些？

薛龙：这个问题提得也很好。最近，我们和一些学者也谈到，如果我们学者只针对中国的经济史作分析会怎样？如果清王朝没有发生从太平天国到"中华民国"这段历史又会怎样？问题的关键就是经济和财力。我们所看到的也许就是清王朝能够因此延续而不覆灭。为什么呢？我们看，清王朝覆灭后，诞生了北洋政府。北洋政府缺乏资金，效率低下，治国乏力。之后南京的国民党政府亦如此，到处都是问题和混乱。假若清朝不覆灭，从太平天国一直持续到"中华民国"，还能保持财力雄厚、军队强大的话，那么它就可以倡导改革、推行新的思想，这样就不至于覆灭了。但为什么清王朝覆灭了呢？也许就是因为那些革命思想和所谓的民族主义。这种思想如此强烈，以至于颠覆了清王朝。但之后又发生了什么事情呢？袁世凯掌权之后还不是想当皇帝？

张安泽：这就让事情变得更糟糕了。

薛龙：是的。这就让事情更糟糕了。如果清王朝仍然屹立，也许事情会有转机。事实上，第二次世界大战期间，大清王朝如果延续的话，也有可能再次强盛。

沈素萍：那中国估计在世界大战期间就不会有那么大的损失了。

薛龙：对的。清王朝也许能有足够的实力来保卫中国。如果从那个层面上来看中国，看清王朝，一切都明了了，这还是很有趣的。对我而言，其中一件事让我颇有感悟。我到北京的时候，人们试图保护清文化，因为清朝当时很强大，社会繁荣昌盛，有很多漂亮的建筑。如果我们还能保护一些胡同建筑，该是件多好的事情啊。政府现在也正致力于此。我曾看到过很多胡同给摧毁了，当然，也有很多保存了下来。

沈素萍：真的很遗憾。这种传统被打破了，没有得到很好的延续。

薛龙：我觉得你这个观点不错。我们应该如何保留传统文化，并将其延续下去，这是个很值得研究的问题。例如，我不久前去过北京的白云观，那里有古老的传统，似乎这种传统仍在持续。我去白云观的时候，看见很多人去那里。几年前，很多人从中国香港、新加坡和中国台湾去那里。现在很多北京人也去那里，我从他们说话的口音就能辨别。但是，当我参观白云观寺庙的时候，感觉那儿太干净了。按照道家顺应自然、无为而治的思想，道观应该是自然的，用不着这般雕饰。因为上天，也就是我们所谓的"神"是不能随便改动的。任其自然，对于神像也应如此。但在白云观，一切都那么干净。我意识到传统已改变，此道教早非古之道教。如果你想看古之道教，去趟中国香港、台湾，你就能见识到真正的道教寺庙，并体会它们原有的方式。即使你来美国的中国城，你也可以看到古老的寺庙。但在中国，寺庙都太新了、太干净了，这种做法把传统改变了。但问题是10年以后又会是什么样呢？是一任其陈旧下去，抑或是不断地更新？如果寺庙一尘不染，那它跟博物馆也就无异了，但博物馆既不是教堂也不是寺庙，寺庙不应等同于博物馆。

张安泽：那么说中国政府在中国文化重建中迷失自我了。我的意思是它似乎不能为新中国文化找到一个合适的主题。

薛龙：确实如此。中国共产党正努力寻找文化新主题，以及其存在的原因。对于这个问题，我是赞同的。例如，共产党实行的政策，治理国家，让国家达到和谐稳定。这是非常重要的，而且确实很有效。从这方面讲，我觉得很好。当然还有一面，就是美国人常常批评中国政府管得太多，常常随意左右人们的行动。对此，我也是持批评态度。上述两种观点我都认同。你刚才说得很对，中国共产党正努力寻找那个主题，同时也在探讨如何达成共识，如何使之合法，如何才能赢得人民的信任，并指导他们朝着正确的方向前行。我想现在很多中国人都不关心政治了，因为那跟他们的生活没什么关系，要知道，生活就是生活。这样看还是挺有趣的，从某些方面来讲，也是很健康的。在美国，也有很多人对于政治完全不在乎，他们有自己的事情要忙。

沈素萍：感谢您的解答。刚刚您谈到白云观，之前我也看过您发表的有关中国农村地区寺庙的文章，就我所知，您对于这个论题研究得很深，那么到底是什么原因促使您开始研究这个论题的呢？另外，您认为农村组织形式对于社会关系改革以及法制建设有负面影响么？

薛龙：应该多少有点影响。因为农村组织一般来说很保守，在中国这样，甚至美国也不例外，美国农村组织也认为他们的教会很重要，教会就跟法律一样。但我们觉得不是，如果有法律，那人人都得遵守。另外，中国农村文化确实很保守，在某种程度上很落后。用"落后"这个词不是很恰当。但如果农村地区的人想干什么事情，他们不指望法治而依靠人际关系。因此在农村，人际关系很重要。他们很乐意避开法治，如果找找关系、送送礼就能够轻易解决很多事情，他们当然就会这样干。因此我认为，在中国，法治还不是很深入人心。虽然常有很多法律、律师以及对于有关法律实践的公开讨论，但中国的法治还是不够强大。而对于美国人民来说，法治是十分重要的，因为法律客观公正地适用于每个人。

沈素萍：那您对于中国法治建设有什么看法？您觉得中国需要多长时间才能建立起法治制度呢？

薛龙：这很难说，也无法预期。例如，我们现在正处于第二次经济危机，那我们之前怎能知道会发生这样的事情呢？我还记得几年前，我去哈佛法学院，安守廉（William P. Alford）教授在此任教。在他的研讨会上，其中有一位中国法官，她说："啊，我们已经大有进展，我们现在有如此多的法律。像去年，就这一主题，我们有50条法律。今年，就增加至230条。这真的是很大的进步。"但我认为这并不是进步，法律本身不是进步。进步是要有能力成为体系的一部分，有个法官，有个律师替你辩护，有审讯，有公众，并能公之于报端，那才是法治，那才是进步。进步绝非仅仅体现在书本上新增加的法律条文上。因此，当我听完中国这位法官的发言，我觉得很沮丧，因为法治在中国还没有得到快速发展。法治应该是一种开放的体系，而这在中国还行不通。如果你没有这个体系，你就不会有法治。你不能只停留在过程中，就称你所在的国家都已经实现法治了。

张安泽：好，我们回到刚刚谈到的有关中国农村地区寺庙的话题，您为什么会对中国农村地区的寺庙感兴趣呢？有什么细节的东西分享一下么？

薛龙：我刚开始研究亚洲的时候，就对宗教十分感兴趣。因为我第一次接触的亚洲文化就是一种宗教仪式。在宗教里，有很多象征，高度象征的东西，有宗教艺术，还有多种多样有趣的故事、仪式，所有与宗教有关的东西都吸引着我。当我第一次开始研究中国文化的时候，我去了中国的台湾地区。台湾的宗教生活很丰富，因为台湾当局不怎么干涉。在1947—1948年，人们带着他们的信仰从中国大陆来到了台湾。20世纪六七十年代，我居住在台湾，发现他们还跟40年代的时候一样。台湾地区的宗教生活很丰富，无处不在。对于我来说要学的东西实在太多了，我的兴趣也就随之而生。这对我来说是个有趣的话题，我不认为它比其他话题更重要，只是对于我来说很有趣。而且在城市里，寺庙仅是寺庙，和人们的生活联系不大；但在农村，寺庙就相当于一个社区，人们生活在寺庙周围，参加寺庙活动，寺庙也由此变得更加重要。只有在这种氛围中你才能真正懂得寺庙。这也是我对农村寺庙感兴趣的原因所在。

沈素萍：2008年，您又发表了另外一部作品，是有关中国社区变迁和改革的。很想听您介绍您的创作初衷，是什么促使您开始研究这个问题的呢？

薛龙：你所提到的那部作品其实是关于儒家思想的一本书。我之所以写了那一章节，是因为我19岁就开始在亚洲生活了。我在日本待了18年，那段时间里，通过在当地的生活和工作，我对亚洲以及亚洲社会、价值观和人民有了很多的了解。我想我能理解中国社会的儒家思想，因为我关注这个问题已经很多年了。因此我就想写篇非学术性的文章，主要反映我的经历以及这么多年来我所了解的东西。刚开始写的时候，我不想作研究，只想着怎样才能向西方讲英语的人们清楚解释儒家思想以及其在中国社会的重要地位。我就这样边想边写。没有研究，就是写作。写完这本书后，又作了些调查。这就是我写那一章节的原因，也就是我的初衷所在。我想向美国读者介绍亚洲，介绍中国，而我选择从儒家思想开始谈起。事实上，我原计划写本书。其中一章讲儒家，一章讲宗教，一章讲思想，另一章讲经济，就是把我看到的所有方面都写出来。但后来发现就这一章已经够我忙了，根本无暇顾及其他章节，于是就只发表了这一章。

沈素萍：再回到历史方面，您在这个领域可是专家，日本研究是您的强项。您刚刚提到日本的教育体制和中国有很大的差别，那么就文化接受而言，两国最大的不同在什么地方？您认为在文化上、经济上和政治上两国确实存在不可避免的冲突么？

薛龙：不是的。西方人在19世纪初开始大批造访中国和日本，他们回到美国和英国后得出结论：中国和日本之间存在巨大差距。西方的研究人员到日本，看到日本的农村很落后，但是村庄整齐干净，日本人默默地辛勤劳作；来到中国，发现中国农村既落后又肮脏，似乎处于一种无人管理的状态。中国人碰面，喜欢大声喧哗。我们认为这

薛龙（右）接受沈素萍采访

是两个文化的基本差别。我发现日本人组织感强，组织就是一切，他们的世界是井然有序的。日本人相互打交道的方式呈现出了浓厚的等级观念，语言随着身份地位的不同发生变化。政府管理、控制着整个社会，人们也有很强的秩序感。我们对德国文化也有如此观感。日本文化和德国文化比较相似。

我在日本期间，听到日本人经常把日本同美国进行比较。我说："不！不！不！要比较就和德国比较。"他们想比较美国、日本哪个文化的家庭观念比较重，并说日本人重视家庭，美国人不重视家庭。我说："不！不！不！你们和印度比较吧。"印度非常重视家庭。日本人却说："不！不！不！印度太穷了。"这一切现象都是文化在发挥作用的结果。因此，如果日本人真的想以西方文化作参照物，了解他们自己文化的话，他们应该和德国文化进行比较。

而中国文化，我个人觉得更接近美国文化：同样宽松、开放、多样并且多变。虽然美国和中国之间存在很多差别，但是相比较日本而言，中国文化更为接近美国文化。

　　我在日本居住过，去那里写博士论文。我不能去中国写论文，因为当时中国不会让我入境。中国图书馆不对外开放，中国的学者都不能自由使用图书馆。而日本恰好有大量关于中国的材料。我在20世纪70年代初期、80年代及90年代都曾在日本居住过。而那几十年里，中国经历了"文化大革命"的浩劫，许多政治事件接踵而至，时局动荡。在日本，我的生活安定又舒适。日本社会局面稳定，虽然也有政治示威活动，但都在控制之下，没有造成大乱。整体而言，日本社会结构有序并且安全。有时候我想，如果我住在中国的话，还能够学习中文，但我可能会害怕中国的时局以及自己的言论带来的后果。而在日本，这种情况不会出现。这就是我所作的决定。尽管我对中国怀有极大兴趣，但是日本的生活更为安逸、稳定和舒适。当时我不想到中国来。现在局面大有好转。也许现在到中国来居住也是一个不错的想法。

　　日本文化和中国文化大相径庭。日本人从中国那里学习了很多文化层面的东西，与中国文化存在大量相似处，但是他们也对吸收的文化进行大改良。另外一点就是军事文化。中国军事文化强大、深具影响力，但不占主导地位。而在日本，军事文化占据主导地位。在日本，成为武士、将军是一件大事。中国没有这个概念。在中国，当皇帝才是大事。这是一个重大区别。在日本，人们按照一定的礼节行事，待人周到，沉默是金，大声叫喊被视为失礼之举。

　　沈素萍：也许这是日本的法律规则。

　　薛龙：这是日本的文化规则，不是它的法治。两种文化存在很大的差别。如果我要讲日语或者中文，我必须转换我的思维方式、行事风格，这样可以在使用某种外语的

同时，显得举止得当。你问到中日之间的关系。我的看法是，由于中日之间的战争，中国人对日本人抱有敌对的态度，这不难理解。不幸的是，这对中国政府来说却是一股可以利用的力量。政府可能会说，别批评政府，批评日本人吧。他们可以轻易激起反日情绪，引起强烈反应。

沈素萍：您说的是爱国主义。

薛龙：是的，爱国主义，反日爱国主义。但是一旦发生反日活动，中国的经济境况、国际地位都会被削弱。中国并没有实质受益，政治领袖获得的只是暂时的影响力。人们不批评政府，他们批评的是日本人。这无法促进两国之间的交流理解。实际上，日本人也在品尝战败的苦果。我认为，如果中国和日本想实现真正的理解，共同面向未来，我们就要把反日情绪控制一下。反日情绪是可以理解的、可以存在的，但是我们不能让它成为我们生活的重心。

沈素萍：要面向未来。

薛龙：对，要面向未来。如果两国通力合作，未来肯定会发展得更好。现在两国政府变得理智了，看到整个世界局面，不想继续胡闹、对抗，挑起另一场战争。两国政府都想实现经济发展、社会稳定。这正是合作的时机，也是互相帮助的时机。不要再挑起过去那些敌对的情绪了。

张安泽：我觉得日本和中国拥有同样的文化之根，都在进行现代化，只是现代化的结果不尽相同。您刚才提到日本较中国更有秩序，而中国更受美国影响。追溯历史，两国的文化之源相同，都在努力进行现代化，但是什么原因使得他们发展的结果不一致呢？

薛龙：我不认为中日拥有同样的文化根源。他们只是处在同一个文化区域。如果你们细看日本文化，你们会发现，在最早期的时候两国文化是不一样的。日本比中国更膜拜神。当然最早的书面记录来自中国，来自中国的书写系统。但是当时两个国家的思维就已经大大不同了。中国官僚习气浓，政府、组织、原则和文化规则影响力大。日本人神教思想浓厚，日本天皇被视为神，而不是人；日本军事文化意识强烈。从最早期的日本记载史来看，这两个因素在日本文化中发挥重大作用。而中国在同期已经进入了一个文明阶段。我觉得，中日两国拥有同样的象征符号、环境氛围，但是这些从历史早期开始就如此，两国文化还是大不相同的。

张安泽：那么两国学习西方世界的方式有什么不同呢？

薛龙：这个问题我们还在研究之中。西方最初的看法是：日本实行现代化的速度较快，比如说在西装打扮、建设城市、实行选举和制造火车等方面都现代化了，而中国的进展比较慢。但是我认为这个观点不一定正确。因为中国是一个国土辽阔的国家，比日本大多了，中国有很多人和团体已经开始接受现代化了，他们写作、教学，在学校成立新组织，他们也在进行现代化进程；只不过中国毕竟是一个疆土辽阔的国家，要在很多座城市中推广现代化。许多城市也在进行现代化建设，但是有的地方效果并不太明显。以后，我们可能会认为中国和日本其实是同时进行现代化，以同样的速度发展，达到了同样的成功。只是日本面积比中国小得多，所以我认为中国的现代化进度在有些地方还不算慢。

张安泽：有这样一种说法，说日本主要效仿欧洲，中国主要效仿美国。

薛龙：早期中国主要是学习日本。许多人去日本学习。

沈素萍：如您所说的，日本的文化几乎和德国文化相接近。我在作银行系统比较的时候，发现日本最早的金融系统是搬抄美国的银行系统。几年过后，日本最后采取了德国的银行系统模式。德国的银行系统和美国的银行系统存在很大的差别。所以在介绍德国文化、企业和银行系统时，我觉得日本最后学习的是德国的文化。

薛龙：我在网上读过你的研究，写得非常好。比较两个国家的银行系统，这是一个正确的方向。我发现日本人对欧洲很感兴趣，对德国银行、医疗研究很感兴趣。他们对英国的兴趣大于美国；他们关注英国的教育系统。英国在工程、公路修建、隧道和铁路方面发展得很好，这是日本人对英国很感兴趣的原因。直到今天，在日本我们仍然看到存在英国和德国大量影响的痕迹。中国却没有受到太多英德两国的影响；反之，美国对中国影响很大。

沈素萍：正如您所说的，日本的社会环境比较舒适和稳定。我觉得是因为日本经济基础强大的原因。中国仍然是一个发展中国家，经济基础还比较薄弱，还需要时间继续发展。

薛龙：你说得很对。几年前，我去过上海。上海有许多高楼大厦，很像东京，只是，如果离开繁华大道，走几个街区，去看看人们生活的区域，那里的生活水平和城市的繁华形成鲜明的对比。而在东京，你也可以看到高楼大厦，走到生活区域，你会发现人们的生活水平和城市的繁华景象是协调一致的。在东京，大家的生活水平没有和城市繁华景象相去太远，那儿的人们过着一种舒适、高质量的生活。这是上海和东京的差别。

中国是一个发展中国家。虽然有高楼大厦，但是如果你再深入了解，人们的生活水平还是比较低的。4月份，我访问了邯郸、安阳和济南，那里的生活水平和北京相差较大。这些城市有些地方非常贫穷。肯定是这样的，中国还在发展阶段，它的发展还有很多不均衡之处。

沈素萍：发展还需要时间。

薛龙：还需要时间。中国人口众多，这对政府来说是一个巨大的挑战。目前全球各种经济问题正在凸显，这对各国政府、各国人民来说是另外一个严峻的挑战。

沈素萍：中国想更快地实现发展，所以我们向英国、美国和西方其他国家学习。您怎么看待中国向日本学习这一做法？日本结合实际有选择地吸收西方精华，取得了社会进步，我们可以遵循日本的发展模式来发展自我吗？

薛龙：这个问题不好回答。日本在20世纪60年代达到发展的高峰。这个问题提得很好，但是我回答不了。中国现在是学习美国——美国是一个充满活力的国家。日本虽然很稳定，但是不具有那样的活力。

沈素萍：但是中美文化不同。

薛龙：是的。你知道我们现在有许多中国学生留学美国，然后回国工作。他们是具有双重文化意识的人，知道如何改良中国，让中国向美国学习。中国人正在走一条向美国学习的路。所以说，中国能否向日本学习这是一个很值得研究的问题。

沈素萍：我希望您将来可以就这个问题进行研究。

薛龙：是的。您也可以集中研究此问题，这的确是一个很好的问题。

张安泽：在中国台湾，前几十年它主要向日本学习，后来向美国学习。但是日本在文化和现代化以及其他方面对中国台湾的影响还是巨大的。

薛龙：我提到的主要问题还是国家面积问题。日本、韩国、中国台湾和新加坡的经济结构良好，但是它们领土面积小。这些地方都是旅游、居住和商务往来的好地方。

如果一个国家的面积有中国的面积那样大,或者说如俄罗斯和美国一般大,那这个国家的现代化不可能快速实现。

沈素萍:我们希望是出于这个原因。将来,我们可以探讨并研究这个问题,希望能够找到答案。

薛龙:很多人都很关注这些问题,并集中发表他们的观点,有的关于学术,有的关于环境,有的关于法律。这是一个有创造性的话题,非常具有代表性。在中国,有很多类似的书籍和话题。我目睹了中国多个方面的变化,许多人都在创新研究,出版一些有意义的书,这对中国将产生良好的影响。

沈素萍:那么这些就是您关于中国的看法了。感谢您!

薛龙:谢谢。你提出的问题非常好,很有深度。

沈素萍:感谢您的精彩解答!

区域研究与中国文化

受访人——柯文（Paul A. Cohen）
采访人——汪小烜
合作者——马韶青

柯文教授

柯文，1934年6月出生于美国纽约。1953年入芝加哥大学接受本科教育，1955年毕业后进入哈佛大学，师从费正清教授和史华慈教授，开始致力于中国思想史和中西关系史研究，先后取得硕士和博士学位。1962—1965年，先后在密歇根大学和安默斯特学院任教。1965年到麻省卫斯理学院（Wellesley College）任亚洲研究和历史学教授，兼任哈佛大学费正清东亚研究中心研究员。曾任卫斯理女子学院历史系主任，并将其主要精力都放到教学之中。柯文的主要代表作有：《中国与基督教：传教运动与中国排外主义的发展，1860—1870年》（1966年）、《在传统与现代性之间：王韬与晚清革命》（1974年），《在中国发现历史——中国中心观在美国的兴起》（1984年），于1990年、1992年分别编纂了纪念史华慈和费正清的论文集《思想穿越文化：纪念史华慈中国思想论文集》与《费正清的中国世界：同时代人的回忆》。1997年柯文发表了《历史三调：作为事件、经历和神话的义和团》。2003年，柯文教授重新整理了自己近十年发表的论文，以《变换中的中国历史研究视角》为名出版，对自己近半个世纪的学术生涯进行了一次回顾与总结。

主编手记

2009年5月初，柯文教授在哈佛大学费正清中心接受了我们长达4个多小时的采访。整个访谈主要围绕柯文教授的治学生涯展开，兼及近半个世纪以来美国的中国近代史研究的主要趋势。柯文的恩师史华慈教授曾在给朋友的一封信中称赞柯文。他说："柯文确切地掌握了历史学和一些很困难领域的学术研究手段。他也始终注意关心一些总的问题，并很注意在必要的时候运用比较的方法。他的思路清晰，观察问题立意很高。他的所有这些素质可以见诸其著作，并且也将继续见诸其未来的著作。我完全相信他是一个高效的、有魅力的教师。"柯文的学术历程验证了史华慈给予他的评价。

汪小烜：柯文教授，非常感谢您接受我的采访。

柯文：不客气。

汪小烜：我想问您的第一个问题是，我知道您最初是在康奈尔大学学习化学工程的，后来怎么会转到哈佛研究中国问题的？

柯文：许多人问过我这个问题。首先，我介绍一下背景。我在高中时期擅长数学，毕业后我选择了康奈尔大学的化学工程系。但经过几个学期的学习后，我发现我不适合学化学工程，因为我在家乡遇见我的高中同学，他们读了物理、化学方面的许多书，而我什么书也没有读。我想这不是我想要的。于是我立即转向康奈尔大学的工程专业，同时挑战文学专业，并选择在芝加哥大学学习两年文学的课程。芝加哥大学的文学专业必修课程有14门，全部修完并通过考试后才可以拿到学士学位。我通过了其中的一些课程。由于工程学和文学不是我的专业，所以要拿到某个专业的学位是比较困难的。此外，我面临服兵役的境况。在当时，美国待业青年要服两年的兵役，唯一不去服兵役的办法就是继续上学。但由于工程学和文学不是我的专业，所以攻读学士课程是非常困难的。

当时没有 E-mail，长途电话非常昂贵，写信是最便宜的联系方式。我在哈佛的好朋友写信给我，让我不要去参军，建议我去哈佛学习。于是我在寒假开学后去了哈佛。我的朋友研究不同的领域，有的研究东亚，有的研究南亚。我对哈佛的所有课程都非常感兴趣，认为自己可以学好各门课程。

汪小烜：当您第一次学习亚洲课程时，您都做了些什么？

柯文：我什么也没做。当时，我只读了一本书，是关于中国统治生活的，之前几乎没有人用英文介绍过这方面的内容。那是我首次接触到中国，在这之前，我对中国一无所知。我对所有的课程都感兴趣，我想，我可以兼顾我的工程学和文学。当我向哈佛大学说明我的情况以及对区域研究和东方国家问题的兴趣后，他们让我提出申请。于是我就申请了。

汪小烜：当时完成课程容易吗？

柯文：当然，很多同学都能完成。当时我虽然关注中国，但我并不知道自己的兴趣是什么，我也不了解美国的农业服务政策、中国的台湾问题等。当我 1955 年在哈佛注册登记时，有人问我的兴趣是什么，我说："我不确定，这是挑战，我对所有的领域都感兴趣，历史怎么样？"我当时并不了解中国历史，但我喜欢挑战，而且非常关注中国历史。后来我进一步研究历史，并取得了硕士、博士学位。

汪小烜：您当时就决定要从事区域研究吗？

柯文：是的。在当时，研究中国问题是极具挑战的事情。这令我非常兴奋。因为在当时中国被认为是美国的敌人，几乎没有人研究中国问题。我从来没有转变过我对中国问题的兴趣，这一兴趣反而逐渐加深。中国历史中的许多问题都值得研究。在我后来的工作中，我更关注宏观、整体的问题，如自然的历史、水的历史，收集具体的素材，采用中国的方法来研究这些问题等。

年轻时的柯文

汪小烜：这涉及我的另一个问题。研究中国历史问题不仅是中国的问题，而且是一门人类科学的问题。

柯文：是的。我的书中涉及许多不同的主题。我有很广泛的兴趣。

汪小烜：在一般的研究中，很难兼顾其他领域。您是如何处理这么多的主题的？

柯文：我确实研究很多领域，我的第一本书中包括很多领域的知识；第二本书则不同，在同一个主题下包括不同的章节。在我写第一本书时，我只进行范围狭窄的阅读，如《王韬传》；在我写作第二本书的时候，我想涉猎更多领域的知识，这样可能有助于我在大学的课程教授。我得到了美国奖学金的资助。

汪小烜：在您的序言中您提到经过您的努力，您具备

了从事学术研究的能力。

柯文：是的。我没有专业的背景，我父亲是个商人，母亲是家庭主妇。因此，在大学教书对我来讲是个很好的工作，但也是一个很冒险的工作。但经过我的努力后，我证明我可以写书。25年前，我出版了我的第一部关于中国的作品，一部通常的学术作品。这是很重要的，从那时起，我开始运用中国素材完成我的作品，引导更多的人以古鉴今，例如勾践的故事。我想，这是一种终极的联系。

汪小烜：您如何评价这本书和其他书的联系？您谈到中国中心论的研究方法，您促成了这一方法和理论的结合，但在研究中国历史中，您是如何运用这一方法的？

柯文：第一本书介绍了在同样的情形下，我们该做什么。书中用了很大的篇幅来谈经验。经验非常重要。我主要谈到中国中心，但我在书中提到的一个更重要的问题是，这并非只在中国历史上存在，在任何国家的历史上都是存在的。在这一点上，它们是不同水平和程度的作品：一个是中国中心，另一个是人类中心。勾践的故事具有代表性，是一个纯中国中心论的故事，这个故事只有中国人知道。美国人没有中国的背景，所以他们不知道这个故事。

汪小烜：我们直接跳至关于勾践的故事吧。就像您刚才所说的，只有中国人知道这个故事。这种知识是否具有中国内生性呢？

柯文：我所关注的勾践的故事是一个普遍的事件。勾践的故事中体现了坚持、耐心，即使在困难的环境和条件下也不放弃，这些是整个人类的行为，但这是一个中国的故事。这个故事在东南亚国家中流传广泛。中国与朝鲜、日本、越南的关系，就像中世纪与现代、美国和欧洲历史的关系。当我在越南旅行时，一个越南人告诉我，他们学习勾践的故事，越南是越，中国是吴。这真的非常有趣。越南想超过中国，就像勾践想超越夫差、越国想超越吴国一样。这也可以看得出中国古代文化对东南亚世界的影响。朝鲜、日本、越南都知道勾践的故事。

汪小烜：您说这就是中国的内生性知识。

柯文：我们可以把它称为一种东亚的内生性知识。除非人们研究中国，否则他们不知道这一故事。

汪小烜：内生性知识，是不是就是指只有内部的人知道，而外面的人不知道的知识呢？

柯文：这是较普遍的事情。例如，如果问你一个墨西哥的神话故事，墨西哥的每个人都知道，但你或许从来没听说过。这就是墨西哥的内生性知识。我在研究《国策》和《新国策》之前，看到了勾践的故事，但我在此之前从来不知道这一故事。我研究了中国50多年，但我还不知道勾践的故事。因此，这促使我在我的书中涉及这一故事。我愈深入地了解勾践的故事，愈认识到人们之间关系的重要性，但故事反映的其他问题也很重要。

1949年以后，蒋介石和国民党去了台湾。他们把自己和台湾的形势比作"越"，把大陆比作"吴"。中国社会科学院的一个学者杨天石，他对蒋介石有很深的了解，引用蒋介石的日记，写了一些有趣的文章。他不同意蒋介石对勾践的界定。蒋介石把台湾和自己比作越和勾践，试图去做勾践所做的事情。台湾"政府"通过歌剧、影视、小说、杂志等多种形式大力宣传勾践的故事，提倡卧薪尝胆。

20世纪60年代，茅盾写了一本关于勾践的戏剧，在整个中国普及推广"卧薪尝胆"的故事。著名作家曹禺也研究了勾践的故事，当勾践战胜了夫差之后，这个故事就结束了。台湾在20世纪50年代以后的形势也是如此，蒋介石与勾践的情形相同。后来，人们用勾践的故事鼓励自己，在困难的境况下，如找工作或考试失败时，不要放弃，要卧薪尝胆、忍辱负重，继续努力。

汪小烜：我对勾践的故事的理解，就像您所提到的，从内部来讲，这一故事只在特定区域传播。

柯文：中国文化是关于故事的文化，当我写作这本书时，我研究了中文。在中国台湾，小学、中学通过讲故事来传授知识。我也看了一些20世纪初的儿童杂志，例如在中国内地非常畅销的《儿童世界》，里面全部是故事，不仅包括中国故事，而且包括外国故事，如富兰克林的故事、爱迪生的故事等。

卫斯理学院校门

汪小烜：在19世纪末20世纪初，中国传统上习惯在课本中讲授这些故事的核心内容，如通过《三字经》《千字文》等来学习知识。

柯文： 中国有着悠久的并不断延续发展的历史传统。大陆的小学老师在他的课堂上讲授卧薪尝胆，他先读这一故事，然后讨论问题。刚开始学生会说，老师什么也没有教给我们。随着老师向他们讲授这一故事的核心和含义，并告诉他们卧薪尝胆有助于他们学会坚持、取得成功，学生们最终掌握了勾践这一故事的实质。一个学生说，如果我想变得富有，我要卧薪尝胆；另一个学生说，如果想在自己的领域取得成就，也要卧薪尝胆。

汪小烜： 我们在小学的时候开始学习成语，老师教给我们如何使用这些成语组成句子。在美国有这样的情形吗？

柯文： 当然有。每种文化都有其内在的故事。我早期接受的教育与中国的故事传授不完全一样。我记得我们小时候读北欧的故事，如北欧的神话。

汪小烜： 我们也同样读这些故事，如古希腊、罗马的神话等。您能解释一下为什么中国更普遍地运用故事传授知识吗？

柯文： 中国有着悠久的历史传统。当我在研究勾践的故事时，我读了《吴越春秋》等历史著作，这个故事的核心在于两个国王。他们都有许多大臣，如范蠡、伍子胥、文仲等，他们经常以古鉴今，通过讲述过去的故事来告诉国王如何进行现在的统治。他们讲述的故事中又包含着故事，以此来影响国王作出正确的决定。这在中国是历代相传的。只有把这些故事放在相同的情境下，才能使人们记住这些故事，并不断传播这些故事。这些故事蕴涵在中国文化之中，而且许多人阅读了这些故事，并互相交流、传播。科学研究记忆揭示，必须给记忆建立关联性，否则无法记忆。这就如同将事物分为某些类别，故事也是如此。勾践的故事发生在公元前5世纪，当时没有出版物，人们记住这一故事只能通过手抄本，并通过讲故事的方式流传这一故事。美国并没有这一现象，因为美国只有二三百年的历史。

汪小烜：勾践的故事在《左传》《国语》中出现过吗？

柯文：是的，在司马迁的《史记》中也有。

汪小烜：《左传》中的故事流传久远。历史故事都有其相应的背景，如一个国王失败了，他就会想我应该向勾践学习。

柯文：人们认为勾践是个大英雄，因为他战胜了比越强大得多的吴。19—20世纪的中国与其之前的情况是不同的。我在我的书中指出，勾践的故事之所以影响如此之大，原因不仅在于人际关系，而且还在于许多中国人阅读这个故事，并把这个故事运用于现实生活中的场合。这就把18世纪后期和春秋战国时期连接起来。春秋战国时期，没有一个统一的中央权威；秦汉之后，中国成为一个统一的中央国家。但在18世纪后，日本、英国、法国、德国等将中国分成几个部分。中国人开始意识到自己所处的形势，即他们似乎回到了春秋战国时期，虽然有一个中央政权，但这一政权并没有真正的实权，就像周朝一样。

汪小烜：中国人并不经常在过去寻找相似的情形来解决今天的问题，一般通过一些办法或途径运用革命、勇气等来解决。我想中国人之所以回到过去寻找经验，在于他们认为过去的某些经验教训是非常有价值的。

柯文：现代的中国人一般不读传统的故事，但人们能够知道这些故事；人们通过讲故事、茶馆评书、戏剧表演等形式不断地发展、传播这些故事。戏剧在传播中国传统文化故事中发挥着重要的作用。

汪小烜：您长期以来运用中国方法研究中国问题，并试图扩大对中国的界定。中国并不仅仅是一个地理概念，您如何界定中国？

柯文：这是非常困难的事情。我只能从某种角度、某种程度上来介绍。例如，新疆的维吾尔族，在文化上他们不属于中国，但从政治上讲，他们居住在中国。此时的中国是一个政治概念，它是一个主权国家，国内所有的事务应该由中央政府统一管辖。但若从文化的角度来谈，那就要复杂得多。海外的中国人，如19世纪在加利福尼亚的中国人，他们虽然不住在中国，虽然不说汉语，但他们仍然保持着中国的传统，他们运用中国机器、观赏中国戏剧，而且他们当中大部分人不说英语。因此，中国文化有更广泛的范围，它可以到达任何地方。目前，中国文化遍及全世界，如开中国餐馆、吃中国食物、说汉语、过中国的节日，等等。因此，从这一角度来讲，中国是一个文化概念、政治概念，但这一概念并不总是和其内部相一致。

另一方面，谈论一个国家的历史是非常有趣的事情。目前地方研究、区域研究在中国非常流行，上海是美国人研究比较多的城市，天津、成都也是。当你在使用诸如"中国"的概念、"美国"的概念、"法国"的概念时，你应该注意什么？这是非常有趣的事情，但很难判断。如果你对历史真正感兴趣，那为什么你应该对中国感兴趣，而不是对浙江或者绍兴感兴趣？究竟是研究整个中国，还是研究某个有代表性的地方？因为从整体上说，界定中国是一件困难的事情。

汪小烜：我认为这一问题可以这样理解，我们可以把上海、天津等城市看作属于中国组成部分的国际化城市。我认为不应该过多地强调使用中国中心论的方法，以及把中国看成是一个地理术语、文化概念。如何看待中国在于

研究的目标和方向。

柯文：我同意。这就是我在研究中国历史时关注如此多事物的原因。中国中心论的方法仍有效，但这只是一种方法，我们还可以运用其他的方法。

汪小烜：尽管中国历史故事中运用了许多重要概念，但不同的人可能有不同的解释。就像读一本小说，尽管作者作出了界定，但你对它的解释可能和作者并不一致。

柯文代表作书影

柯文：对，人们自己作出界定。我看了黄克武的一部作品。他研究梁启超和严复。他关注严复对约翰·密尔（John Stuart Mill）《论自由》（*On Liberty*）的翻译。黄克武用英文写作关于严复的书并严复翻译的作品。他把严复翻译成中文的东西再次翻译成英文，体现了严复的理解和最初版本的区别。他批判地理解严复，认为在严复心中，自由虽然很重要，但并不是最重要的，最重要的是富国强兵。如果自由能够增强中国的财富和实力，那它就是有用的；如果不能够，那它就无意义。而密尔则对自由有不同的理解。密尔认为能力、观点、判断等概念非常重要，人们对概念的理解不同则会有不同的判断和行为。人们如果对概念理解错误，他们就会形成错误的判断，这就是准确界定自由的重要性所在。人们可以通过自由地谈论、辩论，最终更加靠近事实。黄克武认为严复的自由论并没有考虑某些特定条件，没有从背景上理解那些概念，而是独创性地理解那些概念。当然，这些都是黄克武的观点。

汪小烜：中国人一般喜欢给出一个确定的概念。但我认为，试图去硬性界定一个概念是危险的事情。就好像上海，不能认为所有上海的事物都属于中国。

柯文：是的，它也属于世界，就像纽约一样。

汪小烜：因此，我不同意硬性界定一个概念，生活在美洲或欧洲的人们可能有不同的理解。我们没必要硬性地区分。

柯文：是的。我们没有必要把世界硬性地分为中国、法国、日本、美国，等等。我书中的中国包括台湾和大陆。台湾的高山族，一些学者认为它最初来源于越，而另一些学者认为它来源于浙江绍兴。这是 6000 多年前的事了。在 6000 多年前，并不存在台湾和大陆的区别。

汪小烜：您觉得地方史研究和中国史研究有差别吗？

柯文：地方历史（地方志）和中国历史有差别。我们可以研究 100 多个中国的地方历史，但如何把它们连成一个整体，形成关于中国的更加复杂的概念？我认为，在研究过地方历史后，用一个一般的概念来概括这些地区差异是很有意义的，但也是更加困难的事情。例如，有些人认为中国在过去是一个父权社会，男女结婚后，女方住到男方家里去，但在中国的某些地方，情况并非如此，而是男方住到女方家里去。这对"中国是父权社会"的观点是一个挑战。传统上认为中国妇女必须嫁给单身男性，而在中国南方有一些抵制婚姻的女性，她们生活独立，并不结婚，因此，如何用统一的概念界定是非常复杂的事情。

汪小烜：我们可以运用中国的方法进行区域研究，系统地研究中国的历史。

柯文：如果你回顾19世纪的作品，西方对中国的研究中充满着"中国是这样""中国是那样"，但事实上这些观点并不完全正确。

汪小烜：您是如何看待中国的历史故事越来越为世界人民所熟知这一现象的？

柯文：这不是中国独有的现象，而是世界性的。历史故事经常具有观赏性。一些关于中国历史的电视节目可能非常好，在这些节目中出现了神话以及在历史上真实发生过的广为流传的故事。不仅电视节目中播放这些广为流传的故事，而且书中也记载这些故事。例如，当我在高中时，我认为亚伯拉罕·林肯是一个大英雄，因为他解放了奴隶。但当我开始研究美国历史时，我看到了一封林肯写的信，他写道："如果我可以解放民众，我就会去做。"我认为他的贡献主要在于支持和保护民众。这些内容对我触动很深，我从内心里认为林肯是个英雄。这就是林肯的故事所起到的作用。

汪小烜：有时候一些政党，如中国共产党等，会运用这些故事，并作出特殊的专门解释。这个问题，您怎么看？

柯文：中国有特殊的形势和条件。即使在美国，一些人并不了解历史，他们更多地受历史传播途径的影响，如历史图片、学者的著作、内战等的影响，从而知道历史。我想，这种影响永远不会结束。

变迁中的唐人街

受访人——宋怡明（Michael A. Szonyi）
采访人——张梅

宋怡明教授

宋怡明，美国著名中国历史研究专家，现任哈佛大学费正清中国研究中心主任、哈佛大学东亚语言文明系中国历史学教授。主要研究领域为中国明清及近代社会史。1990年荣获罗德奖学金赴英国牛津大学攻读东方学博士学位，1994年博士毕业进入加拿大麦吉尔大学历史系任教，后转入加拿大多伦多大学历史系任教，2005年起执教于哈佛大学。早在多伦多大学任教期间，就曾经关注海外华人问题。到哈佛大学任教后，他不仅撰写多篇研究论文，而且还开设了"海外华人"研究课程，推动了美国学术界对于海外华人问题的研究兴趣。

主编手记

宋怡明教授是采访者张梅在哈佛大学访问交流期间的合作导师，借访学之机，张梅博士请宋教授谈谈对于海外华人研究的看法，宋教授从历史角度对华侨华人问题谈了自己的几点看法，令研究华人问题的学者和普通读者都受益匪浅。

张梅：尊敬的宋怡明教授，非常感谢您在百忙之中接受访谈。在中国学术界，很多人知道您是美国著名的历史学家，但是他们对您还关注华侨华人问题却并不了解，能否请您谈一谈，您是怎么开始对华侨华人问题感兴趣的？

宋怡明：我研究华侨史，是基于两点原因：一是因为我在从事华南研究的时候发现东南亚的华侨华人社会与中国的东南社会有一定的联系。我开始是做华南研究，在中国的沿海地区做了 20 多年的田野调查，所到之处皆是侨乡，这使我不得不关注华侨因素，所以我对华侨华人问题的研究兴趣是自然而然产生的。我给你举个例子，我调研的地方有两个距离不到一公里的村子，一个村子相当一部分人是在海外，另一个则不是，那个有海外关系的村子，无论是经济状况还是文化发展都好于另一个村子。所以无论是从经济发展的角度还是家庭结构和社会结构的角度来看，华侨的重要性在两个村子的对比中都是显而易见的，这也是非常值得研究讨论的。二是因为我自小在国际城市多伦多长大，多伦多是一个华侨华人聚居的多元文化城市，华侨很多，有部分是偷渡过来的。但是这在当时并没有引起我太大的兴趣，事实上我的研究兴趣主要是由侨乡调研引起的。我认为华侨史有一定的研究价值，尽管它并不是我的研究重点。

张梅：近年来中国的海外华人研究越来越热，学者辈出，您怎么评价当前中国的华侨华人研究状况？

宋怡明：说到中国的华侨华人研究状况，我知道的比较有限。让我感觉受益最多的，我认为主要是来自孔飞力先生的研究。孔飞力先生不仅是我的同事，同时还是我的老师，他在华侨华人研究问题上做出了非常突出的成就。现在他刚刚过世，谈到这个问题让我感觉心里很悲伤。孔飞力认为，海外华侨历史以来的成就，在很大程度上是因为他们拥有很丰富的文化资源，他们将这些资源带到海外，在与海外文化的交流和碰撞中逐渐协调和适应，他提出了"历史资本"的概念，这是孔飞力的很重要的观点。我认为，在研究海外华人移民问题的时候，必须把中国国内的华侨华人研究与海外华人研究结合起来分析，以寻找二者的共同点和规律。

张梅：据我所知，您在哈佛大学开设有"海外华人"研究课程，请问您是如何界定您的研究对象的？

宋怡明：之所以开设"海外华人"研究课程，是因为哈佛的学生需要了解中国历史，也需要了解华侨史，我认为我有义务、有责任将这门课介绍给我的学生。说到如何界定研究对象，我用了"海外华人"（Chinese Overseas）概念，就是为了避免引起误解，因为我认为，无论是从国民身份（Overseas Chinese 的定义）还是从血缘（Ethnic Chinese 的定义）上都不能概括所有的华人。而我用的海外华人（Chinese Overseas）概念就是指的从任何意义上在海外能够成为 Chinese 的人，这样，实际上是尊重海外华人自己定位自己认同的自由。因为如果用 Ethnic Chinese，那就表明是血缘最重要；如果是用 Overseas Chinese，那就是表明认为国民身份最重要；而在我看来，无论华侨华人对自己的身份有怎样的理解,只要你在海外,我都可以称你为海外华人(Chinese Overseas)。

张梅：您如何看待长达数世纪的中国海外移民现象？从世界历史的角度看,华侨华人是国际移民的一部分,能否请您简述一下华侨华人与世界其他国家移民的异同以及他们对当今世界的影响？

宋怡明：中国人移居海外的历史,事实上早于国家概念的产生。在我看来,明清时代中国人流动到海外,不能说是一种移民,因为移民这一概念是源起于国家的概念,而早期中国人的向海外流动是国家概念产生之前就有的。

秋日的哈佛校园

说到华侨华人与世界其他国家移民的异同,在我看来,中国人向海外的流动与其他国家和地区的老百姓的向外流动是一样的,并没有太大的不同。事实上,海外早期华侨史研究存在着误解,我给你举两个例子。第一,20 世纪华侨史研究有一个基本的假设，就是华侨的流动是一种循环流动，而白种人、欧洲人移民是一种单行道流动，可是如果我们详细审视历史文献，却发现不是这个样子，欧洲人有相当一部分是单行道移民，但也有相当一部分是循环移民，这与华侨是一样的。此外，很多华侨华人研究学者认为中国移民的特点是连锁移民，实际上意大利到美国的移民、印度到东南亚的移民，也是连锁移民。第二，20世纪华侨史研究有相当一部分学者认为中国移民与其他国家移民不一样，中国人不懂融合，喜欢聚族而居，住在唐人街，保持原有的生活方式。所以从这个假设出发，学者就尽力去理解中国人为什么是这样子。实际上我们现在很清楚，华人这样做主要不是他们自身的选择，而是住在国排华的结果，这是他们对住在国排华适应的结果，就像美国的唐人街。

  我举这两个例子的目的，是想说明我觉得我们必须把华侨史放在世界历史人口流动的大框架下才能阐释，我基本的宗旨是要把中国移民在海外的流动放在整个世界人口流动的大背景下进一步揭示。事实上，中国不仅有海外移民，近几十年还产生了海外华人的再移民潮流，特别有意思的是东南亚华侨的再移民问题，这个只有从世界历史的角度去研究去探讨才能理解。19世纪美国、加拿大、澳大利亚等国带有歧视性的排华政策挡住了中国人往这些国家移民的脚步。而当时东南亚大部分地区是欧洲的殖民地，殖民主义统治者最初觉得海外华侨移民对他们是有利的，因此，他们吸纳了大量的中国移民，可是后来东南亚殖民地国家独立后开始排华，而美国、加拿大、澳大利亚等国放宽了移民政策，于是这部分东南亚国家的华侨开始了向美国、加拿大、澳大利亚等国的再移民。东南亚的排华政策在美国、加拿大、澳大利亚的排华政策之后（晚五六十年的样子）出台，就因为那些明显的排华政策，所以才有再移民的现象。因此，如果想了解全球华人流动的演变，你只有从世界历史的角度来研究才能清楚透彻。

张梅：唐人街（China town）是海外华侨华人的聚居区，也是人们在海外看到的有关华侨华人的最有意思的象征，在北美、欧洲以及世界的许多地方，都可以见到唐人街。请问，您怎么评价唐人街？

宋怡明：为什么美国乃至世界有唐人街，我觉得要从历史的角度来谈，唐人街的存在不是中国人本身的喜好所引起的，而是美国以及其他国家政府和民众排华所引起的，这并不是一个积极的反应，而是消极的应对。我有一个同事周成荫（Eileen Cheng-yin Chow）教授，现在在杜克大学任教，她在哈佛开设了一门"唐人街"的课程，非常有意思！我对唐人街的理解主要是来自她的讲解和指导。从波士顿早期的唐人街历史来看，华侨为了避免美国的排华而聚集居住。19世纪末20世纪初，当时大部分的华侨都住在唐人街，当然现在很不一样了，唐人街已经变成了旅游点，也是服务、商业和贸易中心，为美国的城市居民提供了很多方便。现在波士顿地区的大部分华人已经不住在唐人街了，这跟以往很不一样。所以我们不能认为唐人街是历史不变的现象。

第二个我想强调的是，唐人街现在也是中国老移民和新移民的接触点，这是唐人街的另一个新功能。改革开放后由中国移民美国的大量的技术移民、投资移民、亲属移民等的到来使得美国的华侨华人数量大规模增加，改革开放后过来的这部分新移民与广东、福建的老移民有很多不同，可是新移民和老移民因了唐人街的中介现在接触甚多。

张梅：杜维明先生在20世纪90年代初期曾提出"文化中国"概念，并把海外华人纳入这一范畴，请问，您如何评价海外华人与"文化中国"的关系？

宋怡明：实际上这涉及我上面所说的认同问题，这就要求海外华人要有选择权利，他希望自己属于文化中国，还是属于另外的文化网络，这完全应该由他们来自主决定。哈佛大学的王德威教授（David Der-wei Wang）就继承了杜维明先生的提法，认为我们要谈中文文学，因为中文文学不仅将中国大陆的文学包含在内，而且将东南亚、中国台湾和香港的文学也包括在内，在这方面我很赞成。

张梅：您能否预测一下华侨华人研究的未来走向？

宋怡明：因为我的研究方向是中国历史，所以我认为华侨史的研究非常重要，未来这一研究仍需继续拓展。特别是将中国的华侨华人放在世界历史的大背景下、国际关系的大框架下加以研究。除此之外，侨乡研究也是华侨华人研究的一个很重要的方面。我在福建沿海地区调研发现那边有很多很重要的史料，可是那一带现在已经完全城市化了，像我之前在那做田野调查看到的那些史料，再过二三十年，恐怕看不到了。此外，华侨华人的国别研究也非常有意义和价值。作为费正清中国研究中心"世界上的中国"研究项目的一部分，我希望对美国的华侨华人也开展研究。

民族历史文化的通与变

受访人——欧立德（Mark C. Elliott）
采访人——贾建飞

欧立德教授

欧立德，哈佛大学副教务长，哈佛大学东亚语言与文明系中国与内陆亚洲史教授，著名的清史研究专家，主要研究领域为中国史（尤其是1600年以后的中国史）和内陆亚洲史（尤其是中国与内陆亚洲关系史和满族史）。

欧立德教授于1981年和1984年在耶鲁大学先后获得历史学学士和硕士学位，1993年在加州大学伯克利分校获得博士学位。1993—2003年任教于加州大学圣巴巴拉分校，2003年迄今任教于哈佛大学东亚语言与文明系，主要教授清史、中国与内陆亚洲关系史、清代满汉文献介绍以及初高级满语等。

作为"新清史"研究领域的代表人物，欧立德教授非常强调在清史研究中对满文文献的利用，其具有先驱性的代表作《满洲之路：八旗制度与清代的民族认同》即基于满文文献而成，此书也成为"新清史"领域的代表作之一。欧立德教授还著有《乾隆皇帝》和一系列的论文。

主编手记

哈佛大学东亚语言与文明系中国与内陆亚洲史教授、著名的清史研究专家欧立德教授于2009年5月应邀接受了中国社会科学院中国边疆史地研究中心贾建飞研究员的采访。欧立德教授专门从事清史研究,尤其对满族历史文化极为熟谙。通过对欧立德教授的访谈,我们不仅能够了解他的学术发展之路,更能从中体会到他对中国和中国人民所怀有的特殊情感。

贾建飞:欧立德教授,我知道您最初的研究领域是欧洲史,后来是什么因素促使您将研究领域转向了满族史和清史研究的呢?

欧立德:我在大学读本科的时候学习中世纪历史。我觉得自己对中世纪历史一无所知,所以想填补这个知识的空白点。到大学毕业时,我想我已经或多或少地弥补了这一空白,至少我对于我所学到的知识感到很满意。但就在那个时候,应该是20世纪70年代末,我的兴趣开始发生巨大的转变。1977—1981年,我在耶鲁大学上大学期间,学习了好几门外语。一年级的时候,我学习了高级法语,同时开始学习俄语,我在大学学了4年俄语。1979年,在我上三年级的时候,又开始学习汉语。

长期以来,我一直被中国所吸引。我父亲的一个朋友在美国国务院工作。20世纪70年代,中国逐渐开始改变与世界其他国家的关系,我父亲的这个朋友参与了美国与中国的贸易谈判。当他结束对中国的访问返回美国时,他带回了一些"中国制造"的东西,这些东西在当时是很不寻常的。在20世纪70年代的美国,你基本上不可能找到有中国制造的东西。在纽约,你只可能在中国城买到中国制造的东西，比如说茶叶和肥皂之类的。所以，我父亲的这个朋友从中国带回的这些东西让我觉得充满了异域风味，极不寻常。而中国的变化也开始越来越多地出现在美国的新闻报道中。

我父亲与他的这个朋友结识于 20 世纪 70 年代初的白宫。1971—1975 年，我父亲在尼克松总统时期的白宫工作，他是尼克松政府中的一位中层官员。1972 年 2 月，尼克松对中国进行了访问，那年我 12 岁。当他结束访问从北京返回美国的那天晚上，我们开车去尼克松总统专机降落的马里兰州安德鲁空军基地欢迎他。欢迎的人群成千上万，我们看到尼克松总统和夫人走下飞机，大家都鼓掌欢呼。我一直很清晰地记着这一时刻。天很冷，风很大，跑道两旁停满了车。欢迎仪式结束以后，我们花了很长的时间才找到自己的车。

对于美国来说，尼克松访华是一个令人激动的事件，难以置信。美国作曲家约翰·亚当斯还为此谱写了一部歌剧《尼克松在中国》，我有时候也为我的学生唱上几段。

1979 年，吉米·卡特总统实现了与中华人民共和国关系的正常化，邓小平第一次访问了美国。那时我正在读大学三年级。我想也许我应该学习汉语，但那时只是出于好玩。我的确非常喜欢学习外语，对于我来说这是一个很大的挑战，不过也很有趣。1979 年秋季，我选修了史景迁（Jonathan Spence）教授的中国历史课，这是我学习的第一门中国史的课程。史景迁教授 2008 年刚退休，他在耶鲁大学教授中国近现代史，从晚明一直讲到当代。史景迁教授是一位非常出色的老师，他所教的课往往会吸引 500 多名学生来听，你可以想象这是多么大的一个班。我想这应该是耶鲁大学最受欢迎的课程之一，每年都会有大约 1/4 的毕业班的学生来听史景迁教授的这门课，所以，他对包括我在内的一代代的耶鲁学生产生了非常大的影响。我这门课的成绩是 B+。

　　中文课也很好，不过当时并没有多少学生来选修这门课。要知道，现在在哈佛，我们有上百学生在学习中文，但在我上大学的那个时候还没什么人学习中文。我在耶鲁学习中文的第一年，班里只有 15 个人。我们每天上午 8 点上课，每次上课一个半小时到两个小时，还要进行语言测验。这样的安排简直让人发疯，不过我们真的非常投入。我们都是自愿选修这门课，真的渴望学习这门语言。班上的人都成了好朋友，除我之外，班里还有一些人从事与中文有关的工作。我们的老师非常优秀，很敬业。我记得最清楚的一个老师是司徒修（Hugh M. Stimson）教授，他负责我们这个项目，还教我们语法课。他的发音很准确。我到现在都还记得他教我们练习音调的情形："山高吗？山不高。"非常强调"不"字的音调，这是在帮我们掌握平声和去声的区别。我们还有郑愁予和陆薇等其他老师。郑愁予是个诗人，在中国台湾很有名。陆薇或许是和我关系最亲密的一个语言老师，不过所有的同学都很尊敬她。很多耶鲁的学生都是跟她学习的中文。她是前北京大学校长陆平的女儿。她是我的中文启蒙老师，在耶鲁大学教了我两年中文，还给我起了中文名字。

　　从耶鲁大学毕业后，我想我应该到国外去。问题是应该去哪个国家。我学习了 4 年俄语，我的法语也不错，我还学了几年中文，最终我决定去中国。当时，耶鲁—中国项目刚刚于 1979 年恢复，在湖南长沙成立了"雅礼协会"。1949 年前，这是一个医学院。和哈佛燕京学社与很多中国的教育机构都有合作协议一样，耶鲁大学的合作项目是在长沙。他们每年都向长沙、武汉和香港派遣老师，现在也许还有其他一些地方。"雅礼协会"每年都要在高年级研究生中选派两人到中国，在长沙和武汉教授两年英语。我申请了这个项目，非常希望能够去中国，但是却落选了。作为替代选择，我通过福布莱特奖学金来到了"国立台湾大学"的斯坦福中心，这里的中文培训项目非常好（后来这一项目迁到了北京的清华大学）。

但是我最想去的还是中国大陆，因为我想到那里去继续学习中文，当然中国饮食比俄国饮食更吸引我，这也是另外一个原因。真的。不过，不管怎样，我先去中国台湾学习了一年，在那里认识了许多很好的老师，汉语有了很大的进步。后来，我意外地得到了去中国大陆的机会。由美国国家科学院、中国科学院和中国教育部共同成立的美中学术交流委员会在此前两三年刚刚启动了中美双方的交流项目，美国研究生可以申请这个项目到中国去继续学习。所以我申请了这个项目，我那时还不是博士研究生，只是一个硕士研究生，但是我很幸运，最终被选中，于1982年去了中国。我申请去了辽宁大学，在沈阳待了一年。

贾建飞：您为什么会选择辽宁大学呢？

欧立德：有这么几个原因。一个原因是我在大学学习过俄语，比较了解俄国的历史，所以我对中俄接壤的东北地区比较感兴趣，在中国，东北受俄国的影响最深。但是，我对这一地区却又一无所知，我想也许我可以从事中俄关系或与之相关的一些研究。另外一个原因是，我在中国台湾待了一年后，想到一个气候比较冷的地方去，因为台湾实在是太热、太潮湿了。我想去一个气候冷而干燥的地方，就像波士顿一样。

这就是我选择去辽宁大学的最主要原因。我想我应该

民族历史文化的通与变

哈佛纪念堂鸟瞰

去那里。我很幸运能够被选中。那时我还很年轻，只有22岁。而且，我只是一个硕士研究生，而不是博士研究生。

在沈阳的一年是令人激动的一年，同时也是很困难的一年。你可以想象一下，1982年的沈阳是个什么样子。整个城市都没有多少外国人，只有一些外国专家。他们多数来自美国，还有一些人来自英国，分别在各个学校任教。至于外国留学生，则只有辽宁大学和沈阳的一所医学院有一些。医学院的留学生大多来自非洲。辽宁大学有30多名留学生，其中约一半来自日本，另一半来自欧洲和澳大利亚，来自美国的只有两个人，人数很少。在沈阳，我们受到了严密的监控。

我们住在留学生宿舍，这是20世纪60年代为越南留学生建的宿舍，很舒服，暖气也很好，天气虽然很冷，但是我们住的宿舍一点也不冷。每个宿舍住两个人。不过我们在那里也有很多的难题，例如，没有洗衣机，我们必须用搓衣板洗衣服。要知道，我的母亲都不再用搓衣板洗衣服了，也许我的祖母也不那样洗衣服。对于我来说，在沈阳是很难交到朋友的。不过还好，我交了一些沈阳鲁迅美术学院的朋友。那些学习艺术的学生更愿意冒险与来自西方的留学生交往。有一些学生来看我们，但是他们必须登记。如果他们来的次数多了，就会被询问："为什么你们经常来找这些外国人？"不过，现在的情况就完全不同了。

我遇到的老师都很好。其中一位老师名叫关杰，他后来到大连教书去了。他给我上小课，我用汉语写了一篇很长的关于中俄关系的论文交给他。我在辽宁大学还旁听了由徐恒进教授讲的有关东北史的课。可以说，在辽宁大学的那一年，我在学术上收获颇丰。但是，从心理上讲，在中国的这一年的生活并不是太好。沈阳太闭塞了。

但总的来说，在沈阳的那段时间，我学习和了解到了一些东北的历史。我去过沈阳故宫，在那时我才开始了解满族，它是一个征服了中国的少数民族，最初定都在赫图阿拉，那是一段特别的历史。我在辽宁大学的时候经常外出旅行。辽宁大学离北陵很近，那里是皇太极的陵墓，是一个非常美丽的公园，我们经常去那里散步。我还去过一次东陵，那里是努尔哈赤的陵墓。那是一个晴朗的冬日，东陵没什么人，感觉真是美极了！我开始对东北这个地区以及满族这个中国历史上很特别的民族产生了兴趣。

就是在那个时候，我决定继续学习中国历史。因此，我申请回耶鲁大学读研究生。虽然我在耶鲁大学只读了一年硕士研究生，但是这一年对我是非常重要的。我选修了史景迁教授的两个讨论课，他的课是大课，有六七百名学生。他需要有人帮他，我就给他做助教。我主要是讲包括东北和内蒙古在内的中国边疆地区。我曾经在1983年夏天去过内蒙古，然后去了新疆、甘肃和青海旅游。那个时候旅行是需要旅行证的，我申请到了旅行证，然后去了青海湖、西宁、敦煌、吐鲁番和乌鲁木齐等地。我给史景迁教授当助教，给学生讲授中国边疆，因为我真的爱上了中国边疆。有100名学生听我的课，这是我所教过的学生最多的课。

在耶鲁读研究生的这一年对于我之所以非常重要，还因为我选修了一年白彬菊（Beatrice Bartlett）教授的讨论课，她是史景迁教授的学生，那年刚被耶鲁聘为教授。她后来出版了一本非常重要的书《君与臣：清中期的军机处（1723—1820）》（*Monarchs and Ministers: The Grand Council in Mid-Ch'ing China, 1723 – 1820*）。白彬菊教授的课是清代文献与研究。她曾在台北待了10年，又在北京的档案馆待了1年，可以说是无所不懂。她真是个非常棒的老师。正是她建议我应该学习满语。我的中文在那时已经很不错了，能够很轻松地阅读中国古代文献。而且，我那时正在耶鲁大学选修东亚系孙康宜教授的中国诗歌课程，还在用汉语写作论文。白彬菊教授说："你应该学习满语，你的汉语水平足以作好研究，但是你还很年轻，只是处于研究事业的起步阶段。我在台北和北京看了许多满语文献。许多人都说满语文献和汉语文献是一样的，这种说法是错的，满语文献和汉语文献并不一样，有许多满语文献都还不为人所用，而这些文献正是清史研究新的资料来源。你应该到哈佛跟约瑟夫·弗莱彻（Joseph Fletcher）教授学习满语。"她给弗莱彻教授写了信，安排我们见面。我也申请了去哈佛大学学习满语的项目。但遗憾的是，弗莱彻教授在1984年6月因患癌症去世。因此，当时的哈佛就没有人教授满语了。在美国，还有一个大学拥有较强的中国历史专业，并开设有满语课，那就是加州大学伯克利分校。于是，我申请了魏斐德（Frederic Wakeman）教授的博士生。我顺利进入了伯克利。包森（J. Bosson）教授是我的满语老师，不过在我刚到伯克利的第一年，他在瑞典教书，并不在伯克利，1985年他才回到伯克利。因此，我从1985年开始学习满语，就我们两个人。我跟包森教授学习了两年满语，后来又开始学习日语。那以后，我决定去亚洲从事研究。我获得了日本政府奖学金，首先去了日本，因为学习满语和使用满语资料在日本一直很盛行。这一传统早在第二次世界大战之前就已经形成了，并一直保持下来，许多日本学者认为满语文献中有很重要的内容。我的老师是冈田英弘教授，他和包森教授是好朋友，他们在华盛顿大学是同学。因此，包森教授给冈田英弘教授写信推荐我去日本。冈田英弘教授答应在东京接待我。我在东洋文库见到了冈田英弘教授和许多其他学者。东洋文库有很多学者从事满语文献研究。我参加了他们的研究班，学到了很多东西。

我在去日本之前，先去了一趟中国台湾，那是在1987年的7月。我在台湾和台北故宫博物院的庄吉发教授一起工作了三个月。虽然时间很短，但对我而言却是一次很重要的机会。我开始准备我的博士论文，搜集了大量的资料。1987年10月，我去了日本，在日本度过了两年。

贾建飞：那么您在日本继续学习日语和满语吗？

欧立德：我在耶鲁大学的时候开始学习日语，度过了一段很艰难的时间。我想要真正掌握日语，这是我去日本的另一个原因。我在日本继续学习日语。我和许多日本学者一起阅读了很多的文献。我和冈田英弘教授以及清代史研究室的另外一些学者一起，组成了一个研究清代满族历史的研究班。每两个星期，在星期六的上午10—12点到东洋文库碰面。这是一个规模较大的研究班，有 20—40 人。他们中有的人来自仙台，有的人来自京都，差不多来自日本各个地方。其中有不少和我一样的外国研究生。那些学者们先将满文文献翻译为日文，我们一起探讨他们的翻译。神田信夫和松村润教授指导我们这个研究班，细谷良夫、中身立夫、加藤直人和石桥崇雄教授都会来参加我们这个研究班。冈田英弘教授并不常来。我们最初阅读的文献是《内国史院档》，这些用满语写成的原始文献是他们从第一历史档案馆刚刚得到的。神田信夫和松村润教授与第一历史档案馆的工作人员关系很好，所以我们能够看到这些文献。我们一起认真阅读和翻译这些文献。这对于我来说是比较困难的，因为这是在日语的环境里进行，而且阅读的文献又是另外一门外语——满语。不过，这确实是一种很好的训练。

我的博士论文所用的满语文献是我 1990 年时在北京第一历史档案馆搜集到的。1990 年 2—12 月，我去了中国人民大学清史所。每天我们都要从人民大学骑车到第一历史档案馆，往返需要两个小时。那时北京的交通还不是太发达，我们只能骑自行车，然后一整天都待在那里。我搜集了大量满语文献。最初在伯克利，然后在东京的满语训练使我有能力利用这些满语文献。这些满语文献正是我的《满洲之路》这本书的基础。

贾建飞：就我所知，在中国有很多人想学习满语，其中多数人是满族，当然也有一些年轻学者。但问题是，他们很难找到合适的满语老师。

欧立德：是的，我想这是很困难的。人们总是很难找到好的满语老师来教他们满语。

贾建飞：但是您却在哈佛保持了教授满语的传统，您为什么会这么做呢？

欧立德：教满语的人确实是太少了。当然，我知道在美国不止我一个人教满语，还有其他一些学者也在这么做。我这么做的原因之一是，哈佛给我提供了这么好的一个机会来教授满语，让我能够将所学到的满语知识传授给下一代学生。我当初在北京的时候，中央民族学院（现在的中央民族大学）还有一些教授教满语，尤其是季永海教授在其中发挥了重要的作用；第一历史档案馆的屈六生也教过满语；北京大学语言学系也有一个老师教满语；另外，还有东北的李澍田教授。所以，那时中国还有一些地方有学者关注满语教育，学生可以学习满语。但是这种机会并不多，在美国也一样。在过去的10—15年中，美国和中国等国家都有越来越多的学者关注满族的历史和文化。但是，也正是在这个时期，满语学习变得比过去更加困难。以前在欧洲尤其是在德国，在一些研究中心可以学习和研究满语，现在已经没有了，因为那些教授已经退休，却无人能够替代他们。在日本也一样，没有多少地方能够提供满语学习和利用满语文献的机会。所以，我把这作为我在哈佛的一项很重要的工作，想把这种传统保持下去。

要知道，在汉学中，满语研究的历史很悠久。西方的汉学肇始于16世纪，尤其是17世纪清廷中的耶稣会士，他们是西方的第一批中国研究学者，他们都懂满语，所以满语研究的历史很悠久。现在，许多研究清史的学生开始利用满语文献，当然，也并不只是满语文献，还包括蒙古语、藏语和察合台语文献。我很高兴我能够待在这样一个位置，拥有这么好的学生，他们中的很多人都有很好的学习语言的天赋。因此，我能够把我从老师那里学来的知识传授给学生。

贾建飞：中国学者往往把满族史和清史割裂开来，只有少数学者，如王钟翰教授和定宜庄教授注重二者的结合。而您的著作《满洲之路》则很好地将这二者结合了起来。我想知道，您是如何理解满族史和清史之间的关系的？

欧立德：不错，我一直在努力将这二者结合在一起。1990年我在北京的时候，王钟翰教

哈佛燕京图书馆门前的石雕

授对我产生了巨大的影响。我和王教授相识在东京，当时他们邀请王教授来东京作学术演讲。我来到北京后，和王教授取得了联系。他是一个非常好的人，很慷慨。他约我在他家见面。我和他谈了我正在进行的满洲八旗制度的研究，他对此也很感兴趣，跟我说："让我来给你约一些人共同探讨这个问题。"王教授在中央民族学院专门组织了一次会议。与会者都是对满族研究感兴趣的人，他们当中有历史系学生，还有来自北京各个大学和研究机构的学者。我在会上就我的研究作了一个简短的报告，大家给我提了许多意见和建议。我非常感激王教授为我所做的一切。我读过王教授写的所有东西，他是致力于将满族史和清史研究相结合的先驱。

就在那天，我结识了定宜庄教授，她正在进行有关"八旗驻防"的研究，和我的研究非常接近。我们就一些共

同感兴趣的话题讨论了好几个小时。对我来说，和定宜庄教授的认识以及她给我的指导帮助是很重要的。我非常感激王钟翰教授让我结识了定宜庄教授。要知道，如果有人发现别人的研究与自己接近，通常会很不高兴，还会变得很保守。他们会认为这是自己的研究领域，不允许其他人涉入。而定教授则完全不是这样。她说，我们研究同一领域真的是一件很好的事情。我们成为了非常好的朋友。同样，与刘小萌教授的结识也让我在满族史研究上受益匪浅。

日本的情况和中国的差不多，满族史与清史研究也是割裂开的。中日学者都认为，满族史截至1644年。而我想说的是，满族史在1644年以后仍在继续，1644年不是结束，而是刚刚开始，并一直持续到了20世纪，甚至是现在。现在，中国还有许多满族人，我们对此如何解释？这正是我所感兴趣的问题。

贾建飞：作为一个人口稀少的少数民族，满族是如何较为成功地统治整个中国的？以往的学者，如何炳棣等，甚至包括现在的很多学者，依然强调"汉化"的重要性。这是以汉族为中心的观点。一些美国学者不赞同这种观点，他们强调的是满族的认同作用。您认为何谓满族的认同？它对于清朝的统治又起到了什么样的作用？

欧立德：让我从我在台北开始做博士论文时谈起吧。我的论文是要证明满族并没有被汉化，满族人也没有变成汉人。但是，我在查阅了几个月的清代原始档案后，发现这种同化的确发生了。虽然我不主张使用"汉化"这个词，但是我们不能否认满族的同化，在某种程度上"汉化"确实发生了。所以，我想要弄明白满族的认同是如何随着时间的流逝而变化的，这种认同在清代又是如何保留下来的。我一开始探讨的问题与辛亥革命时期那些关于满族的宣传有关，我在耶鲁大学时就这个问题曾给史景迁教授写过一篇论文。传统的观点认为，到辛亥革命时满族已经完全汉化了。我认为这是值得思考的一个大问题：如果满族人完全汉化了，满汉没有区别了，那为什么还会有那些反满的宣传？为什么还会有满语这样的语言？人们又为什么要关注他们呢？人们在260多年后谈及这些所谓的"北方蛮人"时还会表现出激动的情绪，这个事实提醒了我，满汉之间的关系比我们想象的要复杂。所以，我想要解决的问题是，尽管出现了同化的现象，满族人为何还保留着他们的认同。我的观点是，满族人在同化和认同二者间达成了某种平衡，我们应该折中理解何炳棣教授和罗友枝（Evelyn S. Rawski）教授的争论，折中理解这些汉化的问题，这才是最好的方式。比如，何炳棣教授在其文章中列举了很多满族人被同化的证据；但同时也有很多证据表明，满族人和汉人还是有区别的。有些人认为满洲之所以能够成功是由于他们完全汉化了，但另一些人则认为满洲的成功是因为他们避免了汉化，我觉得折中理解可能更为合理。我在书中没有讨论满族没有汉化这个问题，我提出了大量的满族同化的证据。我想要说的是，即使存在同化，但是在某种程度上，满族人还是保持了他们与汉人的区别。

  这个问题之所以重要，是因为如果没有这种区别，他们就会丧失作为一个统治群体的自我认知。这在历史上是有充分证据的，譬如女真建立的金国，再往前的匈奴，这些群体后来由于完全同化而丢掉了权力。满族对此的认识是非常清醒的。那么，如何避免这种命运的发生，对于所有的统治者而言，其主要的任务就是确保其统治权，把权力移交到下一代，这才是头等大事。对于满族来说，最重要的问题就是如何确保将权力掌控在满族之手。所以，同化是可以发生的，在某种程度上这也是不可避免的。汉文化吸引了他们，人们当然需要一种更好的生活方式，譬如，好的诗篇、艺术、戏院和食物等，满族人吸纳了这些东西。不过，满族人也对此进行了一定的改变，就像北京方言、京剧等。所以，事情不是一成不变的，即使满族人正在被汉人同化，但同时汉人的很多东西也被满族人改变了。我觉得这个过程真的很有意思，非常值得研究。我在书中对此也进行了一些讨论。19世纪的满族人与18世纪初期的满族人是完全不同的，但是他们仍然认为自己是满族人，其他人也仍然认为他们是满族人，只不过是他们的满族特性发生了变化。尽管如此，但是事情还在继续发展，即使在清朝灭亡以后，他们仍是一个群体，这个群体在今天被称作满族。

贾建飞：清朝的统治者给予了满洲八旗不同于其他民族的政策，比如由政府负担其从出生到死亡的一切费用。这种制度对于维系清朝的统治显然起到了积极的作用。不过越往后其消极后果越为明显，它不仅使旗人成为政府的严重财政负担，而且，也使八旗脱离了社会生产，成为整个社会的包袱。我认为，清朝过于强调满族民族特性的这种政策对于满洲的衰落和清朝的灭亡都有一定的影响。那么，您是如何看待清朝对满族人的这种民族政策的呢？

欧立德：我将从几个方面来回答这个问题。一是，如果没有八旗或是八旗制度，那么清朝会怎么样？当时八旗中并不仅仅只有满族人，清军已经是一支多民族的军队，还有很多汉人和蒙古人。清军的主体是汉军，而不是满族人。他们分别驻扎在一些城市中。如果没有八旗制度，在几代内他们可能就不会再有满族军队了。清朝需要军队，它需要一支真正的军队，它依靠一支组织严密、装备精良的军队通过武力上了台,那么能够确保他们掌权的唯一途径就是拥有一支过硬的军队。所以他们当然需要八旗。没有八旗制度,清朝很有可能撑不到18世纪。

我提及这些只是因为,长期以来,清朝维系八旗制度的代价太高了,导致出现了严重的财政问题和其他一些消极因素,我在书中谈到了这个问题。我认为清朝让满族人保持武装实属别无选择。所有的国家都是通过暴力才获得权力的,所以,他们自然要寻求另一种方式来解决他们的合法性问题。就满洲和清朝而言,他们拥有这样一种特殊的制度,可以确保他们最精锐的军队由满族人组成。所以,为了把权力掌握在满洲人手里,就必须有满洲人自己的军队。我们在17—18世纪的文献中可以看到大量有关这个问题的证据。所以,问题就应该是如何维系八旗的正常运转,如何让八旗更有效率,如何防止他们的腐败,如何在维系这一制度的过程中避免弊大于利。

这对于朝廷和那些决策者来说才是最大的挑战。到了19世纪就更是如此,也许那个时候清朝已经不再能够灵活自如地运作这一制度。但是我们必须承认,在18世纪,从雍正时期一直到乾隆前期,朝廷还是对八旗制度进行了谨慎而彻底的大调整,比如怎样去帮助那些旗人、旗人中的哪些人应该得到帮助、谁应该成为旗人,等等。尽管维系八旗制度的代价非常高,但朝廷还是装备了一支极具战斗力的八旗军队,这支军队在18世纪清朝的军事扩张中发挥了关键的作用。到19世纪,旗人部队已经不再那么重要。但是,我在这里想再次指出,我们可能低估了19世纪清军的战斗力和战斗精神。在1840年的鸦片战争中,英国人曾经说过,他们遭遇到的满洲军队并没有放弃战斗。

我并不是说满洲军队是19世纪最精良的一支军队,这

显然是错的。对我来说更重要的意义在于，八旗制度确保了八旗内的旗人能够过一种完全不同的生活方式。不管是在什么地方，你能找到这样一户人家：家中没有男人，只有母女俩一起生活了好多年吗？但是在旗人的户口册中存在大量的这种家庭，比如说，一个老年妇女，她的丈夫去世了，她没有儿子，只有一个30多岁的没有嫁人的女儿，她们独立生活。在清代的中国，这怎么可能呢？根本就不可能有这样的事情发生，但在八旗内部确实是可能的，因为八旗制度能够帮助她们生活下去。这样的例子是很多的，正是八旗制度确保了多数旗人的生活，这是一种非常独特的制度。

我认为这有助于减缓满洲特性衰落的过程。你想，旗人不能经商，只能成为官员或是士兵，或者可以成为农民，但是没有人真的想回到东北去种地。所以，他们就自然逐渐成为我们所说的寄生阶层，依靠政府的资助和救济生存，而不必去努力工作，谋求更好的生活。这当然不是什么好现象，在某种程度上会削弱满族的特性和认同。我不知道如何才能避免这种情况发生，这就是这种制度的特性。我想清朝也希望改变这种制度，如在18世纪80年代，多数汉军出旗为民。但在这一改革之后，清朝再没有对八旗制度进行过正式的改革。

贾建飞：在20世纪末以来的清史学界，尤其是在美国、日本的清史学界，出现了一个新的研究趋势，即新清史。您能具体阐述一下什么是新清史吗，它又会对当代的清史研究产生什么样的影响？

欧立德：我想这个问题的实质是如何去认识和理解清朝。新清史是要把清朝作为一个帝国来理解，清史不只是中国历史的一部分，也是世界历史的一个组成部分。那就

民族历史文化的通与变

欧立德（左）与采访人贾建飞交流

意味着，要把清朝作为一个帝国与其他帝国进行比较，比如俄罗斯帝国、西班牙帝国、英帝国和美帝国，我想这会有助于我们理解我们称之为清代的这个时期都发生了些什么，那些事情又如何导致了政策的改变，它们的效果又怎么样。这些帝国之间存在很多相似的东西，但又不完全一样，因为每种制度都是独一无二的。一般而言，我们可以通过进行多方面的比较来理解政策的选择，或是社会动荡不安的原因，等等。这是一个方面。我想，如果新清史研究真的能够成功地重新塑造美国的中华晚期帝国的研究历史，那肯定是因为它不仅提出了新的问题让人们思考，还提供了令人信服的答案。比如，濮德培（Peter C. Perdue）教授的著作《中国西进：清朝对欧亚大陆腹地的征服》（*China Marches West：The Qing Conquest of Central Eurasia*）就是一个典型的例子。濮德培教授努力想让那些并非中国研究专家的人了解清史中的某些事情。

我想，这正是美国的那些研究中国和东亚史的学者们经常抱怨的地方，人们对他们的工作并不怎么关注。那些非亚洲研究者认为中国是一个不同的国度，中国太遥远了，与法国大革命和美国内战也没有什么关系。你要知道，在美国，"历史"指的是美国史或是欧洲史。在美国的历史系，你可以看到学习美国史或欧洲史的学生很多，其他历史领域的学生就很少。但是，我想我们要做的部分工作就是要使我们所讲述的历史能让其他历史学家（不管他们的研究区域和时段）理解，并和他们的研究关联起来，尤其那些研究世界其他地区历史的史学家们需要在这一方面做得更好。我想这是新清史需要关注和努力的一个重要方面。

我认为还有一个重要的方面，就是要把那些非汉地的历史也包括到清史当中，这就意味着要用非汉语写成的文献来研究和讲述历史。所以，我们要学习除汉语之外的其他语言，如满语、蒙古语、藏语和察合台语等。那么这就需要我们做很多的实际工作。不过，我们还不清楚所谓的新清史将会导致多少历史真的发生改变。

贾建飞：当今国外的中国学研究正处于繁荣发展时期。但不容忽视的事实是，传统汉学，或者是以古代中国为研究对象的中国学研究趋于没落，相关的研究者也在就业等方面遇到了很大的困难。大多数中国学研究都聚焦于当代中国，这当然与中国经济的快速发展和各国与中国经济贸易关系的快速发展密切相关。您是如何看待这种现象的呢？

欧立德：我想情况总是这样的。实际上这也不是什么新鲜事，人们总是在关注发生不久的事情。不过现在的情况也许更加糟糕了。我想这主要应归结于钱的问题。在研究所和高校中，如果他们需要有人来研究中国，就需要投入，而投入就需要得到最好的回报。我认为这些机构确实需要有人从事中国研究，因为今天的中国在经济上的影响越来越大。不过我还想说，这是继18世纪的清朝之后，中国再次对世界经济产生了重要的影响，这并非没有前例。当然，今天中国的发展确实令人不可思议，它对当今世界产生了显著的影响。的确，有一些人想要弄明白那些导致当今中国出现飞速发展的社会、经济、政治和变革的因素。我在谈及我是怎样对中国产生兴趣的问题时，已经谈过这个问题。而且，我也知道我的一些研究中国古代史的同事也开始关注中国近现代史。1982年的中国与今天的中国简直就是两个中国。这是不可思议的改变。

  一些大学需要有人研究中国，自然他们需要的是研究现代的中国，即20世纪的中国，因为我们从报纸、网络和电视上了解到的都是现代的中国。不可否认在我们生活的这个时代，中国在世界各个方面的事务中都会是一个关键的角色。我上大学的时候情况还不是这样，所以当时只有一小部分人学习汉语。人们认为我们很奇怪，为什么我们会学习汉语呢？这不是在浪费时间吗？有的人甚至认为我本人就是个中国人，尽管我自己并不认为我长得像中国人。但是现在没人会这么想了。现在几乎人人都想学习汉语，这可是一个赚钱的好渠道。中国显然是当今世界的一个主要角色，所以需要有人研究中国，并教授学生，当然这指的是现代中国。不过，如果要想真的理解现代中国，我觉得也需要有人教授中国古代史，需要有人研究清史，需要有人研究18世纪的中国文学，或是有人研究唐诗，或是有人可以教授佛教。但是，要想说服人们认为这种工作同样重要可不容易。同样，在美国，虽然研究和教授20世纪美国史和欧洲史的人很多，但是研究和教授20世纪前的美国史和欧洲史的人情况并不是太好。在欧洲更是如此，尤其是德国。所以，对于我们来说，我们努力工作的重要目的在于，不管我们研究的是18世纪还是8世纪，我们不仅要让这种研究有趣，而且还要有意义。

贾建飞：经历了30多年的改革，中国取得了巨大的发展。从您1982年第一次到中国，到2007年最近一次去中国，哪些方面给您留下了比较深的印象呢？

欧立德：与20世纪80年代我所看到的相比，今天的中国发生了巨大的变化。人们的选择日趋多样化，尤其是与他们生活息息相关的方面更是如此。你要知道，1982年我在辽宁大学的时候，大学生毕业时，政府还要负责他们每个人的工作分配。我觉得这种制度真是太奇怪了，但对于中国人来说却是很正常的。现在这已经成了历史的一部分。人们有了更多的选择，人们可以选择在哪里居住，这可是一件大事情。人们可以去想去的地方旅游，要知道20世纪80年代的时候中国可没什么旅游业。除了春节，在火车上基本见不到游客，只有那些出差的人。现在人们还可以选择各种他们想吃的食物。在1983年的沈阳，吃饭的地方人们不叫饭店，而是叫作餐厅。即使在1990年的北京，你也找不到寿司或是日本饭店，但是现在就很普遍了。人们的穿衣打扮也发生了变化，人们还可以选择开什么样的车，所以我看到人们的选择确实丰富多样。不过我想并不是每个人都是这样的，我看到的还很有限，但人们的生活确实变得更好了。这真的很伟大。

另一方面，我看到环境变得有些糟糕。环境污染总是一个问题，美国也一样。在很长一段时间里，我们也有自己的环境问题。环境污染很厉害，比如俄亥俄州的凯霍加河（Cuyahoga River），污染严重到经常引发大火，这是1969年的事情。美国在工业化的过程中有污染问题，英国和日本也是这样。中国则正在经历这个阶段，所以出现了比较严重的污染问题。我们如何去解决这个问题关系着我们孩子的未来。人们想过更好的生活，但是空气却变得糟糕了。由于空气污染，我现在在北京不敢骑自行车，现在的北京和1982年的沈阳相比也许差不了多少。我们在沈阳骑自行车的时候，总要戴上口罩。我戴着口罩、太阳镜和帽子（我之所以戴帽子，还有一个原因是，这样可以避免当地人在骑车的时候因为看我而发生小的交通意外，这种事情真的发生过），当我回到宿舍，摘掉帽子、太阳镜和口罩后，我的脸看上去就像熊猫。

环境问题只是其中之一，还有其他一些问题。如何解决这些问题，人们在多大程度上可以公开谈论这些问题，我认为更重要。

贾建飞：北京奥运会的成功举行对于大多数中国人来说可谓巨大的鼓舞，同时也可以增加世界对中国的了解。您是如何看待奥运会的成功举行对中国可能产生的影响的？

欧立德：北京奥运会举行的时候我不在北京，那个时候北京旅馆的价格太高了。我所知道的都是从朋友那里听来的，或是通过网络、报纸、广播和电视得来的。总的印象是人们都很积极，组织工作有条不紊，奥运会的场馆都是一流的，水立方简直太美妙了，很伟大。所以我想，人们肯定从中得到了极大的满足。开幕式简直令人不可思议，他们真的很了不起，这给我留下了深刻的印象。我知道北京奥运会无论对于中国领导人，还是普通民众来说都是一件不平凡的事情，尤其是对于普通民众来说更是如此。当然，任何事情都不可能让每个人都感到满意，也有人对奥运会心存抱怨。美国已经证明了可以有不同的声音存在。美国人觉得中国应该有令人满意的政治制度，这种政治制度也可以让那些不同的声音得以存在。

北京奥运会的代价之一是对老北京的最后破坏。不过，事实上在北京奥运会举办之前，老北京就已经遭受到了破坏。我记得我1990年在北京的时候，北京还有很多古老的建筑，1982年我第一次到北京的时候当然就更多了。但现在，那个老北京已经不见了。我差不多认不得北京了，只有后海的一些居民区对我来说还比较熟悉，别的东西都已经变得和原来完全不一样了，许多胡同都消失了。现在我再也找不到原来我们骑自行车从人民大学到第一历史档案馆的那条道路，一切都彻底改变了。

作为一个研究清史的历史学家，在我看来，老北京的这种改变是一个巨大的悲剧，毕竟北京曾经是清朝的都城所在地。但是，任何事情都不是绝对的，这也是没有办法的事情。在今天看来，也许那些房子真的已经不再舒适，它们太旧了，有的还是危房，所以我知道有些事情也是不得已而为之。

当你在观看北京奥运会的时候，可以注意到奥运会在历史上对世界各国的不同作用，尤其是在东亚地区举行的奥运会，如1964年的日本东京奥运会，1988年的韩国汉城奥运会。对于这些国家来说，奥运会都是一个进入或重新进入国际社会、展现和证明自我的良机。我觉得，对中国来说更是这样。这对于组织者和那些支持奥运会的中国人民而言显然是很重要的，这一点他们显然做到了。他们组织了这样的世界盛会，提供了必需的基础设施，向世界展现了中国能够做得比其他任何国家都要好。我听说在北京奥运期间，人们的出行比1996年的亚特兰大奥运会都要方便，这绝对是了不起的成就。我想，北京奥运会的成功举行有理由让中国和中国人民感到幸福和自信。

如何理解满族史和清史的关系

受访人——欧立德（Mark C. Elliott）
采访人——张梅

欧立德教授

主编手记

国务院侨务办公室侨务干校副教授、中国与全球化智库客座研究员张梅在访学期间采访欧立德教授，谈了清史研究尤其是满族史的若干问题，欧立德教授目前正研究的课题是满洲王朝与现代中国的内在联系，对于当今中国回溯传统文化也大有裨益。本文原载于《清华大学学报》（哲学社会科学版）2016年第4期，后澎湃新闻经授权节选刊发。

张梅：尊敬的欧立德教授，这么多年来您一直关注中国、研究中国历史，出版了重要研究成果。请您谈一谈，您是怎么开始对中国历史产生兴趣的？又是如何投身清史这一研究领域的？

欧立德：我大学读的是欧洲史，硕、博阶段改学中国史。1979年邓小平访美，我正在读大学三年级。那一年中美恢复邦交，有关中国的新闻报道在美国较之前增多。坦率地说，在此之前我对中国的了解比较肤浅，可是因为我对语言感兴趣，先后学习过俄语和法语，不过觉得不够用，就想要学一门难度高点的语言，因为邓小平访美让我对中国产生兴趣，所以在1979年的秋季我开始学习中文。耶鲁大学历史系那时候有非常有名的史景迁（Jonathan Spence）教授，他讲授的中国近现代史课程很受学生欢迎。我选修了他的课程，这是我学习的第一门中国历史课程。后来回耶鲁大学读硕士的时候我做了史教授的助教。那一年他的课有700多名学生选修，是当时全校选修人数最多的课程之一。学习中文两年后，我先获得富布莱特奖学金去台湾读书进修，当时能够获准去中国大陆读书的机会很少，我去的是台湾大学史丹福中心，那里有专门给外国学生开设的中文学习班。后来，由美国国家科学院、中国科学院和中国教育部共同成立的"美中学术交流委员会"启动了中美双方的交流项目，我幸运地被选中，于1982年去辽宁大学学习一年。

我之所以对满洲或者说东北产生兴趣是因为之前俄国在东北一带非常活跃，我既懂俄语，又懂中文，可以一边用俄文的资料，一边用中文的资料进行比较研究。在辽宁大学历史系读书期间，我完成了关于在中国近代史上如何看待和理解中俄关系的论文。从那个时候起，我就已决定将来要走从事中国历史研究的道路。事实上，我选择研究清史也和我在沈阳的求学经历有关。那个时代人们生活水平比较低，沈阳市内没有什么娱乐场所和设施，而沈阳有自己的故宫、北陵（皇太极之陵墓）、东陵（努尔哈赤之陵墓），留学生去外面放松时就常去附近的北陵公园玩，我自然而然地对清史和满文有了一定的实地接触和了解。

张梅：当您投身中国历史研究的时候，想您一定遭遇到了某些困难。您是如何克服这些困难的？在开展清史研究的过程中，对您影响比较大的人物有哪些？

欧立德：遇到困难肯定是有的，我当时碰到的最大困难就是我要研究的那个课题——八旗制度和它旗下的满洲、蒙古、汉军那些人，在美国没有多少人研究。我的老师们对清初八旗是非常感兴趣的，但真正做过这方面研究的人很少，包括史景迁、魏斐德两位老师在内。魏斐德（Frederic Wakeman）教授是我在伯克利大学读博士时的导师，他那时候正忙于写作出版《洪业：清朝开国史》（*The Great Enterprise: The Manchu Reconstruction of Imperial Order in Seventeenth-Century China*），所以清初对他来说也是个很有吸引力的课题。他对八旗制度没有做过深入研究，但是他知道八旗制度很重要，所以鼓励我进一步去了解。因为当时日本学者在八旗制度史研究方面是最强的，所以我当时考虑去日本。

另外，因为要做好这方面的研究必须要使用满文的资料，所以我在耶鲁大学读硕士的时候还选修了白彬菊（Beatrice Bartlett）教授的课，她给我的影响非常大。从1971年至1981年她一直在台北和北京的档案馆里搜寻资料，在此过程中她发现满文资料和中文资料其实并不重复，而在那之前，清史研究学者普遍认为满文资料和中文资料是重复的，满文是汉文的译本。她指导我去历史档案馆查找资料，并说一定要认真阅读满文资料，这是开展清史研究非常重要的一步，所以我后来听从她的建议，在伯克利学习了两年的满文。到了东京后，我一方面继续学习满文和利用满文资料，另一方面开始研究八旗制度的历史。到了90年代，我去了中国人民大学清史研究所访问交流，花了一年的时间在第一历史档案馆里搜寻资料，这些资料是我后来写作《满洲之路》一书的基础。

张梅：对于清史研究，历史学界有两种研究范式：一种是以汉族为中心的研究范式，强调汉化的重要性；另一种则是以满族为中心的研究范式，强调满族并未被完全同化。当前的中国历史学界普遍采用第一种研究范式，而在您的著作《满洲之路》和《乾隆帝》中，我注意到您将两种范式结合起来，那么，请问您如何理解满族史与清史之间的关系？

欧立德：你问如何理解满族史和清史之间的关系，这个问题非常好。其实我从很早之前就注意到历史学界有这么一个分歧，不仅是中国学术界有这种分歧，在日本也是。日本有一个"清朝史"学派，还有一个"清代史"学派。

研究"清朝史"的人注重研究清初,他们使用的很多都是满文的资料,他们的研究路径与后来被人们称为"新清史"的学者们的研究方法有很多相近之处,关于这一问题我之前在我的论文里曾谈到过。而"清代史"的学者们关注的主要是社会经济史,特别是19世纪的社会经济史。在日本,20世纪八九十年代研究清朝史和研究清代史的学者们来往极少,彼此不参加对方的研讨会,在思想上也很少有什么关联,这跟中国国内的情况有些相似,尽管并不完全相同。因为当时社会史的研究方法还没有流传到中国大陆,中国国内主要是研究清代史,以清代的社会经济史和政治史为主。关于清代史的研究时段,学者们一般认为是从清朝开始到鸦片战争时期结束,因为鸦片战争之后就是近代史的范畴,而近代史的研究则属于另一个方向,有另外的研究基金、另外一拨人在做这些研究,事实上,这种分歧对整个清代历史的研究非常不利。

在我看来,中国清代史的研究历来是以汉族为中心的研究范式,因为汉族占据中国人口的绝大多数,所以这种以汉族为中心的研究范式我认为是可以理解的。就像在美国有很多人喜欢研究美国史,而对欧洲史、中国史不感兴趣一样——人们普遍想要更多地了解自己国家的历史而非他国的历史,这是很普遍的。当时研究满族史的学者和研究清代史的学者相互之间没有什么来往,这么说并不夸张。因为满族史属于民族史的一支,民族史和清代史是两码事。民族史的研究通常不会放在北京大学、清华大学、中国人民大学、复旦大学这样的学校进行而是在民族大学开展。我在中国大陆读书的时候,有两位教授对我影响最大:第一位是中国人民大学档案学院的韦庆远教授,他是我当时的指导老师,也是明清史方面的研究专家;第二位是中央民族大学（当时是民族学院）的王钟翰教授，王教授也曾在哈佛读书，英文说得很好。可以说，我之所以能够迈进清史学界就是因为韦庆远和王钟翰两位教授，同时还有中国人民大学清史所的华立、成崇德、郭成康等学者们的帮助，他们对我们这些来自美国研究清史的学生都非常欢迎并鼓励支持。

在当时，我一方面参加他们指导的清代史的研究讨论，同时也和研究满族史的人——主要是王钟翰教授的高徒们尤其是定宜庄、刘小萌等学者——经常探讨满族史的研究进展。我那个时候还没有意识到满族史和清代史在中国区分得这么开，现在想来，当时能让这两组人坐在一起研讨是多么困难的事情。不过我想他们也慢慢意识到不应该把清代史和满族史分得那么开，要两者结合才有道理。事实上，我一直努力将这两者结合到一起，那时候刚好所谓"新清史"的英文著作开始出版，然后美国、日本的学者们开始意识到要想研究好清代史，不能不重视满洲人在其中的作用。之后，日本国内清代史和近代史两个学派的距离变小了，中国国内清代史和民族史两个学派的距离也变小了，而在美国研究清朝初期历史和研究清朝中期历史的距离也变小了。应该说，这一努力在某种程度上是产生了一些成效。

张梅：清朝政府给予满洲八旗特殊的民族政策，用以维系这一族群的战斗力，却仍然不能阻挡满洲衰落和清朝灭亡的命运，您认为主要原因是什么？

欧立德：这个问题不好回答，尽管清史研究学者们对这个问题的答案很感兴趣。研究清代史的学者们好像都有责任要去解释和弄明白"为什么清朝会灭亡"这一问题，当时不仅清朝灭亡了，而且整个帝制都消亡了。一百多年来人们一直试图寻找这一问题的答案，不过我相信，即使再过一百年也还是会有人继续问同样的问题。我能给的回答：我们都要努力适应当前所面临的机遇和挑战。首先来看清朝的领导阶层，他们在17、18世纪都能比较好地适应经济、社会、环境上的各种变化，到了19世纪他们的适应能力好像已不如18世纪那样强，虽然他们也尝试过改革，但最终并没有完成，甚至到后来制度都已经不起作用了，政府也失去了有识之士的信任。在我看来，对任何一个政府来说，人民的信心不管在什么时候都很重要，尤其是在信息发达的时代。那么，为什么清朝会灭亡呢？主要是因为在一个正在转变的历史环境里它没有能够说服大多数的人来支持其统治。当时大家都能看到周围已出现了各种各样的威胁，可政府对此束手无策。对于清朝灭亡可从微观方面去解释，也可从宏观的角度去理解。从宏观上来说，任何制度都有它的寿命，一旦它不能适应时代的变化就会面临被淘汰的命运。

文化的传承需要世界眼光

受访人——田晓菲
采访人——洪越

田晓菲教授

田晓菲，笔名宇文秋水，1971 年生于哈尔滨。13 岁从天津十三中学直接升入北京大学西语系读英美文学专业，1989 年毕业。1991 年获得美国内布拉斯加州大学林肯分校英国文学硕士学位，1998 年获得哈佛大学比较文学博士学位。此后分别在柯盖德大学和康奈尔大学任助理教授，现任哈佛大学东亚语言与文明系教授；现正致力于梁朝官廷文化研究。关于魏晋南北朝的研究专著有：*Tao Yuanming & Manuscript Culture: the Record of a Dusty Table*（2005 年，中译名《尘几录：陶渊明与手抄本文化研究》）、*Beacon Fire and Shooting Star: the Literary Culture of the Liang*（502—557）（2007 年，中译版《烽火与流星：萧梁文学与文化》，由中华书局 2010 年出版）。此外论著、翻译还包括《秋水堂论金瓶梅》（2003 年）、《"萨福"：一个欧美文学传统的生成》（2004 年）、《赭城》（2006 年）等多种。其英文译著《〈微虫世界〉：一部太平天国的回忆录》于 2016 年获得美国亚洲研究协会首届"韩南翻译奖"。

主编手记

对于田晓菲的名字，国内的青少年耳熟能详。加上她的散文《十三岁的际遇》被选入人民教育出版社出版的初一上学期语文课本，更成为年轻人学习的偶像。2009年2月，哈佛大学东亚语言与文明系教授田晓菲应邀接受了哈佛大学博士洪越的采访。田教授结合多年在哈佛大学教授文学史的经验以及对中国传统文学的研究，对中国高校教学提出中肯的建议，提出了"中国传统文化是多元、复杂、不断变化、充满了矛盾的价值观的文化"的观点。

洪越： 田教授，在今天的访谈里面，希望能请您谈谈对"国学热"、中国的高教改革和中国现当代诗歌的看法，您的文学史讲授和写作的经验，还有您最新的研究成果。第一个问题是关于最近几年的"国学热"文化现象。"国学热"有自上而下的方面，政府提倡学习、研究中国传统文化，听说在一些大学和中学，《论语》、"四书"等儒家经典被设立为必修课目；另一方面，"国学热"也体现了人们对古典文学文化的强烈兴趣，比如中央电视台《百家讲坛》里面古典名著讲读节目收视率极高，这方面的书也非常畅销。您怎么看这个文化现象？

田晓菲： 人们对古典文学、对传统文化感兴趣，是很好的事情，这也是"国学热"中积极的一面。可是，如果"国学热"和意识形态挂钩太紧密，如果以对国学的兴趣，培养民族主义、国家主义的情绪，就不一定是好事。而且，所谓的什么什么"热"，都是一些时髦、时尚的东西，也会冷掉的。如果能够把对国学的关注放到更大的学术氛围中，一方面保持对国学的兴趣，另一方面也不要失去对世界文化的关心，那就更好了。

洪越：在"国学热"这个现象里面，一个有争议的问题是传统文化在当代中国的意义。有一种说法是，对传统文化的认同是构建中国独特身份的重要步骤——传统文化是中国的身份证。您怎么看传统文化和身份认同之间的关系？

田晓菲：这个说法很生动，可我不是很认同。这是对事情缺乏深入、尖锐思考的一种看法。这里面有两个方面的问题。一方面，说传统文化是中国的身份证，是把传统文化看作一块固定的铁板，一个已经死掉的东西，然后变成了一纸证明。但是如果了解中国的文化史，你会发现中国传统文化的内容是不断变动的，它吸收了很多各种各样活跃的、外来的因素，所以传统文化本身并不是纯粹的、单一的东西。另一方面，如果说传统文化是我们的身份证，那如果再有新的东西进入我们的生活，如果再有新事物发生在中国，是不是它们就都是外来的、西方的呢？这种说法好像是说传统的才是纯粹中国的，新的东西是混杂的、西方的。表面上，这种说法把中国文化传统放在很高的地位，可是实际上，它既贬低了中国文化传统的丰富多元性，也剥夺了中国文化传统自我更新的可能性。

洪越：您刚才提到，除了关心中国传统文化以外，大家也应该关注世界文学和文化。为什么要提倡关注世界文化？我们是不是对世界文化已经关注得够多了？比如，一个经常听到的说法是，中国人对美国的了解就比美国人对中国的了解多。

田晓菲：这里面有两个问题。一个是，中国人了解美国，其实跟美国人了解中国一样，往往是通过国际新闻和电影电视，都是通过大众媒体来了解的。大众媒体要服务于自己的意识形态，提供的是皮毛，也存在很多偏见。另外，我们对美国的关注确实不少，但是美国不代表世界。有些学者说，现在的年轻人只喜欢看外国文学的书。但是仔细看看，大家关注的主要还是英美文学或者德法文学，即以西方主流语言写作的主流文学；在英美德法文学之中，关注的兴趣点又主要是在现当代，即19世纪、20世纪的文学。我们对19世纪以前的西方文学传统翻译介绍得很少；对英、美、德、法文学以外的文学文化传统翻译介绍得更少。

所以，人们的世界文学知识是个横切面，了解的是现当代的世界，对纵深的历史了解不多。在横切面当中，人们的兴趣又集中在以强势语言（比如英语、法语、德语）写作的文学。对伊斯兰文化、阿拉伯语文学、印度文学、东南亚文学的介绍和翻译都非常少，大学里也很少有这样的课程。我曾经听到过这样的故事：有学生考进北大阿拉伯语系，就有人议论说，虽然学的是阿拉伯语，但总算考上了北大。为什么要说"虽然"学的是阿拉伯语呢？这样的评语反映出来的情绪是，学阿拉伯语是下策，但是进了北大，也算是不幸之中的万幸了。总的感觉是，大家的注意力集中在强势语言文学，以及强势语言文学中的现当代文学，而对世界文学的其他重要部分、对世界文学的传统，都了解得很少。

洪越：近年来，国内高等教育变化很大。对于如何改革中国的高等教育，如何创建世界一流的大学，人们有很多讨论。其中，是否要在中国大学实行通识教育，是一个很有争议的问题。通识教育（general education）是美国高等教育的一个主要模式，主张大学教育的目的不是培养专业人才，而是培养全面的人才。人文教育，包括学习文学、历史、哲学、艺术、世界文化，是通识教育中的重要部分。

您对中国和美国的教育系统都很熟悉，是否可以谈谈您的看法？

田晓菲：我知道关于通识教育，或云博雅教育，国内有很多讨论，也有大学开始试行了。我的一个想法是，大多数国内的大学可能并不具备实行通识教育的条件。在对中国自身文化传统的研究之外，我们对世界文学、历史、艺术、哲学等各方面的研究，都还远远落后于国际研究水平。刚才我们也谈到，国内翻译介绍世界文学的书籍相对来说比较少。很少有大学可以开出很多关于世界文学或者世界艺术史方面的课程，即使是北大、复旦这样的一流大学也不例外。比如莎士比亚的专题课、文艺复兴时期的艺术史这样的课程，非常少，或者就干脆不存在。我听说现在很多大学的英语系主要以教语言为主。在一般的大学里面，英语系的教授很少有机会去英国、美国访问，或者在英美拿到硕士、博士学位，再回中国任教。图书馆里最新的研究资料也不多。这些因素造成的结果是，我们与世界的研究水平严重脱轨。

最近我碰到一个访问学者，希望做艾米莉·狄金森（Emily Dickinson）的研究。据这位学者调查，迄今还没有狄金森全集的中文译本，也没有一部关于她的传记。有几种中文的狄金森诗选，但都是比较通俗的译本，不是体现最新研究成果的注译本。这个学者很想作狄金森的翻译和研究，在美国访问的时候搜集了很多资料。可是，当她和一个大学出版社的编辑商议的时候，编辑很为难，说如果做国学方面的研究项目，就很容易拿到出版基金，但是要出版狄金森的翻译和研究，就很难申请到出版基金，因为不知道有多少读者会感兴趣，很可能出版社赚不到钱。从这个例子就可以看出来，即使是在人们有兴趣的英美文学领域，狄金森还算是英语现代诗的宗师巨匠之一，研究出版状况尚且如此，怎么能期望人们对非强势语言的文学有任何深入的研究呢？

  所以问题是，即使在理念上我们希望进行通识教育，但是实际上，在非常多的人文学科领域中，我们的研究都是严重的空白。国家拨了大量资金支持国学研究，可是相对而言较少把资金用于建设世界文学、文化方面的相关学科，比如世界史、世界艺术史、世界文学。翻译的情况也是一样。国家投入大量资金整理古籍，可是没有拿出同等的资金资助外国文学的翻译、研究和出版。在师资培训方面，在中国研究世界文学的教授也很少有机会被派到外面访学、和外面的同行交流。没有翻译、没有最新的研究资料、没有老师，怎么搞通识教育呢？再举一个例子，前几年，我翻译了希腊女诗人萨福（Sappho）的诗，在国内出版（田晓菲：《"萨福"：一个欧美文学传统的生成》，三联书店2003年版）。我不是古希腊文学的专家，也不是萨福专家，可是我参考了大量萨福研究的最新学术成果，可以把这些最新研究成果在我的书里进行介绍。这一点，国内学者往往没有条件做到，他们也就很难作深入的专题研究。

  洪越：确实是这样。即使是从语言的角度来看，也很少有大学开设古希腊文、拉丁文的课程。我有一个朋友，对希腊文学特别感兴趣，但是找不到这样的课程。最后还是自己想办法自学，后来到美国再进修的。

  田晓菲：别说是古典语言，现代语言也往往如此。如果缺乏资源，即使有兴趣，研究起来也很难。而且，大学里面的外语教学，往往偏重实用、商业外语，而不是文学。记得有一次，我在上海某酒店里吃早饭，听到两个人用特别流利的意大利语交谈。一个是中国人，另一个应该是意

田晓菲部分作品书影

大利人。那个中国人的意大利语特别流利,不过谈的都是生意。他学的意大利语是商业意大利语,不是文学意大利语。虽然他的商业意大利语特别流利,可是如果用来读但丁,可能还是不行。我觉得,大学里外语系的问题不是没有好的语言教学,而是没有深入的外国文学、文化的研究。我跟很多访问学者谈过,大家都承认这是一个很大的问题。有的学者说,现在的学生都只出于实用目的学外语,对外国文学、文化没有兴趣。但是没有这方面的课程,当然没有办法引起学生的兴趣;同样,书店里没有这方面的书籍,也就没办法引起大众的兴趣。

洪越: 您觉得从哪些方面可以改变这种状况呢?

田晓菲: 可以从多方面努力。从单个学校的角度,如果校领导能高瞻远瞩,可以在自己的学校里建立世界文学、文化方面的科系，购置最新研究资料，培养相关的人才。从政府的角度来讲，国家可以在鼓励国学研究之外，也分配资源给世界文学与文化的研究。从个人的角度来说，我们应该尽量发出这种声音。一两个学者谈这些问题的时候，往往觉得个人的力量太小，谈谈没有什么用处。但是，如果大家能够谈到、注意到这些话题，起码可以让越来越多的人意识到这是一个问题。

还有一个可以改变的观念是，不一定什么比较研究都得跟中国有关系。在中国研究比较文学，大多是中国和某国家的比较。可是如果在美国大学学比较文学，不一定研究美国文学和别国文学的比较。比较文学不一定非得是比较自己国家的文学和别的国家的文学。

洪越： 这个学期我旁听您给哈佛本科生开的介绍中国文学与文化的公共课。在课上，您特别强调中国文化的多元性，强调中国文化是一个充满了相互矛盾的价值观念的混合体。您为什么着重强调这个方面？您希望学生在一个学期里面学到什么？

田晓菲： 这个学期我作为东亚语言与文明系的代表参加了与哈佛新生和家长的座谈。每年，被录取的新生都会去录取他们的学校参观访问。比如一个学生同时被哈佛、耶鲁等好几个学校录取了，他会和家长一起访问各个学校，比较以后再决定去哪一所学校上学。访问活动的一个项目是和哈佛的教授座谈。座谈中，每个教授都要谈他们开什么课程，为什么开这些课程，希望学生从中学到什么。在谈到这学期教的中国文学与文化这门课时，我表示希望学生能学到他们从《纽约时报》和其他美国大众媒体得不到的东西。我觉得对中国传统文化，大家有很多误解和偏见。有时候是美国人的误解和偏见，有时候是中国人自己的误解和偏见。比如一个最常见的偏见是，中国传统文化就是儒家文化。所以，在这门课里，我特别想传达的一点是，中国传统文化是多元、复杂、不断变化、充满了矛盾的价值观的文化；中国传统文化是儒家文化的说法，是简单化的、片面的说法。

洪越：您觉得在美国大学教中国文学史和在中国大学教中国文学史，会有什么不同的考虑？

田晓菲：有一个重要的区别是，中国文学史在中国的大学里是必修课，但是在美国大学里是选修课。如果是必修课，老师就不用考虑选课的人数，学生喜不喜欢、课讲得有没有趣就不是一个特别大的问题。但是，在美国大学教中国古代文学与文化，因为是选修课，你必须回答一个问题，就是为什么学自然科学、社会科学的学生要学习一个异国的文学和文化，而且还是那个异国的古代文学与文化？换句话说，了解一个外国的古代文化对一个美国学生有什么必要性？在中国教中国古代文学，不需要面对这些问题。

其实，在美国大学教中国文学史，更像是在中国大学教德国、西班牙或者印度的文学和文化。就拿印度文化打比方。印度文化是一个非常丰富的文化传统，和中国文化一样，也有几千年的历史，里面充满了很多我们念不出来的名字。同样，很多美国学生没学过中文，从来没有接触过任何中国文学，连中国诗人的名字都念不出来。面对这样的听众，必须要想一想，怎么能把课讲得很生动，同时又要让学生觉得这门课很重要。其实，在美国教中国文化，与在中国教印度文化，具有同样的意义。介绍一个异国的文化传统，目的在于让学生思考，别的文化传统和他们自己的文化传统不同在哪里，让他们考虑是不是应该放弃自己作为一个现代人、外国人的偏见，去理解一个有很长历史的别国文化。

所以，在美国，我希望美国学生学习中国文化；同样，在中国，我希望中国学生也能学习印度文化或者波斯文化。归根到底，了解世界上其他的文化传统，目的在于培养更好、更完整的人。一个受过大学教育的人，在大学里面得到的东西应该不仅仅是专业知识。专业知识在技术学校或者专科学校都可以学到，但是进入一个大学，尤其是一个好大学，如果学生只能学到专业知识，其他方面，像世界文学的、哲学的、艺术的知识都少得可怜的话，那么大学教育就只培养了专业人才和技术人才。回到我教的中国文学史这门课，其目的不在于培养研究中国文学的学者。虽然说很可能会有一些学生因为选修这门课而产生继续学习中国文学的兴趣，不过，不管是在美国还是在中国，大部分本科生最后选择的专业都不是人文学科的专业（美国本科生中选择人文学科作为自己的专业所占的比例大概是10%）。选我的课的学生大多数不会以人文学科为专业，很多人甚至不会从事任何和中国有关的职业。但是将来做什么不重要，大学教育的任务是培养更好、更健全的人，而其中的关键就是人文教育。其他很多科技、专业的知识，都可以从大学以外的渠道得到。在人文教育里面，把世界文化的传统介绍给学生是非常重要的。我在美国开设的中国古代文学与文化的课程，是让美国学生了解美国以外的世界文化。同样，我希望在中国也能有更多介绍世界其他文学与文化传统的课程。这样，中国的大学生不仅了解自己的文化传统，也能了解世界的文化传统，进而思考自己的文化传统与世界的文化传统之间的关系。

洪越：您觉得这门给哈佛本科生开的介绍中国文化的

课，对中国的大学生适用吗？听众的改变会不会影响课程的设置？

田晓菲：这门课如果在中国的大学开，可能会有一些改变。比如中国学生会知道一些中国文学的基本知识，起码对于《诗经》《楚辞》、李白、杜甫等是知道一些的，基本的历史背景也是知道的，所以可以减少一些对背景知识的介绍。但是课程的主要内容，我觉得完全可以适用。我的学生里头有一些是在国内上了高中之后，到这里来上大学的。有一个这样的学生，来上了两三个星期之后，就放弃了。学期刚开始的时候，他告诉我说这个学期选了五六门课。你知道，在哈佛，本科生每个学期最多选四门课，课业就已经很繁重了。他选了五六门，可能是觉得其中有的课，比如我的中国文学课，因为他知道的比美国学生多，应该很轻松就能拿到好成绩。但是几个星期下来，他发现这门课并不容易。我的讲述方法不是他所熟悉的中国文学史。他虽然知道，也学过屈原，可是以前中国的老师不是这么讲的。所以，要继续选这门课，必须得调整思考方式，要投入很多时间和精力才行。所以最后他就没有选这门课。

洪越：这门课是用英语讲授的，读的中国作品也是用英文翻译的。一个常见的问题是，怎么用英文教中国文学。您怎么看？

田晓菲：这是一个很有意思的问题。我的课上有一些从中国来的学生，希望能不读翻译的，读中文原文的。我在和新生家长见面的时候，也有家长问，如果读英文翻译的中国文学，原文的风味会不会都在译文中丧失了？我的回答是：当然最好是读世界上一切文学作品的原文，但是如果我们做不到这一点，翻译就会永远存在。对完全不懂中文的学生来说，读译文是佛经里面所谓的"方便"，是权宜之计。但是好的译文在某些层次上完全可以和原文媲美，而且，最重要的是，如果不能通过译文把中国文学的价值告诉学生，那学生怎么会有动力去学中文？像我从小读英美文学，读的都是中文翻译。因为觉得特别有意思，所以产生一个动力，想学英文，想着要是有一天能读英美文学作品的原文，岂不更好？当然会更好！可是如果不是因为我喜欢读过的中文翻译作品，我怎么会去学英文？到后来，要不是热爱那些翻译的意大利、西班牙文学作品，我为什么要花时间去学意大利文、西班牙文呢？而且，世界上语言那么多，一个人不可能学会世界上所有的语种。翻译是敲门砖，可以把一个人引入一个全新的领域。

对能读原文的中国学生来说，读翻译也是一件好事。读原文的时候，有时候容易一知半解。这学期我的课上有一个学生，是在中国读了高中以后过来的。她写了一篇关于《诗经》的作业，作了自己的翻译和诠释。《诗经》是特别难读懂的，如果她用中文写这篇文章，很多地方我不会发现她的理解是错的，但是因为她要把作品翻译成英文，我才知道她对原文的理解存在错误。母语是汉语的学生，读汉语古典文学作品，容易读得粗率，经常觉得大概差不多就是这个意思。但是读文学作品，必须弄清楚一字一句到底讲的是什么。要是观其大概的阅读，很多地方的理解都不见得对。所以，对能读汉语古典文学作品的学生来说，读英译文也是一个很好的体验，会迫使你对原文更加重视。

洪越：中国当代的旧体诗写作和白话诗写作属于两个截然不同的领域。旧体诗和新诗的作者没有交集，读者也是不同的人群。我的感觉是，写新诗、研究新诗的人不太关心旧体诗；同样，写旧体诗的人也不关注新诗。您是研究古典诗歌的学者，但是也一直对新诗写作非常关注。能

2009年6月，田晓菲在苏州大学演讲

不能谈谈您对现当代旧体诗写作和新诗写作的看法？

田晓菲： 我倒觉得现在写新诗的人对古诗比以前关心了。我觉得中国当代诗歌发展得非常好，有很多很好的新诗出现。不像20世纪七八十年代，好诗凤毛麟角。现在有各种各样的诗歌流派，很多诗人写的诗非常有意思、非常好。写新诗的人关心古诗，大致有两个方面的因素。一个是他们头脑开放，愿意从古诗中吸收营养；另一个因素和前面谈的问题相关，就是认为传统文化里面有中国性。不管是什么原因，写新诗和写古诗的人群比以前有更多接壤。20世纪以来的很长时期，新诗处于求生存阶段。直到现在，有的研究新诗的学者还是有这种感觉，觉得新诗需要护卫。我倒觉得新诗其实脚跟站得很稳，很多人在写，而且写得也很好。我不同意写旧体诗才代表纯粹的中国这个看法——写新诗也代表纯粹的中国。如果你是中国人，用汉语写作，你就是中国写作的一部分，不需要争论谁代表的中国更纯粹、更中国。

　　我主要想谈的一点是，应该从学者角度看中国现当代新诗和旧体诗的写作，我觉得我们到了一个应该反思的时候了，就是说应该把旧体诗写作放到现当代文学史里面来。写现当代文学史的时候，一定要包括旧体诗。不是为了怀旧，也不是因为旧体诗才代表纯粹的中国性，而是因为新诗写作和旧体诗写作彼此定义。不可否认，新诗本身就是在抵制旧体诗传统的过程中产生的。反过来，旧体诗的写作又被新诗深刻地改变了，虽然这个改变不一定是自觉的。写新诗的人是把持文化机构和文化权力者，在这种情形下，写旧体诗是一个"negative gesture"（否定性的姿态），就是说我选择写旧体诗，而不写新诗。在某种程度上，写旧体诗也是一个"退隐"的姿态。因为写旧体诗的人非常清楚，他们永远不可能得到国家、世界设立的诗歌大奖，不可能进入大学教材，也不可能把旧体诗写作当成职业。写新诗的人可以在大学教授现当代新诗研究，但是没有大学会请写旧体诗的人开一门现当代旧体诗的课。所以选择写旧体诗，意味着选择远离体制，远离"公众话语"（public discourse）。这个选择带有"私人"（private）的性质。但是这个"私人"性又不是说你躲在家里，自己写自己的。写旧体诗的人有特别大的"圈子"（community）。从数量上讲，现当代写旧体诗的人数量非常大，不只是几个遗老遗少。他们遍布全球，各个行业的人都有。通过网络，他们从世界的各个角落参与这个旧体诗词写作的"圈子"。一个人把一首诗放在网上，就会有好多诗友来评，用字怎样，推敲怎样，非常有趣。贺麦晓（Michel Hockx，曾任伦敦大学亚非学院东亚系主任）研究现代新诗，对网络诗歌很有兴趣。他注意到，新诗网友的评论往往讨论意象；旧体诗网友则注重推敲字句,"这个地方用字可以斟酌"云云。这是很有意思的对比。所以,旧体诗写作不是完全"私人"的,他们有自己的群体、网友,有自己的杂志、竞赛,但是都是非官方的、体制之外的,所以我称之为带有"私人性质"的。如果现当代文学史对这批人视而不见,那么这样的文学史是片面的。

研究当代文学,评论当代文学,难免有给人做代理商的感觉。评论者推崇一个诗人,他就比较容易出名、得奖。赞美、批评所引起的市场效应无法避免,但是从文学史的角度,我觉得我们已经到了一个应该在现当代文学史、诗歌史中给旧体诗一个位置的时候了。旧体诗写作产生多少优秀的诗人,不是最重要的。实际上,我个人觉得,写旧体诗能写得很好的,比写新诗写得好的少得多。把旧体诗写入文学史,最重要的是要考察旧体诗写作和新诗写作怎样定义彼此、影响彼此。研究的时候,一定要把这两种写作放在一起来看。最近几年出版了一些现当代旧体诗词史,也有越来越多关于现当代旧体诗词写作的文章发表在学术杂志上,这是 5 年、10 年前从来没有看到过的。英文这方面的研究文章也有。但是这些研究有一个共同的问题,他们关心的是断代的旧体诗词史,是现当代的旧体诗词的写作,而不是旧体诗与新诗的互相作用。在这样的研究中,旧体诗、新诗还是分开的。写旧体诗词史的人一字不提新诗,写新诗史的人也一字不提旧体诗。这样分离的研究没有办法对文学史有一个全面的把握,也没有办法凸显这两种写作的特质。我唯一担忧的是,一部分这样的研究受到"国学热"的影响,认为旧体诗代表了纯粹的中国。如果是这样,研究旧体诗词的动机已经是一个误导的动机,其研究本身也值得商榷。

洪越：2007年，您出版了英文专著《烽火与流星：萧梁文学与文化》[Tian Xiaofei: *Beacon Fire and Shooting Star: The Literary Culture of the Liang* (502 – 557), Cambridge: Harvard University Press, 2007.]，国内还没有翻译。是否可以简单谈谈这本书的设想？为什么选择南朝？选取"文学与文化"这个角度，而不是"文学"，有什么考虑？

田晓菲：这本书的中文版会在2009年由中华书局出版。选择梁朝，有两个原因。第一，梁朝是很重要的时期，是中国思想史、文化史大转型的时代。当时的思想文化非常活跃，人们非常好奇，出现了很多前所未有的文学、文化现象。除了最后几年之外，梁朝一直处于梁武帝治下。梁武帝在位47年，是中国历史上统治时间最长的君主之一。在他统治的将近半个世纪之中，梁朝政权稳定，经济、文化方面都非常繁荣。梁朝的都城建康是当时世界上人口最多的大城市，是繁华的商业中心。文化方面，梁武帝积极推行文化事业的建设，梁朝人从事的各种文学活动，如写作、编辑、整理、分类、生产选本等，规模都是前所未有。第二，梁朝又是最受误解的时期。一讲到南朝，传统的印象就是腐朽没落、纸醉金迷，到处是亡国之音，最后就被灭掉了。书里面的一个主要观点是，我们的这种看法，是全盘接受了初唐史学家对梁朝的书写。初唐人作为中介，对后代人，对我们看梁朝历史，起到了特别重要的影响。唐朝是胜利者、征服者，征服者写被征服者的历史，是充满偏见的，当然会把梁朝写成一个腐朽没落、等着被灭掉的朝代。问题在于，后来人把初唐史学家的正统观点不假思索地全盘接受了。其实，初唐的时候，对梁朝的看法存在着理论与实践的分离。一方面，史学家批评梁朝，但是文学实践上，初唐人推崇梁朝文学，他们的宫廷诗完全是

梁朝宫体诗的继续。可是后来，正统史学家的叙述占了上风。这种影响一直持续到今天。

"文学与文化"是 literary culture 的中文翻译。Literary culture 和政治文化（political culture）、军事文化（military culture）、物质文化（material culture），都是不同方面的文化。军事文化讨论武器战备、兵书；政治文化讨论政治制度、机构；物质文化讨论人们衣食住行、宫廷设计。Literary culture 是跟文学有关系的文化，包括文本的书写和传播，文本怎么从一个地方流动到另一个地方，接受情况怎么样。还有文学批评、文学思想，也都属于 literary culture。如果像"政治文化""物质文化""军事文化"那样，把 literary culture 翻译成"文学文化"，意思不太清楚，容易引起误解，所以最后翻译成了"文学与文化"。这里所说的"文学与文化"，不仅仅指作品本身，而且指文学生产的物质过程，比如文本的抄写和传播；文化活动，比如编辑文集、选集、图书分类；也指宗教和文学的复杂互动；也包括社会和政治结构对文学的影响，等等。可以说，这是一部梁代文学的社会与文化史。

选取"文学与文化"的角度，而不是"文学"的角度，一个考虑是想打破学科之间的严密界限。我的书有很多篇幅谈诗，尤其是五言诗，因为诗在当时人们的眼里特别重要。但我是把诗放在历史、政治文化、物质文化的大背景下讨论，把诗看作是大的文化中的一个部分。只有把文学文本还原到它们产生的语境中，我们才能理解它们的意义；我们对文本的了解，反过来又可以帮助我们理解框架文本的社会、历史和文化语境。

洪越：听说您最近刚完成一本书稿，是否可以谈谈这本新书的内容？

文化的传承需要世界眼光

田晓菲：这本书由两个部分组成，第一部分讲魏晋南北朝，第二部分讲19世纪。这两个时代其实有很大可比性。这两个时段都翻译了大量的外来文字，受到异国特别多的影响。魏晋南北朝的时候，佛经大量从梵文翻译过来。这个时代以及此前，世界上没有任何一个文化有这么多的翻译文学（广义上的文学）。这些翻译文学对当时中国本土的文化的冲击特别巨大。

田晓菲（左）与其丈夫宇文所安合影

洪越：联系到前面您讲到的中国文化传统的复杂多元性，魏晋南北朝时期外来文化对本土文化的冲击，是一个很好的例证。

田晓菲：对，当时有很多东西是外来的，不是本土的，但是到了后来，那些外来的东西变成了中国文化的一部分。这个冲击对后来中国文化的影响非常大。禅宗、新儒家、晚明心学，都是由这个冲击生发出来的。现在谈佛教文学对中国文学的影响，谈得比较多的是佛教故事、意象、情节的影响。但是在这些具体的影响之外，还有深层的影响。佛教传入中国影响了当时人对世界的看法以及看待世界的方式。当时的人对世界充满好奇和探索精神，他们离开中国本土，去中亚、印度、东南亚旅行。和以往不同的是，他们回来以后写游记，以前的人没有写过，或者写了也没

有流传下来。法显的《佛国记》就是第一部流传下来的汉人到印度、斯里兰卡之后写的游记。当时的妇女也有机会远游,比如公元 5 世纪时一个尼姑也想去斯里兰卡,一直旅行到广州,在广州生了病,当地人执意挽留,最终没能成行。以前妇女旅行,往往是跟随着丈夫和家人,但是这个时候,佛教给了她们一个机会可以独立旅行。这个时候,普遍意义上的人口流动性也是前所未有的。在汉代,人们往往在一个地方生老病死。虽然做官的人必须流动,但他们只是人口很小的一部分。但是到了南北朝,一旦成为僧尼,就一定要旅行,因为他们的使命是四处传道。南北朝的界限对他们也不是约束,他们从北到南,去四川、福建、广东,行游范围非常广。主动选择的旅行之外,还有因为战争而产生的被迫的人口流动。如此行游看世界,对人们的视野、心态,都有很大的改变。当时的人对外在的世界特别好奇。比如南朝的人对北朝好奇,会借军事活动的机会到北朝,到他们从来没有见到过,只在书本里读到过的洛阳、长安。中国本土的人也对异域好奇。这个时候出现的游记文学、山水文学,和人口的流动、人们对外面世界的好奇心,都有直接的关系。另外,佛教是像教,图像在佛教修行中特别重要。当时山水文学、山水画的兴起跟这种对图像的关注、对物质的视觉传播,也很有关系。山水文学结合了对图像的兴趣,也结合了对旅行的兴趣。佛教冲击下的魏晋南北朝是一个特别活跃、丰富的时代。

到了 19 世纪,中国士大夫阶层有史以来第一次有机会去欧洲和美洲。他们受到的巨大冲击,和魏晋南北朝时人们受到佛教的冲击,很有可比之处。到了 19 世纪,其实已经有很多中国人去过中亚,去过日本、朝鲜、越南、印度尼西亚这些周边的国家。他们不在乎这些国家,觉得这些国家要么是岛夷，要么是模仿中国文化，他们在文化心理上有很大的优越性。可是当他们第一次去欧洲和美洲的时候，受到了极大的震撼。他们惊讶地意识到一个完全不同的文明的存在，跟中国的文化一点关系也没有，可是却那么发达。所以，虽然在六朝和 19 世纪之间，中国人有过很多次"出国"的经历，像下南洋、郑和下西洋、成吉思汗远征到中亚等，可是没有一次像这次一样，中国士大夫阶层受到这么大的震撼。

我最感兴趣的是，那些最初从清廷派到欧美的官员是怎样把看到的异国书写下来的。如果你平生第一遭看到完全陌生的事物，没有现成的语言，怎么发展出一套语言来描述都是一个问题。特别有趣的是，19 世纪的士大夫在遇到一个全新世界的时候，借助的还是六朝时候发展出来的看异域、写异域的语言修辞。但是同时，19 世纪的世界和六朝时候的世界又已经太不一样，所以当他们用六朝时候的语言修辞来叙述看到的欧美现代化的世界的时候，又不能完全套得上，因此语言和内容之间产生张力。

19 世纪的欧洲和美国很让中国人震惊，但是其实对欧洲人和美国人来说，那也是一个刚经历了工业革命之后全新的世界。中国士大夫到欧洲去，看到高楼大厦（其实那时就是五六层的大楼），看到电梯、火车，感到非常新鲜。其实对于欧洲人自己来说，这也是新鲜的事情。像狄更斯、巴尔扎克写的小说，批评工业化，批评城市生活，因为他们觉得传统的生活方式消失了，火车到处都是，乡村被破坏了。所以，对当时欧洲人来说，现代社会是全新的、令人震惊的。中国人到欧洲去，一方面对欧洲文化感到震惊，另一方面对现代化感到震惊，受到的是双重的文化冲击。

所以，我的这本书提出的一个问题是，当人们旅游、看世界的时候，如果看到一个完全不同、陌生的世界，你怎么去看待它、描述它。魏晋南北朝的人们行游看世界的经历、他们好奇的态度，也许可以对当代中国有一点启示。现在，大家对国家主义、民族主义很买账，除此之外，好像看不到任何其他可能性的存在。在我的课上有一个学生，他的一个想法很有启发性。他说以前提到中国，他想到的只是现当代的中国、20世纪的中国，但是在一个学期里面学了中国3000多年的历史之后，他意识到我们现在生活的世纪，在3000多年的历史中只是一眨眼的事情。因此，以历史的眼光看，民族国家、民族主义的历史其实很短，18、19世纪才在欧洲出现。以国家和民族认同身份的思维方式，也只有很短的历史，而且是历史长河不断变化中的一个环节。所以，我的这本书，也是希望能提供一个历史的纵深维度，让大家认识到看自己、看世界其实有多种方式。

文学：活在百姓的精神诉求里

受访人——伊维德（Wilt L. Idema）
采访人——刘涛

伊维德教授

伊维德（Wilt L. Idema），荷兰汉学家。哈佛大学东亚语言与文明系教授，荷兰皇家艺术和科学院院士。曾任莱顿大学中国语言与文化系主任、哈佛大学费正清研究中心主任。出生于荷兰的达伦（Dalen），在荷兰莱顿大学学习中国语言与文学。他先在日本札幌的北海道大学和京都的人文科学研究所以及中国香港的大学服务中心从事研究，1970—1999年在莱顿大学执教。1974年在导师何四维（Anthony François Paulus Hulsewé）指导下在莱顿大学获得博士学位，1976年被任命为中国语言与文学教授。他在莱顿大学时，曾两度出任人文学院院长，还出任过非西方研究中心主任。他在莱顿大学任教时，还在夏威夷大学马诺阿（Manoa）分校、加州大学伯克利分校、巴黎的法国高等研究实验学院和哈佛大学做过客座教授。2000年来到哈佛，任东亚语言与文明系的中国文学教授，2004年任费正清东亚研究中心主任。伊维德博士的专门研究领域是帝国时代的中国白话文学。除了以英文发表了大量论著外，他还以中文和德文发表学术论著，并以他的母语荷兰文发表了30多种著作。

主编手记

2009年3月,哈佛大学东亚语言与文明系伊维德教授接受时为复旦大学中文系博士生、哈佛大学东亚语言与文明系访问学者刘涛的采访。访谈主要围绕伊维德教授对中国文学研究的心路历程,向我们展示了其丰富的精神世界,而对于中国文化的研究,伊维德教授主张并反复强调要植根于中华民族文化。

刘涛:伊维德教授您好。有机会和您交流一次,非常高兴。您对中国戏曲与小说的研究与翻译,在中国国内亦很有名气,您的学术著作已有不少中文译本。但是,我们对您的精神世界相对了解较少。今天,我可否就此向您提一些问题?

伊维德:当然可以。

刘涛:对一个学人而言,其经历大体可分为求学时代和为师时代。当然,求学和为师不能截然分开,有时求学亦为师,为师亦是求学。孔子言"学而不厌,诲人不倦",那我们就先从您的求学时代谈起,当时您何以选择在莱顿大学读中文系?

伊维德:这和荷兰的大学制度有关,这一点荷兰与中国很相似。在读大学之前,我们一定要选定专业,所以中学时我必须作出决定。我如果大学时选择学习荷兰文学,那毕业后要做中学老师。我当时是中学生,所以不想当中学老师。我中学的时候不懂汉语,但想读大学的时候学一门外语,既有思想,又有历史,且又是活泼的,而且希望距离自己的文化传统越远越好。比较之后,我决定读中文系。

那时荷兰莱顿大学有中文系。这个中文系与中国没有很大关系，是荷兰政府为印度尼西亚的华人、华侨而设的。印度尼西亚是荷兰的殖民地，华人和华侨很多，所以荷兰政府早在1874年就在莱顿大学设立了中文系，目的是对华侨、华人有所教育，可以让这些中文系的毕业生在印度尼西亚做荷兰政府的官员，管理华人和华侨。当时印度尼西亚华人、华侨大多是从厦门来的，荷兰政府派他们的中国通到厦门去学闽南话，但是对官话基本上不涉及，因为没有什么政治方面的需要。到了20世纪20年代，政策才有所改变。那时，印度尼西亚的华人和华侨亦受到了中国爱国主义和民族主义的影响，当时印度尼西亚运动的先进分子对国民政府有一些帮助和支持，南洋对国民政府非常重要。于是荷兰政府意识到，除了闽南语之外，需要掌握官话。所以20世纪二三十年代，荷兰政府特别注意官话的教育。莱顿大学除了中文之外，还有日文，因为日本对南洋有较大影响；除此还有阿拉伯文，等等。

  我中学的时候，只是看过一些中文小说，这就是我学习汉语的基础。大学时我就选了中文。当时我在莱顿大学只是注重看中文资料，白话文和文言文都看，但是很少说。而且我运气不好，我1968年大学毕业，想去中国留学，但是不能去，因为当时是"文化大革命"。1972年才有荷兰的学生去中国大陆留学。中国台湾我也不能去，因为荷兰在1950年即承认了中华人民共和国政府，故与中国台湾没有正式联系，而且中国台湾也没有奖学金，对于一个学生而言，经济负担过大。我不能到中国去，只好去了日本。我在日本留学两年，一年在北海道大学，一年在京都大学。1970年夏天去了中国香港，回来后当年我就留在莱顿大学当老师。当时得到了硕士学位即可以当讲师，有博士学位才可以晋级。我博士学位是1974年拿到的。1975年，我的导师何四维（Hulsewé）退休了，他研究中国秦汉法律。我从1976年起做了教授。荷兰大学与欧洲其他国家的大学不同，教授退休之后须选择另外一个教授接班。讲师和副教授不一定可以晋级为教授。

刘涛：这是您在荷兰读书以及为师的一个大体经历。您在莱顿读中文系的时候，当时的课程有些什么？

伊维德：我开始的时候，当然先学语言，因须学好中文。当然也读中国历史。当时主要是阅读中文的，一方面读现代和当代的中国资料，另一方面也特别注意古代的文言文。当时读过"四书""五经"。选择硕士课程时，除中文以外我还学习了日文和社会学。因为那时我对中国当代的经济发展比较关注，特别注意到中国和印度的比较。因为当时大家都认为，中国已经进入社会主义，所以社会问题相对减少；印度则不然。我到了日本之后，我觉得社会学研究太讨厌，不如读小说舒服。我在日本北海道大学第一年读社会学，第二年转到京都大学，即开始读中国文学。回到荷兰以后，我开始作当代中国政治和经济方面的研究。可是一年半以后，在莱顿大学教文言文的教授忽然去世了，学校请我接他的位置，于是我再次转行，从研究当代中国转为研究中国古典文学。

刘涛：您的专业真是几经转换，最后选定了中国古典文学研究。莱顿大学中文系的汉学研究誉满世界，莱顿中文系的很多教授对中国耳熟能详。若是回顾莱顿大学的汉学研究历史，您在这个历史中处于什么位置？

伊维德：我不敢说自己有什么历史位置。可是，以前的汉学家不太注意到中国文学研究，比如我的老师何四维，他的专业是中国秦汉法律研究；在何四维之前做教授的是戴闻达（Jan Julius Lodewijk Duyvendak），他研究中国古代

文学：活在百姓的精神诉求里

伊维德教授

哲学,他在北京待了很久,1912—1919年,他是荷兰驻中国大使,所以他对五四运动的情况和辛亥革命的情况也很了解。当时的欧洲,特别是法国的汉学传统,特别注意中国古代哲学,所以,戴闻达最重要的贡献还是对中国古代哲学的研究。他将《商君书》翻译成英文,他还研究法家和道家的关系,另外对中西关系也很有研究。戴闻达之前的教授是高延(Jan Jakob Maria de Groot),他对中国民间宗教特别有研究。所以,一般而言,他们都不注意中国文学。我做中文教授后,第一次注重中国文学传统。

刘涛:确实是。那您为何对中国文学情有独钟?

伊维德:本来只是为了好玩。我是从看白话小说出发开始研究中国文学的。我觉得小说非常有意思,非常好玩。但是20世纪70年代研究中国问题非常麻烦,做一个中国专家不能到中国去。只有中国朋友才能去中国,且归国后不能对中国有非议。所以我觉得研究当代中国是非常麻烦的事情,但是中国古典文学则没有这些问题。文学就是文学,文本就是文本。小说，比如《红楼梦》《水浒传》只要你想看就可以看，与政治的关系不大。

刘涛：原来如此。您的博士论文是研究中国早期的白话小说。您有一个著名的观点："说书不是小说的唯一起源，小说是从各种文学样式中汲取营养而形成。"可否就此观点解释一下？

伊维德：对。白话小说，特别是话本小说，敦煌时就有了，并不是等到宋朝才有。当然有很多学者也说，敦煌话本只是小说的雏形，并不是真正的小说。但是我觉得不对。话本小说，用白话写的，比较短的故事，从唐末宋初就有了。在敦煌变文中，我们就可以看到。宋朝的说书人，我们知道的很少，只是在《东京梦华录》《武林旧事》有一些简单的记载。那些不完全是散文的、白话的，也有半散文半韵文的。后来哈佛大学韩南（Patrick Hanan）教授编过一本书，非常详细地研究了中国的话本小说。他的大体结论就是，最早的话本小说可能产生在1250—1450年这个时期。最早的一些话本小说，从题材说起来，有宋朝流行的古诗和宋词。另一部分，从内容看起来，与说书可能也没有关系。所以很难说小说起源于说书。如果从刊本的发展来说，好像要等到明朝初年才有刻本。本来是一篇一篇的，而且数量非常少。16世纪中叶才汇编起来，看看那时话本总集的内容，我们就会觉得很奇怪。乱七八糟，好的、坏的，长的、短的，都放在一起。那个时候看到的作品比较少。后来的冯梦龙则不同，他搜集了所有的明末以前的小说，并且加以改写，放在他编写的"三言"中。可以说，冯梦龙决定了话本的形式。元代的平话，问题也有些相似。平话是否说书人的底本，也值得怀疑。看看内容，与话本小说一样，把很多不一样的资料搜集起来，改写并重述，意在作为了解中国历史的书。我们现在想看中国历史，当然很方便，中华书局出了《二十四史》。但是以前不是这样，要看到系统的、全部的历史，很不容易。当然对于富贵者而言较为方便，但一般读者很难看到。一般读者就将小说当成历史书，以此了解中国。

刘涛：《汉书·艺文志》言，小说出于稗官，为"街谈巷语，道听途说"。这是较早的对小说的理解。您怎么看？

伊维德：是。但是"稗官"是什么，很难说清楚。那时候，没有新闻什么的，这些"街谈巷议"都是传来传去。《汉书·艺文志》中所提到的诸子都是大道，谈如何治理、管理国家；而小说是小道，是专家的知识，是special knowledge。

刘涛：所以《艺文志》引孔子的话"虽小道，必有可观者焉，致远恐泥，是以君子弗为也"。您知道，20世纪小说在中国大兴，几乎一跃成为文坛中心。您对这个问题怎么看？

伊维德：其实以前小说也非常流行，谁都要看。鲁迅、胡适，这些五四运动的权威都说，小说、戏曲是通俗文学，是老百姓的文学。但这个不对。吴敬梓、曹雪芹、冯梦龙都是文人，都受过非常好的教育，与一般的文人一样，他们写的东西都是为其同行而写的。很有意思，五四运动的领导者写中国文学史，将古典小说、元曲这样的东西，当作很重要的东西，而且说这是老百姓才有的传统，不是死的文学，是活的文学。但是小说和元曲，都是文人要看的东西，大部分也是文人写的。真正的俗文学他们其实并不关心，比如地方戏的文本，或者真正的通俗小说，比如《说唐》《薛仁贵》《征东》等。文人不理会这些，觉得太俗。真的俗文学是子弟书、地方戏文本、皮影戏的文本这样的东西。五四运动的这些领导者当然很重要，但是他们还是持守文人、贵族的态度，他们对真正的俗文学并不关心。只有刘半农、郑振铎他们才真正收集这样的资料。

刘涛：通观您的学术研究旨趣，您的研究多放在小说和戏曲方面，也就是说偏重于您所说的俗文学。原因可否略谈一下？

伊维德：我最先是通过看小说才对文学产生兴趣的。在日本京都大学人文科学研究所读书的时候，我学习元代杂剧，所以我对杂剧很有兴趣。这个兴趣一直持续着，我的博士论文是写早期白话小说。此后，我也注意戏曲。我觉得若要研究戏曲这个表演艺术，得从宋朝一直研究到明朝初年，即1100—1450年，我觉得这是一个时期，不需要根据朝代来划分，因为表演艺术和政治的关系不太大。我也将一些戏曲翻译成荷兰文、英文。我与奚如谷（Stephen H. West）教授一起编了一本书 *Chinese Theater*，1100—1450：*a Source Book*. Wiesbaden：Franz Steiner Verlag Gmbh，1982. （《中国戏曲资料：1100—1450年》），将所有关于表演艺术的有关资料汇编在一起。后来，我还对朱有燉有所研究。这本书正在翻译成中文，近期准备在中国国内出版。另外，我还和奚如谷一起将《西厢记》翻译成英文。1936年，熊式一曾将《西厢记》译成英文。那时，熊式一用金圣叹评本为底本，这一次，我们用1498年弘治本为底本。

刘涛：是的。你们的这个译本影响很大。您觉得您这个译本和熊式一的译本有何不同？

伊维德：熊式一的译本不错，但是那个时候他的参考书很少，而且他用金圣叹评本为底本，金圣叹对原文有一些改写。而且熊式一的英文，从现在的情况看起来，太古老了。一个文学作品，有人说，每一辈都需要重新翻译。

另外，弘治本《西厢记》是20世纪50年代才发现。这是个较好的本子。《西厢记》是中国文学的重要作品，我们觉得熊式一的译本已经不太适合现代英语世界读者的需要，所以最终我们决定重译此书。

刘涛：您1977年和奚如谷教授一起编了《中国戏曲资料：1100—1450年》这本书。当初你们合编这本书的初衷是什么？

伊维德：这些年来，有很多学者研究元代杂剧，有的元杂剧也译成了英文。我们觉得如果要了解戏曲文学，一定要知道演出的情况，所以我们搜集了所有关于演员、舞台、表演、组织方面的一些资料，汇编在一起。除此之外，我们还翻译了五部杂剧。这收到了一个非常好的效果，这个效果事先我们没有想到。这五部作品的每一部分别代表了不同时期戏曲文本的发展阶段。

刘涛：这样的话，五部剧作放在一起效果会很好，基本上展现了戏剧的发展历史和每一个阶段的规模与情况。我感觉您这样的研究方法和编辑方法有点像社会学的研究。除了文本之外，您还特别重视戏曲的演出背景等，即将剧本还原为演出的戏剧。其实演出也是戏剧的本意，阅读的剧本是相对次要的。

伊维德：对。我大学的时候是学社会学的嘛。当然，每个文学作品都有其本来的功用。比如，您与我交谈，在2009年春天时写下这篇文章。为什么写呢？为了给中国国内读者介绍一下哈佛大学的一些教授。若过了10年之后，再读这篇文章，其功能就会有所变化。所以，要理解一个文本，需要了解它是什么时候写的、是谁写的、给谁写的、其功用何在。而且很多文学作品是为了反对其他的文学作品而写，所以需要理解这些背景和具体的情况。当然，也可以考虑到比较大的文化背景，但是这些可能对文学作品的影响不大。比如，有人说，这是反映了封建社会的情况，这就很空疏。我比较注意一些具体的或相对直接的背景。戏曲和说唱文学，本是为了演出，所以我们要注意到什么时候给什么人演出，是给男听众还是女听众，是不是与一些仪式有关系。

哈佛燕京图书馆正门

刘涛：当然，若不了解这些，只是读剧本，可能会忽视或者误解一些东西。

伊维德：当然。很多人读《西厢记》，并不注意演出的情况，这也可以。但是，我觉得对演出的情况多一些了解之后，再去阅读这个剧本，感觉会有点不同。

刘涛：对。所以现在纯粹的新批评方法，完全切断外部，切断作者和读者的批评方法受到了越来越多的质疑。跟您一样从莱顿大学中文系出来的贺麦晓教授，也是偏向社会学研究的。

伊维德：对。但是他和我的研究方法不太一样。他受法国的布迪厄（Pierre Bourdieu）的影响特别深。我们研究文学，一方面要详细地阅读文本，不读肯定不行。我的一种细读方法是翻译，我将很多中国诗歌、戏曲翻译成荷兰文和英文。翻译，需要逐字逐句考虑，对我而言，这是非常好的阅读方式。另一方面，需要考虑文本之外的情况，比如背景，等等。

刘涛：对。二者结合起来，会比较好。您2004年和管佩达（Beata Grant）合作，编了 The Red Brush: Writing Women of Imperial China. Cambridge: Harvard University Asia Center, 2004.（《彤管：中国帝制时代妇女作品选》）。您当时为什么要编写这本书？

伊维德：这个说起来话长。我在荷兰时，除了用英文发表学术论文之外，还用荷兰文翻译了大量中国文学作品，在荷兰人看来，我是一个研究中国古代诗歌的专家。他们对我用英文写的东西了解不多，他们看到的都只是我用荷兰文写的或翻译的东西。在荷兰，20世纪80年代时，我编了一个很大的中国古典诗歌的选本《中国古典诗歌大选》。入选的诗歌从《诗经》开始，一直到清末，有600多页。其时，李清照的词，我也翻译了一部分，选进去了，但是其他的女性作家翻译得不多。到了90年代，我看见美国女性主义蓬勃发展，所以想编一个比较小的中国妇女文学的选本。我本来的想法是选班昭、薛涛、李清照等几个人就算了，但是后来资料越来越多。很多妇女作家的作品不多，因此要了解她们就需要同时阅读其他的资料。她们的很多作品不是单独保存下来的，而是通过故事或者传记，比如班昭的作品，一部分都是在《后汉书》她的传记中保存下来的。我们看她写的《女诫》，觉得这是此前封建社会的想法，但是若看她的传记就知道，未必是这样。因为当时她的嫂子就反对过她，骂过她。因此，我做这个选本，不只是将诗歌和文章翻译出来，可能的话，我就将全部的故事和传记翻译出来。如此，读者就会对此作品的一些相关背景有所了解。我来到美国后，有同行知道我编译了这样一本书，就问我可否将此书翻译成英文。我觉得，若译成英文，还有大量的工作要做。此书的一个大的缺点是没有注意到妇女与宗教的关系，尤其是妇女与佛教的关系。管佩达教授恰好是研究佛教和妇女关系的专家，因此我们就一起合作。英文版完成后，与此前的荷兰文本有很大的不同。此前，耶鲁大学的一个教授曾编过一本中国女性诗人的作品，但是这个选本只有诗歌作品，且选择的妇女诗人很多，别的较少。我们的选本则既有诗歌，又有散文和文章，也有说唱文学、弹词、戏曲等，所以较为广泛。而且后来新的资料发现很多，我们的选本也都有所采用。

刘涛：中国的妇女作家往往是在"历史地表之下"，因此较少被注意、被研究。

伊维德：对，一般的中国文学史都不太注意女性作家。最近，情况慢慢在变。在美国、中国大陆和中国台湾，很多学者开始注意到妇女文学，并有了很多较好的研究。

刘涛：2009 年的秋季学期，您和王德威教授合作开设了一门课，讨论中国民间传说的古今演变。您最近的兴趣是不是正在转向这方面？

伊维德：对，这是我最近研究的课题。因为有一个现象我觉得很奇怪，你是中国人，但若你在中国想买有关"孟姜女"的传说的书，肯定买不到。

刘涛：好像是啊，我只是小时候听妈妈和老师讲过，后来读过一些改写的故事和小说。中国的传说，多都是靠

着口传，很少有固定的文本，因此民间传说的大体情节是相同的，但具体到不同地方，或者在不同的时期，可能有所不同。

伊维德：1955年，路工编了一本《孟姜女万里寻夫集》，20世纪80年代再版过，但是现在好像找不到了。当然，现在有改写本，特别是给小孩写的。但是若你想看清朝或清朝之前的人有关孟姜女故事的版本，现在就很难找到了。梁山伯与祝英台也是一样。张恨水的改写本当然可以看见，但是很长时间这本书也找不到。张恨水是个落后分子嘛，光看他的当然不行。最近中国国内出了一本《梁祝文化大观》，但是我很怕看不到，因为除了宁波之外，别的地方都买不到。我们认为，很多民间作品都是文人为文人写的，不一定是老百姓自己写。当然有一部分是搜集了民间传说中大家都知道的故事，但是成文时，可能还是经过了文人的加工。如果你想找到真正的俗文学，很难。因此这需要一个非常好的图书馆的支持，比如，你在上海，上海图书馆、复旦大学图书馆都是不错的。另外，这些民间传说都没有英文的翻译。当然，白蛇传、梁山伯与祝英台等现在有大量的电影剧本和小说，这些可以找到，但是古代的东西很难找到。所以，我决定将这些民间传说翻译成英文。2008年，我出版了《孟姜女》，10部孟姜女的版本被我翻译成英文。孟姜女这个故事，每个版本都不一样，因为有时间、地区和文体的差异。2009年10月，我要出版两本，一本是《白蛇传》，现在容易看到的是"三言"中冯梦龙的白蛇故事，但是这与清代的版本很不一样，所以我翻译的是《雷峰宝卷》，还有关于白蛇传的子弟书。与白蛇传同时出版的是董永的故事，我选择了敦煌变文、话本小说、湖北的丧词等。2010年我希望出版"梁山伯与祝英台"的故事。这样,中国的"四大传说",就都有了英译本。

刘涛：这太好了。这个工程很浩大,但也有功德。中国都缺少定本的民间传说,反而在英语世界中有了确定的英文本。您为何对民俗小说这么关注?

伊维德：这些故事都很好玩。这里有很多有意思的东西,比如儿子与母亲的关系等都值得重新思考和阐释。

刘涛：2005 年您又编辑出版了 Trauma and Transcendence in Early Qing Literature, Cambridge: Harvard University Asia Center, 2005. (《清初文学中的创伤与超越》)。您是否打算进入清朝文学的研究?

伊维德：我的另外一个研究计划是"满洲妇女文学"。19 世纪,有一些满洲妇女用中文写作。一般人可能都不关注这个问题,也知道得较少。这些妇女对生活有她们自己的声音,通过这些文学作品你可以看出来。这也是我与管教授合编的那个妇女文学选本的一个续编。

刘涛：关注点还是放在妇女文学。您曾经与汉乐逸(Lloyd Haft)教授合写过一本 A Guide to Chinese Literature, Ann Arbor: Center for Chinese Studies, University of Michigan, 1997. (《中国文学导论》)。

伊维德：对。贺麦晓(Michel Hockx)教授正在修改这本书。这本书第一版是 1985 年用荷兰文出版的,英文版第一版是 1995 年。从现在的研究情况来看,已经有了很多的变化。特别是此书后面附上了很多研究情况的介绍,但距现在已经有 15 年之久了,所以需要修改。这次准备要再出英文版。

刘涛：中国国内对您这本书的了解较少。您可否谈谈这本书的大体内容,并谈谈您的文学史观念?

伊维德：其实这本书较为简单。它是一本教材，意在向学生大体介绍中国文学。现在美国有较全面的、较大的教材，2009年末或2010年初，另外一本中国文学史的教材亦将出版。这样的书比较详细。我们的书相当简单，特别为大学本科生而写。

一般的中国文学史分期，都是按照朝代分的，我们不是。我们把中国文学史按照文学作品的载体划分，分为四个阶段。一是从最早期到汉末，其时用竹子、木头或者丝来写作，这些材料或者比较贵，或者很麻烦。纸的发明则使情况有了很大的改变，纸比较便宜，比较轻便。一直到汉末，"写书"都不是由写书人自己写，都是由执刀之隶代笔。直到汉末，有了纸后，所有的文人才开始自己写。曹操、曹植经常说，是"执笔而写"，意思是说，这个文章是我亲自写的。那个时候，有了纸笔，也就有了书法。从那个时候起，文人的文化有了大的转变。文学作品忽然变得比较短小、比较个人化了。以前，你写一本书，要通过刀笔之隶，太麻烦，也太贵。所以，我觉得，纸的发明对中国文学的作用非常大，影响也非常大。后来，印刷术的流行也对中国文学产生了巨大的影响。印刷术过程比较复杂，唐初已经发明，但是唐末宋初才比较流行。那之后，每个作家写完作品之后，马上就可以印刷出来。这迎来一个新的时期。在欧洲，纸和印刷术是同时进入的；但是在中国，纸和印刷术是分开的。现代文学，我觉得最重要的不是五四运动。1876年，上海有了申报馆，现代的印刷术进入中国，石印术非常流行，好看且便宜。没有现代的印刷术进入中国，就没有五四运动。我们按照竹子、纸、印刷术和现代化的印刷术这个发展过程将中国文学分为四个阶段。我不是说政治对文学没有影响，当然有影响。但是从大的方面看起来，这个影响是不大的。我们这个分期方法，我觉得比较有创造性。

刘涛： 确实。您的这个分期方法比较特别。您突出了与文学相关的技术的重要性。但是，我觉得或许技术层面的东西被您强调得太高，若用在整个中国文学分期上，未必能够非常恰合，但是这确实是一个新的思路。您这个文学史一直写到当代文学吗？

伊维德： 是的。所以贺麦晓教授这次在修改——您知道，他现在正在研究网络文学——要加入网络文学。因为现在电脑出来了，可能100多年之后，再次写中国文学史，会不得不提电脑，可能会有电脑时代的文学，与此前的文学图景不同。

刘涛： 呵呵，可能会这样。所以，您这部文学史再版之后，将分为五个时期，以此来解释文学的演变。您刚才也提到，您将大量的中国诗歌、戏曲、小说等译成荷兰文和英文。您将中国文学介绍到荷兰和美国的初衷是什么？

伊维德： 我希望将我喜欢的中国文学作品介绍给荷兰和美国。如果我不喜欢，我就不会翻译。我不是看重文学作品的思想，我是以文学作品写得好不好来判断。当然，有的朋友问我，为什么不翻译这部或那部？有时候，是因为这个作品写得不好；有时候，是因为考虑到翻译之后的作品面貌。因为有些作品即使原文很好，但是翻译成荷兰文或者英文也未必会好，或者很难翻译。有的原作不好，但可能译作会很好。比如，白居易的诗歌比较容易翻译。杜甫作为诗人比白居易要好得多，但是他的诗很难翻译。这与诗人本身的思想和语言有关系。杜甫的儒家思想很浓厚，且一辈子很想做官。这个观念荷兰诗人不能接受，很多诗人不想做官，也不想谈这个事情，因此杜甫的诗在荷兰会很难找到读者。所以要综合考虑，语言怎么样啊，写得怎么样啊，双方语言、双方的文化观念怎么样啊，等等。荷兰政府最近也有一些打算，希望将荷兰的文学作品译成世界各国文字。可是外国人喜欢的荷兰作品，不一定是荷兰人喜欢的。

刘涛：对。这个背后有文化观念的差别。比如，近代对中国产生过非常巨大影响的一些译作，在西方未必是很好的作品，比如，林纾翻译的一些小说。因为这背后还有一个时代风气的问题，如果翻译的小说恰好与时代的风气相应，那则会家喻户晓，但可能这部作品在其母国并不好。您翻译《西厢记》之后，中国有评论家说您"将《西厢记》带入了世界文学的语境之中"。这个评价比较中肯。

伊维德：呵呵，因为我就处在跨文化的研究之中嘛，而且《西厢记》是好的文学作品。

刘涛：您是荷兰人，现在任教于哈佛大学东亚系，研究和讲授中国文学，且又懂日语和德语，所以您本身的研究就处于跨文化的语境之下。这样的跨文化研究，您如何理解？

伊维德：在国外研究中国文学，本身就是处于比较文学的视野之中。在中国国内研究中国文学，可能需要将不同阶段的中国文学互相比较，未必需要一个大的世界视野。但是在国外介绍中国文学，需要对接国外的作品。比如，我们介绍《牡丹亭》，不能说这和《西厢记》比较起来怎样怎样，只能说，这和莎士比亚的剧本比起来怎样怎样。这样一般读者才会接受，才会理解。还有另外一个问题。中国人研究中国文学，因为要知道你们祖先辉煌的文化遗产，借此可以树立自己的民族自豪感。但是外国人研究中国文学则不同，因为对于我们来说，中国文学是外国文学，日

文学：活在百姓的精神诉求里

伊维德在与学生交谈

本文学也是外国文学，所以要研究中国文学，我们最终还是回到我们自己民族的文化上。

刘涛：对。您的这个提法很好。比如，我们清末以来一直都在学习西方，但是我们学习西方不是为了学习西方而学习西方，我们希望通过学习西方来救中国，来解决中国的问题。但是，我们因此走到了另一个极端，即将自己的传统几乎推翻了，所以最终造成了我们没有带着自己的底色去看或者理解西方，西方的文学和哲学进入中国不是回到中国文化的传统。我们刚才谈的基本上都是您的著述和学术研究方面的情况，您的研究非常广泛。

伊维德：对。看起来，我的研究很杂。如果我很早就在美国做教授，可能不会这样做。但是在荷兰，中国古代文学的教授只有我一位，所以不能集中研究范围；美国有很多很多位，所以可以相对集中。

刘涛：这确实和处境有关系。您是学者、汉学家，但亦是老师。您知道老师在中国传统中地位非常高，韩愈说

"传道授业解惑"。您在荷兰和美国教授中国文学,您觉得有何意义?

伊维德:我研究中国古典文学首先是因为兴趣,此后做老师,亦是希望这个兴趣和旨趣可以传承下去。但是,现在好玩的东西越来越多,比如电视、电影、戏剧、动画、网络等。经济也越来越重要,很多学生要么被好玩的东西所吸引,要么被经济吸引,所以越来越少的人喜欢中国文学,研究古典文学的人越来越少。现在清末民国这一阶段的文学,有越来越多的学者介入。我一辈子讲中国文学,其间的情形变化很大。

刘涛:对,时代风气变化较大。我感觉得出您比较感慨。是的,如果一个民族不重视自己民族的历史,这将是极大的灾难。非常感谢您,我们的谈话就到此结束吧。

浪漫主义：对现代社会的另一种自觉

受访人——李欧梵（Leo Ou-fan Lee）
采访人——张凤

李欧梵教授

李欧梵，1942年生于河南省太康县；长在台湾新竹，1961年台大外文系毕业，后获哈佛大学博士学位。1970年（获得哈佛博士前一年）在常春藤盟校之一的达特茅斯学院（Dartmouth）任教；1970年冬到1972年1月，任教香港中文大学崇基学院，1972年1月到1976年暑假任教普林斯顿大学，1976—1982年任教印第安纳大学，1982—1990年任教芝加哥大学，在芝大最后3年兼东亚研究中心主任。1990—1994年任教洛杉矶加州大学，1992年先回哈佛大学任客座教授，1994—2004年正式返回母校哈佛大学东亚语言与文明系任教；在哈佛大学兼任族裔委员会主席。2002年当选"中央研究院"首位中国现代文学院士，2004年从哈佛大学提前退休后，获聘香港科技大学人文学荣誉博士及讲座教授和人文社会科学院顾问委员等。现任哈佛大学荣休教授、香港中文大学讲座教授，中国文化研究所名誉高级研究员，兼任香港中文大学（深圳）人文社科学院荣誉教授。

著有《中国现代作家浪漫的一代》《西潮的彼岸》《浪漫之余》《中西文学的徊想》《铁屋中的呐喊》《狐狸洞话语》《上海摩登》等评论集十余部，散文集有《世纪末呓语》《过平常日子》等，长篇小说有《范柳原忏情录》《东方猎手》2部。

主编手记

　　2009 年 5 月，张凤女士利用她在哈佛中国学人里面的广泛人脉，帮助我完成了几个在我当时看来不太可能的采访。其中一个就是采访李欧梵。据她回忆，1982 年初来哈佛大学，她就在一些合唱团的朋友圈子里，听他们谈起写作《浪漫之余》的李欧梵教授和他的声乐家妹妹李美梵的音乐造诣，对这位现代文学专家的才艺学问之宽阔深感讶异。她说："1990 年'五四'刚过，李欧梵教授应王德威教授之邀，回到哈佛费正清中心来开'中国当代文学的创新与传承'大会，我总算得见当年曾与陈若曦、欧阳子、王文兴、白先勇等人传奇地创办《现代文学》的他。当时李教授正被哈佛及加大洛杉矶分校两校争抢，分身乏术。1990—1994 年，他任教于加大洛杉矶分校；两年后，回任哈佛东亚系教授。这位研究中国现代文学和 20 世纪 30 年代上海文化的权威，待人随和得体，故常有小辈直呼他英文名 Leo 或欧梵先生；也常见他轻松不羁、高立台前上课——西装＋球鞋是他在哈佛或到维也纳、布拉格听音乐时可能的穿着。听他自在挥洒地论讲香港、上海的文学媒体，或从容坦荡地大谈多元文化和文化中国，在在都是崭新而值得喝彩的博大题目，哈佛大学可谓深庆得人。"

　　张凤：李欧梵教授，你们创办"现代文学杂志社"这样著名的大学社团，当初是怎么样开始的？

　　李欧梵：从读书以来，兴趣一直在文学上。1957 年考上台大外文系这个十分热门的系，同届共 100 多位同学，原本相当疏离。到 1958 年 5 月 20 日才由陈若曦、陈次云发起"南北社"，我和几个好朋友白先勇、欧阳子等被邀，王文兴、戴天、席慕萱等后来加入。早期多游乐联谊，开展桥牌、郊游、座谈等活动。因为都对文艺感兴趣，又写又谈的，所以在1960年初白先勇任社长时，便正式创立"现代文学杂志社"，刘绍铭、丛苏、王祯和、刘大任、蔡文甫、朱西宁、陈映真、黄春明、施叔青、李昂、林怀民、七等生、三毛、荆棘、李黎、水晶、奚淞、余光中、叶维廉、杨牧、张错、钟玲、郑恒雄、杜国清、柯庆明等人，许多现在文坛举足轻重的人，都曾帮忙写、编、校，尽各种努力为社团服务。

因为我不创作小说，只是帮助好朋友们"摇旗呐喊"。他们要翻译卡夫卡（Franz Kafka）等西方作品，我就译。事实上当时也不太了解，等到了国外多年，才发现当时已闯出几条路，值得重视。

张凤：您太谦虚了，我很熟的欧阳子大姐与您同班，都说您学业成绩特优，每学期考第一，多才多艺。在音乐和电影方面更有惊人的丰富知识。

李欧梵：我酷爱音乐和电影，所以大学快毕业时，就有两个"妄想"：到好莱坞去学电影导演，到维也纳去学指挥。虽属家学渊源，但也遭父母反对，当然是无法实现的。两样都做不成，只好做做梦！现在，只好在家指挥唱片当作运动，将来退休时，也买一个像你用的一样的录影机拍电影。

张凤：您是如何作出留学的最终抉择的？

李欧梵：我从好友刘绍铭教授处，得知他在读文学时备受"吃马铃薯"之苦。我自认没有创作成绩，更怕申请不到奖学金，所以就选择外交、新闻、历史等路子。1962年，芝加哥大学国际关系系要比伊利诺伊州立大学广播电视系给的奖学金更高些，所以我就去念了。

张凤：芝加哥大学留学生活如何？

李欧梵：我对当时国际关系研究所流行的"游戏理论"、不顾人文道义的外交，感到索然无味。辛苦烦闷，又穷得无钱买酒，也没胆量去酒吧，当然更没有胆量仿效白先勇写的《芝加哥之死》的男主角去自杀。穷途末路，除了看看电影，就买学生票听芝加哥交响乐团的演出，享受仅有的娱乐。在焦虑之中，我想念起萨特（J. Sartre）、加缪（A. Camus）等大师，又因看遍欧洲电影，念头再度汹涌起来：想申请到加州大学去学电影，或申请到印第安纳大学去学戏剧。由于我在芝加哥大学得到东亚图书馆馆长钱存训的推荐，所以最终去了哈佛东亚系，它给了我全部奖学金。

张凤：您转学到哈佛大学，究竟是哪一年？

李欧梵：1963年秋转学到这所首屈一指的学府哈佛大学，开始念中国近代思想史。我不免感到内心的恐慌：念中国历史是一个偶然，西方文学才是我的兴趣！儿时的家庭教育，灌输的也多是希腊神话，我的名字就取自希腊神话奥菲尔斯（Orpheus），还有西洋音乐和文学，而非国乐、京剧、围棋及"四书"、"五经"、《左传》、《史记》、唐诗等。但我逐渐在一知半解中，对过去的文化产生好奇心，重新发现它的魅力，同时也重新发现了自己。

张凤：引介萧军，正是葛浩文推崇的您的译述贡献之一。《中国现代作家浪漫的一代》出版后，萧军就成为文学史的新星。您是怎样由这古往今来的文学丛林中，捕捉精彩的研究题材的？

李欧梵：开始都是迷迷糊糊的，我从不把自己看得这样神奇。在哈佛的学生时代，我受到的是费正清的训练，就是注重人物的传记。每人都要写个传记，轮到我要写什么呢？业师是史华慈教授，我跟他研究中国思想史时写了

萧军。萧军在延安的那段经历很受学者重视。我对文学兴趣非常大，而且毕竟是外文系出身，当时也好浪漫，自然想到浪漫的徐志摩，因"五四"的浪漫心态是一种现象。一个人物身上不足以表现，于是又想到郁达夫；还有"五四"之前的一代，苏曼殊、林琴南（林纾）等；加上20世纪30年代的左翼作家郭沫若。当时有人作专门的研究。而我只是提到，种种研究，也可算是拼凑起来的。

张凤：您的博士论文《中国现代作家的浪漫一代》（*The Romantic Generation of Modern Chinese Writers*）指导教授是史华慈教授？

李欧梵：指导教授是史华慈。他研究过严复，于是我就由严复的好友林纾翻译大量西方文艺作品推究起。从"五四"的一代到我父母的时代，都喜欢怀有一种浪漫的情绪，不满外在世界，藐视庸俗价值，从个人反抗演变成对纯艺术的本体追求。还有创造社，初期提出"为艺术而艺术"的口号，实则熔浪漫与象征为一炉。这一代，极为主观地发泄个人情感如勇气、热情等，推崇强调人的本质和尊严，又对社会现实具有人道同情心。他们的作品，是在特殊的历史、社会环境下的产物。

史华慈教授

张凤：谈谈您影响很大的博士论文《中国现代作家的

浪漫一代》吧？

李欧梵：我的博士论文《中国现代作家的浪漫一代》，就五四新文化运动与文学革命的密切关系，以20世纪60年代的历史视野和角度，较客观地进行论析：当时"五四"文人的种种颓废、逃避、自哀自怜的现象，虽各有其个人原因，但其背后，却隐现着一个时代的大征象——中国知识分子，有史以来第一次集体感受到与政治社会的疏离。郁达夫有意无意间用了19世纪俄国史上由屠格涅夫首用的一个重要意象：零余者。

张凤：中国作家的疏离感，与西方的并不尽相同吧？

李欧梵："五四"文人的弱点，正代表历史上价值的变动。他们的疏离感，与西方的却并不尽相同，并非全出自物质环境的变迁，而是渊源于对社会的一种自觉。从古至今，有心的知识分子很难，也不愿挣脱个人与政治、社会文化的密切联系。

张凤：您拿"五四"文学革命与欧洲18、19世纪之交的浪漫主义反动来相比？

李欧梵：胡适常以文学革命与西方文艺复兴相比，但我认为与欧洲18、19世纪之交的浪漫主义反动相比，可能更合适。两者皆反对古典传统的迂晦、雕琢、形式化；主张发扬个性、主观、人性，皈依自然，奔泻一己的坦诚和情感。如果说卢梭是浪漫主义之父，其《忏悔录》是后来各浪漫作家的经典，那么中国新文学所受正是这种影响。

如徐志摩由哈代（Thomas Hardy）之死，而歌颂整个欧洲19世纪文学。徐志摩的着眼点、词汇和看法全是浪漫主义的："从《忏悔录》到法国革命、浪漫运动，到尼采与陀思妥耶夫斯基，从尼采到哈代……我们看到人类冲动性的情感，脱离了理性的挟制，火焰似的迸窜着，在这火焰里

浪漫主义：对现代社会的另一种自觉

191

激射出种种的运动和主义。"他推崇列夫·托尔斯泰、罗曼·罗兰（Romain Rolland）、泰戈尔（Tagore）和罗素（Bertrand Russell），认为"他们柔和的声音永远叫唤着人们天性里柔和的成分，要他们醒来，凭着爱的力量，来扫除种种障碍我们相爱的力量，来医治种种激荡我们恶性的疯狂，来消除种种束缚我们自由与污辱人道尊严的主义与宣传"。这显然是卢梭的翻版，也证明了他的号召力。

郁达夫亦曾赞扬卢梭为人类的解放者、反抗的诗人、自由平等的拥护者、大自然的骄子等。除上述人外，当时文人崇拜的英雄尚有拜伦（G. G. Byron）、雪莱（P. B. Shelley）、济慈（J. Keats）、歌德（Johann Wolfgang von Goethe）、高尔基（M. Gorky）、雨果（V. Hugo）、拉马丁（Lamartine）、莫泊桑（G. Maupassant）等，西方重要作家几被网罗殆尽，用同一浪漫气息，不论优劣派别，一口气全都吞了进去。

张凤：也讨论到白璧德（I. Babbitt）、梁实秋师生的见解？

李欧梵：是的！对此，1926年梁实秋做哈佛学生时，就写过长文加以针砭。梁实秋认为中国新文学趋于浪漫主义，有四个特征：受外国影响，推崇情感、轻视理性，对人生的态度是印象式的，主张皈依自然并侧重独创。梁实秋师崇白璧德，白氏师崇阿诺德（Matthew Arnold），他们是抨击浪漫主义最烈之人。梁实秋的态度是师承有自。

张凤：中国文学所受的西潮影响，很复杂吧？

李欧梵：我觉得中国近代文学，也许是受西潮影响太深，往往兼容并取，只要是新的、时髦的，都认为是好的。但与西方浪漫作品相较，独缺带有宗教色彩、对宇宙人生富有神秘感和想象力的作品——20世纪英美批评家认为这是最重要的。

而且"五四"的文学作品,浪漫情绪的表现还是与国家民族的大问题相连。文学的形式,脱不了写实的手法,从一鳞半爪的消息走向前卫式的各种新文学——自然主义、象征、抒情、伤感的人道主义等,又与纯写实的福楼拜(Flaubert)大相径庭。

他们的文学作品,也没有把西方浪漫主义,即自歌德、雨果后的那种浪漫哲学的特色吸收进来。欧洲作家出于对现实不满而想象、创造的艺术文学,应该是个与现实有距离的美学世界,背后隐含着哲学背景,层次比现象社会的历史和政治都要高。

张凤:您如何看待"现代"和"现代性"?

李欧梵:中国方面自晚清以降,"现代"取向的意识形态、字义、含义都充满"新"的内涵:维新、新民、新青年、新文化、新文学……"新"字几乎与一切社会性、知识性的运动息息相关。人们欲求中国解脱传统的桎梏,而成为"现代"国家。

因此,中国的"现代性"(modernity),不仅是以排斥过去的现时意识为主的信念,而且也是向西方求新的探索。他们在不同程度上继承了西方中产阶级现代性中司空见惯的观念:"进步"与"进化"的观念,实证主义对历史前进运动的信心,以为科技可能造福人类的信仰,广义的人文主义架构中自由与民主的理想。正如史华慈所言,其价值已然经过中国的再阐释。

19世纪前半叶,依照卡林内斯库(M. Calinescu)所言,在西方文明的舞台上,现代性发生无法改变的分裂:一面是科技跃进,工业革命和资本主义带来势如破竹的经济社会变迁;一面是形成美学观念,产生象征、立体、未来、意象、表现、达达和超现实等主义,代表对前者激进

的反动。

这反动事实上可以远溯到浪漫主义运动,反抗一成不变而讲究完美的古典观念和包藏在 19 世纪日增月涨的物质文明中的虚伪和粗鄙。在 19 世纪至 20 世纪之交,他们已建立理论:反传统、反功利、借用加塞特(Ortega y Gasset)的名言,甚至反人文。他们厌倦了空洞而浪漫的人文主义和市侩功利的气息,对生活形式或生命形式都感到真正的厌恶,这使他们摒弃了在浪漫艺术和写实主义中的人文因素。亦如卢卡契(G. Lukács)指出:"现代主义对人类历史感到失望,扬弃历史乃直线发展的意念。"他们把外在世界看作是顽冥而疏离、令人绝望的,欲以主观摧毁偶像的姿态,毅然再创立新的"艺术现实"。

当"五四"人士对传统发动总攻击时,他们感情的思潮激荡起自我而浪漫的主见,这和欧洲有所不同。在某种程度上,他们同样具有西欧美学的现代主义和那种艺术性的反叛意识,但并未抛弃对科学、理性和进步的信心。在文学上,写实主义的主张正呼应了加塞特为 19 世纪欧洲文学整体所下的总结论:"他们把严酷的美学因素减缩到最低,让作品在虚构中涵盖人生真相,在此意义上实际一切艺术都是写实。"

"五四"文学醒目的特征,是假借外在现实极为显眼地展现自己的个性,近似西方初期的现代主义。依欧文·豪威(Irving Howe)所见,当现代主义犹未隐藏浪漫主义的原貌时,它自称是自我的扩张,是个人生命力,使其本质和实体产生超越性和狂欢性的增大。初期具体的缩影,是郭沫若早年的偶像惠特曼(Whitman)。但中国 1960 年以前的现代文学,都避开了西方现代主义的中期和晚期。在中期阶段,自我又自外界回转,仿佛它本身便是世界的躯体,而精细地去探究自我内在的动因——自由、压抑、嬗变。到晚期阶段，由于个人的厌倦和心理的觉悟发生剧变，乃演变成自我的完全消失。这两个阶段的典型人物，分别是伍尔夫（V. Woolf）与贝克特（Beckett）。只有鲁迅在散文诗中，偶现近似贝克特之境界；伍尔夫的遗绪，则要到凌叔华和张爱玲才接上。

"五四"文学在其巅峰时期，是表达心理冲突和苦恼的形式。外在现实的压迫，并未在作家意识内消退，反而萦绕不去；腐败庸俗社会的弊病，又加剧力量，侵入作家的良知，使之不能忘怀现实。从非美学的观点看，中国文学对现代风的探索，是屈就于悲剧性的人性意义，不曾陷入纯美学主义的死巷，也不曾遭逢西方现代主义的窘境：时间无常，必须永远挣扎，始终不得完全成功……

中国现代文学的主流，受到感时忧国的意识左右，20世纪30年代更将视野扩大到社会，描写城市和乡村，表现出夏志清教授所称的"结结实实、根深蒂固的人道写实主义"。现代性那时在中国文学史上并未真正成功，但仍有少数作家如诗人李金发、戴望舒、卞之琳、梁宗岱等，确实努力摸索过，想体会契合西方的现代主义的技巧，但遭受到抵触辱骂，到中国抗日战争结束即告终。

张凤：这是抽丝剥茧式的详尽研究啊！您选介的"新感觉派"城市文学作家，以前很少有人重视吧？

李欧梵：研究上海等城市，主要是因为大学时与白先勇、陈若曦、欧阳子等创办《现代文学》杂志，我对此一直念念不忘。他们都写了很多回忆文字。我没写，所以就从文学史的角度，来思考到底要怎么来看中国大陆和台湾现代文学中的现代性的意义。我这人是有历史癖的，就着手探讨中国的现代性和现代文学。

浪漫主义：对现代社会的另一种自觉

1979年夏志清问我,晓不晓得施蛰存。他说,那些20世纪30年代的新感觉派作家,才是中国早期的现代主义作家,他们还出一本《现代》杂志。当时,我只听过写《将军的头》的施蛰存。我被夏志清的话一棒子打醒了,后来把被人忽视已久的施蛰存等人推崇为中国文学史上"现代主义"的发轫者,也提醒大家留神他们编的杂志《现代》。之后,施蛰存变成我很尊敬的朋友。他说,因我一鼓吹,好多人访问他,还有美国学者要写他的传记。我另外还找了许多位作家,搜索中国内地和港台的资料,如李金发、戴望舒、田汉等诗人,有七八位,资料特别多。我只用了1/3的资料出版选集,2/3还留在他们的档案里,以待将来所需。

还有张爱玲,在大陆曾经被定位为"小布尔乔亚"——小资产阶级,作品只能作为反面教材;在港台又被捧为至宝,但评论似乎缺乏历史感,一味赞她文字怎么华丽,意境怎么苍茫,都没有把她放在思想文化上来看。她其实也是一位有现代艺术精神的作家。

张凤: 这首开都市文学作家研究之端!

李欧梵: 我之所以要展开"中国现代文学中的现代精神"一系列的探讨,就因为他们都提出过中国怎样走向现代的道路。从"五四"徐志摩、郁达夫的浪漫情结到20世纪30年代都市文学、新感觉派,从台大的《现代文学》到大陆的现代热……文化研究的范围愈来愈大,到现在还没有把"现代"研究完。

张凤: 您深入地将各个主题分别加以探究,并且开课加以讨论。您能谈谈在哈佛所开的"三十年代都市文学"的讨论课吗?

李欧梵: 这门课除了研读上述诗人外,更选介我拿手的"新感觉派"城市文学作家，如施蛰存、穆时英、刘呐鸥以及张爱玲等人的作品。概括地说，"五四"以降，中国现代文学的基调是乡村，乡村的世界体现了作家在危急存亡之秋的挽救精神，而城市文学却不算主流。这个现象，与西方完全以城市为核心的文学形成明显的对比。西方尤其是现代主义的各种潮流，如果没有巴黎等几个大城，就无由产生如威廉斯（R. Williams）所说的，"西方现代作家的想象中，世界唯有在城市，不论光明或黑暗"。

张凤：中西研究中国现代文学的方向，颇为不同。

李欧梵：中外文学的区别太大。研究中国现代文学的学者，特别在大陆，往往不重视城市文学，视其为颓废、腐败、半殖民地的产品，因此一笔勾销。这是意识形态主宰下的褊狭观点。事实上，20世纪30年代乡土作家有不少住在上海，出版中心和文艺论战等都在上海，可以说作家的想象世界虽以乡村为主，生活世界却不免受城市影响；作家心中的矛盾，就奠基在这无法调解的城乡对比上。

张凤：大家都说您对海派的关注基于先天的优势：对于西方的音乐、美术，您从小就得到家学渊源的陶冶，所以写出那样的大作《上海摩登：一种新都市文化在中国1930—1945》（*Shanghai Modern: The Flowering of a New Urban Culture in China, 1930–1945*）。中译本一出，上海热得发烧，人们对您高山仰止。

李欧梵：城市研究包含文学和历史的脉络。历史的脉络是20世纪30年代上海当时兴起的都市文化。研究作家，一定要把这轮廓在想象中进行重构。研究一直持续了5年。我常到上海，这个曾使我幼年惊吓万分的地方，再到香港，因为觉得它跟上海文化关系密切、形影相随。当时的书写环境，在中国，"文化大革命"虽已过去，但仍延续了革命的传统。在我的意识中，学者仍秉承写实主义，表现的对象主要是农村、工人和社会。没人敢写小资产阶级，颓废什么的，而我偏偏写了。多年后，《上海摩登》出版，恰逢上海许多小资产阶级兴起，验证了他们对老上海的想象。毛尖的中译本出来后，在上海轰动畅销，拥有众多读者，成为一大文化热点！

张凤：王德威等说您大作一出，就立刻让上海城市文化研究变得丰富起来。如同陈平原他们作的民国以来的文化生产研究，像期刊研究、大学教育研究、文人交往研究等，跟国外的理论正好形成互动。

李欧梵：但也引起一些争议，这是很自然的，轰动的同时会引出批评的对话。有人说把旧上海写得太好了，没有提及贫苦大众、工人。这方面的情况我并非不知道，但当时没打算写。现在"上海热"有点过头了，这不是我愿意看到的。

张凤：大学时教您的夏济安教授主编了《文学杂志》，它和后来"现代主义"的发展有一定关系吧？

李欧梵：1949年后，台湾的多数人，无意面对前途不明的政治，于是在台的作家转向内在世界，"生活在感官潜意识梦幻的个人世界中"。由夏济安教授主编的《文学杂志》在台湾的文学史上是个重要的里程碑。他们提倡"写实主义为小说创作的信仰"，但他们对描述真相觉得为难，不得不采取"现代主义"，因此"现代主义"花朵的绽放时机业已成熟。

张凤："现代主义"由是得以发展？

李欧梵：诗比小说抢先一步。1953年，纪弦等创办《现代诗》杂志；1956年，他又成立诗社。接着成立的现代诗社有蓝星诗社和创世纪诗社。诗人如杨牧、痖弦、余光中、郑愁予等均特别强调现代诗,形式上虽受惠于西方,但也有明确的中国感,以期同化中西精华。

张凤:请再细谈一下您在大学时和白先勇等同学创办的《现代文学》。

李欧梵:很客观地说,我们同学创办的《现代文学》的意义,在于系统地介绍西方现代主义文学大师:卡夫卡、托马斯·曼(T. Mann)、乔伊斯(J. Joyce)、劳伦斯(D. H. Lawrence)、伍尔夫……共有几十位,主要是小说家。

小说技巧的创新性,是这份杂志的现代主义品质的另一个主要证明。两三百篇小说,包括我的好友白先勇、王文兴、欧阳子、陈若曦等人,在风格上都显示出自觉地受到西洋现代小说的启发,有象征、超现实、意识流、弗洛伊德心理分析等各种技巧的运用。

张凤:这怎能不"震惊台湾的文坛"?我们从小就跟着着迷啦!

李欧梵:当时这群平均才二十几岁的年轻作家,所学的和对于政治的认识都有其局限性。这造成了台湾的现代主义形式重于内涵、风格技巧甚于哲学学理的特征。不过,作品站得住脚最重要!

张凤:我读过一本结集的书,记述您去"踏寻徐志摩的踪径"。您怎么会去"踏寻踪径"的呢?

李欧梵:我喜欢历史其实是深受家庭的影响。从哈佛学生时代起,几次赴欧踏寻徐志摩的踪径,动机就为钻研父母一代的浪漫。我把这种个人家庭的影响,提升到历史的层次上来。

每个人的家史也好,家庭回忆录也好,都不该只看作是历史洪流的一部分。它该和国家、民族的历史一样重要,一样能争取到其独特的发言权。像昆德拉(M. Kundera)就

说过，各国最大的危机，在于每个集权的党或政治集团，湮灭、猥亵了历史，来编造自己的党史。

张凤：您是指权威性？这些看法影响许多人，包括我。我跟您一样，企望探源！

李欧梵：对了！就因为当年的禁锢，我一出国就开始有意地研究鲁迅，关注曹禺、巴金……我早在20多年前参加国建会文化组就与白先勇等人倡议开放。我最爱写有文学味道的历史了。

张凤：您又怎么会对鲁迅进行解剖的？

李欧梵：那是因为我一到芝加哥大学就能看到国内的禁书。那些具个人反叛意识的作家，一向是我所关注的。未转学哈佛前，我在芝加哥大学早上看中国哲学史，下午看鲁迅的作品，周末看闲书。我注意到，在英文著作中没有一本关于鲁迅的好的研究；而中文方面汗牛充栋，但那时的中文研究，意识形态又太重，不能恢复鲁迅的真相，因鲁迅太过复杂。我觉得我那本书，只是一个开端，不算完善；但却是首先把鲁迅由神话膜拜还原为人性。其实第一个看到鲁迅黑暗面的，是我的老师夏济安，我受他的影响非常大。

张凤：真佩服您！再现真诚，一再提到两位夏先生的引发启悟。

李欧梵：这是一定要提的！

张凤：有人说您这样坦白，根本不像狐狸型，是他们误解了典故吧？不过您上课是有点 foxy，滑稽！这样说还是种误导。

李欧梵：这原来是艾萨克·柏林的说法，也是引用希腊哲人的老典故说法。刺猬型思想家是大系统，把所有学问都包含在内，挖得很深；而狐狸型思想家是要有怀疑精神，不相信有大系统，从旁敲侧击来一项项钻研。说我是狐狸型思想家，这说法跟动物的个性一点关系都没有。我只能算是小狐狸，大狐狸都算不上。一美籍华裔学生，说我是 Foxy 教授，送我一只小狐狸毛公仔玩具。他想表达的也不是狡猾之意。不过，是有点滑稽！我们把它放在卧室里，抱在怀中，说那是我们的孩子。

张凤：哈哈！再来说鲁迅研究吧！

李欧梵：或许是由于夏济安老师的感召，或许是因为听了心理学派名家埃里克森（E. H. Erikson）的课，我研究了鲁迅，感觉鲁迅既有历史深度又有文学内涵，孤独悲观，十分复杂。我就摸索研究了20年，就想把鲁迅由神还原为人。1987年，终于出版了《来自铁屋的呼声》英文巨著，这是英美学界公认的目前鲁迅研究的重要作品。这本书写作的过程漫长而艰苦！

张凤：听说几乎令您陷入事业的逆境，您是如何对待和善处逆境的呢？

李欧梵：还多亏了真正的朋友刘绍铭教授，他促使我由历史回归文学。我特别感激他！对待逆境，很简单，要甘于孤独，还要自嘲。中国知识分子最喜欢自哀自怜，过分夸大了自己的逆境。可能别人的痛苦更深重呢！特别是男

哈佛校园一角

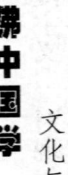

性知识分子尤其如此，所以我近年来正由文化视野反思男性。

张凤：可否谈谈您家庭的影响？李教授您是河南人，父亲李永刚教授是位音乐教师？

李欧梵：父亲李永刚，号影桦，与原籍江苏的母亲周瑗是南京中央大学音乐系的同学。

张凤：记得您写道：在20世纪30年代初，父母由念书相恋，到结婚成为佳偶。这颇有"五四"的浪漫精神吧？

李欧梵：举行婚礼之时，父亲正任教于河南信阳师范，抗日战争也已开始。他们婚礼那天，信阳师范全校师生列席参加，日本人也来凑热闹，派了数十架飞机来"贺喜"！家父母这一代人，由"五四"的浪漫心态转向抗战的爱国奋斗精神，心理上的变迁，也是中国近代思想和社会史上可以大书特书的。

张凤：读了令尊珍藏了30多年才发表的一本日记《虎口余生录》，深感这些真实生动的家史之鲜见、之可观。您能谈谈你们一家在1945年逃难的始终吗？

李欧梵：我也是读到父亲日记《虎口余生录》，才明了我们一家在1945年3—6月，在河南山区逃难的细节。1945年正值抗战尾声，那时学校就是一个大家庭，学生流亡在外，他们的父母早已把他们交给老师。我父亲曾担任信阳师范的教务主任、代理校长，抗战胜利后又做了校长，母亲也是音乐教员和女生指导员，所以真可说是学生们的父母一般。当时信阳师范校址迁到豫西的师岗，学生大部分都是穷乡僻壤的贫民子弟，逃难所接触的更是农村老百姓。

张凤：您父亲做校长时应该很忙吧？

李欧梵：记得幼年时，父亲往往数日不归，住在学校办公室里料理校务。这种献身教育的精神，是这一代教书的人，包括我在内都望尘莫及的。

张凤：这是谦辞，其实您尽心教学早已遍传。很想了解你们一家是怎样在抗战末期流落虎口的。

李欧梵：恰逢父母全校集合欲逃难西安，一家就流落虎口了，我实难辞其咎。当时刚满6岁，患了严重的伤寒，父亲公私两忙，连睡眠的时间都很少。1945年3月30日，父亲面临一个重大的决定，是承担起率领大家庭学生西行前往西安的责任，还是为了一己儿女之情而放弃出发？我母亲以眼泪倾诉，在师岗她的次儿亚梵已病逝，如今不愿再损失这个孩子。于是父亲想暂时脱离大队，等我病势稍轻，再设法西去。父亲也不愿丢下我，只好忍痛告别他的孩子们，仅将行李和书籍随同运出。于是我们一家流落虎口。

张凤：行李、书籍居然还能随大队运出？后来物归原主了吗？

李欧梵：最后所有藏书丢尽，我父亲身边所带的仅有物品，是一本《英文会话文件辞典》以及随身携带的小提琴。父亲在大学师从马思聪学小提琴，又师从一位奥地利教授学指挥。他更喜欢阅读翻译的小说，可算是典型的西化人物，即使在紧要关头，仍不忘他的西方嗜好。

张凤：可否再回头谈谈那段惊心动魄的记忆？

李欧梵：我记得在那年4月，正是我们兄妹过生日的初春季节，我们逃到山区，赌上了命运。在河南山区，一家躲在牛棚，本以为安全。两岁大的妹妹一连吃了五个冷鸡蛋，我自己则正坐在山坡下的竹林中玩，突然山头出现一队黄制服的人，接着就"卜、卜、卜"地响起声来，像放炮……当时还小，不懂得害怕，现在回想起来犹心有

余悸。

  我父亲在4月11日的日记里记载："昨夜狂风,今晨见天色隐晦昏暗,7时许,开始落着小雨……村里的军队都在岭上布防了;重机枪手雄伟地站在山冈上,凝望着前面……今夜会与敌人遭遇吗?机枪声清越可闻。大炮则二三分钟一发,震动山谷。每一发炮弹,都是'轰'一声响后,隔三五秒钟,甚至约十秒钟,才听到'哗啦'炮弹落地声,随着是哗啦……群山的回声呼应,声音的路线,历历可寻……伫在生死的边缘上……人本能地趋于自求生存的自私……把妻儿们安置一下,就爬上山顶去……"

  我父亲与朋友把手枪埋在碎石堆里,他把日记本也塞在石头缝里,处置后屏着呼吸,等最后的命运。半小时后,不见动静,一切都沉在死寂里。总觉得所躲的地方不安全,又沿着山沟,爬到巨石堆积的另一山坡,躺到山洞里,再从石缝里取回日记,潦草地写道:"离开妻儿们已两三个小时,不知道他们安全否?刚才的枪声——我欲哭哭不出来,我会重见他们吗?生命系于一线,随时可断呵……他们如果遇到不幸,我的一切都完了,我会傻,会疯,也许会死!死,多么可怕的字……几十声枪响,断续地掠过头顶;我感到一阵寒栗自脊背而下……"在死亡的阴影下,父亲和友人相顾失色。

  张凤:您对这段逃生,感怀如何?

  李欧梵:回顾这段虎口余生,只有庆幸。我逃离日本人的庆幸,早已被自己的下意识压抑下去了,就广义而言,还会有种天地不仁的罪疚之感:为什么这几家人因我而落入虎口,但今天音讯全无、生死不知,反而没有我幸运?重读同学陈若曦的小说集《尹县长》,也同样有一种犯罪的感觉,人世间有幸有不幸,往往一个幸运的人得以生存是很多不幸的人的生命换来的，我这个幸与不幸的看法近于迷信……

我们翻山越岭地逃亡，更紧凑感人。对于继续从河南边境逃难入陕西，越过秦岭而至西安的"原始旅程"，记忆反更清晰。也可能是最后一段漫漫长途的经历，使我突然从幼年进入"少年"，据我母亲说，在某些地方，心理竟然相当"成熟"。当时我当然还不能了解父母贫困到变卖订婚戒指的程度。全家寄住在父亲的朋友梁冰潜伯伯家里，两三家人至少有一个多月不知肉味。有一天，母亲带我到市场去，偷偷买了个牛肉烧饼给我吃（说不定是用典当衣物后的钱）。我津津有味地大吃大嚼后，母亲对我说："我们李家的孩子最乖，能吃苦，不乱闹，所以给你一个烧饼吃，用作奖励。"我听后并不自鸣得意，却突然想哭，从此之后，在我的脑海里，"乖孩子"就等于"能吃苦"，也就是"懂事"，我似乎对于整个人生也看"乖"了。

那一段旅程，我家一路上处处靠朋友照顾，至今难忘。我父亲的朋友，正像父亲自己一样讲义气，又因河南民风淳朴，老农的真挚待客，也与沿途壮丽的山路一样深留我的记忆之中。

群山之下常有清溪，我父亲有疾，怕湿气，常走在山上，我们则沿山下的小溪走，山上山下互相呼应，非常有趣。我父亲有诗人之笔，记着："遍山青绿，异常鲜丽……春匆匆来，又匆匆飞去……黑暗留在后面，敌人所占据的山地留在后面，前面是光明，是自由，是祖国的大好河山……"

张凤：令人感动！您自己写过这些？

李欧梵：身历其境，犹记得最后从群山中走出来，我突然看到生平从未见过的"平原"：那一片一望无际、欣欣向荣的"自由"美景,使我顿时对将来生出一股幸福的憧憬。多年后,我在台大做学生时,想把这初望平原的心境写出来,作为讨论人生小说的"象征"主题,可惜始终未能写出来。

一般抗战时期的报道文学,经矫揉造作的文字修饰后,不忍卒睹,可以说是浪漫精神的不良影响。我记得威尔逊(E. Wilson)论南北战争文学时说:战乱时的作品,往往带有煽动性或新闻报道性,有思想深度者极罕见。我要客观地评价父亲的日记:"在真实战乱下写的东西,是不可能夸张做作,因无时间在文字上下工夫,这种言简意深的作品,反而令人感动!"

张凤:你们如何选择搬到台湾新竹定居的?

李欧梵:当战火再起,父亲考虑举家迁台之时,在一张台湾地图上发现了新竹——好雅的名字,又是距离大陆最近的地方……后来我们全家真的在新竹定居下来。我的父母亲同在新竹师范任教,也把献身精神带给竹师学生。我从小在学生堆里长大,家里学生来访络绎不绝。在这座小城我住了8年。

张凤:能把台湾新竹50年前的情形在记忆中复原一下吗?

李欧梵:50多年前的新竹,到处是风沙,到处是脏乱。记得小时候赤着脚,穿过稻田中的小径去上学。放学后,就在泥泞中打弹子,阴沟里抓泥鳅,有时也会在屋后的草丛里捉到几只色彩斑斓的蝴蝶。还记得夏日骄阳炙烤下的柏油马路,走起来脚底烫得发热,远处的冰店却传来靡靡之音……

张凤:在新竹家居如何?

李欧梵:我们一家四口挤在一间斗室里,三家人共享厨房，十几家人共"享"公厕，就这样安定了下来。战争的梦魇，逐渐在回忆中消失，新竹遂变成了我真正的家。

　　淳朴的生活，成了我的习惯。在这8年里，我不知道生命有什么特别的意义，只知道念书，早晚恶性补习，由竹师附小，入新竹中学，初中升高中，高中考台大，这就是人生的大事。进了中学后，我就不再赤足上学了，父亲为我买了一辆脚踏车，我每天骑着车子，穿着土黄色的学生制服，在风沙里疾驰。学校在半山上，每天清晨，当我背着书包骑车上山，总觉得是段漫漫长途。目的地虽遥遥在望，但我知道，抵达目的地后，我的负担会更重，一天的课业压在心上——数学习题、国文作文、英文考试、化学实验……从早到晚，似乎永无喘气的余地。于是一天又一天，周而复始，我常自问：难道这就是生命？

　　张凤：在台湾早年，到了我们的时代还是如此，似乎大家都从小就只晓得读书考试。课外有活动吗？

　　李欧梵：书本和学校以外的世界，我很少接触，父母也不准我接触。但唯一的例外是电影院，那里成了我的避难所，看电影也成了心目中的美事。有时不禁觉得奔波于家门和学校间，目的就是为了周末可以看电影。周六晚上和周日午后是我的黄金时光，一场接一场地看，在漆黑的座椅间，忘记身外的一切，逆来顺受的难关苦楚，完全消失在银幕上的理想世界中。

　　我可以在黑暗中放胆遨游，把银幕旁幻灯片上的剧情，任意渲染，织造出更美丽动人的故事。从电影中，我得到不少安慰，更发现了一个五光十色的西方世界：古希腊的废墟、罗马的竞技场、中古欧洲的城堡、美国西部的原野……

　　散场后，从电影院走出来，猛然感到小城的窒息，幻

想将来要远渡重洋，到西方世界开创自己的天下，等到在陌生的国度里遍尝人生酸甜苦辣，再悄悄地回来，走进电影院旁的咖啡店，静静地回味。也有在某个夜晚，看完电影，在万籁俱寂的街上，骑着单车，迎着皓月，驰骋在更绮丽浪漫的梦幻中。

张凤：最喜欢看什么电影？

李欧梵：我最喜欢老电影，如《魂断蓝桥》《翠堤春晓》等。现在，太太李玉莹知道我喜欢看电影，就陪我看，她最喜欢看奥黛丽·赫本的电影，如《罗马假日》《战争与和平》等。我的名字欧梵为古希腊神话音乐之神，就是身为音乐学者的父母所取，LEO就是列夫·托尔斯泰的名字！

张凤：您2002年当选"中央研究院"首位中国现代文学院士，可以说成就非凡。您的书架通天高，藏书四壁，请问您最喜欢的作家是谁？

李欧梵：我教中国现代文学，作家中鲁迅、张爱玲、白先勇、沈从文的作品都是我非常喜欢的。我想许多人都有同好，都这么想，我太太也喜欢这些作家的作品。

来哈佛念书时，最爱看俄国小说，尤其是陀思妥耶夫斯基的《卡拉马佐夫兄弟》。记得刚来的那个暑假，花了一两个月，把书仔细读完。这本书对我的影响简直大得不得了，直到现在我都非常崇拜俄国知识分子。我当年还选修俄文和专修俄国思想史，主要为研究中国思想史。这本小说的伟大就在作者把思想和文学结合在一起，让我们了解了整个19世纪俄国的思想状况，写得非常有深度。

后来我回香港科技大学任客座教授，教现代文学经典选读课，竟然心血来潮，在授完课后，和几个学生重读这本《卡拉马佐夫兄弟》。可是小说太长了，于是我们就选"大审判官"最重要的那部分来读。在课上，我还选鲁迅、张爱玲、白先勇、西西等的作品，还有卡夫卡的《变形记》、乔伊斯的《一个青年艺术家的画像》、法国福楼拜的《包法利夫人》等来读。好像过了半个世纪，我又回到台湾大学外文系，重温我们办《现代文学》的时代，那时我们就选现代主义，虽然我们现在已经进入一个后现代的时代。

张凤：您有怎样的写作习惯？当初您说自己不会创作，只会批评，但后来还是创作了小说。

李欧梵：我只有两本小说！我同学都是一流的作家，很有成就。我的水平是二流的，跟在他们后面写，如果再不开始就太迟了。其实我和太太两人都不算作家，只不过有写作的兴趣而已。我很忙，原本没有时间写，都是朋友约的稿，如《亚洲周刊》，周三以前交稿，就在周末写。我不会打字，都用手写的。

张凤：您是怎么开始创作小说的？这很特别，请多谈一下。

李欧梵：第一本是世纪末有感而发。1997年，从香港人的立场来看，仿佛经历了第二个倾城之恋。开始创作后一发不可收拾，压抑多年对香港的感情全爆发出来了，加上对张爱玲的追溯，就创造出《范柳原忏情录》。那是借用张爱玲《倾城之恋》的人物典故，把小说中一个人物拿出来，开他个玩笑，把自怨自艾的老范柳原改名为Leonard Fan。

张凤：我读的时候就注意到Leonard Ave，这不是您和杜维明教授以前住的街名？我曾笑称它为文化中国街。而且它与您的英文名字Leo字头相同，这是不是有特别的意思？

李欧梵：这意味着与作者的叠影，同时又折射出作者的心情。

张凤：《范柳原忏情录》被医生作家庄裕安评为：近来最抢眼有趣的变奏书写。除了以张爱玲《倾城之恋》的续曲方式写下书信体的22段文字之外，还拨弄袅袅余音，捏造访谈范柳原"长得酷似白流苏"的女友蔼丽，又虚构《红玫瑰与白玫瑰》里佟振保女儿的读者投书，以新革旧处处都精彩，有如魔术戏法一般！附录的断简残篇几乎喧宾夺主，简直比小说正文还好看！首刊在哪里？

李欧梵：小说先在《联合报》刊登。我还是怕自己写得不行，所以一边写一边把有些内容给我的前岳母聂华苓看。她说：不行！那香港女子写得太理想化了！我说：华苓！那是我假想、幻想出来的。哪知在我的整部小说出版后，会找到玉莹，而太太比我小说中写的人物还要好！事实上，要知道卢梭的《忏悔录》也是浪漫主义的经典。

李欧梵、李玉莹（中）夫妇与采访者张凤（左）合影

张凤：您有一定的创作才分！后来的一本，是如何产生的？

李欧梵：才分谈不上，兴趣倒是有的。《东方猎手》是在香港愉快的日子中产生的。2000年暑假，玉莹忙着上班，我就跟着，在她办公室楼下咖啡馆里乱写，就把这已经开了个头的间谍小说完成了。这两本小说都不算严肃的作品，但现在也有人开始研究这两本书，让我觉得很奇怪！我所有的书太太都看过，唯独《东方猎手》这本间谍小说她不要看。

张凤：当时是怎么产生灵感的呢？

李欧梵：说不上来。可能是因为我常飞香港，在飞机上常常看间谍小说，如《007》都快看完了，就觉得这个我也会写。背景当然是亚洲：香港、新加坡、台北，小说的高潮发生在花莲、上海。就像香港的打斗片一样，每隔两三页就打来打去的。王德威批评说，我的小说的高潮太多了。我只是写着好玩嘛！开打是在新加坡，刚好玉莹到了那处处充满情调的地方，我就以她为书中日本女间谍的原型，还抄了她的一段情书。

张凤：这可比拟钱锺书与杨绛恩爱夫妇在《围城》中的合作，都是文坛佳话。

李欧梵：我们不能跟他们比。

张凤：作为"不可一日无书"的"学院派"中人，您说您还有一项文化嗜好？

李欧梵：那是指我热诚喜爱的古典音乐。我是不折不扣的古典音乐迷。近年在繁忙的教研之余，不时发表赏乐心得，希望与海内外乐迷交流切磋，共享古典音乐的美妙境界。

张凤：我注意到您的书在中国大陆和台湾都出版了。在台北一方出版公司出版的《音乐的往事追忆》和在香港牛津大学出版社出版的《交响：音乐札记》，都是足以显示

您音乐文字的另类笔墨。

李欧梵：这是我的业余爱好所在。另外还有一本《音乐的遐思》，书共分四辑，第一辑"乐迷遐思"，收入我综论音乐文化、选购古典音乐CD、评析音乐小说等方面的文字16篇；第二辑"听乐手记"，收入我聆听世界各大交响乐团和我所钟爱的名家名曲的体会文字12篇；第三辑"爱之喜悲"，收入我悼念音乐家父亲的文字2篇；最后一辑"附录"，既收入虽然不是专门讨论音乐，却都与音乐密切相关的文化随笔5篇，还摘编我在小说《范柳原忏情录》中借主人公范柳原之口畅谈音乐的书信2篇。

张凤：您有本书与门生陈建华合著，叫《徘徊在现代与后现代之间》。您也常说起自己徘徊在文学与历史之间，这也很引人入胜。追随效法您的人应该很多吧？

李欧梵：文史哲本来就不分家。我到哈佛学的是历史，特别喜欢思想史，这是直接受到史华慈教授的影响，只不过我本来还比较喜欢文学，自然就把二者联系在一起。可以说史华慈教授对杜维明、张灏和我等嫡传弟子的影响都很大。

至于后来在方法论上，情况就比较复杂，我戏称自己是杂家。在美国每科都有不同的研究方法，我不想掉书袋，后来自己看书摸索了些方法。1972年，早在普林斯顿时，我就探讨一种文化研究的方法。我在文化研究的方法上，与美国的学者不同的是：我都要将研究对象归诸历史，对于我而言一切都是从历史记忆中出来的；而他们比较注重性别、政治、种族、阶级等方面。

张凤：您是被文理学院院长推为族裔委员会主席的第一位华裔教授。您也可以称得上是这类问题的权威了。

李欧梵：被推为族裔委员会主席，是觉得可为美国文化做点事。哈佛应带头成立族裔比较研究中心，把少数族裔和广义的地域研究界限打通，合在一起，这是很自然的趋势。但4年时间都没有什么建树，我觉得有些失望。哈佛大学虽说兼容并包，但似乎也不愿开创新局面。尖端的研究往往在芝加哥大学、加大伯克利分校，而哈佛大学更注重综合研究。我率先开创出一个崭新的城市文化、现代性等研究视野，就不想再研究了。我是属于开创型的。

张凤：犹记得2002年，你们夫妇俩由香港客座再聚哈佛，我获赠你们俩的合著《过平常的日子》一书。请您谈一下这本书的情况，好吗？

李欧梵：这本书我感到非常骄傲。我曾开玩笑说想写这样一本书，但做梦也没有想到真能写成！自从我"修成正果"，有了常人的婚姻之后，太太玉莹经常在床头用本子记事，把我常讲的笑话、常做的怪动作，如床边跳舞什么的——生活上的情与趣，都写入日记。我也略加眉批。写得多了，就觉得积累了些东西。这引动了我们想写一本新的《浮生六记》的念头，想让读者莞尔一笑或感受到一点温暖！我说：就从这里开始，我们写一本"闺情记趣"吧！

我就拿出收藏的传真情书认真翻阅，发现太太的文章写得比自己好，咨询了两个朋友：倘若发表，别人会怎么看？得到"真情动人"的一致评价。

但日记中只有"两地记情"之类的通信与生活篇章，我又想起余英时教授结婚贺喜时题的诗："欧风美雨几经年，一笑拈花出梵天。烂漫余情人似玉，晶莹宵景月初圆。香江歇浦双城恋，诗谷康桥两地缘。法喜维摩今证果，伫看笔底起云烟。"我们就从余英时点明的诗谷，也就是闻一多译的名词——芝加哥的"诗谷记缘"讲起，写过去的缘会；接着写"香江记旧""三地游踪"（新加坡、台北、上海)。正当我们感到这书写来太快乐了,一切都安稳静好地发展的时候,不意太太的忧郁病却发作了。

张凤: 我对此也有深刻的印象。在那个非常不寻常的2001年春天,您突然匆忙地把哈佛中国文化工作坊全权委托给我安排主持。我和几位北大的访问学者都暗中干着急,一点儿也不知道该如何帮你们。

李欧梵: 我实在……我知道因私废公,可能会有些不好的影响,会引起别人的误解等等,但后来想想还是干脆一点,一不做,二不休,全心全意照顾太太。这样不但可以为我们所珍惜的生活留点记录,也可以用这种方法向朋友交代,或者说告慰朋友的关心。我把自我心理的调节、与医生的谈论等内容,用中英文双语写入日记,后来都编入书中,陆陆续续写成"抑郁记愁"一卷。书成之后还收到不少读者来信,问如何克服忧郁症。我十分欣慰还能用这种方法来助人。我对太太的忧郁病,虽不能取而代之,但能感同身受,所以一心投入照顾之中。

张凤: 无论是从您公开发表的作品中,还是仅止于师友间流传的文字中,我都能读出您的浪漫。您也并不回避被人称作"忠厚而痴情的感情主义者"或其他。您就像我在北美第一部华人学术因缘传述——《哈佛心影录》中所说的,"我们就将作品放在历史里了"。

李欧梵: 我依然不会避讳,反而会从历史的角度来打趣:我的前半生都是浪漫的历史,都是"断代史",得从"断代史"里面读出"通史";从文学理论的角度来说,我把过去当作"作品",那时的"我",可能已经死了,剩下的只是"作品",你我可谈论的就是"作品"。

现在可以说,那些"作品"已经是古代史了,只留甲骨碎片以供考古。补充一下,坦诚地面对过去,这是做人的基本态度。有人说我是浪漫的，但从一开始我就相信我父亲的原则——"待人以诚"，虽然吃过亏，"断代史"很多，但我问心无愧。

张凤：您对美满的家庭怎么看？会把婚姻提升到一个更高的层次来处理吧？

李欧梵：我独身很久才结婚，一向对婚姻有永恒坚持的理想，所以虽然朋友们以为我是浪漫主义者，终于找到了归宿，但我却并不认为婚姻就是找归宿。我非常尊重太太，也处处为太太考虑。

张凤：可以说您是在研究中沉迷，在现实中却遇见知己，对吧？

李欧梵：玉莹是个最真的人，自杀四次还这么真，几乎找不到！我曾担心难觅红颜，难觅书中"于千万人之中遇见你所要遇见的人"，但竟在现实生活中找到了"霭丽"——我的女主人公——香江女子李玉莹。

自从和她在一起以后，我那种双重失落感顿失，自己终于名正言顺地和香港连在一起，变成了香港人。在香港科技大学，我是包玉刚讲座教授，只要求随意开一两门课。我常揶揄自己：教香港很爱钱的学生，就故意开西方现代文学，纵然要求很严格，仍有30多名学生来听课。大学靠海的宿舍所费不赀，看海的日子天天有，焕然一新的生活令我顺心写意。

张凤：在文学史的脉络中，除鲁迅与许广平、郁达夫与王映霞、徐志摩与陆小曼外，也没有多少这样的故事。两人合写的心情如何？

李欧梵：在后现代社会里，大家只谈欲望，政商界只讲权力、金钱，做人的基本价值呢？一切价值传统全被打得七零八碎。但对我来讲，人生的价值就是感情。理智可由学问中来，而感情是天生的，或是从不停自问、自省中提炼出来的。做人世故很容易，但我六七十岁了，却仍然很天真。只有把一切名利杂念打掉，不怕人笑，才能以真心待人！我身体力行浪漫主义，反对雕琢、形式化，主张发扬个性、皈依自然、奔泻一己的坦诚和情感。返璞归真的意义就在于此。

张凤：在近老之年，您提早退休，前往香港中文大学。2004年春，您由哈佛大学荣退，我至今还清楚地记得由费正清亚洲研究中心和东亚语言与文明系主办的为时三日的学术研讨会上，我们大家向您致敬的情景。

李欧梵：是的，当时共有30多位中国大陆、港台及欧美各校文学教授参与盛会，并发表论文。第一场研讨会于2004年5月7日在总图书馆右边的博斯屯馆举行，由哥伦比亚大学王德威教授主持，发表谈话者有北京清华大学的汪晖、新竹清华大学的廖炳惠、科罗拉多大学的刘再复、圣母大学的葛浩文、加州大学洛杉矶分校的史书美，以及哈佛本地的杜维明、韩南、谷梅（Merle Goldman）和我等多名教授。会议以中英双语进行，会后还举行了酒会。

接着在哈佛费正清亚洲研究中心举行两天英文学术会议。两天中有会议组织者伊维德、周成荫，德国的叶凯蒂（Catherine Vance Yeh）、瓦格纳（Rudolf G. Wagner），美国的王斑、明凤英、孟悦、刘剑梅、沈双、张旭东、陈建华、王德威等多位教授参与演讲或评论。我依然退而不休，在大陆、港台各地讲学。2009年春天，我在母校台湾大学任客座教授。我们夫妻自在而快乐！

沉溺于中国古典文学之美

受访人——宇文所安（Stephen Owen）
采访人——胡秋蕾

宇文所安教授

宇文所安，1972年获耶鲁大学东亚系博士学位，随即执教耶鲁大学。1982年应聘哈佛，任教于东亚系及比较文学系，并曾任东亚系及比较文学系主任；现为詹姆斯·布莱恩特·柯南德特级教授（James Bryant Conant University Professor），美国人文与科学院院士，美国哲学学会会员。2018年荣获唐奖汉学奖。其著作《追忆：中国古典文学中的往事再现》《初唐诗》《盛唐诗》《迷楼：诗与欲望的迷宫》《他山的石头记》《晚唐诗》《中国早期诗歌经典的形成》等已经译为中文出版。现致力于翻译杜甫诗歌以及主编《剑桥中国文学史》。

主编手记

宇文所安教授常说搞不清自己是个"汉化的胡人"还是"胡化的汉人"。"宇文"是古代胡人的姓,"所安"出自《论语》"察其所安",所以这也是一个胡汉结合的名字。钟情中国文学多年,宇文所安的研究对西方汉学以及中国古典文学的研究都产生了极为深远的影响。在我们不假思索地接受了一种相对稳定的文学史叙述时,他却提醒我们,文学史是不稳定的,我们应该学会接受不确定性;而学者们在书写文学史时,也应该有意识地从更多元的视角去体现当时文学的复杂情境。2009年3月,宇文所安应邀接受了哈佛大学文理学院博士候选人胡秋蕾的采访。

胡秋蕾:您最近访问了多所中国大学,也在中国作过多次演讲。您能谈一下演讲的内容么?

宇文所安:我2007年去中国的时候,主要谈的是关于中国文学理论的问题,当然也涉及中国文学的一些其他的方面,近期的演讲中对于比较文学的探讨比较多。我在中国作了一系列关于唐诗的讲座,中心话题是唐诗中的价值系统。比如说其中的一个演讲谈到唐诗中"诗言志"之外的不同价值系统,比如"苦吟"。关于杜甫的讲座从《解闷》入手,讨论诗人如何通过诗歌表现其他文体无法表现的内容。与此同时,在唐帝国的历史社会背景之下,诗歌和诗人名声的传播体现了一种与物质的流通相似的价值系统。这三个讲座的主题都与"价值"相关。

胡秋蕾:通过在中国的访问以及与中国古典文学界的交流,您对中国国内古典文学的研究有什么整体上的印象?

宇文所安:我的一个很深刻的印象是很多人对我的研究表现出很大的好奇心和新鲜感。常常会有人问我:为什么你会研究这个问题？你怎么作这方面的研究？当然，他们觉得我的研究非常有趣，也很有启发性，但是对他们来说是很新奇的。我在中国接受了非常多的采访，很多教授问我：你平时是怎么作研究的？你怎么找到需要研究的课题？确定课题后怎么入手？这样的问题在访谈中常常出现。

胡秋蕾：那么您的回答是什么？

宇文所安：这些问题都很难回答，但是我都尽量做出回应。我反过来考虑他们怎样作研究。从我读到的中文学术专著和我所了解的大学中的一些课程中，我发现很多中国学者都是首先设定一个研究的课题，然后在这个课题下依照一定的逻辑关联列出一些子课题，接下来他们会搜集和阅读关于这一课题的所有资料，因此课题的设定和选择成为研究的首要步骤和中心问题。而我的研究起源于阅读，如果阅读中出现令我不解或疑惑的文本，我就会对其展开进一步的研究，考察这一文本与其他文本之间的关系，这样一来，研究的课题就逐渐出现于文本的阅读和对不同文本之间关系的梳理之中。这种研究方法听起来似乎没有那么系统，但是广泛全面的阅读可以弥补其不足。以杜甫的《解闷》为例，这首诗我教过很多次，每次我都会对它有一些新的认识，并且能够发现一些与之相关的其他诗歌。这是一种非常不同的研究途径。

胡秋蕾：那么在具体的对待文本的方法上呢？有些人将您的研究方法归属于"新批评派"，您自己的看法是什么？

宇文所安：在中国，文学研究是"汉学"的一部分，研究中国文学的学者与研究外国文学的学者之间的交流不多。但是在美国，中国文学研究属于广义的文学研究，因此学生首先需要学习的是怎样阅读文本，不论是中文文本还是英文翻译。美国本科生的文学课堂上常常出现的问题是："怎样解读这句话（这首诗）？"在中国的时候，很多人惊讶于我对文本解读的速度之慢、程度之细。有人认为这是"新批评派"的做法，但是其实这并不属于某一特定的理论门派。耶鲁的学生常常接受这样的教育：学习文学，最重要的是学习怎样放慢阅读速度。细读的目的是放慢速度，注意到有趣的东西，这可以运用于所有的理论学派。其实细读的方法一直存在于中国的传统中。元好问就说过："文须字字作，亦要字字读。"但是中国学者一般都会很迅速地阅读文本，很少在同一个文本上逗留。在美国进行汉学研究很难做到这样，因为对文本的翻译使一字一句的细读成为必不可少的程序。这不是单纯地为了翻译而翻译，翻译成为放慢阅读速度和进行文本细读的契机。

胡秋蕾：您认为能否将这两种研究方法结合起来？

宇文所安：当然可以。在中国有些大学的中文系已经在开设文本细读的课程，学生可以在老师的带领下对文本进行一字一句的解读。我认为这是一个非常好的趋势。

胡秋蕾：这对于研究生来说是一项必要的训练。

宇文所安：对。学生同时也可以学习到一种发现新奇事物的能力：为什么作者用这个字？这个字背后的历史是什么？我最近在《唐学报》（*Tang Studies*）发表了一篇关于杜甫的文章，其中提到他的一首诗《题新津北桥楼》。这首诗被收入公元 856 年顾陶编撰的《唐诗类选》中，但它本身实际上并不出色，甚至可以说有些蹩脚，但是为什么会被顾陶选中呢？我认为原因在于杜甫在诗中使用了一个"供"字来描述景色之怡人，而"供"在唐代主要是指食品货物的供给，杜甫这样的比喻用法在唐诗中几乎是独一无二的。顾陶选入这首诗，很可能是因为这个字对他而言十分新奇。而从宋代开始,"供"的这种比喻用法变得十分常见,以至于完全不会引起任何特别的注意。没有了"供"带来的新鲜感,这首诗变得平平无奇。从对这一个字在诗歌中的使用历史中,我们可以看出后代对杜诗的接受和评价中的很多问题。

胡秋蕾:这个例子的确很引人深思。有些用法我们觉得太习以为常,所以在阅读中很少会对其加以注意,而往往这些"熟悉"的用法可以透露出很多深层次的问题。您的著作在中国古典文学界有很大的影响。中国的古典文学期刊上发表过多篇文章介绍和讨论您的中国文学研究。我听说在中国已经有人将您作为博士论文的课题。以中国文学为研究对象的美国学者能够在中国引起如此强烈的反响,这无疑是巨大的成功。您怎么看待这些现象?

2009年4月,宇文所安在苏州大学演讲

宇文所安:在中国,读我的书的人有文学专业的学者,也有非专业的知识分子。我认为中国学生对西方汉学的着迷似乎是中国人对自身文化历史兴趣的一种投射。现在西方汉学的出版物很多,大学里有西方汉学的课程,学生写西方汉学的论文,但很少有人关心欧洲文学或者美国当代文学。我希望能在中国学生身上看到一种视野更宽阔的好奇感，在不放弃本国文化的立场上对其他国家的文学、文化感兴趣。

胡秋蕾：下面这个问题也许有些流于泛泛，但我还是想问问您，您认为中国和美国的中国文学研究有什么不同之处？

宇文所安：我在中国跟很多学者聊天的时候发现，他们都倾向于将西方汉学看作是一个没有差异的整体。但是事实并非如此。比如说我认为康达维（David Knechtges）是一个非常优秀的学者，但是他的研究和我的路数就完全不一样。我希望他们不要把我当作某一个团体的"代表"，因为并不存在这样一个共性的团体，不同的学者之间差异要远远大于相似之处。

胡秋蕾：您认为如何才能加强二者之间的交流？

宇文所安：我非常重视与中国学界的交流，最近的几年我多次去中国访问、演讲，我的很多书也被翻译成了中文。近年来也有很多在美国的中国古典文学研究者在中国的杂志上发表文章，我认为这是一个好的开端。

胡秋蕾：近年来中国社会兴起了"国学热"的文化现象。大众对传统文化开始表现出强烈的兴趣。关于古代文学、思想和历史的书刊十分畅销，电视台也纷纷推出古代文化知识的讲座。但是大众接受的一般都是通俗化和普及化的知识，其中包含一些不尽客观和准确的信息。您怎么看待这一现象？

宇文所安：我知道很多学者对这种通俗化的国学热潮有一定的担心，可是我觉得大众对自己的文化、历史和文学感兴趣未尝不是一件好事。通俗文化有时候也会对所谓的"雅"文化产生一定的影响。我最常举的一个例子就是曹操。曹操的文学作品在明代突然被广泛关注，他在文学

上的地位也基本上是在明代开始被树立起来的。如果我们仔细思考其背后的原因，就会发现盛行于当时的《三国演义》其实是导致对曹操兴趣复兴的关键。仔细对照现有资料中《三国演义》的流行和文人对曹操作品重新产生兴趣的记载，二者的时间几乎是惊人地重合在一起。在这个例子里，一部通俗文学作品的流行使一个被忽略的诗人重新得到重视，并且提升了他在文学史上的地位。学者们常常对古典文学被误读和误用忧心忡忡，但是这种对文本的误读在历史上是十分常见的现象。通过通俗化的讲述向学术圈子之外的大部分人普及古典文学和文化知识是一种很健康的现象，我不认为有什么问题。

胡秋蕾：据我所知，您最近的研究重心是翻译杜甫的诗歌。您为什么选择杜甫作为翻译和研究的对象？

宇文所安：我决定翻译杜甫全集，是因为杜甫的诗有很大的难度。关于杜甫对于语言的运用和诗歌中的所指，经常有一些很难理解的地方。如果你看过后代人对杜诗的注解就会了解这一点，这些注解往往旁征博引，试图找出对一字一句的合理解释。相对来说，阅读孟浩然和李白的诗歌就很少会遇到这样难以理解的地方，读懂杜甫的诗需要更多的时间和精力。

胡秋蕾：您已经出版的著作中包括对早期乐府和古诗，初唐、盛唐、中唐及晚唐文学的研究，下一步您有没有计划继续写作关于宋代文学的专著呢？

宇文所安：我实际上已经作了很多关于宋词的研究，其中的一些也陆续在学术刊物上发表。我在中国的一个学术讲座"华宴"就是其中的一部分。在宋代，词这种文体作为"诗余"，其意义和功用在于文人，特别是有一定社会地位的文人可以用它表达其他体裁无法表达的东西。比如我们都知道晏殊写过很多哀怨的词作，其叙述者是一个为相思所苦的男性。但是晏殊本人的地位不允许他以自己的身份表达这种情感，而词这一体裁则提供了一个合理的媒介。即便晏殊的词是男性的口吻，他们还是需要被写入词中，通过歌女之口吟唱出来。唐代是一个没有边界的帝国，在文化方面也是如此，不同的来自外界的文化和事物不断地输入唐代社会中。与此不同，宋代人希望营造出一个有特定边界的、自成一体的社会。而制造出这样一种文化的"内部"领域，必须有相应的"外部"领域。词这一体裁创造出了一个常规之外的世界。比如说宋词中常常写到男女混杂的酒宴，这在宋代社会中是很少见的，而在唐代这种酒宴是司空见惯的现象。

胡秋蕾：但是有些学者将词的起源追溯到唐代。

宇文所安：词在宋代之前只是一种歌唱的方式，还没有形成一种体裁。在李煜和晏殊之间的半个世纪几乎没有任何词作出现。因此，词在宋代才真正重新出现，宋代新的社会和文化环境为词这种文体提供了出现的契机。

胡秋蕾：您以前的几部古典文学专著大都遵循了传统意义上的文学分期，比如将唐代分为初盛中晚四个阶段。但是最近的《中国早期诗歌经典的形成》打破了对时代的划分，将3世纪之前的诗歌看作一个整体，以书名中的"早期"进行一个比较模糊的界定。这是否代表了一种新的研究思路和视角？

宇文所安："分期"是一个非常相对的概念，文学史的不同时期及其特色都可以不断地被定义。按照朝代的分期有时很有用，但是也有可能将一些有趣的想象隐藏起来。在我参与主编的《剑桥中国文学史》中，田晓菲负责南北朝部分的编写，从东晋南北朝一直写到唐太宗去世

(649年)。她将隋代和唐太宗时期都看作北朝后期的遗绪，因为它们的文学和文化仍然属于北朝的世界。在武则天掌权之前，唐代从文化或组成人员来说还仍然是一个北方贵族社会，与北周没有什么太大的不同。这一点从朝廷中的文人和要臣的出身就可以看得很清楚，他们其中的大部分人还是来自南北朝时期的世家大族。而武则天的统治在很大程度上改变了这一状况，她一方面打击了很多北方军功世家如长孙氏，另一方面广揽人才，给才学之士以跻身上层的机会，也改变了大部分人对政府和精英阶层的看法，贵族文化不复存在。我实际上把武后作为唐代的开创者。这些变化在诗歌风格上表现得非常明显，如果我们对比宋之问和太宗朝诗人的作品，他们的语言风格截然不同；而太宗朝诗人的诗歌与北周诗人则十分相似。

胡秋蕾：如果说唐代的部分始于武后，那结束在什么时候呢？

宇文所安：我将唐代的结束定在1020年，这实际上是北宋建立之后的60年，一直延续到北宋早期。我作这样的划分，原因是北宋早期的诗人实际上仍然在延续唐代的诗风，很多人还在写作"苦吟"的诗歌。但是，到了范仲淹和欧阳修，在诗风和文风上都有了巨大的改变，文学史上的一个新的时代到来了。

胡秋蕾：那是不是你们会完全摈弃传统的朝代分期？

宇文所安：我们对于文学史的分期是基于文学风格及文化上的原因。传统的朝代分期有时候也有其道理。比如说康达维负责的部分从东汉开始写到317年西晋灭亡。把西晋和东晋分开来很有必要，因为西晋时期尽管东汉的一统天下已经分崩离析，但其文学仍然处于东汉的世界。而东晋文学相比以前有了很大的变化，完全是一个新时代的开始。在这里用朝代来划分文学史才是有意义的。朝代的分野有时候会将文学史的叙述复杂化。比如传统的文学史会把高启和刘基划分为明代诗人,而杨维桢和倪瓒则常常被认为是元代诗人。可是如果我们比较一下他们的生卒年就会发现,这些人实际上属于一代人,他们也几乎是在同一个时期创作诗歌。在这种情况下,用朝代来定义诗人会带来很大的问题。

胡秋蕾:这种对待分期的方法使得《剑桥中国文学史》与传统的中国文学史十分不同。其实分期往往不是一个表面上的、简单的时代划分,它有时甚至会影响到对整个文学史的讲述方式和对具体时代的认识。

宇文所安:中国的文学史写作有一种模式,一旦形成就会被不断地重复。断代的模式就是要讲述一种国家民族的文化和历史,这其中很多事情都有了定论,武后就是一个例子。当唐太宗继承皇位时,他并不知道这个王朝将继续近300年,因为在他之前,不论是南朝还是北朝,一个政权都是在建立之后的一两代之内就灭亡了。太宗在登基时对自己朝代能否延续也没有太多的信心。而实际上唐代的情况仍然如此,在第三代的时候被篡权。不同的是篡位者是个女人,而她的儿女仍然姓"李",下一任君主还是李姓的君主。如果不是这样,唐代就与其之前的很多朝代一样二三世而亡。我并非批评中国的文学史的讲述方式,他们在很多方面有其长处,比如提供给读者丰富的细节,但我更喜欢用这种方式描述太宗。

如果用断代的方式,一个时代结束了,另一个时代开始了,你就看不到那种并存性;如果你把唐和之前的时期放在一起,就会看到北齐、北周到隋、唐,是一个较为一贯的世界。而武后把这一切都打断了,所以我将她的时代

哈佛大学校长福斯特（Drew Faust）在该校2009年毕业典礼上致辞

作为唐代的真正开始。而这一点与传统文学史中不断重复的叙述很不一样。

胡秋蕾：文学史的写作古已有之，而且近年来美国也有多部中国文学史出版。为什么要编写一部新的文学史？它与以往同类著作，比如《哥伦比亚中国文学史》（The Columbia History of Chinese Literature），有什么不同？

宇文所安：《哥伦比亚中国文学史》是以体裁分类的，而《剑桥中国文学史》打破体裁的界限，尽量给读者展现一个时代的整体面貌。比如我在写孟浩然的时候，我不会给出他的生卒年，然后接着概括他的生平。我会告诉读者在当时的文学世界中有哪些不同背景的人物，王维来自京城的大族，而孟浩然则来自外省的地域文学圈子，当然还有在所有文学团体之外的李白。虽然我仍然是在介绍文学史上一些鼎鼎大名的人物，但我的讲述方式不是将他们依次排列，给出大概的生平信息。我试图将这些"大名"放在一个关于时代和文化的叙述中，当然我还是会给出一些基本的年代和生平介绍，但仅仅把他们作为文化叙述的一部分。一部文学史永远无法包括所有的知识，而对于读者来说，关于个人的信息也只有在作为大的文化背景的一部分时才有意义，也才可能被记住。这种讲述文学史的方法借鉴自历史学研究。随便从文学史中抽出一个时刻，你就可以讲出很多故事：哪些人正当文学创作的盛年，哪些人刚刚踏入文学圈子，哪些人已经功成名就，成为文坛领袖；而 20 年后，这些人又各处于什么位置。这种叙事方式让传统文学史使用的程式化的线性叙述变得复杂起来。你能看到同一时代中很多互相竞争和制约的力量，在文学史叙述中的一群干巴巴的人物当中看到他们之间动态的关系，看到一个鲜活的世界中不同类型的作品。我认为好的文学史应该将理论和对事件、人物生动有趣的描述结合起来。

胡秋蕾：这意味着这部新的文学史不会以人物传记为中心展开叙述？

宇文所安：是的，但是只有一个特例，那就是杜甫，因为杜甫在诗歌中写出了他的生平经历，而阅读杜甫的人也把他的诗歌看成是对他一生的记录。因此，如果想要还原杜甫如何用诗歌塑造自身的形象，或研究文学传统如何对杜甫作出解读，对杜甫生平故事的讲述就是不可避免的。

胡秋蕾：《剑桥中国文学史》针对的读者对象是哪些？这是一本中国文学的全面性的入门读物还是提供给学者的参考书？

宇文所安：这本文学史仍然是一部介绍性的著作，所以其读者群不是研究中国文学的专家。我们针对的主要读者群体是对中国文学感兴趣的知识分子和其他领域的学者。当然，所有希望了解中国文学的人都可以来读这本文学史。

胡秋蕾：与此相关的一个问题是如何在美国大学教授中国古典文学。这里的文学史课程跟中国大学中的同类课程差别很大。您认为怎样让美国学生对中国文化和文学产生兴趣？文学史课程最应该强调的要点是什么？

宇文所安：我认为最重要的一点是不要重复别人教授古典文学的方式。在美国的大学，中国文学史的课程只是学生们可以选修的课程之一，因此，如果不将它教得生动和富有启发性，那么就没有人会来选课。你可以在课堂上讲杜甫是一个信奉儒家观念、忧国忧民的诗人，他写作了哪些诗歌，但是你必须想办法用让学生感兴趣和能够引导学生主动思考的方式讲述出来。很重要的是要让学生了解到中国古典文学的魅力和精彩之处。很多美国学生认为中国文化就是儒家文化，把整个中国古典文学看作是一成不变的整体，我们需要让他们了解到中国文化中同样也有很多无法用"儒家"观念统而言之的东西，其中充满了不同力量的矛盾和斗争，也充满了活力。总的来说，我认为教授文学史课程一定要破除学生们根深蒂固的教条观念，要做到这一点，首先要让他们忘掉以前听到的、人云亦云的认识。比如我在苏州讲了王维的《鹿柴》和《竹里馆》，这些诗大家都耳熟能详。我谈到它们初次被选入文集的时间和时代背景，然后又试图用唐代人的视角阅读这两首诗，探讨它们是在什么样的情况下被写作的。诗歌传统认为它们反映出王维的佛教观念，但是通过这样的讨论我得出了很不一样的读解，我认为它们与佛教没有关系，实际上我认为整个《辋川集》中的诗歌与佛教都没有太明确的关系。一旦我们对一些细节提出疑问，就可以逐渐从某些小的方面破除一些陈词滥调。

胡秋蕾：最后您能不能谈一谈您认为的古典文学的发展方向？

宇文所安：我这次在苏州讲到杜甫的《解闷》，有人对我说："我们对这些地方都不太注意，这是一种西方的视角。"我觉得这个看法很有意思。一旦没有遵循一些传统的、习惯性的思维，便会被加以"西方的"标签。从另一方面来说，人们认为任何新鲜的事物都多多少少是"西方的"。当然这种想法不尽正确，有很多被认为是"新鲜"的东西其实是出自中国本土。而与"西方"相对，一成不变和因袭前人的做法往往被认为是"中国的"。人们常常把古典文学和文化看作是不变的和单一的，这实际上对古典文学的研究造成了一种障碍，所以很重要的一点是要认识到古典文学不是单数的，而是复数的，要试图去质疑一些长久以来被认为是教条和真理的观念。

中国文学的现代意识

受访人——王德威（David Der-wei Wang）
采访人——张凤

王德威教授

王德威（David Der-wei Wang），台大外文系毕业，在美国威斯康星大学麦迪逊校区获得比较文学博士；1982年返台任教于台大外文系；1986年再度赴美，任教于哈佛大学东亚文明系，开设中国现代小说与戏剧等课，首创在哈佛开讲中国现代文学；1990年转教哥伦比亚大学，担任东亚系及比较文学研究所教授，曾为哥伦比亚大学丁龙汉学讲座教授；1997年起，任哥伦比亚大学东亚系主任，被誉为华裔在哥伦比亚大学百年来第一人。2004年秋哈佛大学东亚语言与文明系邀他回来担任汉德升（Edward C. Henderson）中国文学讲座教授；2008年起参与哈佛燕京学社董事会，应邀兼任台湾"中央研究院"文哲所研究员，后又兼任复旦大学"长江学者特聘教授"；常参加中国大陆和港台地区重大文学奖（如"红楼梦奖"等）的评审活动。

著有作品《从刘鹗到王祯和：中国现代写实小说散论》《众声喧哗：三〇与八〇年代的中国小说》《阅读当代小说：台湾、大陆、香港、海外》《小说中国：晚清到当代的中文小说》《想象中国的方法：历史、小说、叙事》《如何现代，怎样文学？》《众声喧哗以后：点评当代中文小说》《跨世纪风华：当代小说20家》《被压抑的现代性：晚清小说新论》《现代中国小说十讲》《历史与怪兽：历史、暴力、叙事》《如此繁华：王德威自选集》《后遗民写作》《一九四九：伤痕书写与国家文学》《二十世纪中国写实主义：茅盾、老舍、沈从文》等。

主编手记

　　1986年夏天，我们就听说了哈佛的张光直和韩南教授辗转邀请到台大的王德威教授任教一事。随后，在哈佛大学召开的"中国当代文学的创新与传承"会议上（会期为1990年5月11—13日），作为该会的两位召集人之一，哥伦比亚大学的夏志清教授在结束之前有一段谈话，提到1990年即将任教哥伦比亚大学而当时还在哈佛东亚系的王德威教授。他说："王德威，能由他做接班人，我感到放心，他具有我所有的一切——除了我的机巧（wit）。"夏教授的妙语如珠，与台下王德威教授的温文尔雅和满堂学者的哄堂大笑相映成趣。王教授才学纵横，但为人谦逊，演讲、上课每每征引意趣横生的例子，声调、风采都引人入胜。他勤于写作、读书，经常受邀前往世界各地做讲座、演讲、任教。在2004年台湾"中央研究院"第26届院士会议上，王德威教授当选为"中央研究院"院士，时龄不足50岁；翌年北大等讲座结束后，又兼任复旦大学"长江学者特聘教授"；常担任中国大陆和港台地区重大文学奖（如"红楼梦奖"等）的评审委员或主席等职务。他是中国现代文学领域中数一数二的精英。本访谈稿件经王德威教授审阅指正。

　　张凤：海外汉学（中国学）研究——历史研究、文化研究、古典文学研究等，如今在国内外都备受关注，越来越蓬勃热闹。作为自1986年起在哈佛开讲中国现代文学的第一人，您对此的看法如何？

　　王德威：海外汉学或中国学，不管在国内怎样蓬勃和热闹，在国外相对于英美文学与文化研究来说，还是绝对的小众，我们自己要知道自己的定位。当然，最广义的海外汉学研究，从 18 世纪到今天，起码也有两百年的历史了。一开始它就属于东方学，源自东方主义学者对中国的好奇，研究方法也是五花八门、非常杂乱的，基本上是萨义德所说的东方主义的那一套。

张凤：我曾探讨过，东方学、汉学或中国学进入哈佛大学，是自1879年的戈鲲化、20世纪的赵元任和梅光迪开始教授中国语言文学课以后，才有根苗的，对吧？国内对海外汉学或中国学的关注情况如何，您可否谈谈？

王德威：对！海外比较严肃的汉学研究，尤其是文学研究，大概要到20世纪二三十年代之后，经过一批学者的努力，比如高本汉（Bernhard Karlgren）的语言学研究、费正清的历史学研究等，才逐渐烘托成了一个大的学科的。但基本上还是对中国的研究，也就是所谓的地区研究（Area Studies）。文学方面的汉学研究，即 philology，主要指很细腻的文本解读，所以传统汉学往往是钻故纸堆，找到一个题目钻进去，虽然很精深，但也可能钻错了。之后理论兴起，对汉学研究产生了巨大的影响。那自然是西方的理论啦，这本身就暗含了一个不平等的关系。海外的人得风气之先，学了一套洋玩意儿，回过头来运用到中国研究上，自然会有一些新的发现。他们的研究结果跟国内的结论相比，自然不太一样。海外的中国现代文学研究，过去的二十几年给国内学界多少带来一些影响。现在国内出去的人也多了，对于海外汉学，我倒觉得应该更多地用平常心来对待，不必过于夸大它的功效。

张凤：您的著作《被压抑的现代性》《如何现代，怎样文学？》等，对现代文学研究的影响匪浅。究竟什么是"现代"？您一开始就对这个名词有很多保留看法。是否"现代""现代化""现代意识""现代性"这些名词会让人意识到很多问题？

王德威：是的，"现代"这个词，基本上是从西方的单词modern——以日本为中介——翻译过来的。这个词的意义是非常复杂而又难以理解的。

从时间的观点来看，现代意味排除历史和传统的限制。"现代"的含义是：现在的，正在发生的，一瞬间的，也是超乎时间的。但是我们想到现代文学，也会同时接受一种吊诡（Paradox，即悖论）。很明显，在18、19世纪，并没有有意识地把"现代"这个词用于文学史的叙述，所以也不存在18、19世纪的现代文学。如果我们把20世纪看作是现代的世纪，有现代文学，那么当21世纪到来的时候，是否意味着现代的世纪、现代文学就变成过去了呢？这很像19世纪的作家，热衷于写实小说，似乎除此之外的创作都是不写实的小说。这里反映出的问题跟"现代文学"这个概念一样。

张凤：那么后现代主义又应该怎么看待呢？

王德威：在1970年后，西方的建筑界首先开展"后现代主义"运动，接着波及视觉艺术界、绘画界，最后文学艺术界也开始了这个运动。当然，理论总是具有后见之明，在逐步意识到后现代运动的特征之后，于是后设，形成建设性的体系。如果"现代"已经变成"后现代"的话，那么"现代"这个词已经被历史化了，这是另一种吊诡。"现代"显然指的是在历史的潮流里的某一段时间，如国内的现代文学指的是1919—1949年的文学，在这种情况下，再来讲中国文学的"现代化"岂不是很反讽？

张凤：您的意思是，"现代"已经过去了，我们怎么老瞠乎其后呢，对吧？什么是现代文学呢？

王德威：我今天并不准备解决这些问题，但是我得先提出问题后，才能再进一步讲什么是现代文学。

张凤：那么，"现代主义"又是如何形成的呢？

王德威：20世纪定义下的现代主义，可以上溯到19世纪中叶，像波特莱尔（Baudelaire）的诗作等。所谓的"第一世界"的现代文学（如果中国等国是"第三世界"的话），也应该包括19世纪末期瑞典的史特林堡（Strindberg）的剧作，法国象征主义者兰波（Rimbaud）、马拉美（Mallarmé）等人的诗。19世纪末20世纪初，尼采的哲学、弗洛伊德的心理学、索绪尔（Saussure）的语言学和弗雷泽（Frazer）的神话学等思想，都肇始构筑了现代主义的周边和间构，在20世纪初逐渐形成"现代主义"。

第一次世界大战前后，由于19世纪以来的实证主义、科学主义挂帅，接着共产主义等也渐次兴起，社会、政治、经济的变动，科技的过度发展，物质的过度膨胀——在这些客观的时代背景的作用下，欧洲的思想家、文学家开始涌现疑问和争执，提出"现代主义"的观念。这个词有相当强烈的自我意识。他们有强烈的焦虑感，意识到时间是留不住的，现代与过去、历史、传统之间有强烈的罅隙和断裂。

张凤：这就是现代文学的特色？

王德威：嗯。另外，疏离感也是现代文学的特色。人性经过19世纪科学文明的洗礼后，失落在科技文明的茫茫大海之中，人们普遍有一种孤独、分离感，以致20世纪20—30年代有"失落的一代"之说。40—50年代，存在主义则发展到巅峰阶段，人仿佛被隔离在世界海洋的孤岛上。这种切断，一方面让大家感到疏离，价值意义若有所失，一无所待；另一方面，也让这些学者、思想家，产生乡愁式的心绪，想要重新追溯意义的所在，跟传统文明的起点建立起一种新的关联。

比如说，弗雷泽就显示了这个倾向。他观察现代社会结构及部落的仪式，希望再度去访求失传的远古文明发端之神话架构，而把几千年的西方文化、文学活动压缩在神话格式里，写成著名的《金枝》。再比如弗洛伊德，由每人的生活资料出发，用一切都是性的升华、压抑来诠释他的心理学观点，去探索每个人的焦虑，或者存在焦虑之后的，那种不可说的、内心永远被压抑的源头。不论弗雷泽的向外，还是弗洛伊德的向内，都可以发现一个吊诡：二者思想的基本模式，都是要找寻源头和意义——人类文明的源头，或是人类生命意识成长的源头。对于不可追寻的过程，研究者们往往再次创造一种新颖的研究和连接方法，经由文字的揣摩和符号的象征，把那无法用平常语言表达的深层意义，用圆融精致的文字实验重新定义出来。对于意义的关怀以及如何衔接过去与现在，是现代文学重要的课题。当然还有其他的特征，在此暂且存而不论。

张凤：请举例谈谈。

王德威：在文学上著名的例子如乔伊斯的《尤利西斯》，把荷马史诗中关于希腊英雄尤利西斯的神话（历经10年的特洛伊战争，又历经10年的寻觅和流浪，终究回家的故事），投射在爱尔兰都柏林的一天——1904年6月16日，以庸俗的中年商人布隆（Bloom）游荡在市区所见的琐碎事物，来对历史神话和现代人的心灵作一个内向化的崭新鉴别。

张凤：中国的现代文学是怎么样的一种情形？早在您的第一本书《从刘鹗到王祯和：中国现代写实小说散论》以及其他著作中，就有这方面的论述吧？

王德威：我们的现代文学，是19世纪甲午战争后，有识之士意识到须有一套新的言谈媒介来看待谈论，甚至"书写"我们的国家、社会。于是早在清末严复、夏曾佑的《本馆附印说部缘起》（1897年）中，即有力倡文学具有再造人心的功能的议论。但最为人所熟知的，则是梁启超的《译印政治小说序》（1898年）及《论小说与群治之关系》（1902年）。梁启超笃信"小说有不可思议之力支配人道"，俨然国家兴亡全赖小说改良之成功与否。至若"五四"前后，陈独秀倡导"文学革命论"，霸气十足地宣传国民文学、写实文学、社会文学；鲁迅之弟周作人提倡"人的文学"以痛斥传统"非人的文学"；文学研究会号召"为人生而艺术"；乃至茅盾等推崇自然主义小说等，皆可看做是附和这类观念的反响。

张凤："五四"文学与西方现代文学，无论是从内容还是从形式上看，都有相当大的差别吧？

王德威："五四"文学与西方现代文学，仍有相当的差别。中国现代作家不只关怀个人主体，也对作者"我"和读者群体的关系、作品跟国事、天下事的关系进行再度估量。他们虽也处理孤立感、疏离感的问题，但表现的却是写作主体在参与改造国家、社会的深切愿望破灭之后，那种无人了解的孤立；或者表现知识分子因与落后的故乡人事之间隔着一堵看不见的墙，而坠入有心无力的自惭孤独。这与西方现代文学是不同的。

现代文学在西方是寓意性很强的。他们相信文字是显而易见的象征符号，用以揣摩那失去的根源或内心的世界，将它重新表达出来。这种想回溯又难以回溯的乡愁感，与我们作家迫不及待地切断与传统的联系，是有区别的（与传统的联系切得断否？我们不得而知）！而且鲁迅以降的"五四"作家，在观照主体人性和人物的复杂心理方面，仍缺少像同辈西方作家那样的关怀。他们琢磨新语言——白话文，并企图用19世纪西方写实主义的技巧：特写、讽刺、抒情等"不同"的叙述，来摆脱传统。这样做主要还是出于他们对文字、文学神奇力量的信念——相信文字可激发读者的道德政治良知，移风易俗，改造社会民心，让读者了解现代化的必然趋势。只要看到梁启超坚信的"不可思议之力"，以及鲁迅弃医从文以期用文学来改变国民的精神，便可明了他们信仰文字是有天启式（apocalypse）的宣道、重整的魔力。这也牵涉东西文化传统之不同。但毕竟我们还是不脱"文以载道"的传统的，所以在将中国现代文学与西方对比或类比时，很难说完全没有相似之处。可以说，既有相似之处，也有不相似的地方。

张凤："现代"到底体现在哪儿？

王德威：在文字跟文学的实践上。说穿了，中国的现代文学，相当于19世纪欧洲的写实主义文学，并不像普鲁斯特（Proust）或乔伊斯的作品，但这并不代表中国文学跟不上"时代"或不够"现代"。"现代"要与过去或传统划清界限，但总是不能脱离历史情境的主宰。从这个层面，我们又可看到"现代"这个词的吊诡性。

张凤："现代化"在20世纪初期的中国并未成功？

王德威：（莞尔）在中国并不缺少"现代化"这个词汇。"五四"有过，显然没有成功，是以在每个时期不断出现。这个"现代化"所具有的时间和进步的观念——在设定的时空里，要继续进步——有强烈政治意义。广义地说，毛泽东1942年的延安谈话，强调文学为政治服务，也可以代表另一个观点的"现代化"。除此之外，中国文学的现代化总是希望建在功利的关系上，不论对自己还是对社会，只要有用就好。这与西方标榜的现代意识有很大不同。

张凤：施蛰存、刘呐鸥……这些新感觉派作家，也可以看作现代主义的先驱者吧？

王德威：是的。茅盾、郁达夫他们都翻译过现代主义的东西，更不用提新感觉派作家如施蛰存、刘呐鸥等人的贡献了。不过当时他们不受重视。关于这一点，李欧梵曾在他编的《新感觉派小说选》的序文中，有很好的介绍。

哈佛校园正门

张凤：西方现代文学的写作技巧及思维，是什么时候开始有系统地介绍到中国来的？

王德威：西方现代文学的写作技巧以及思维特征，有系统地介绍到中国来落地生根，开始于20世纪60年代的台湾，白先勇、陈若曦、李欧梵等创立的《现代文学》杂志。这些作家又间接地影响了80年代的大陆作家。如莫言、韩少功的作品，风格很像卡夫卡，也像马奎斯（Marquis）。比如莫言的小说，以其风格来讲，是乡愁感的寻根文学，是现代意识的作品，如《白狗秋千架》《爆炸》等作，对知识分子与农民之间的关系有独到的体会,上承鲁迅等20世纪二三十年代作家的人道精神,而能另辟新机,点出其间的矛盾龃龉。

  以莫言为例,来看看当代文学峰回路转之机。《白狗秋千架》描述知识分子返乡,再遇儿时旧识的一段伤心之旅,其架构源自于鲁迅式的"返乡"小说,如《故乡》《在酒楼上》《祝福》等。鲁迅写"我"与闰土、祥林嫂之间难以跨越的障碍,道尽多少年来知识分子与农民之间的"无言"情结;及至莫言笔下,刻意夸张了"暖"这个女性形体上的缺陷,从而造成了其政治或社会地位的卑下。暖幼时曾自秋千上摔下而跌瞎一眼,后被迫嫁给哑巴为妇。盲哑之家,本就堪怜,更不幸生出的孩子也是哑巴。以盲哑隐喻农村的凋敝落后,莫言的批判反讽意图不言自明。但《白狗秋千架》的结局却完全逆转了鲁迅式的论述:我们的叙述者临离乡之际,忽被独眼的暖拦路截下,不为其他,只为与叙述者苟合一次,以期生个"会说话的孩子"。这个故事的结果,我们不得而知。然而莫言的突兀安排,为鲁迅以降的返乡文学,增添了一个极具思辨余地的回声。在此时,作者通过农民肉体上的直接要求,来揶揄知识分子纸上谈兵的习惯,既充满个人挑战礼教禁忌的欲望,也遥讽弥漫社会的机会主义,以低鄙、嘉年华式的狂想,挑衅知识分子的高蹈姿态。当鲁迅"救救孩子"的呐喊被"落实"到农妇苟且求欢的行为上时,我们看到的是20世纪80年代大陆作家最奇特的反思潜流。鲁迅以降所示范的那套人道写实论述,亦因之暗遭瓦解。

  张凤:这似乎是一种"后现代"的手法。"后现代"自然是另一种现代吧?

  王德威:这是一个尴尬的问题。相对于"现代"所形

成的"传统","后现代"应该是另一种"现代"。但有鉴于"现代"的名称及观念已被物化,后现代的实践者拒绝再被定位,"后现代"就变成了一种漂浮的、自我解构的标记。

现代主义哲学的根源是人的焦虑性、紧张性。不论像西方作家失落在人间大海里,还是像中国作家描述"我"对社会的孤独感,到了"后现代"那里,这种焦虑都已经逐渐转变了。文明发展到某个程度后,人之所以为人已经开始变成问号了。对人本身的观念,过去认为不得了的问题——如存在、断裂等,均开始以玩忽的态度来看待,变成只是像符号一样游戏的活动。后现代文学对语言也有基本不同的看法,认为要凭借语言去追寻渺不可测的神话或心理源头,是一种自我欺骗的玩意儿。语言只是不断自我解构的东西。

对价值体系而言,现代文学是含整合意义的,希望经过文字的描摹,把现在跟过去,把渺小的我与遥远神秘的我,把始源和自然重新定位,牵连在一起。后现代主义则采分裂式的看法,不断分解、扩散问题。所以现在看到的"后现代主义"作品,都是一些很"轻"的东西,所谓"生命中不可承受之轻"。这与现代主义的"重",恰恰相反。后现代不去寻找始源式的"自由""独创"与"意义",基本上它是寄生在"现代"上的 Post-Modern,所以一定要有个东西在那里,才能去解构它。是以权威消失,文字不再独大,映像的媒体如广告、电影、电视⋯⋯各种传播上的变异技巧都诞生了,在绘画、建筑及文字上的冲突都很大。

张凤:"后现代主义"的台湾小说作品,当时此起彼伏,有不少吧?

王德威：举台湾作家黄凡《都市生活》中的几篇为例，像《如何测量水沟的宽度》等后设小说，都是后现代小说中的佼佼者。它们用谐谑对语言、文字符号、社会意义运作与成长经验，不断进行置换冲突，自行暴露小说设计，并以根本"什么都没有发生"的文字障现身说法，让我们去了解隐含在其中的意识，以"不"把文学当回事的玩忽态度批判现实之后，也瓦解了"意义"赖以展现的媒介本身。另外，李永平的《吉陵春秋》，以无中生有的虚构故乡解构乡土文学；张大春的《将军碑》《四喜忧国》，告别及重估历史权威，也是以"后现代"的形式迎接新机。

张凤：我们再回到"中国文学的现代意识"吧，请问它究竟有何特征呢？

王德威：这实在是一个自我瓦解的课题。在时间的潮流里，任何标签都是有倾向的，应该不断随着历史时空来重新定位。"现代"一词，已经被"注册"了，我们今天以世纪末的眼光来问一个问题：21世纪的人要怎么看"现代文学"呢？他们的"现代文学"会以什么来标签呢？就我们两个人，也不好在这里把"现代"一槌槌地钉起来，来个盖棺定论；能做的只有仿效福柯来做一个探源式的权宜回顾，把它历史化，赋予它一些时间标的及"考掘点"，建立一个谱系。

这"现代文学的谱系"可以从晚清开始，经过了"五四"和毛泽东延安谈话的写实主义文学潮流，到20世纪60年代台湾的现代作家，而至80年代中国大陆"四个现代化"之后，作家们在海峡两岸彼此所做的文学实验，其间体现的各种特征——所谓"中国文学的现代意识"，有异有同，实不能一言以蔽之。

张凤：您曾说现代中国文学研究最重要的成果之一是

对"现代性"的探讨，2008年与季进在《文艺理论研究》上发表的《王德威访谈录之一》中也谈到作为其对立面的"历史性"。您能说说中国文学的"现代性"吗？

王德威：我一直认为，现代中国文学研究最重要的成果之一，是对"现代性"的探讨。"现代性"俨然成了一个无所不包的理论框架，相关论述层出不穷。海外现代文学学者在借鉴福柯的谱系学和考古学、巴赫金（M. M. Bakhtin）的众声喧哗论，或是本雅明（Walter Benjamin）的寓言观和末世论等西学方面，不落人后；但对20世纪章太炎的史论、陈寅恪的体系、王国维的诗学等，并没有投注相等心力。我觉得这仍然是不平等的现象。

归根究底，既然讨论中国文学的现代性或后现代性，我们就必须有信心叩问：在什么意义上，19、20世纪的中国文学发明，可以放在跨文化的平台上，成为独树一帜的贡献？这未必全然是乐观的研究，因为在任何时代、任何文明里，各种创造接踵而至，有的不过是昙花一现，有的是新瓶装旧酒，有的证明此路不通，而最新颖的发明，往往未必就能为当代或后世所接受。因此谈现代性，就必须谈在绵密的历史想象和实践的网络里，某一种"现代性"之所以如此，或不得不如此，甚或未必如此的可能。

"历史性"作为现代性的对立面，我们对它的辩证，又确实显得不足。"历史"在文学批评语境里永远是个大字，但过去20年来有关历史性的讨论，或被后现代论说解构成不可承受之轻，或被左翼论述持续包装成最后的天启圣宠，以致不能有更具创意的发现。其实历史性不只是指过往经验、意识的累积，也指的是时间和场域、记忆和遗忘、官能和知识、权力和叙述种种资源的排比可能。现在大家都开始强调历史的多元歧义现象，相对以往的意识形态挂帅的一家之言，这无疑是一大进步。但所谓的多元歧义一样可能是空洞的指涉，有待填充。所以这应该是问题的起点，而非结论。正因为现代的观念来自对历史的激烈对话，"现代性的历史性"反而成为任何从事现代研究者最严肃的功课。

张凤：您曾取1905年、1955年和2005年三个历史时刻，讨论百年中国文学的变与不变，令人振聋发聩。选取这三个历史时刻，原因为何？

王德威：我选择1905年、1955年、2005年这三个历史时刻，来讨论现代中国文学发展的曲折脉络，主要的想法是，1905年见证了新旧文学互动以及"被压抑的现代性"；1955年则标志着革命启蒙话语和国族主义的空前高峰和内爆；而2005年的文学虽然持续反映后现代、后殖民、后社会主义的影响，但1905年、1955年的幽灵其实驱之不去。我虽然抽取了这三个年份，但并不想暗示这里面有什么历史因果律的必然；相反的，我只是想重探世纪以来中国文学复杂的轨迹。我认为中国文学现代性不能以特定时期、公式、创作或阅读群体来断定，现代性的意义也不在于内烁真理的呈现，而在于对历史坐标的不断定位。只有当我们折冲现代的多元时间面向，我们才能持续启动并化解"现代"谜样的魅力。要说最大的启示，应该是三个方面：一是我们这个时代，对于批评、对于理论有着很大的重视，我们站在所谓批评理论的立场上，不断地辩证文学到底是什么，文学该做什么或文学该向何处去等问题；而我恰恰要提出来：我们今天的文学批评是不是自己也应该被批评了？站在一个批评的位置上，是不是就让我们真正地、自动地享有道德上的优越性或是知识上的优越性呢？二是我前面也提到的，我们不断地强调现代性的问题，但是现代

性的另一面，就是现代性本身的历史性，我们却没有给予适当的重视。三是站在2009年的坐标点上，我觉得我们对于中国文学的定义不能再停留于过去的、传统的帝国式的定义。中国如果能够成其大的话，它的文学地理的疆域不应该只是国内与海外这样简单的二分法。对海外华语文学，有必要进行进一步的考察以及对话。文学的过去可能渺不可寻，但是我们文学的未来应该是什么，仍然是值得我们继续讨论或对话的问题。

张凤：在台湾联合报系和《上海文学》2006年第9期的那个专号，以及香港《明报月刊》发表的文章中，您把"Sinophone Literature"一词译为"华语语系文学"，而不采用常见的"华文文学"的称呼，这是为何？

王德威："华语语系文学"（Sinophone Literature）在海外汉学研究领域里是一个新兴观念。历来我们谈到现代中国或中文文学，多以 Modern Chinese Literature 称之。这个说法名正言顺，但在现当代语境里也衍生出如下的含义：国家想象的情结，正宗书写的崇拜，以及文学与历史大叙述（master narrative）的必然呼应。然而有鉴于20世纪中期以来海外华文文化的蓬勃发展，中国或中文一词已经不能涵盖这一时期文学生产的驳杂现象。尤其在全球化和后殖民观念的激荡下，我们对国家与文学间的对话关系，必须作出更灵活的思考。

Sinophone Literature 一词可以译为"华文文学"，但这样的译法对识者也就无足可观。长久以来，我们已经惯用"华文文学"指称广义的中文书写作品。此一用法，基本指涉以中国大陆为中心所辐射而出的域外文学的总称。由是延伸，乃有海外华文文学，世界华文文学，台港（中国）、新马、离散华文文学之说。相对于中国文学，中央与边缘、正统与延异的对比，成为不言自明的隐喻。

我正是要用这样一个误差或刻意的误读，用一个有疑义的命名方式来提起大家的注意，强调我们现在所运用的"名"和原来的名词所代表的意义之间的距离。从这个意义上讲，我宁可把"语系"这个词当成一个像"family tree"（谱系）的观念，希望在中文这个本来结构俨然的传承里面，再找出各种不同分支的表现方式。"华语"和"语系"这两个词当然可以继续付诸公论，但我觉得也许"华语语系"可以照顾到不同的华人社团或者社群，不论是中国内地的南腔北调，或是汉族或其他少数民族，还是所谓离散的海外华人居住的地方，语言也许是最后的"公分母"，或者是一个大家可以认同的机制。撇开共识，我更关注它给大家提供了多少交谈或交锋的空间。

我倾向于使用"华语语系"这个词，认为它涵盖面稍广一些。当然这个汉语词组本身仍然有它的局限。这个词组中的"华语"，我们偏向的是"声音"的层面；而在西方，尤其是在后结构主义及德里达等西方思想家解构了西方的语言、语音以及书写系统之后，却有一个盲点，就是他们把中国汉字的声音、意义，还有书写的体系，当作西方理论投射的理想典范。这个问题，已有很多人指出来，认为这是德里达等人的一个盲点。我觉得我们现在将这个词运用到中文的语境里，当然还是要有所警惕。声音有一个立即的、发声的、现场的、感同身受的所谓真实感，但是如果以20世纪初索绪尔的观点来讲的话，声音跟意义之间的交汇，总是在一个相对的情况之下，在一个结构的对比、对照的情况下。所以我们用"声音"作为广泛定义文学以及其他文化表现的一个概念，但同时也要注意由声音所透露的理想主义立场的盲点问题。

但是 Sinophone Literature 在英语语境里却有另外的脉络。这个词的对应面包括了 Anglophone（英语语系）、Francophone（法语语系）、Hispanophone（西语语系）、Lusophone（葡语语系）等文学，意谓在各语言宗主国之外，世界其他地区以宗主国语言写作的文学。如此，西印度群岛的英语文学、西非和魁北克的法语文学、巴西的葡语文学等，都是可以参考的例子。需要强调的是，这些语系文学带有强烈的殖民和后殖民辩证色彩，都反映了19世纪以来帝国主义和资本主义力量占据某一海外地区后，所形成的语言霸权及后果。因为外来势力的强力介入，在地的文化必然产生绝大变动，而语言以及语言的精粹表现——文学——的高下异位，往往是最明白的表征。多少年后，即使殖民势力撤退，这些地区所承受的宗主国语言影响也已经根深蒂固，由此产生的文学成为帝国文化的遗蜕。这一文学可以铭刻在地作家失语的创伤，但同时也可以成为一种另类创造。异地的、似是而非的母语书写、异化的后殖民创作主体是如此驳杂含混，以致成为对原宗主国文学的嘲仿颠覆。上国精纯的语言必然遭到分化，再正宗的文学传统也有了鬼魅的海外回声。

张凤：您说华语语系文学反映的面向情况是不太一样的，不同于其他语系文学？

王德威：对！19世纪以来中国外患频仍，但并未出现传统定义的殖民现象。中国香港、中国台湾、伪"满洲国"、上海等殖民或半殖民地区里，中文仍是日常生活的大宗，文学创作即使受到压抑扭曲，也依然不绝如缕，甚至有（像上海那样）特殊的表现。不仅如此，由于政治或经济因素使然，百年来大量华人移民海外，尤其是东南亚。他们建立各种社群，形成自觉的语言文化氛围。尽管家国离乱，分合不定，各个华族区域的子民总以中文书写作为文化——而未必是政权——传承的标记。最明白的例子是马华文学。从国家立场而言，这是不折不扣的外国文学，但马华作家的精彩表现却在在显示域外华文的香火仍然传递不辍。引唐君毅的名言，我们要说历经现代性的残酷考验，中华文化不论在大陆还是在海外都面临花果飘零的困境，然而有心人凭借一瓣心香，依然创造了灵根自植的机会。这样一种对文明传承的呼应，恰是华语语系文学和其他语系文学的不同之处。

张凤：您认为华语文学在全球化语境下提供了不同华人区域互动对话的场域？

王德威：我们无须因此浪漫化中华文化博大精深、万流归宗式的说法。在同文同种的范畴内，主与从、内与外的分野从来存在，不安的力量往往一触即发。更何况在国族主义的大纛下，同声一气的愿景每每遮蔽了历史经验中断裂游移、众声喧哗的事实。以往的海外文学、华侨文学，往往被视为祖国文学的延伸或附庸。时至今日，有心人代之以世界华文文学的名称，以示尊重个别地区的创作自主性。但在罗列各地样板人物作品之际，收编的意图似乎大于其他。相对于"原汁原味"的中国文学，彼此高下之分立刻显露无遗。别的不说，大陆现当代文学界领衔人物行有余力，愿意对海外文学的成就做出细腻观察者，恐怕仍然寥寥可数。

但在一个号称全球化的时代里，文化、知识信息急剧流转，空间的位移、记忆的重组、族群的迁徙，以及网络世界的游荡，已经成为我们生活经验的重要面向。旅行——不论是具体的或是虚拟的，跨国的或是跨网络的——成为常态。文学创作和出版的演变，何尝不是如此？

王安忆、莫言、余华等人的作品多在港台同步发行，王文华、李碧华的作品也快速流行大陆，更不用提金庸造成的海内外阅读口味的大团圆。中国大陆、中国香港、中国台湾、新马还有欧美华人社群的你来我往、微妙的政治互动，无不在文学表现上折射成复杂光谱。从事现当代中文文学研究者如果一味以故土或本土是尚，未免显得不如读者的兼容并蓄了。

华语语系文学研究的出现，正呼应了我们所面对的现当代文学的课题。顾名思义，这一研究希望在国家文学的界限外，另外开出理论和实践的方向。语言，不论称为汉语、华语、华文，还是中文，都成为相互对话的最大公约数。这里所谓的语言指的不必只是中州正韵语言，而必须是与时与地俱变，充满口语方言杂音的语言。用巴赫金的观念来说，这样的语言永远处在离心和向心力量的交汇点上，也总是在历史情境中，个人和群体、自我和他我不断对话的社会性表意行为。华语文学提供了不同华人区域互动对话的场域，而这一对话应该也存在于个别华人区域以内。以中国大陆为例，江南的苏童和西北的贾平凹，川藏的阿来和穆斯林的张承志都用中文写作，但是他们笔下的南腔北调，以及不同的文化、信仰、政治发声位置，才是丰富一个时代的文学的因素。

张凤：您的意思是，华语文学所呈现的是个变动的网络？

王德威：就像任何语言的交汇一样，华语语系文学所呈现的是个变动的网络，充满对话，也充满误解；可能彼此唱和，也可能毫无交集。但无论如何，原来以国家文学为重点的文学史研究，应该因此产生重新思考的必要。对熟悉当代文学理论者而言，如此的定义也许是老生常谈。

但我的用意不在于发明新的说法,而在于将理论资源运用到历史情境内,探讨其作用的能量。

因此,我们与其将华语语系文学视为又一整合中国与海外文学的名词,不如将其视为一个辩证的起点。而辩证必须落实到文学的创作和阅读的过程上。如由山东到北京的莫言以他瑰丽幻化的乡土小说享誉;王安忆、陈丹燕写尽了她们的上海;而香港的西西、董启章,台北的朱天心、李昂也构筑了他(她)们心中精彩的"我城";山西的李锐长于演义地区史和家族史;白先勇、高行健的作品已被誉为离散文学的翘楚……

张凤:那么华语语系文学版图,要如何绘出?

王德威:华语语系文学因此不是以往海外华文文学的翻版。它的版图始自海外,却理应扩及大陆中国文学,并由此形成对话。作为文学研究者,我们当然无从面面俱到,从事一网打尽式的研究,我们必须承认自己的局限。但这无碍我们对其他华文社会的文学文化产生好奇,以及因此而生发尊重。一种同一语系内的比较文学工作,已经可以开始。

张凤:这样就能调和正统中国和海外华文文学之间的区别?

王德威:我以为华语语系文学的理念,可以调和不同阵营的洞见和不见。中国至上论的学者有必要对这块领域展现企图心,因为不如此又怎能体现"大"中国主义的包容性?如果还一味以正统中国和海外华人或华侨文学作区分,不正重蹈殖民主义宗主国与领属地的想象方式吗?另外,以"离散"(diaspora)观点出发的学者必须跳脱顾影自怜的"孤儿"或"孽子"情结,或是自我膨胀的阿Q精神。只有在我们承认华语语系欲理还乱的谱系,以及中国

文学播散蔓延的传统后，才能知彼知己地、策略性地——套用张爱玲的吊诡——将那个中国"包括在外"。

张凤：我们一向对海外文学的成就有着细腻的观察。近20多年来华语作家常来哈佛大学，在东亚系同人如已经荣退香港的李欧梵教授和你我继续召集并主持的哈佛中国文化工作坊、作协等组织举行演讲研讨会，为海外的华文文学（华语语系文学）贡献一份力量。请谈谈近来情况。

王德威：的确，基于上述的理念，所以我回哈佛大学后，从2005年起，年年连续邀请海内外作家（除了李欧梵和你之外，还包括聂华苓、李渝、施叔青、也斯、平路、骆以军、黎紫书、纪大伟、余秋雨、龚鹏程、郑培凯、廖炳惠、陈国球、陈来、奚密、石静远、陈丹燕及现居剑桥的作家艾蓓、李洁，还有在东亚系就读中国现代文学专业的博士生、硕士生与本科生），一起参与讨论华语语系文学，分别以"文学行旅与世界想象""全球语境下的中国现代文学"等为主题，对文学文化作出观察与审思。

譬如2006年4月15日前后所触及的议题，除了创作之外还包括如下几项。

一是旅行的"中国性"：中国经验与中国想象如何在地域、族裔、社会、文化、性别等各种层面移动与转化；华语语系文学如何铭刻、再现这些经验与想象。

二是离散与迁移：随着华裔子民在海内或海外的迁徙、移民，甚至殖民经验，华语语系文学如何体验它的语言、族裔、典律的跨越问题？

三是翻译与文化生产：翻译（从文学、电影、戏剧到各种的物质文化的转易）如何反映和再现华人社群与世界的对话经验？相关的文化生产又如何被体制化或边缘化？

四是世界想象：中文文学如何承载历史中本土、域外的书写或经验？多元跨国的现代经验如何在迥异的语言环境中想象中国——及华人——的历史？

频繁的文学行旅，移动的边界想象——从马来西亚，从中国台湾，从中国香港，从美国，从中国大陆——作家创作位置、视野的转移，怎能为一本护照所限制？这些位作家有缘聚在哈佛，谈中文书写越界和回归的可能，也谈海外文学对中国的建构和解构。也就是在这样的对话声中，华语语系文学的探索开始展开。

张凤：记得在2007年初冬，我们还办了一个关于华语语系文学和离散写作的会议。

王德威：对！那个会议里面显然有一个更强的理论介入的动机，在反向意义之外，我们又希望不要把华语文学的情况变成中华文明无远弗及的老牌的传说或者是迷思，好像中国什么样的文化、历史、政治影响都被移民带着走，到了哪里就在哪里落地生根，那样就变成了大中国的延伸。这恰恰是我们会议要反思的对象。中国不可讳言地是一个历史、政治、文化的实体存在，已经不需要我们强调或者辩论；但是一旦华语文学这个情况发生之后，我们就必须赋予每一个发言者以特定位置，以及自为的氛围。这个氛围可能是文化交错的氛围，因为在中国大陆以外，除了中国文化这一主体之外，还有各种移民的文化；原来在美国、英国、法国侨居的这些华人，他们要面对新的在地语言及文化的介入。比如在中国台湾，就有台语、部分日本殖民时代的文化以及国民党政权代表下的文化传承；或者在中国香港，就有英国殖民文化和香港本地的南方文化。所以我们想象的华语文学是一个多元的、不断扩散的语言现象。这种情况下，中国大陆文学这个问题就变成争议很大的一个焦点。有的学者认为中国文学可以存而不论；有的学者认为中国大陆已经是一个强大的文化政治霸权,有足够的资源支持它的文化主体,所以没有必要再拿华语文学这个概念去附会原来的这个霸权,为它锦上添花。这是焦点,也是和中国大陆文学研究思路最大的分歧所在。用我的老话说,我们应该强调语言本身"众声喧哗"的可能性,所以华语语系文学的观念没有必要被局限在海外。

哈佛大学东亚系的教授办公室指示牌

张凤:谈谈西方文学理论对您的影响。

王德威:因为不断接触新东西,当然觉得西方的理论都影响我。我们研究文学,自然应该对文学理论的动态保持兴趣和关心,这也是基本功。好比我对解构学的态度,是意识到它内蕴的吊诡性,但不轻言放弃诠释学的基本议题。我希望对过去与现在的关系,以比较性的文学角度,多少规范一些问题。我得承认自己不见得是一个传统的文学批评者。对于追寻那些严丝合缝的文学史写作方法,我觉得有人可以做得比我更好,但这并不意味着我不重视传统文学史的写作方法。但不论从个性还是学术方法来讲，我都较喜欢以新的角度看待文学史方面的存续或断落的现象。像我曾在论文中处理了3位当代作家——宋泽莱、莫言、李永平的作品，探讨之后，也见识到沈从文有过去我们从来没有注意到的一面，从而也赋予过去的东西以新的意义。

但是接下来我要讲句实在话，国外的学者包括我自己在内，在客观研究方面，即所谓的材料部分，我们是有所欠缺的，所以才更多地注重理论互动。但是，对于一些唯理论是尚的同事，我不太能够认同。我用了一个很不恰当的比喻，你们都知道齐人有"嗟来之食"的故事，这些理论是我们学来的，并不是自己发明的，其实就是"嗟来之食"。在西方吃得快快乐乐，然后回到国内，很是骄傲，也得到了很多掌声，这也许都无可厚非。可是，我觉得不能对理论有一种自以为是的骄傲，回来之后这个"理论的身段"一定要放下来。

张凤：看您在《海外中国现代文学研究译丛》总序中提到，可否问一下，您说最近现代中国文学研究的热点是中国现代文学研究与理论的互动，是吗？

王德威：理论与文学研究的互动、对理论的关注，当然能够说明学者磨炼批评工具以便更深入探讨学术问题的用心，由此而产生的史观和诠释也的确令人耳目一新。像周蕾（Rey Chow）在1991年出版的《妇女与中国现代性》（*Woman and Chinese Modernity*），就具有相当的象征意义与代表意义，它对现有批评典范的反驳，对女性主义、心理分析、后殖民批判以及广义左翼思潮的兼容并蓄，树立了一种不同以往的论述风格，也引起中国研究以外的学者的注意。

理论与文学研究的真正互动其实还是不够的，尽管20世纪90年代以来西方中国现代文学界众声喧哗，可是挟洋以自重者多，独有见地者少。从后殖民到后现代，从新马克思主义到新帝国批判，从性别心理国族主体到言说"他者"，海外学者多半追随西方当红论述，并迅速转嫁到中国领域，以至于理论干预成了理论买办，这是我们必须保持自觉和警惕的。

其次，20世纪90年代以来的现代中国文学研究早已经离开传统文本定义，成为多元的、跨科技的操作。已有的成绩至少包括电影、流行歌曲、思想史和政治文化、历史和创伤、马克思和毛泽东美学、后社会主义、"跨语际实践"、语言风格研究、文化生产、大众文化和政治、性别研究、城市研究、鸳鸯蝴蝶和通俗文学、后殖民研究、异议政治、文化人类学研究、情感的社会和文化史研究，等等。尤其是电影或广义的视觉研究更是备受关注。相对于以往以文本、文类、作家、时代是尚的研究方向，这些议题无疑为现代中国文学领域注入源头活水。但换个角度来看，所谓的文化研究也不无历史因缘。

在很多方面，它让我们想起半个世纪以前夏济安、夏志清和普实克（Jaroslav Prusek）等人自不同角度对文学与文化、文化与社会互动关系的强调。风水轮流转，经过了新批评、形式主义、结构主义、解构主义等以语言为基准的理论世代，新一辈的批评者转而注意文学和文化的外沿关系。性别、族裔、主体、情感、日常生活、离散、国族、主权、霸权、帝国等又成为津津乐道的话题。

还有是对有关历史论述的重新审视。以往文学史研究强调经典大师的贡献，一以贯之的时间流程、历史事件和文学表征的相互对照，也就是所谓的"大叙述"（master narrative）。而 20 世纪末以来的文学史研究则对"大叙述"的权威性提出质疑。这背后"后现代"的各种历史观,比如福柯的谱系学（genealogy）、德里达的解构说、怀特等人的元史学（metahistory）等都产生了重要的影响。

张凤：中国学汉学家如何体现出所谓的"主体性",既保持与西方理论的对话,同时又与国内学者作学术上的呼应?

王德威：主体性如果缺乏历史经验的填充,将是一个空洞的词。谈到主体性的问题,其实最主要的还是要有自己的一个场域,最好地加以利用,来和外界的场域进行交换。不能说你接受了某种理论,或者你跟某位海外学者有交情,你就丧失主体性了。我觉得不至于,这就是一个学术对话的策略,而且这种学术对话会越来越频繁。现在对中国的汉学研究用的都是西方的模式、西方的理论,而我最希望看到的就是,我们在谈本雅明、阿多诺（T. W. Adorno）、布迪厄、拉康（Jacques Lacan）等人的同时,也能充分认识同辈的中国学者在方法及理论上的独特建树。现在有多少时候,我们能平心静气地思考章太炎那种庞大的既国故又革命,既虚无又超越的史论历史观呢?现在对陈寅恪的讨论很多,可他的历史隐喻符号体系的诗学,还有《柳如是别传》这样的巨著,有多少西方学者能够认识呢?很多人说钱钟书的《谈艺录》《管锥编》是老派的东西,我并不觉得。钱钟书那种跨越中西的胸襟与能力是令人惊叹的。当然,1949 年之后,有不得已的政治环境的限制,但这种限制也启发了他开创全新空间的可能性。诸如此类的建树,我觉得海外的同事并没有正视,这是很可惜的。学然后知不足,我没有那个能耐作章太炎研究,但我至少有能力和虚心读读章太炎吧!王国维在国内备受推崇，可在国外他忧郁的文化遗民诗学研究却是小众中的小众。这不是很可笑吗？讲了那么多年的文化交流、学术交流，却还是单向的。我们在国外的人，有那么多的资源，又有语言的优势，理当为学术对话做点工作，可以让人们知道朱光潜、宗白华、瞿秋白等人啊！这其实又回到所谓"主体性"的问题了。

张凤：海外中国学文学的研究，毕竟是甚少关注到这些。

王德威：我们不必斤斤计较各种理论的国籍身份，但也不应该仅仅甘于做"西学东渐"的代理人。我们应该叩问：在什么意义上，19、20世纪的中国文学发明，可以放在跨文化的平台上，成为独树一帜的贡献？在审理海外中国文学研究的成果时，我们也应该问一问：西方理论的洞见，如何可以成为我们的不见？反之亦然：传统理论大开大阖的通论形势，和目前理论的分门别类是否有相互通融的可能？在什么样的条件下，中西古今的壁垒可以被重新界定？中国文学论述的重要对象——从梁启超到陈寅恪，是否可以被有心的学者引领到比较文学的论坛上？

张凤：重写历史或文学史是20世纪两岸学者的共同努力方向。其成效如何？

王德威：对国内学者重写历史或文学史的努力，我也不会一味否定，毕竟我们对文学史真相的挖掘、谱系的重组还远远不够。其实，我曾经说过，述说历史不难，述说历史的"难以述说性"却又"必须述说"才难，这应该成为文学史撰写者自觉的道德承担。

张凤：文学界提到，您在象牙塔中融汇西方理论研究文本，尤其是巴赫金的众声喧哗、嘉年华式狂欢与对话论、福柯的权力话语论、布迪厄的文化生产论、热奈特的叙事理论等，现在已俨然自成一家了吧？

王德威：那是美言。有些理论如"众声喧哗"的理论，早在20世纪80年代就已介绍给中国文学研究的同好。众声喧哗代表中国现代文学言谈的一条出路。第一种的众声喧哗，是对我们政治社会环境的反应——各种不同声音的出现；第二种是指原来言谈表面未曾涉及的、内在泄露出来的、不请自来的声音。"多元化"只是"众声喧哗"最表面的层次。我们也得继续关怀别的层次，如权力变化倾轧时可能发生的消长、对立或吻合；此外巴赫金所提出的"嘉年华式狂欢"理论，虽然引介时难免有削足适履的顾虑，但介绍所得到的成效，可能仍大于这些负面影响。"狂欢"代表的是用笑来反对的声音，不但有很大的破坏性，可推翻既有的秩序和权力，而且也隐藏着危险的设计，在适当的范围内可能同化为权力机构的应用媒介，如中国台湾的"选举假期"。狂欢完了之后，权力机构仍回到高高在上的原状。这些理论都需要仔细去考虑各种层次。我早就说过，我们对待任何理论、任何方法，不应该只是人云亦云地加以推崇或贬斥，它的合法性（legitimacy），应该建立在是否能增进我们对某一文学现象的了解之上。我经常讲一个笑话（女孩子最能理解这个了）：你买了一个名牌的衣服，巴不得把名牌反穿，让人家看出你买了一个Dior之类的东西。不要忘了，还有很多名牌故意把标签做得很大，像那个Gucci就是这样。我觉得西方理论的运用也是这样，理论操作中，没两下子就把理论的牌子亮出来了，不是很可笑吗？理论本来就是为我所用的嘛。我最反感借助西方的理论话语来批评中国怎么样怎么样。到了2009年，我觉得理论风潮已经过去了，现在不会动辄祭出理论招牌了吧？

张凤：近年来您常应邀参加北大等讲座，又兼任复旦大学"长江学者特聘教授",常回中国大陆,改革开放30年来的情况,您应该很熟悉。您如何对当代文学作总体评估?网络化影响文学的发展吗?

王德威:我只能说1977年以来30多年的华语文学有很多精彩的时刻,这些作家的成就是不容我们用一两句话来抹杀的,也是不容我们用一两句话就捧上云霄的。无原则的吹捧或无限上纲式的批评,我都没法接受。我还是要强调,过去30多年里很多值得骄傲的文学成就,不应该只限于中国大陆,我觉得在中国台湾、中国香港、新马甚至欧美华人社区的创作场域里,都有很多非常精彩的表现。我甚至有时候跟我的学生说,"五四"文学可能是被我们典范化、神话化了,其实我们拿过去30多年里当代文学的精彩作品来跟"五四"文学作比较的话,可能有过之而无不及。但是"五四"文学时期是把文学当成一个神圣的、崇高的文化实践来看待,这个典范的意义已经逐渐地解构和播散了,所以当代作家或当代文学未必能享受到"五四"时期那样的荣誉或者争议性。至于当代文学的发展前景,要看你怎么去定义文学了。如果把文学看作我们用文字所铺陈的想象力的一种结晶,无论是对过去还是对当下或未来的想象,我觉得文学作为文明持续产生活力和发展的重要媒介,无论如何都是有生命力的。也许我们现在熟悉的文类会逐渐边缘化,甚至消失,但那并不代表广义的文学消失了。这一点我还是很乐观的。

张凤:1997年前您曾在《被压抑的现代性:晚清小说新论》(英文版)中提出"没有晚清,何来'五四'",后来该书于2003年与2008年分别在两岸——台湾麦田出版社和北京大学出版社出中文版,均引起相当大的争议。2009年正值五四运动90周年,您对那时的观点有补充吗?

王德威：我有两点需要澄清。1997年前我写《被压抑的现代性：晚清小说新论》时，是有个策略性目标的。那个时候，我正在作晚清小说研究。经过多年的阅读，我了解到，晚清小说的丰富和驳杂远远超过我们在教科书上的认识。我们的文学史，以前过分地讲究一以贯之、单线式的发展模式。所以，按照这个逻辑，晚清就是一个分崩离析、颓废、衰败的时代，以此衬托"五四"是一个平地一声雷、风起云涌的时代。对于简单、线性文学史的看法，我刻意提出历史的起承转合也许不像我们想象的是突变、戏剧性的，这是我作晚清文学研究的动机。在原来文章的论述里，我并没有刻意地说，因为有了晚清就贬低了"五四"的意义和历史关键性位置。谈晚清的重要性，不是来刻意贬低"五四"的贡献。

经过整个20世纪对史学观念和历史经验的理解后，我们在20世纪90年代末，可以放开胸怀去看待所谓中国文学现代性兴起过程中的各种坐标。我至今一再运用空间式的想象坐标，刻意与传统史观中简单线性思维作一个对话。所以从这个意义上来说，到今天我会强调当时那篇文章辩证的复杂性。相对的，如果有人来告诉我："没有'五四'，何来晚清？"我会说："对呀，这是把历史的因跟果倒过来了。"所以，我会乐观其成。有这样的辩论，反而坐实了我所认定的历史学的复杂性。晚清的确是民国塑造出来的，这不是自然发生论的问题。这个文章的题目也许会引起许多议论，但我很高兴有这样的议论。

张凤：您最近对于晚清小说、诗歌、诗学和文论所作的研究，是为了开辟新的研究方向？

王德威：我原先一直在作晚清小说的研究。这几年，我把这一研究方法扩大到晚清诗歌、诗学和文论的领域中。

所以我最近写了一些关于晚清桐城派的文章，就是关于诗与诗学的问题。

我们现在约定俗成的观点是，晚清诗歌从龚自珍开始，经过黄遵宪的发展。我觉得，这当然是有启发性，可以让我们理解到现代文学、当代文学兴起的脉络。把晚清拉到鸦片战争前后，这是文学史家和历史学家的特权，为研究需要可以移动时间坐标。龚自珍所代表的比较唯心的、黄遵宪继续发展的新体诗传统，在文学史上的重要性毋庸置疑。但是晚清诗学的发展，不是只有这一条线索。我的意思是，在晚清的60多年里，惊天动地的大改革不一定要浓缩到一个新体诗的兴起之上。事实上，当时一些传统文人把不同时代的文类同时纳入他们的视界之中，他们可能正在实践六朝的东西，实践华丽、绮丽、颓废的晚唐诗风，当然也包括宋代诗词，这些东西同时被置入晚清文人的文学探索之中，不同诗人各行其是。这是晚清文学另外一个同样精彩的现象。

间接地，这一丰富的晚清诗学现象和"五四"也是有呼应的。古体诗并没有因为"五四"的兴起而突然关门大吉。在某种意义上，很多"五四"的文人，比如郁达夫、周作人、沈从文、聂绀弩等，他们是"五四"新青年，他们一开始在风起云涌的"五四"时代完全抛弃了中国传统诗学，但在某些关键历史时刻，古体诗会再次回到他们的创作中去。这让我们对中国文学的现代性有了更为复杂的认识。这不是一个简单的你死我活的时代，它复杂的纠结过程是现代性的一部分。所以我们现在看待中国现代文学，古典文学的传统仍然千丝万缕、很细腻地牵扯其中，这恰恰是让现代性的议题变得更为复杂。古体诗跟现代诗的纠结现象，大家做得很少，就更不用讲诗话的问题了。说到诗话，我只讲到王国维的《人间词话》，但"词话"也不只有这一本。

除了诗学、词话，还有就是文论研究。我这几年在作桐城派研究，当然我不是第一个作这方面研究的学者。桐城派在晚清被打入谷底，所谓"桐城谬种"，这是"五四"的口号。其实只要对"五四"前后文学史有所了解就知道，包括胡适、周作人都已经告诉大家，桐城派就算有千百万个不是，至少在教人家做文章方面有很大贡献，它不是绝对地和白话文你死我活的文学流派。桐城派对"文"的观念，与后来"五四"兴起的"文学作为独立自足的审美论述"，有非常有趣的承接关系。

"五四"文人要"文学"，文学是时代的表征。这一观点是吸收了西方19世纪以来把文学作为一个学科的看法，但事实上桐城派在中国传统文学中，早已用"辞章"形容文学特性。桐城派当时就说：你们一定要会做"文"，一定要对文字本身有敏锐感，透过"文"才能接触原来的"道"，他们把"文"拉到很高的位置。"文"不是被动的媒介工具，它本身就是"道"的体现。这是一个很微妙的轻重转换。以前说，经过"文"达到"道"，桐城派说这个"文"就是"道"。

我说这么多的意思是，作为文学史工作者、学生，在五四新文学运动过了90年之后，我们看待中国现代文学性的方式应该拒绝"化繁为简"，而应"化简为繁"。

张凤：对于五四新文学运动，学术界的探讨为何要"化简为繁"？是出于政治的考虑？

王德威：如果我用"政治"这两个字的话，我的定义是非常宽广的，不仅是跟几个革命人物有关而已，与其说是"政治"，不如说是刻意引起论证，以凸显一个新的东

西，这更多是一种策略。

五四运动的兴起，在当时以及之后几十年有巨大的号召力和魅力。我刻意使用"魅"字是有理由的。都说"五四"是个除魅时代，但我恰恰觉得说"除魅"太简单了，这是一个有魅力的时代，让大家一下子陷了进去——我们就是新青年！我们就是要革命和启蒙！——这是一个新的神话的开始。所以，它一方面"除魅"，另一方面带来新的"魅"，我觉得这是"五四"之所以如此迷人的原因。也正如此，我不会中断对"五四"的研究。回到刚才那句老话，"化简为繁"，你如果真的承认"五四"给我们的遗产如此丰富的话，那就不要避讳"五四"复杂的来龙去脉。不用把传统和现代的对立简单一刀切，"五四"那一代文人受到的传统训练比我们丰富太多了，所以我希望在晚清和"五四"的衔接上作出更复杂的描述。

张凤：您说"五四"带来新的"魅"，那"五四"的魅力从哪里来？

王德威："五四"之所以在20世纪三四十年代之后，变成一个那么有魅力的东西，我觉得和后来两个重要论述有关。"五四"本来有很多方面，最后被凝聚成两个论述：革命和启蒙。尤其是革命论述，后来声音越来越强，成为救亡的话语，以至于把"五四"的复杂面向给遮蔽了。今天既然要讨论"五四"的重要性，不见得要沿用"五四"之后简化的话语来定义"五四"，而应该真正承袭"五四"众声喧哗的精神，那才是我们应该去想象的"五四"。当我们谈五四新文学运动的时候，应该记住当时还存在着"五四"旧文学实验和实践。

张凤：五四运动中，除了启蒙、革命之外还有别的感召吧？

王德威："五四"的动人力量是要感动你。现在我们对"五四"中的"启蒙"和"革命"研究卓然有成，但这几年我对"五四"有一个很新的思考，我觉得"五四"给我们的精神号召除了"启蒙"与"革命"，还有"抒情"。"抒情"这个词太容易被误会，特别在大陆传统中，"抒情"很容易和小资、颓废、唯心、布尔乔亚联系在一起。但我恰恰要说，"五四"到今天还能感动我们的话，不是理念化、量化的东西，"革命"和"启蒙"都有一个"情感"的驱动。我们为什么要对"五四"的抒情性那么害怕呢？"抒情"是我们的文化遗产，"发愤以抒情"是屈原传给我们的，但抒情的传统在中国传统文学中的复杂向度被遮蔽了。正是"抒情"，让"五四"青年不顾一切走向"革命"和"启蒙"，革命在当时可是很时髦的事情。几十年来，我们的评论家只是狭义地迎合了19世纪西方对"浪漫主义"的定义，而忽略了中国两千多年历史中复杂历史情怀和社会抱负的抒情性。"五四"中有抒情传统，这肯定会有很大的争论。但今天讲"五四"和晚清不一样的地方，我觉得就是"五四"时代的这群新青年重新让抒情的复杂向度迸发出来，这是晚清看不到的。所以到了今天，不妨把抒情的传统予以复兴。

张凤：五四新文学运动，影响到普通老百姓了吗？当中的雅俗之争令人想到：当我们谈历代文学史、文学运动的时候，往往只论文人精英的传承，而忽略了民间的俗文学。

王德威：刚才我们讲到的是，"新旧"两条路线之争，还有"雅俗""东西"之争，这些东西在晚清已经酝酿了很长时间，所以不是到了某个黄道吉日，大家一起来摊牌。当然，"五四"历史的偶然性，你不得不承认。

其实俗文学也是"五四"的发明，是文学走向民间的重要方面。"五四"驳杂的面向，使其不仅启蒙了精英阶层，也启蒙了小市民。"启蒙"这么宏大的字眼到了市民阶层、江南文人那里，就变成鸳鸯蝴蝶派的《啼笑姻缘》《金粉世家》。

通俗文学中的启蒙意识是存在的，它扮演了一个"缓冲区"的角色。新的东西来得这么急、这么快，这些普通市民如何去接受？他们很可能会误读，也可能造成很有趣的偏颇。这些都可以理解。但同时，有一群文人，他们的确没有那么新的思想，也没有那么大的抱负，但他们用一种折中的观点，提出了对"五四"想当然的见解和看法，然后又贩卖给一般小市民，这里面产生了非常复杂的"接驳"现象。这个"缓冲"的作用其实很重要。有人说"鸳鸯蝴蝶派"有什么好看？张恨水是从南方来到北方的文人，他做过记者，他来到北京这样一个城市，大开眼界，但有多少人把张恨水的《春明外史》看成是北京文化地图导览？《春明外史》描写"五四"前后北京城的面貌。你可以想象四川成都的读者，通过这部小说想象北京有一个这样的运动。在这个意义上，俗文学就是一个"缓冲"，"缓冲"可能不是精英阶层本身想要传播的，但经过这些市井文人再诠释之后，他们让变革不那么剧烈，让这些改变变得理所当然、习以为常。比如离婚问题、女性独立问题，都在《金粉世家》里有讲述，小说描述女性独立找出路的可能性，但又不像新女性那样决绝。这是新旧价值的互动，探究如何去落实，这是"鸳鸯蝴蝶派"一个很大的贡献。它的结果未必是"五四"激进精英所真正希望的，但面对社会巨变，"鸳鸯蝴蝶派"给中国人提供了精神上"缓冲"的慰藉。他们可能看不懂《狂人日记》，但通过《金粉世家》

《啼笑姻缘》，可能对"什么是这个时代"有所了解。这就相当于今天的传媒所扮演的角色。

张凤：我们谈了这么多文学上的事，再回过头来谈谈您自己吧。我知道您勤于写作读书，经年累月地读书，那您最喜欢哪些书呢？

王德威：我年轻时读书受很多客观外在因素的限制，当时的台湾文学出版界，不像现在能有多样化的选择。我最喜欢小说，对这个文类很早就发生了兴趣。在中学时代，我对古典传统小说特别偏好。大学在就学的台大外文系有系统地接触欧美文学，它们带给我很多震撼和启发。比如第一次读到卡夫卡、乔伊斯的小说时，它们都带给我新的喜悦和思考的方式，与传统的中国小说比较起来大不相同。当时台湾的教育环境，说实在的，并没有很多机会得到"五四"以来的第一手的中国小说。

说到我个人的文学经验，其实我大学时代对"五四"新文学是非常无知的，大概只知道鲁迅，看过一点徐志摩、朱自清还有郁达夫的作品，所以一开始以为"五四"新文学就是"郁达夫+徐志摩+朱自清"。记得我读书时候的台大，还没有现在这么大的规模，在台大校门的对面，每天晚上都有些卖旧书的摊子。有一次一个书商悄悄地告诉我说："这本书你应该看。好看！"他说的是《边城》。读了《边城》，我才第一次了解谁是沈从文，那时是大学二年级。我虽然对"五四"新文学开始产生兴趣，却不能看到最好的、值得推荐的作家作品。到了美国之后，我才知道茅盾、巴金、老舍等，才开始大量阅读在中国台湾被禁的"五四"新文学作品，所以我对中国现代文学的领悟，其实是要感谢美国的。

出国留学后我主修比较文学，才常有机会接触各种各样的新文学。在众多的作家中，我最推崇沈从文，我认为他是现代中国最重要的乡土叙事及抒情美学的实践者。以往的现代文学研究，是以鲁迅以降作家的呐喊彷徨、感时忧国为典范。沈从文的经验可以提供一个对话的角度，增益我们对中国文学现代性的了解。

20世纪40年代中期，沈从文在创作及生活上经历重大转折。战争带来的丧乱、政治的纷扰，还有写实主义的局限，在在促使他重新思考作为知识分子作家的立场。1949年后，沈从文的艺术生命陷入危机，终至停止创作。他所经历的生死考验与启悟过程，见证了一代知识分子面对历史风暴时的所为与所不能为、历史暴力与个人伦理之间的抉择。

张凤：哪些读书人对您的影响最深？

王德威：要我在一瞬间立即作答的话，那应该算我在台大外文系时期的教授侯健。他西方文学经典的功底很深，但同时也是位兼容新旧传统的读书人，对中国旧文学，尤其是小说，涵养特别深厚。在某种意义上，侯健教授是启发我对中西、新旧文学进行研究的最重要的导师。

另一位影响我最深的，就是我曾在大学时代早已仰慕，后来有机会一起共事的夏志清教授。我非常敬佩夏教授，他学贯中西，批评眼光洞见、犀利。

而他对中国文化毫不留情的关怀和评判，不论是否令人同意，那样的胆识在现在的学界也是极为少见的。在哥伦比亚大学15年，我常常向夏教授请教，而夏教授对我的支持也不遗余力。于公于私，夏教授都是我最亲近的前辈。

张凤：我知道您写成诸多名著，获得过多项文艺大奖。虽然您非常谦虚，但我还是想问问您最喜欢自己的哪本书？

王德威：名著不敢当，不敢当！谈自己的著作总是比较尴尬的事情。如果真的要谈，我只能勉为其难地回答，应该是《小说中国：晚清到当代的中文小说》。这本书写于20世纪80年代末90年代初。当时我生活和教学的环境，不论是在台湾岛内还是在哈佛或哥伦比亚，或在广义的海外社会里，都有很多变动，刺激我

王德威的著作《小说中国》

不断更换角度思考问题，文学的问题、家国的问题、海外的问题等，都让我以很不一样的方式重新进行反省和评估。我很珍惜这样的省思、写作的机会。除此之外，《跨世纪风华：当代小说20家》一书，是我以一己的观察和写作风格，书写当代小说的流变的，比较能够凸显我个人的性情和看法。

张凤：教学之余，您文学批评不断，写成书评结集。1986年就出版《从刘鹗到王祯和：中国现代写实小说散论》，接着又出版《众声喧哗：三〇与八〇年代的中国小说》。这两本书均以比较文学的理论特色，重新阐释华人世界的现代小说，笔法凝练，饶富褒贬之意。我想请您再谈谈备受推崇的第一本英文书《二十世纪中国写实主义：茅盾、老舍、沈从文》（*Fictional Realism in Twentieth-Century China：Mao Dun，Lao She，Shen Congwen*，1992）。

王德威：我认为写实主义不是某一世纪的专利，若把写实主义作一个回溯的研究，中国的写实主义小说早就有了。《金瓶梅》就是一部可视为向狭义写实主义挑战的小说。20世纪的中国文学话语，最重要的是写实主义小说。在我看来，写实主义在当代中国文学史上仍然发展得很蓬勃。今天我们已经到了21世纪，有必要回过头来探讨它的得失，而且我们现在有了更多不同的批评理念，是回顾先驱对后来的贡献或负面影响的时候了。

《二十世纪中国写实主义》全书共八章，中间六章讨论三位对中国写实主义影响最大的作家：有茅盾的历史和政治小说，老舍的闹剧、情节剧及"爱国"小说，沈从文的抒情和乡土小说。我觉得"写实"这两个字是个空洞的标识。我要以这六章或六个方向来充实写实主义的内容，兼及写实主义与其他文类如戏剧、诗歌等交汇的问题。除此之外，还讨论了"写实主义小说"与客观环境之间碰撞的问题——小说与历史、社会、乡土的关系问题，并分析在什么样的历史政治限制下我们称它为"写实"的一些论据。"写实主义小说"是会透露意识形态背景和时间推移等种种问题的。

最后一章的结论分三个部分：第一部分分析大陆小说家戴厚英、冯骥才、阿城等人是如何承袭茅盾的一些遗产去诠释历史和政治的；第二部分分析台湾作家王祯和、王文兴等是怎样运用"嘉年华式狂欢"的闹剧和笑声来重新定义台湾政治社会的情况的；第三部分分析宋泽莱、李永平、莫言等人的作品是如何赋予沈从文的传统以崭新的意义的。我认为，到20世纪90年代，我们还有太多的"写实"：魔幻写实、批判写实、超写实、历史写实，等等。依我看来，写实主义丝毫没有停顿的现象。所谓写实主义的局限，其实未必存在，只不过是某种观点的调整罢了。

张凤：虽然您声称现在已由过去研究比较文学，改行钻研中国由晚清到现代的文学，但您的《台湾：从文学看历史》仍然是本非同凡响的书。您是从哪个角度来写的？文学还是历史？

王德威：虽然我的专业是现当代文学，但我一向认为我们对现代性的认知，如果没有以更广阔的历史意识和知识作铺垫，终究会显得狭隘。所以我有意对19世纪及更早的台湾文学史料作些初步的爬梳，同时以自己的阅读所得串联起明郑以来台湾文学与历史的互动过程。这本《台湾：从文学看历史》严格来说是一本文选加导读，还称不上是文学史，我也没有写台湾文学史的企图。台湾文学"史"的发展，也只有在广义的"华语文学"的框架中加以考察，让这种思考方式成为构思台湾文学史的一种面向，我们的视野才会更加丰富。

张凤：您在阅读或写作时有无特别的习惯呢？我对此比较好奇。

王德威：我的阅读、写作相当平板，没有特殊经验，但我认为在写作之前构思的过程特别重要。我一定要在考虑周密之后才下笔，写作的过程更不是一挥而就，而是要经过重复地思考、再思考、改写、再改写。所以对我而言，写书的过程并不是一件很轻松的事。

张凤：朋友们均认为您是一个读书、写作很投入的人。几十年匆匆过去了，您是怎么安排自己的阅读和写作的？

王德威：阅读和写作本来就是我的本业和兴趣，是最该投注心力的东西，它们就是我的生活，不需要刻意来分什么时候该写作、什么时候该阅读。有点不同于中文世界的是，既然我是在美国这样的环境中治学任教，用英语进

行研究、教学、写作自然是主体，因此我的中文写作自然要花更多的心力去经营，要尽量利用繁忙中的闲暇时间。但我要强调我的中文写作态度与写英文文章是一样严肃的，我绝不会轻忽任何一面。

张凤：真是令人不可思议，您在将大量精力投入阅读和写作的同时，还能兼顾董事会、系主任这些行政工作。难怪您会被誉为百年来第一人。

王德威：那全是溢美之词！教学和行政工作是我份内的事，是我应该做的。我很高兴行政工作已经进行到一个阶段，可以告一段落了。但不管怎样忙，研究、写作、教学是我要绝对坚持的，而且是不打折扣的。

张凤：您的精湛的书评以及其他中英学术文章，在两岸及海外都掷地有声，在20年前就被视为凝练华丽的典范：以当代语言叙事理论为经，辅以"五四"至当代海峡两岸作品为纬，铺陈为绵密多向的论述。评论文体独树一帜，有威尔逊等大家的风范，俨然是一种特殊的创作评论书写文学史，成为在哈佛大学等名校课堂教学、研讨的评论典范。您是如何进行构思的？

王德威：要构思先天就有格式限制的书评，向大家介绍书的精华，书评者必须在有限的篇幅里作适当的评论，并表达个人对书的好恶。书评应该兼顾市场和文坛的机制，在不同的诉求当中求取平衡，所以对我来说一直是很大的挑战。写作书评要尽量做到言简意赅。书评篇幅虽小，却往往需要花费很大的力气。除此之外，书评也是作者与读者进行沟通对话的最直接的媒介。书评要预留对话的空间，尽量不作过分强烈的赞美或批评。我也明白有的读者认为我过分温柔敦厚，缺乏可能应该具有的锋芒。但对我而言，与其在一时一地里斩钉截铁地论断一本书，或以笼统的理论方式来作评价，还不如把作品放在文学史、文化史更宽广的脉络里，观察其主题、形式以及与读者大众的互动牵连。所以往往一本看来不够好甚至有负面意义的书，放在文学史的脉络里，反而能占据一个显眼的位置。

张凤：有趣的是，有人认为您的书评不带什么感情，而您自己为文反倒但愿笔锋常带感情。

王德威：哈哈。书评难免给读者一个预设的情绪投射。铁口直断的评价是批评策略的一种，但不是唯一的选择。我所关心的是文学在社会、历史场域的流变现象，而文学评论完全变成科学或伪科学式的写作毕竟是不可能的。如何谨守立场作专业论断，其间的取舍平衡仍然是我追求的目标。

张凤：迄今为止，您多半评论小说，对其他文类也有评论的可能吗？

王德威：小说一直是我最感兴趣的文类，在未来仍然如此，但文学包括不同文类，就算小说也不一定维持同样的形式。我对诗歌、散文等其他文类也很喜欢，愿意尝试评论。

张凤：您在忙碌中，如何力行对文化的参与呢？

王德威：文化"参与"的方式应该有很多种，我认为以我的个性与愿意着力的方法来说，做好研究的"专业性"是比较能够胜任的一种"参与"方式。对我而言，保持一种清醒而警觉的研究视角、厘清学术与外部的批评距离、写出好的学术著作等，都可算是一种"参与"。只要我能扮演好这个角色，就能够对文化产生正面的影响。现在跨国与理论旅行的问题，已经让我们无可避免地要面对一个没有所谓"纯粹性"问题的世界了。对西方主流的理论话语，我们所能做的就是批判性的转化。这 10 多年来，西方的文学理论也陷入沉寂中，已经很久没有新的理论话语出现了。其实这也是一个契机，我们可以重新返回扎实的文本研究，进行细腻的、专业的研究累积，以我们的努力真正丰富文学研究史的研究，发出我们的学术之声。

张凤：不断召集研讨会也是应该的吧？自 1996 年起您就致力于推动中书西译计划，您是如何把华语文学介绍到世界各地的？

王德威：这是一段非常有趣的机缘。1996 年我在台湾"中央研究院"做访问学者时，瑞典诺贝尔奖委员会负责中国文学部分的马悦然教授在"中央研究院"作了次演讲。蒋经国基金会副执行长蒋孝瑀教授也在座，主动提议或可利用哥伦比亚大学之便策划一项系列，将台湾文学的精华介绍给海外英语世界的读者。他得到马悦然、齐邦媛教授的协力支持，成立编辑小组，与哥伦比亚大学出版公司合作，推动中书西译计划，把台湾、大陆文学介绍到世界各地。目前台湾文学英译系列已出了 21 本，包括朱天文的《荒人手记》、张系国的《城》、平路的《行道天涯》、张大春的《野孩子》、黄春明的《苹果的滋味》、萧丽红的《千江有水千江月》、朱天心的《古都》、蔡素芬的《盐田儿女》、王祯和的《玫瑰玫瑰我爱你》、李乔的《寒夜三部曲》，等等。其他的作品也已经在编辑之中，包括吴浊流的《亚细亚的孤儿》等。编选范畴力求兼容并蓄，包含不同文类，体现不同的历史关怀。

这套系列在批评界反应非常好，但制作这个系列，我也有相当的心理准备：好的文学作品不一定成为市场畅销书，我只望能呈现最好的东西，可以让大家长期观照中国文学的斐然成果。

张凤：谈谈您今后的治学方向吧。

王德威：我研究中国文学的重点以现代为主，也上溯到明清时期。研究论理涵盖范围也很广，如钻研晚清文学史中被压抑的现代性（modernity）、现代性和怪兽性（monstrosity）的交集等。我有兴趣考察历史不同时点所折射出来的现代性，性别、文类、国家主体的再现，文字与视觉文本的辩证等。

何为文学史？文学史何为？

受访人——王德威（David Der-wei Wang）
与谈人——陈国球、季剑青
采访人——李浴洋

王德威教授

主编手记

  2017 年 10 月 22 日，北京师范大学文学院讲师（时为北京大学中文系博士研究生）李浴洋在北京大学博雅国际酒店采访了美国哈佛大学东亚语言及文明系汉德升（Edward C. Henderson）讲座教授、比较文学系教授王德威，与谈人为时任香港教育大学中国文学讲座教授、中国文学文化研究中心总监陈国球（现为台湾清华大学中国文学系教授）、北京市社会科学院文化研究所研究员季剑青。

  李浴洋（以下简称**李**）：王老师，很高兴可以在北大围绕您主编的哈佛版《新编中国现代文学史》（*A New Literary History of Modern China*, The Belknap Press of Harvard University Press, 2017, 以下简称《文学史》）对您进行访谈。1904 年，在北大前身京师大学堂任教的林传甲编纂了一部《中国文学史》，是为华人编写"中国文学史"的开端。此后百余年间，"文学史"成为中国学界进行文学研究的最为主要的著述体例与知识生产方式之一，同时亦是文学教育的不二法门。2017 年，您主编的《文学史》问世，在形式与内容上都极大地挑战了既有的"文学史"传统与规范。在我看来，在 1904 年以降的"中国文学史"书写谱系中，此书的出版为已经相当稳固的"文学史"观念与秩序提供了一种反思、新创，甚至再生的重要契机——借用您习惯的表述，2017 年由是可谓"中国文学史"建构过程中的一个"关键时刻"。

  或许对于任何一位翻开这部 1001 页的英文大书的中国读者而言，首先注意到的便是其形式上的特点——全书由 143 位作者写作的 161 篇专题文章组成，每篇仅 2000 个单词；各篇按照编年形式排列，犹如"星罗棋布"，彼此既相

对独立，同时又呈现出了一种"互缘共生"的关系。据我所知，这与该书从属的哈佛版"新编文学史"系列丛书的整体设计直接相关。那么，能否首先请您介绍一下这套丛书的由来与追求？

王德威（以下简称王）：哈佛版"新编文学史"的第一本是 1989 年出版的 Denis Hollier 主编的《新编法国文学史》（*A New History of French Literature*），第二本是 2004 年出版的 David Wellbery 与 Judith Ryan 主编的《新编德国文学史》（*A New History of German Literature*），第三本是 2010 年出版的 Greil Marcus 与 Werner Sollors 主编的《新编美国文学史》（*A New Literary History of America*），《文学史》是这一系列丛书的第四本。

哈佛大学出版公司是从 20 世纪 80 年代中期开始策划"新编文学史"系列丛书的。当时后现代主义正席卷西方学院，《新编法国文学史》便突出地体现了这一潮流的影响，同时也为这一系列丛书奠定了基本风格，即以编年的形式进行结构，通过若干特定的时间节点辐射出一套与既往的"大叙事"不同的新的文学史叙事。此后的《新编德国文学史》《新编美国文学史》与《文学史》都延续了这一思路。不过，我想特别说明的是，在表面的相似背后，四部文学史选择同样的书写方式的初衷却不太一样，并非只是受到后现代潮流的影响这一理由可以笼而统之。

《新编法国文学史》问世时给人的感觉很是惊艳。它由出自不同作者手笔的 199 篇文章组成，始于公元 9 世纪，终于 20 世纪 80 年代，时间跨度近 1100 年。因为编纂时后现代的风头正劲，所以《新编法国文学史》对于"大叙事"的解构最为彻底。199 篇文章在书中没有轻重之别，每篇文章提供的时间节点都可以构成进入法国文学史的通道。本雅明的"星座图"（constellation）理论是其重要资源。《新编法国文学史》在当时引发了广泛好评，同时也引起了很大争议。哈佛大学出版公司十分支持这样的做法，因为在此前很长一段时间，英语世界的文学史书写与出版都很沉寂，而《新编法国文学史》无疑成功地将大家的注意力又拉回到了文学史上来。这自然是出版公司乐观其成的。有趣的是，在彼时的中国大陆，"重写文学史"运动也发展到了高潮。两者之间的异同，是个很有意思的话题。

在《新编法国文学史》"惊艳"亮相之后，哈佛版"新编文学史"系列丛书却直到2004年才出版了第二部著作——《新编德国文学史》，这是什么原因？《新编德国文学史》的两位主编直言不讳地批评了《新编法国文学史》，认为后者虽然解构了既有的"大叙事"，可是却没有承担起重新建构出一套对于"文学"，尤其是"法国文学"的理解的使命。在他们看来，一部文学史无论采用怎样的形式，都应当在回答诸如"什么是文学"与"什么是历史"之类的根本问题上做出探索。由是我们可以看到在《新编德国文学史》中具有几条清晰的编纂线索，全书不仅结构完整，而且追求厚重的书写风格，与一般意义上对于"文学史"的想象较为吻合。与《新编法国文学史》相比，《新编德国文学史》既"进"且"退"，"进"的是其思考更为自觉，"退"的则是读起来不够精彩，缺乏足够的冲击力与启发性。

《新编德国文学史》的做法代表了学界在后现代潮流风行二十年后进行的反思。但如果这一反思的结果只是将文学史书写退回到一种四平八稳的叙事中去，似乎也不能让人满意。2010年出版的《新编美国文学史》为相关思考带来了新的方向。《新编美国文学史》提出的最为动人的议题

莫过于"America is literature"。在该书的两位主编看来，只有两百多年历史的美国本身即是一个从无到有的国家，这可以说是一种政治的"发明"，也可以说是一种文学的"发明"。认为"America is literature"，这当然是他们对于文学的一种最大的敬意。"文学"或者"文学史"之于"美国"而言的意义是如此紧密地与一个国家的建构过程联系在一起，这自然呼应了我们所熟知的"文学"与"文学史"的现代定义。不过值得关注的是，由于"美国"是一个新生事物，这一国度的疆域、建制、理念甚至国家精神都与一种"文学"意义上的书写实践有关。在《新编美国文学史》中，不仅有霍桑的《红字》与梅尔维尔的《白鲸记》一类的"文学"经典，也有《独立宣言》、总统演讲、广播、电影、爵士乐、建筑与涂鸦等各式各样的文本，甚至一些"大逆不道"的对象，比如成人电影。任何一种铭刻了一个时代的情感的载体与介质，都被作为"文学"写入了"文学史"。如此活泼的《新编美国文学史》极大地丰富了"文学"的定义。这在很大程度上打开了我们对于"文学史"的想象空间，也给予了《文学史》以最为直接的启示。

李：感谢您的详尽介绍。您在2011年主讲复旦大学"光华人文杰出学者讲座"时，在《重写"重写文学史"：十个"关键"时刻》一讲中，就已经提及《文学史》的编纂计划。我想了解的是，您是从何时开始酝酿这一计划的？其具体的编写过程又是怎样的？

王：大概在2008年前后，哈佛大学出版社的总编辑林赛·华特斯（Lindsay Waters）博士与我联系，希望由我主编一部《新编中国文学史》，并且提出只做"现代中国"的部分。当时已经出版的《新编法国文学史》与《新编德国文学史》，以及即将出版的《新编美国文学史》都是国别文学史。不过在他看来，"中国"作为一个国家的情况要比法、德、美三国复杂得多。当代中国显然不同于法、德两国，尽管也有连续一贯的传统，但"现代中国"却并非只是"帝制中国"的简单延伸。他认为，"现代中国"与美国更为接近，是一个后天"发明"的现代国家，这是他主张《新编中国文学史》只做"现代中国"部分的主要理由。

其实，在华特斯博士问我是否可以主编《文学史》时，我的第一反应是拒绝，因为编纂文学史是一项众所周知的吃力不讨好的工作，而且我自己也还有很多研究计划。当时，我正在集中精力处理"抒情传统"的问题。华特斯博士像许多优秀的编辑一样，始终锲而不舍地邀请我。我记得是在 2010 年，也就是被他"软磨硬泡"了两年以后，我最终同意主编《文学史》。我想因为我在哈佛工作，这或许也是一件责无旁贷的事情，并且有一点我可以确信的是，即如果由我来做，无论史观还是史料，我一定会比其他人更为包容，所以便答应了他的邀请。当然，我也有"私心"。2010 年的时候，夏志清先生的身体已经非常不好，我希望可以通过这项工作向他致意。因为在北美，从他的《中国现代小说史》在 1961 年出版之后，到 2010 年还没有第二部真正意义上的"中国现代文学史"问世。而在过去的半个世纪中，海外学者的诸多关于"中国现代文学史"的发现与认识，已经需要被再度整理与彰显了。这也是《文学史》可以承担的学术史意义。

美国不像中国，不是一个文学史的国度，也缺乏文学史编纂的传统，所以我决定主编《文学史》以后，需要首先在自己的工作环境中建立对于"文学史"的理解。加之虽然我有很多朋友都是"文学史"研究的重要学者，例如今天在座的陈国球教授，还有你的导师陈平原教授，但我自己在这一方面却还需要"补课"。从 2010 年到 2012 年，我用了整整两年时间，大量蒐集、阅读与参考已经出版的各种文学史著作，还有研究文学史的著作。

正式启动《文学史》的编纂是在 2012 年。当年我到北京开过一次会，我便利用这一机会去拜访了钱理群老师，因为我知道他当时正在主编三卷本的《中国现代文学编年史——以文学广告为中心（1915—1949）》（此书在 2013 年出版）。我希望他可以给我一些建议，他和我分享了他对于"文学史"的理解以及很多具体的编纂方法，我也就我的思路与他做了交流。你很有心，对比过《文学史》与《中国现代文学编年史——以文学广告为中心（1915—1949）》，其中的确有许多我们互相借鉴的痕迹。此外，我还邀请了钱老师为《文学史》写作"延安讲话"一节。在我看来，这一节必须由一位大陆学者来完成，而他无疑是我心目中的最佳人选。我很高兴，他接受了我的邀请。

李：在《文学史》的具体编写过程中，一定有很多故事。不过最是让我好奇的是，书中 161 篇文章的选题，即这 161 个"中国现代文学史"的"关键词"，是如何产生与确定下来的？

王：在正式启动《文学史》的编纂时，我首先列出了 180 个到 200 个大大小小的题目，范围从晚清一直延伸到当下。因为《文学史》必须是一部符合哈佛版"新编文学史"系列丛书的整体设计的著作，即由众家合作完成，而我显然不可能把选题的权力全部放任给我所邀请的同行，让他们想写什么就写什么，所以我认为有一份大致的提纲是必要的。在设计这份提纲时，我几乎为每一个题目都预想了合适的作者。《文学史》的作者要以海外学者，尤其是在北美从事中国现代文学研究的学者为主体，而北美不像中国，不管在表面上看起来这里的中国现代文学研究多么蓬勃，实际上它都只是一个非常边缘的专业，远不能与英国文学研究和法国文学研究的阵容相比，加之大家各有所长，所以我们无法完全覆盖中国现代文学史上的所有重要议题，只能尽量呈现一幅相对完整的"中国现代文学史"的图景。无须回避的是，很多选题都是"因人设题"的。当时我想，《文学史》即便不能将北美学界的几代同行"一网打尽"，至少也应当囊括三分之二以上。最后的效果比我想的还要理想，事实上有四分之三的北美同行参与了《文学史》的编纂，尽管有个别我希望邀请的学者最终因为各种原因而没能参加。这是让我感到非常欣慰的一件事情。

2012年，为了《文学史》的编纂，我们在哈佛召开了一次会议。《文学史》聘请了8位编委——分别是邓腾克（Kirk A. Denton）、贺麦晓（Michel Hockx）、胡志德（Theodore Hutes）、罗鹏（Carlos Rojas）、田晓菲、石静远、王斑与奚密，当时只有胡志德教授因为人在香港而没有来。会议历时两天，大家充分讨论了与《文学史》相关的各种话题，最后就具体选题进行了投票，结果是去掉了一些，又补充了一些，形成了一份140个到150个选题的提纲。哈佛大学出版社最初希望《文学史》的选题控制在100个到120个左右，但他们后来还是决定尊重投票的结果，给我们放宽到了140个。在后来的编纂过程中，又临时加入了一些选题。现在大家看到的《文学史》中有161篇，其实已经完成的超过170篇，只不过有的最终没能收入进来。像我邀请了日本著名作家大江健三郎先生来写关于莫言的一篇，他的文章非常精彩，但十分遗憾的是，由于版权方面的缘故，《文学史》与这篇"失之交臂"了。

选题全部确定下来以后，我便开始约稿。《文学史》的

写作是从2012年冬天开始的，主要集中在2013年与2014年两年，到2015年夏天，所有作者都交稿了。因为我们每篇的篇幅不长，所以即便需要反复打磨，像陈国球教授就被我"逼迫"修改了数稿，但总体进度还是很顺利的。接下来的出版过程又经历了一段时间，2017年，《文学史》与大家见面了。整个编纂过程基本就是这样的。现在回想起来，能与140多位作者一起把这一工作完成，真是令人愉快。

可以告诉你一个"插曲"，在编纂过程中，我其实曾经被哈佛大学出版社的总编辑华特斯博士批评为"独裁者"。为什么？他也参加了我们的会议，他说我在还没有讨论之前，就一下子拿出了一份180个到200个选题的提纲，这是"假民主"。因为他认为，所有的选题都应当是由我们讨论得出的。而让他尤其不能理解的是，他说我们开会居然一团和气，没有吵架。我跟他说，虽然没有吵架，但每一个选题都经过了我们的充分讨论，但他始终将信将疑。在他看来，没有吵架就是"假民主"。怎么看待编纂过程中的"民主"与"独裁"的关系？我的想法是不仅要看主编介入了多少，还应当看他是在哪一阶段介入的。具体到《文学史》的编纂而言，前期我的确介入较多，不够"民主"。为什么？因为我并不以为编纂一部符合后现代标准的解构主义的文学史是《文学史》的使命，我甚至认为那不是一种正确地对待历史——至少是对待"中国现代文学史"——的态度，而更像是虚无主义的把戏。解构主义背后的理念先行与意识形态的主导色彩可能远比它希望解构的对象还要重。我相信认真的读者可以发现，尽管没有挑明，即不像绝大多数文学史著作那样一目了然，《文学史》中其实也是贯穿了几条主线的。这些主线便是我对于"中国现代文学史"的核心理解。而在这一阶段"独裁"一些，坚持我的立场，我想还是必要的。

李：您刚才谈到约稿的问题。我注意到，《文学史》的作者虽然以北美的学者为主体，但也有不少其他国家的同行参与。而邀请作家参加"文学史"书写——或想象历史，或现身说法——更是《文学史》的一项创举。是否可以请您谈一下您在这些方面的考虑？

王：这与我们后面要重点谈的一个概念——"华语语系"（Sinophone）有关。《文学史》是一部以"华语语系文学"为视野的著作。我在导论中指出："此处所定义的'华语语系'不限于中国大陆之外的华文文学，也不必与以国家定位的中国文学抵牾，而是可以成为两者之外的另一介面。本书作者来自中国大陆、台湾、香港、日本、新加坡、马来西亚、澳门、美国、加拿大、英国、德国、荷兰、瑞典等地，华裔与非华裔的族群身份间接说明了众声喧'华'的特色。"也就是说，《文学史》本身即是一种"华语语系"的"文学"／"学术"实践，它应当面向不同的学术环境中的同行开放。在大陆学者方面，除去钱理群老师，我还邀请了陈平原、陈思和与汪晖等人参加。我的理解是，所谓"主编"应当是可以调动各种可能性的一个媒介。只要这位作者能写，也愿写，我便会邀请他参与。

至于作家以作家而非学者的身份写作文学史的问题，此前学界在这一方面的尝试的确不多。在中国，往往作家是作家，学者是学者，即便作家会研究，或者学者能创作，他们自己也会把这两项工作分得很开。但在西方不同，欧美的散文传统非常强大，其中的一路正是学者散文。《文学史》邀请了多位作家参与写作，部分灵感便是来自学者散文的启发。当然，在散文之外，我还鼓励小说家发挥他们

的想象力，以小说的形式写作文学史。哈佛大学出版社十分支持这一尝试，因为他们一直希望《文学史》在形式上更大胆一些。

刚才提到，我原本想请大江健三郎先生来写莫言，大江先生也写了，但后来由于版权方面的缘故，不能用在《文学史》中。于是我便改为请莫言自己来写，这是很有趣的尝试。余华写的同样也是自己的经历，讲他如何翻过华东师大的院墙去找书，十分精彩。我请王安忆写的是她的母亲茹志鹃。起初，我希望她写成两代杰出的女作家之间的精神对话。但她可能误解了我的意思，所以写了一篇特别像"文学史"的文章给我。我说我想要的不是这样的，请她完全放开去写。她后来写的是茹志鹃的三个艰难的时刻，是一篇偏重沉思的随笔，那种感觉一下子就出来了。我个人非常喜欢她的这一篇。还有哈金，我们是很好的朋友，我问他是否愿意参加《文学史》的写作，他自告奋勇，说要重写《狂人日记》，所以他的文章完全是虚构的，只有其中的部分细节是可以考证出来的。在一部文学史著作中，容纳一篇虚构的作品，这应当是此前从未有过的尝试，我想不妨将之看作一位作家（哈金）对于另外一位作家（鲁迅）的理解或对话。这种文学"感"与历史"感"的捕捉，也是文学史书写的题中之义。换句话说，我希望大家不只关注《文学史》在形式上的创新，更要体会我们想要表达的究竟是什么。也许有的创新并不那么成功，但背后的问题意识却是真实的。

李：《文学史》的编纂过程在整体上如此顺利，多少有些出乎我的意料之外，毕竟这是一部由来自不同国家的140多位作者合作完成的著作。而任何一部集体写作的学术著作，通常都需要面对主编的意志同具体作者的理解之间的缝隙。那么，您是如何协调主编的设计与判断同具体作者的立场与风格之间的张力的？

王：首先需要说明的是，《文学史》并非一部严丝合缝的著作，其中充满了大大小小的随机性与偶然性。当然，这不是说我或者我们的作者对于写作的对象没有整体的看法。我个人对于"中国现代文学史"的一些基本的见解，就集中在我为《文学史》写作的长篇导论中。不过对于《文学史》而言，我在导论中做出的论述所提供的只是一些方向性的思考，至于每一篇章的写作，我在约稿时会向作者表达倾向性的意见，例如我希望你处理怎样的议题，大致如何处理，以及这一篇章在整部《文学史》中可能的位置与作用是什么，等等。但因为我们的作者都是学有所成的专家，所以他们不可能完全按照主编的意图来做。实话实说，与大多数作者的沟通都是比较顺畅的，毕竟我与他们彼此了解；但也有作者压根儿不会按照主编的意思来写，他有他自己的想法，甚至有时我希望作者往这一方向写，可他写出来的却是朝着那一方向的。在这种情况下，只要不与《文学史》的大的理念发生严重冲突，我便都会尊重作者，只有在为数不多的时候才直接介入。所以我说《文学史》中充满了各式各样的随机性与偶然性。一部著作无法做到严丝合缝，固然有些遗憾，但有时我反过来想，我们写的是文学史，而历史本身不也正是充满了随机与偶然的吗？或许我们内在的这种开放性甚至一定程度的冲突感更为接近历史的本相与本质。而这就是历史——无论是我们的写作对象，还是我们的写作过程本身。

我举两个例子来说。像贺麦晓教授，他是一位天才型的学者。在《文学史》中，他写作的是十分重头的"五四文学"那篇。不过当他提出"五四文学"是一个"巨大的不实之名"（Big Misnomer）时，还是让我吃了一惊的。在向他约稿时，我知道他是研究"五四文学"的专家，出版过《文体问题：现代中国的文学社会和文学杂志（1911—1937）》（*Questions of Style：Literary Societies and Literary Journals in Modern China*，1911–1937，Brill，2003）这样的著作。以我的想象，他会凭借他掌握的关于"五四"时期的文学社团与杂志的丰富材料为我们勾勒出一幅"五四文学"的生动图景。但他的文章却说，"五四文学"是一场误会，根本就没有这么一回事儿。我想这不但对于中国学界，对于西方学界同样也构成了很大的冲击。而且在现实中，2019年——"五四"一百周年——马上就要到来了。《文学史》如果这样论述"五四文学"的话，那肯定是存在问题的。可是你换一个角度去想，他说的有没有道理？他的一个基本判断是，在"五四运动"那天，几乎没有任何"新文学"作家——无论鲁迅，还是胡适——对此做出反应，甚至在此后一段时间，也没有"新文学"作家把"五四运动"写入小说。是谁首先在文学创作中回应"五四运动"并且对此做出反思的？是"鸳鸯蝴蝶派"作家。这就与我们既往的文学史叙述很不同了。一般认为，"鸳鸯蝴蝶派"是站在"五四文学"的对立面的，但贺麦晓教授却告诉我们，正是他们最早在小说中处理了关于"五四运动"的议题。所以我最终还是没有要求他完全改变或者部分修正他的观点。不过我想，同样必须强调的是，所谓"五四文学"不仅是与5月4日那天有关，也不只是与1919年有关的，它是一个不断被发明、阐释与展开的"传统"。你推荐给我看的陈平原老师的《波诡云谲的追忆、阐释与重构——解读五四言说史》一文就非常精彩，现在我希望可以邀请陈老师写作一篇从"言说史"的角度来论述"五四"的文章,收入《文学史》的中文本中。这样两者兼备,才是我们比较全面的对于"五四"的态度。

另外一个故事是关于《文学史》的首篇《现代中国"文学"的多重缘起》(The Multiple Beginnings of Modern Chinese "literature")的。这篇文章的作者是李奭学教授,他是晚明翻译问题研究的权威学者。不过你看文章的话,会发现这篇从晚明一直写到20世纪30年代。其中关于晚明的部分,是李老师的论述;而关于周作人与嵇文甫在20世纪30年代对于"晚明文学"的重新发现的部分,则是我的观点。之所以会出现这样的局面,是因为首篇之于《文学史》的意义是不言而喻的,我希望它不仅是对于"起点"的一种叙述,还应当可以回应"中国现代文学史"的某种整体的脉络。李老师告诉我,晚明的部分他很熟悉,但后面不是他的专长。于是这篇文章最后变成了我们合作的结果。如果没有记错的话,我与李老师先后修改过七八次之多。好在现在的样子基本承担起了它的功能。

举这两个例子是想说明我是如何具体处理主编与作者之间的两种不同类型的分歧的。《文学史》不求一律,尊重随机与偶然,但也并不放弃对于有机性与应然感的追求。当然,还有许多分歧是写作风格层面的,我希望《文学史》具有较强的"文学性",所以要求作者在保证表达准确与完整的前提下,竭力避免学术腔调。我开玩笑说,我们大家都是受过"文学史"的苦的,千万不要让《文学史》的读者再受苦。这也就使得我们后期在文字打磨上下了很大功夫。关于这点,我就不展开谈了。

李:说到《文学史》的首篇《现代中国"文学"的多重缘起》,我想我们的话题大概可以从《文学史》的编纂过程转向对于"中国现代文学史"本身的讨论了。在该篇中,李奭学教授与您把"中国现代文学史"的"起点"确定在了1635年。这一年份直接呈现的"事件"是明人杨廷筠在受到传教士的影响之后首次在中文世界中提出了可以与 literature 对应的"文学"概念——中文"文学"二字在此前并无这一意涵。与此同时,该篇还引入了周作人与嵇文甫在20世纪30年代对于"晚明文学"作为"中国现代文学史"的"起点"的论述,以及学界晚近在传教士研究中取得的推进。不过,对于"起点"问题,您在导论中还有另外的说明。您说:"另一个可能的开端是1792年。那一年发生了两件事:马戛尔尼(George Macartney,1737—1806)率领大英使节团来华;曹雪芹(1715—1763)的小说《红楼梦》问世。"在《文学史》中,关于1792年的一节由宋安德(Andrew Schonebaum)教授写作。这似乎也将您提出的"多重缘起"一说推向了更为"多重"的视野。而在历史书写中,"起点"从来都不仅是一个时间概念的问题——无论1635年,还是1792年,它们都指向了某个(或者几个)与"中国现代文学"这一对象的性质构成辩证关系的"事件"。那么,在您看来,选择将"中国现代文学史"的"起点"确定在这一时刻(或者时段)的有效性是什么?

王:坦白地说,1635年与1792年两篇对于"中国现代文学史"的"起点"的论述都带有某种象征色彩,在很多细节上肯定会引起争议。比如,说杨廷筠的"文学"观念可以与西方世界的 literature 形成呼应,这便只是一种很粗很粗的判断。因为今天西方通行的 literature 的概念大致是16世纪末17世纪初才出现的,将"文学"界定为一种以审美为宗旨的语言与修辞艺术,更是从18世纪与19世纪才开始大行其道的,而杨廷筠提出他的"文学"论述是直接受到了传教士的影响的,传教士对于"文学"的理解显然是此前一个历史时期的产物。也就是说，杨廷筠看待"文学"的方式在实际上只是一种"巧合"，但这种"巧合"却又是确确实实存在的。我非常欣赏李奭学教授的这一发现，不过也承认我们将之作为"中国现代文学史"的"起点"是有点冒险的。

那么，为什么明知冒险，我们还要"知其不可而为之"？正如你所说，对于历史书写而言，"起点"的确立在某种程度上关涉的是对于书写对象的理解。在我看来，"中国现代文学史"一定是一段在古今中西的交冲中展开的"长时段"的"大历史"。在《文学史》的导论中，我使用了两个词来描述"中国现代文学史"：一是"世界中"（worlding），一是"漫长的现代"（long modern period）。杨廷筠的例子以及周作人与嵇文甫对于"晚明文学"的重新发现无疑恰好可以提供这样一个古今中西的"文学"观念相互交汇的"关键时刻"。"起点"之于一部文学史而言，不仅是一个考据层面的问题，它本身就是一种观点，所以我希望读者可以更多从它的象征意义，而非实证角度来看待我们的选择。

当然，我必须说的是，除去李奭学教授带给我们的 1635 年的惊喜，以 1792 年为"中国现代文学史"的"起点"的论述也同样精彩。我的思路是在漫长的"中国现代文学史"的起始阶段去寻找能够象征古今中西交冲的时刻。如果说 1635 年的发现是我与李奭学教授合作的结果的话，那么 1792 年的提出则更多是我的意见。我非常高兴宋安德教授接受了我的邀请以及这一武断的判断，完成了这篇"命题作文"，同时也介绍了他个人的洞见。

我说自己做出的是一个武断的判断并不夸张，因为我很清楚，从考据的角度来看，认为《红楼梦》在 1792 年问世可能会遭遇诸多质疑。不过，我并非是从"红学"的内部提出将《红楼梦》的诞生视为"中国现代文学史"的"起点"的。我看重的是这一中国文学史上最为伟大的"经典"竟然与马戛尔尼——这位改变了中国命运的洋人——一起来到了中国。这种巧合令我兴奋，我问自己，难道这不正是我心目中的"中国现代文学史"的"起点"？所以我主张并且坚持在《文学史》中把1792年的特殊意义彰显出来。

通常我们写作文学史，都会首先突出一种新的观念或者一套新的理论的出现。例如，以"五四"为"起点"的"中国现代文学史"叙述便是如此。我们已经非常习惯于先知道陈独秀与胡适，然后才了解"五四文学"究竟有哪些作品。而1792年的意义或许就在于它所标榜的是一部具体的文本。这也是我对于文学史的一种理解，即一部文学史无论在形式上如何创新，它的主体以及在其间发挥结构作用的力量一定是文学文本，而不是其他。《红楼梦》如此经久不衰，又在中国文学从传统到现代的转型过程中扮演了如此重要的角色，也就使其成为一座不容错过的坐标。当然，选择从《红楼梦》说起，也是因为《文学史》在编纂时主要面向的是西方读者，他们对于这部作品比较熟悉。而马戛尔尼的故事则与《红楼梦》完全无关，它们几乎是处于两个平行展开的世界中的"事件"。《文学史》打了一个擦边球，让《红楼梦》与马戛尔尼相遇了。换句话说，这完全是我的意愿。在我看来，1792年就像一条抛物线的制高点，《红楼梦》于此回顾了帝国最后的繁华，同时也是一次文学成就的集大成式的回眸，它预示了此后的一切必然下坠的命运。马戛尔尼的无功而返同样是一个充满张力的节点，在这一"事件"背后当然可以铺陈许多殖民主义的论述，但我以为有趣的是，当时双方冲突的焦点居然是礼仪的问题，即下跪的动作在一种即将转型的文化语境中到底是"文明"还是"野蛮"。马戛尔尼与清廷的争执最终导致了中国文明与西方文明的相互介入。我将之与《红楼梦》的问世并置在一起，使它们发生不可思议的"相遇"，意在凸显"中国现代文学史"在肇始阶段的某种历史"感"与可能性。这是《文学史》有意叙述出来的一个故事。也许可以说，这是一个被"发明"的"起点"。

李：您多次谈到"巧合"的问题，而我们今天的访谈也充满了"巧合"。素来关注文学史书写议题的陈国球老师与季剑青师兄恰好都在北京，我便邀请了他们一道前来参加讨论。陈老师是《文学史》的作者之一，季师兄是《文学史》的译者之一，我相信他们对于这部著作一定会有精彩的见解。

季剑青（以下简称季）：我接着王老师的回答提一个问题。您刚才说到《文学史》是如何确立"中国现代文学史"的"起点"的。那么，一个与之相关的问题便是，通常的文学史书写都会有"分期"的意识，《文学史》中有没有"分期"的观念？

王：《文学史》从 1635 年一直延伸到 2066 年，后者是韩松的科幻小说《火星照耀美国》（又名《2066 年之西行漫记》）所标识的时刻。对于这样一段 400 余年的历史，如果不加以"分期"，几乎是无法叙述的。不过，虽然我自己有"分期"的意识，但在《文学史》的文本操作上却是没有"分期"的痕迹的。这大概是你之所以会问我这个问题的原因。

与"分期"相比，我更希望读者留意的是《文学史》

中的一些"关键时刻"。比如在 Har Ye Kan 教授写作的文章中，她便提到了 1958 年的时间观的变化，"大跃进"让所有的中国人都开始争分夺秒起来。后来我与她沟通，希望可以把这一时间观调整的时刻提前到 1949 年。这其实在某种程度上就暗含了"分期"的观念，只不过我不想使用某些外在的框架，而尝试通过某种文本内部的线索进行呈现罢了。这些线索有时便落实为对于一些"关键时刻"的经营。

我想还是通过两个例子来谈。一个是李海燕教授写作的关于 1911 年的《革命加恋爱》。在这一节中，她讨论了两个核心文本——林觉民在该年写作的《与妻诀别书》与徐枕亚于次年出版的《玉梨魂》。用"革命加恋爱"的思路来呈现 1911 年，这是我在《文学史》中的另外一个得意之作。当我邀请李海燕教授来这样写时，起初把她吓了一跳。她是研究现代中国的"情感革命"的专家，她的《心的革命：中国的爱情谱系学（1900—1950）》（*Revolution of the Heart: A Genealogy of Love in China*, 1900 – 1950, Stanford, 2007）是一部精彩的著作。我同她讲，把林觉民与徐枕亚放在一起讨论一定会很有冲击力。他们二位的关系不是简单的"革命"（林觉民）加"恋爱"（徐枕亚），而是在各自的人生轨道与文学世界中同时都需要面对"革命加恋爱"的问题。这种辩证关系在 1911 年这一时间点上发生，则更是饶有意味。她最后写得很好，我想大家以后也会逐渐接受这就是最早的"革命加恋爱"的文学作品。

另外一个例子是周文龙（Joseph R. Allen）教授写作的关于 1948 年的一节。1948 年与 1911 年一样，也是大的时间点。那么，《文学史》是如何叙述 1948 年的故事的？周文龙教授的写作围绕徐娜娜——一个在文学史上完全无名的小女孩儿——的命运展开。故事源自他发现了徐娜娜1948年在一册国文教科书上的涂鸦。当时的徐娜娜身在上海，就像今天所有的中学生一样，上课心不在焉时就随手在教科书上写写画画。但吊诡的是，这本有徐娜娜涂鸦的教科书在1949年之后竟然出现在了台湾，但徐娜娜有没有一起来谁也不知道。周文龙教授是在台湾发现这册教科书的，然后抽丝剥茧，像侦探一样追踪徐娜娜的身世。他做过各种假想，如果徐娜娜在台湾，那么她肯定是国民党的流亡贵族中的一员；倘若她在大陆，那么1949年以后应当会被"下放"；要是她在美国，那么她就是典型的海外华人了。总之，由一册教科书上的涂鸦，周文龙教授勾连起了整个1948年与1949年的各个向度的"中国故事"，甚至一直追踪到了当下。直到交稿给我以后，他还在寻找。最终，他居然在2015年找到了徐娜娜的下落，即徐格晟教授。这位老人现居天津，年届九旬，极有教养。在《文学史》出版之前，周文龙教授补写了这一节的结局。这大概是在其他文学史中很难看到的内容，但我鼓励周文龙教授进行这一尝试。不知这样是否可以回应你的问题？

李：您刚才谈到《文学史》中包含了几条重要的线索，能否请您也举一个例子？

王：我以"文学史"作为观念和实践的发展脉络为例。今天陈国球老师在座，我想他写作的那篇关于1905年的《"文"与"中国第一部文学史"》便是一个很好的话头。我必须说明的是，这篇之所以被我"逼迫"修改了数稿，是因为它实在太重要了。作为学科的"文学"是一种现代"发明"，而陈老师处理的议题正是制式的文学史著作在现代中国的发端。在这篇之后，我还分别邀请了张英进教授写作了王瑶的《中国新文学史稿》（1951年），李欧梵教授写作了普实克与夏志清的论争（1962 至 1963 年），以及陈思和教授写作了"重写文学史"（1988 年）。在我看来，这四篇是《文学史》中不可或缺的，同时它们也构成了一条问题线索。我在导论中曾经提出，《文学史》既是一种写作实践，同时也是我对于"何为文学史？文学史何为？"这一问题的思考。

陈国球（以下简称陈）：你们谈得都很好，尤其刚才听了德威说的，让我对于他的思考有了更加全面的了解。我们是认识 30 多年的老朋友，但听他这么详尽地介绍自己的文学史观，这还是第一回。我可以补充的一个角度是"文学史的命运"以及在这一背景下我们应当如何看待《文学史》的问题。

在西方，文学史在整个关于"文学"的知识结构中其实不像在现代中国那么重要。德威开头提到的《新编法国文学史》，后来在 1992 年出版了法文版。法文版的名字去掉了"史"字，就叫《法国文学》。这一方面是由于西方本来就并不十分看重文学史，所以叫"法国文学史"还是"法国文学"区别不大；另一方面则是因为从 20 世纪 80 年代开始，学界便已经产生了诸多对于文学史的可能性的质疑，其中最为著名的是韦勒克的文章《文学史的没落》(*The Fall of Literature History*)。这是一篇在反思文学史方面具有总结意味的重要文章。韦勒克写得并不是特别有理论性，但他把当时可以触及的文学史存在的问题都提了出来。应当知道的是，韦勒克本人就是一位了不起的文学史家，他从 20 世纪 30 年代开始建构西方世界的文学史学，汇通了中欧的布拉格传统、西欧的德国传统与英美一系的文学史理论。他的《英国文学史的起源》(*The Rise of English Liter-*

ary History)、《批评的概念》(Concepts of Criticism) 与八卷本的《近代文学批评史》(A History of Modern Criticism) 都是无法绕过的文学史学的经典著作。他本人既有文学史书写的实践，同时也一直在探索文学史的各种可能性，可以说他是西方 20 世纪文学史范式的集大成者。所以当他在 1982 年发表《文学史的没落》时，给学界带来的冲击也就可想而知了。韦勒克并非完全否定了文学史，而是以一种从内部进行反思的方式把还要不要写文学史以及文学史应当怎样写的问题提了出来。

以韦勒克为代表的一批学者将西方世界的文学史学从 20 世纪 80 年代开始推向了一个新的时期。包括《文学史》在内的哈佛版"新编文学史"系列丛书便是这一时期的作品。无论主动还是被动，它们都需要在事实上回应韦勒克的问题，即文学史书写究竟有什么意义，以及还有什么可能性。

王：陈国球老师的补充非常重要，因为《文学史》首先是一部西方文学史学脉络中的著作，然后才面向更为广泛的受众。韦勒克的反思与《新编法国文学史》都出现在 20 世纪 80 年代，这不是"巧合"。众所周知，制式文学史的建立与现代国家的出现具有十分密切的关系。而当历史行进到 80 年代时，以往稳定的现代国家体系发生了剧烈变动。东欧剧变、苏联解体，苏联与中国两个社会主义大国内部的各式各样的变化，以及西方世界遭遇的动荡，都让一种"历史终结"的感觉在当时提前到来。在我看来，对于传统的文学史的质疑以及像《新编法国文学史》一样的新式的文学史的诞生，都与这一时代背景紧密相关。文学史书写与现代国家之间的辩证由是变得更加复杂。

与此同时，我反复强调过，文学史在中国的文化语境中受到如此重视，这既与我们建设现代国家的历史进程有关，此外还有中国的文化传统在其间发挥作用。晚清以来，一代又一代的文学研究者所做的从来不仅是把西方的文学观念简单地移植到中国语境中来，而是努力在两者之间创造诸种"互缘"的契机。与"影响"相比，我更愿意使用"渗透"来描述过去百余年间的中西文学关系。《文学史》也是在这一基础上做出的尝试。

当然，正如陈国球老师所说，哈佛版"新编文学史"系列丛书的"小传统"是西方当下的文学史学阶段中的产物，《文学史》无意也无法完全跳出这一前提。这是我们的限制，对于这一方面的批评，我会全部接受。就在昨天，丁帆老师传给了我一篇书评《在"华语语系文学"中穿行的堂吉诃德——评王德威主编〈新编中国现代文学史〉》（作者施龙），我已经转给李浴洋看过了。我愿意接受这位作者的批评，我想将来大家或许可以都看一下这篇文章。（此文已刊于《扬子江评论》2017年第5期——采访者注）

陈：德威刚才讲的有一点引发了我的思考，那就是文学史书写与现代国家（或者现代民族）的关系问题。无论中国，还是西方，最初出现的文学史几乎都是与现代国家的建立这一目标关联在一起的。到了反思文学史的阶段，有的文学史刻意解构"大叙事"，但这反过来恰恰说明了"国家"与"民族"在文学史书写时的"在场"。而德威的《文学史》不一样，他没有特别纠结于这一问题，而是选择从各个不同的方向去面对"中国"与"中国文学"。他用的是"华语语系"的概念，对此我不会简单认同。但他的做法我是十分欣赏的，他成功地找到了一种新的让"文学"与"世界"发生关系——而非只能与现代"国家"和"民族"进行关联——的方式。我认为这种书写策略在中西文学史学中都将占有一席之地。

王：这或许是我的贡献，但无疑更应当归功于"中国"与"中国文学"本身的复杂性。中国在晚近经历了至少200年的动荡，它所产生的丰富的语境足以让文学的潜力全部施展开来，这比西方几个大国在同一时期的遭遇要复杂得多。这不是什么"中国特殊论"，而是我相信中国的问题的确超乎寻常的复杂。我在《文学史》的导论中指出："当我们讨论现代中国文学史的时候，我们必须明白'中国'一词至少包含如下含义：作为一个由生存经验构成的历史进程，一个文化和知识的传承，一个政治实体，以及一个'想象的共同体'。"

何为"中国"？这是《文学史》的自觉思考。我们一方面可以并且应当在某种程度上呼应作为一个主权国家的中国，其中的政治意涵并不需要特别回避，但除此以外，我们另一方面还需要照顾到其他华语地区中的文学实践。我这次到北大来，有两项工作，一是主讲中文系第五届"胡适人文讲座"——我的讲题是"现代中国文论刍议"，二是参加评选首届"北京大学王默人—周安仪世界华文文学奖"。在评奖时，我坚持台湾的马华作家黄锦树教授应当得奖，最后所有评委也一致同意把这一奖项授予他的小说《雨》。小说处理20世纪50年代马来亚建国前后，华人对国族身份的认同考验，以及日后的种种代价。从作为主权国家的中国的角度来看，黄锦树立足马来西亚，当然是"海外"的一部分，但对于他笔下的角色而言，却认同自己是"中国"延伸的一部分。黄锦树的这部小说影射的便是这段历史。《文学史》中也谈到了这一问题。这是我在讨论"华语语系"时经常举的一个例子。

李：既然您与陈国球老师都谈到了"华语语系"的概

念,我想我们或许应当直面这一有些棘手的问题了。在《文学史》中,您使用了聚讼纷纭的"华语语系"学说作为论述基础。与史书美(Shu-mei Shih)教授等人倡议的对抗性与批判性的"华语语系"论述不同,您将之转化为了一种开放性与建设性的资源。不过,我想您的转化大概也无法完全消除因为这一概念本身的文化政治意涵所带来的质疑。对此,您是否需要做出解释与澄清?

王:我很有兴趣来谈一下"华语语系"的问题。回头我会传给你一份我与史书美教授在不久之前的这个夏天进行的对谈——《华语语系与台湾》(此文已刊于 2017 年 12 月出版的《中国现代文学》第 32 期——采访者注)。关于史书美教授的观点,我不做过多介绍。我首先想说的是这一概念自身的演进过程。

Sinophone 的说法最早在 20 世纪 80 年代就已经出现了。刚开始,它被应用于电影研究与比较文学评论中,在此后的很长一段时间里都只是一个中性的概念,用来泛指各种以中文为基准的文化实践。直到 2007 年史书美教授出版《视觉与认同:跨太平洋华语语系表述·实践》(*Visuality and Identity*:*Sinophone Articulations Acorss the Pacific*)一书,这一概念才被广泛地注意到。她的一个贡献是,此前我们讨论海外华语社群的文学实践,使用的基本上是一套"世界文学"(World Literature)的理论,其中充满了内外之别与高下之分,而这显然是不太恰当的,她的论述有意突破了以现实政治与区域地理为局限的文学观念,赋予了"华语语系"这一概念以新的含义。在我看来,创新名词是学术工作的重要一环,所以在这一层面上,我肯定她的贡献。

不过需要说明的是,我与史书美的分歧是从一开始就存在的,甚至在她 2007 年的这部著作出版之前,我们便已经有过论争了。她在美国学界以"左翼学者"自居，所以对于一切具有霸权嫌疑的东西都持激烈的批判态度。在她的逻辑中，作为主权国家的中国对于海外华语社群是一种"霸权力量"，而在中国境内，汉族之于其他少数民族而言，也是一种"霸权力量"，所以无论中国，还是汉族，都是她的批判对象。但我以为如此机械地进行批判，几乎完全不考虑中国问题本身的复杂性，反而是失去了政治批判的意义的。

最近几年，史书美的"华语语系"论述又同香港与台湾的某些现实政治面向加以关联，在海外收获了不少反响。在我看来，她的学说已经不能完全在学理层面上加以考量，而必须充分意识到其具有的政治能量。她把一切都抽象为一种权力结构中的对抗性论述的做法，也许在现实政治中会有市场，但在学理上实在太过简单。

我讲"华语语系"还是希望能够尽可能地把它拉回到语言与文学的层面上进行讨论。语言具有很强的流动性，它不可能被一时一地的现实政治人为地加以阻隔与区分。语言的背后有权力结构在发挥作用，这点没有问题。但如果硬要把具体的语言实践机械地对应到一种对抗结构中去的话，我认为这是昧于人与人之间沟通的最为基本的经验的。更何况这种处处都是"对抗"的逻辑，只不过是"冷战"与"后冷战"思维的简单延伸罢了。如果一切都如此一目了然——我们是我们，敌人是敌人，自由主义是自由主义，专制是专制，那么大家都去做教条主义者就好了，为什么还要谈文学？在我看来，文学一定是比政治教条复杂与丰富得多的。而开掘这种复杂性与丰富性，才正是文学研究的价值所在。至于史书美教授，我尊重她个人的立场，但我以为"华语语系"这一概念在学理上的潜力倘若就这样被消费掉的话，那实在有些可惜。

我最为不能同意史书美的一点是，她因为批判的立场就把被批判的对象统统放逐到了论述范围以外去。我举一个例子来说。季先生，你是哪里人？

季：我是安徽人。

王：我相信如果你在安徽长大的话，一定至少会两种语言，一是你家乡的方言，一是安徽普通话。后者可能是你从小在学校中学习到的，但你到北京以后，肯定会发现安徽普通话与符合中央电视台标准的普通话还是不太一样的。同样的道理，我们且不说安徽与山东的方言有多少种，单是安徽普通话与山东普通话可能就非常不同。而除去地域差异，语言的问题还与阶级、行业甚至性别等要素有关。也就是说，汉语是一种极其复杂的语言网络。但在史书美看来，由于汉族压迫了其他少数民族，那么汉语就是一种需要被批判的语言。在她的"华语语系"论述中，是没有汉语地区的语言实践的位置的。我完全不能想象，把中国境内的汉语地区排除在外，"华语语系"这一概念的有效性还会有多少。我们毕竟在用汉语沟通，更何况语言之外，还有文字、文体、文学与文化问题。

我们在面对一种语言与文学实践时，不能只问它是什么民族的，它想不想要独立，它的政治立场是什么。在实际的语言与文学语境中，问题远比追问这些条条框框要复杂。我希望通过引入"华语语系"来打开更多的话题，而不是把所有议题都回收到政治立场的"站队"中去。实话实说，现在这一概念被炒作得越来越政治化了，这是让我有些始料未及，也有点灰心的。陈国球老师也许还记得，我们曾经在香港也讨论过这个问题。

陈：那是德威与史书美的另外一场对谈，2015 年 12 月在香港大学举行。他们的交锋有过很多次了，但这次是聚焦香港。当时我负责回应他们，但其实我的心里有点怪怪的感觉，在香港谈"华语语系香港"（Sinophone Hong Kong），可是香港的学者却未曾参与这一论述的建构过程，所以我就利用回应的机会提出了我的想法。

我记得我主要讲了两点。一是关于 Sinophone。我质疑"为何 Sino-"？这是以西方的思维模式出发的；"为何-phone"？它充满了语音中心主义的色彩。我说这完全是一个根据英文的构词法被"发明"出来的单词，是与"英语语系"（Anglophone）和"法语语系"（Francophone）等词汇和观念相对应的，但现在却被不加转化地拿来使用，这是有问题的。起码"中文"（或者"华语"）的语文特性与"英语""法语"不尽相同。在"中文"的历史传承过程中，其书写系统与言语系统虽有互动、却相对独立发展的模式，说明了"文字"比起"语音"显然重要得多。

德威刚才讲到语言与文学，这两者之间的关系是非常复杂的，而史书美的问题在于把它们简单地等同起来了。就我个人的理解，指向"并时"（synchronic）观念的"华语"问题，与必须从"历时"（diachronic）观念看的"中国文学"，取态并不相同。我认为如果讨论后者，应该更强调"文"的层面，"语音"（phone）反而不是最为根本的问题。

二是根据史书美的论述，像我这样的从父辈一代就来到香港，并且具有"中国文化风俗"认同的人是香港的"殖民者"了。同样，德威在台湾也是一个"殖民者"。这是我完全不能接受的。因为我的实际经验是，在 1997 年之前的香港，我是一个典型的"被殖民者"。史书美虽然可以从她的理论上自圆其说，但她的理论却与我在香港数十年来的实实在在的生存体验完全无关。这是我的另外一点质疑。

是故，对于 Sinophone 这一概念，起初我是极力反对的。不过在读了葛兆光教授的《宅兹中国——重建有关"中国"的历史论述》与德威主编的《文学史》以后，我现在的看法有些松动。我认为刚才德威说的有一点是很对的，那就是"新名词"可以带来"新学问"。我们都熟悉王国维的名言："古来新学问起，大都由于新发见。"其实"新名词"同样也有这样的能量。新出的名词本身不一定完全合乎学理，但一旦应用者风从，经过加添减削，甚至旁逸斜出，内涵会逐渐丰富多样。如果说过去我们在论述"中国文学史"时，比较多的讨论的是"文学"的问题，那么通过"华语语系"，我们还可以对于"中国"具有一种更为多元的认识。这一概念是能够打开一些新的思考空间的，我想这就是它的意义。当然，我个人较少使用 Sinophone 或者"华语语系"的说法，但我已经能够逐渐明白德威的用心所在。

王：Sinophone 究竟应当如何翻译，的确是一个问题。我承认"华语语系"的翻译是不够准确的。近年我尝试将之译为"华夷风"，一方面这有一点音译的色彩，另一方面也是因为我到马来西亚去讲学时，的确在当地华人社群中看到过一副对联——"庶室珍藏今古宝，艺坛大展华夷风。"我专门请同样研究"华语语系"的张锦忠教授拍摄下来，用在了我 2015 年出版的《华夷风起：华语语系文学三论》一书中。2016 年，我又与高嘉谦、胡金伦合编了《华夷风：华语语系文学读本》一书。这些努力都是为了推动"华夷风"这一概念的使用。

"华夷风"可以与"华语语系"形成区隔，而且作为一个概念，在中文语境中也比"华语语系"要更为准确。正如陈国球老师所言，"语系"在指涉中文时的确不太恰当，甚至存在语言学层面的错误。"风"则不同，它本来是一个传统中国的范畴，在文学与史学中都有使用的先例，而且与现代语境交织，可以形成更为多元的阐释面向。"风"是气流振动（风向、风势）；是声音、音乐、修辞（《诗经·国风》）；是现象（风潮、风物、风景）；是教化、文明（风教、风俗、风土）；是节操、气性（风范、风格）。"风，以动万物也。""华夷风"的"风"来回摆荡在中原与海外，原乡与异域之间，启动华夷风景。不过，其中的"夷"字是我们需要进一步虚心探讨的，不然势必会引起新的论争。

概念的问题固然非常重要，但我希望在关注概念以外，学界同行同时还能够更多思考 Sinophone 的视野引入之后对于文学研究的冲击与影响。简而言之，《文学史》以及我个人之所以采纳这一论述，目的在于将"中国"与"中国文学"的问题置于一种全球华语的流通网络中加以考察，我觉得这种新的介面——知识与经验的平台——的建立可能是比我们具体使用哪一概念更为重要的事情。我们不同意史书美的讲法，但只要我们在实践过程中不断修正与完善，我相信"华语语系"这一概念的学理潜力还是可以充分发挥出来的。

对于"华语语系"，我更为在意的是它在实践中的丰富性，而非仅是作为理论本身的正当性。像我在香港与史书美对谈时，针对她举到的西藏的例子，我表示不以为然。我认为我们关怀少数民族，承认他们各自在语言与文学上应当保有自身的主体性，这是对的。但在处理这一问题时，一定不能只将其作为一个"理论问题"。各个少数民族都有其悠久的历史，长则上千年，短则数百年，他们都有其各自与其他民族发生关系的方式，也有其语言与文学传统。我反对将如此丰富的历史经验简化为一种压迫与被压迫的关系，政治问题不能也不必与文学问题完全对应。我当时曾经对史书美说，当你希望他们各自独立，都拥有你的理论赋予他们的"主体性"时，有没有考虑过他们其实也有自己看待语言、文学与历史，更不用说现实政治的方式？此外，关于海外移民的问题，也不能简单套用近代以来的殖民理论，不然这套论述只能算是一种特定语境中的走向极端的"政治正确"的表述，而与"华语语系"真正应当关怀的问题相去甚远了。我说这些，只是希望解释与澄清一点，那就是我理解的"华语语系"应当是一个可以充分释放不同传统与语境中的"华语"文学经验的学理介面，借此能够丰富我们对于"中国"与"中国文学"的复杂性的认识。

　　季：我接着两位老师的话说，我觉得很多问题都是联系在一起的。比如说文学史作为一种学科与知识体系的建立，最初就是与现代民族—国家的建构同一的。这样也就自然涉及一个问题，文学史需要有其基本的叙述单位，但这一单位从一开始就是国家或者民族。但问题是现代民族—国家的疆界与文学所依托的文化的疆界在很多时候其实是并不重合的。"华语语系"的问题在今天得到如此关注，我想它所反映的正是学界对此的焦虑，以及尝试做出的修正与完善。现在我们从事"中国文学"研究，已经无法无视大量存在的海外华语写作了。我们必须通过一种新的认识装置，来应对这种视野的转变。而"华语语系"便是一批海外学者为之做出的尝试。

　　刚才王老师提到，史书美的论述，最大的问题便是其中天然存在的对抗性的结构。您说她是西方左派的立场，这点我完全理解。她提出的中国境内的少数民族的问题，我认为问题本身是很有意义的，但不能把他们与汉族的关系简化为只是对抗。这就涉及汉语自身的辐射性的问题。比如在古代的日本、朝鲜与越南，都有汉文写作的传统。汉语的疆界是要超越当时中国的疆界的，汉文在很大程度上具有某种普世性，对于少数民族地区而言亦是如此，这是我们在今天思考相关问题时必须要清楚的一点，这与对抗与否完全是两个层面的事情。

至于少数民族语言文学，我以为将之放入"中国文学"的范畴中没有什么不妥。现在绝大多数的中国文学史著作其实都是汉语文学史。我们即便谈到少数民族作家，谈的也往往是他们的汉语写作。《文学史》有意在这一方面做出突破，这是非常值得肯定的。少数民族语言文学与"中国文学"的复杂关系，应当被正视。而在汉语内部，同样也存在方言文学的问题，比如粤语写作与沪语写作。它们与普通话之间究竟是什么关系，我想也不是"对抗"一词可以简单描述的。在讨论这一问题时，应当尤其注意中国与西方的区别。在西方使用的是拼音文字，那么在这一前提下是可能出现某种语言跃升为优势语言的局面的；但在中国则不同，汉语是一种书面语言，它客观上容纳了口语的多样性，这是方言得以存在并且不断发展的一个重要原因。而我想不仅中国境内是这样的，即便在海外华语文学中，也会有不同的汉语类型。这是中文本身的优势，也是"华语语系"与"英语语系"、"法语语系"相比更为开放与包容的地方。

王： 我完全同意你的观点。我举一个《文学史》中的例子来说明。我们大概很少会在"中国现代文学史"中读

到东干族作家的作品。东干族是回族的一支,主要生活在中国境外的中亚地区。我邀请石静远教授写作的关于1957年的一节便是一位东干族诗人——雅斯尔·十娃子(Iasyr Shivaza)——的故事。当时东干族聚居在苏联境内的吉尔吉斯斯坦,但由于这一民族的历史渊源,所以他们在一定程度上具有"中国"认同。石静远教授介绍了他们独特的语言与文学实践,那种与汉语写作若即若离的关系——他们并不使用汉语,但却一度参与到汉字拉丁化的进程中来。雅斯尔·十娃子曾经访问过北京,他对于当时的中国作家有非常有趣的观察。他的写作与"中国文学"之间的微妙关系,是我们以往几乎从来不曾提到的。这里涉及如何看待少数民族语言文学的问题,也涉及翻译的文化政治,我想《文学史》的读者读到这篇时一定会有所触动。

李:王老师的这番关于"华语语系"的解释与澄清十分必要,陈老师与季师兄的补充也很精彩。另外一个希望您解释与澄清的问题与您为《文学史》写作的导论"'世界中'的中国文学"(Worlding Literary China)有关。根据您的介绍,"世界中"这一范畴,来自海德格尔的哲学论述。在海德格尔看来,"我们的世界不是一成不变的在那里,而是一种变化的状态,一种被召唤、揭示的存在的方式(being-in-the-world)",所以"'世界中'是世界的一个复杂的、涌现的过程,持续更新现实、感知和观念,借此来实现'开放'的状态"。而"世界中"的思路落实在《文学史》中,也就使得"点出现代中国(文学)与世界(文学)互为主客的现象"成为其间的一条主线。那么,这一"世界中"的视野与近年颇为流行的"世界文学"(world literature)论述有何不同?

王:"世界文学"论述近年成为一个新的学术热点,与大卫·达姆罗什（David Damrosch）教授的推动直接相关。我们是非常熟悉的同事。不过实话实说，对于他的"世界文学"的讲法，我是有所保留的。甚至夸张地说，《文学史》是可以与他的"世界文学"论述构成对话关系的。

首先，在大卫·达姆罗什教授的逻辑中，凡是离开了原生语境的文学都是"世界文学"的一部分。关于这点，已经有不少同行提出质疑，因为并非所有的语言文学都具有"出国"的品质与能力。以此为标准，也就抹杀了不同性质的语言文学的差异。其次，"世界文学"的概念在歌德的时代也许是一个创造，但在今天使用起来其实会产生各式各样的问题。如何准确地界定"世界文学"成为一件困难的事情，而就我所见，很多学者在使用这一概念时基本是把它等同为"全球化"的。再次，大卫·达姆罗什的"世界文学"论述的前提是翻译的通行无阻，他认为翻译一定可以促成文化交流。但我们知道，情况其实远没有这么乐观，翻译背后的权力冲突与等级秩序十分显著，而对于"可译"还是"不可译"的问题也并没有得到解决。最后，最为重要的一点是在"世界文学"论述中缺少一种时间上的纵深，好像地球上的语言文学已经分成了众多区块，有待整合，而把它们串联起来便是"世界文学"了。这是我不能同意的地方。我在《文学史》的导论中，特别强调"世界中"是一个动词，这点在英文 worlding 里看得更清楚。这是我与大卫·达姆罗什教授的最大不同。

李：接下来我要请教王老师的问题是，刚才您与陈老师都谈到文学史其实并非西方学界进行文学研究的主流范式，但最近数年情况却有一些变化。您在《文学史》的导论中也提到，仅是2016年一年，北美就有三部具有"中国现代文学史"性质的著作问世，即张英进主编的《中国现代文学指南》（*A Companion to Modern Chinese Literature*，Wiley-Blackwell，2016）、罗鹏（Carlos Rojas）与白安卓（Andrea Bachner）主编的《牛津中国现代文学手册》（*The Oxford Handbook of Modern Chinese Literatures*，Oxford University Press，2016）以及邓腾克（Kirk Denton）主编的《哥伦比亚中国现代文学指南》（*The Columbia Companion to Modern Chinese Literature*，Columbia University Press，2016）。您是如何看待这一"文学史热"，尤其是"中国现代文学史热"的现象在北美悄然兴起的？

王：在北美已经多年没有过大型的纵贯式的文学史著作，现在一下子出现这么多"中国现代文学史"，的确是一个非常新鲜的现象。坦白地说，这是"中国崛起"使然。换句话说，现代中国突然成为我们必须重新认识的对象。不过，对于"文学史热"这一现象也需要更为具体的分析。比如我在《文学史》的导论中提到的这三部著作，它们在性质上分别属于"指南"（companion）与"手册"（handbook）。也就是说，它们并非严格意义上的"文学史"。当然，这三部著作都很精彩，而且各有所长。相对来说，我最为欣赏的是罗鹏与白安卓两位教授主编的《牛津中国现代文学手册》。这并不是因为他们是我的学生，而是由于他们最年轻，最具挑战性。我认为对于"文学史"这样一种老式的著述体例与知识生产方式，能够做出新的实验是非常重要的。

这三部"中国现代文学史"都是专题式的，特别是罗鹏与白安卓主编的那本，很像一部专题论文集。但《文学史》刻意选择了使用"编年体"，这既是哈佛版"新编文学史"系列丛书的要求，同时也反映了我与他们几位学者的观念差异。具体而言，便是我认为《文学史》在如何看待

"文"与"史"的互动问题方面的思考，是更为自觉的。这三部著作都相对淡化了"时间"在文学史叙述中的重要性，而我则希望《文学史》可以在"编年体"这一十分朴素的形式中贯彻一种"时间"意识。

陈：我插一句。我以为说德威的《文学史》是"编年体"还不够准确，它是"编年体"与"纪事本末体"的结合。因为其中的每一篇虽然都有"编年"，但在绝大多数情况下它的内容是要溢出这一年份的时间界限的，具有首尾起讫的"事件"才是其间的重心。而且不同的篇目不是孤立地固定在某个历史时刻上的，而是彼此之间存在许多联系性与连续性。

王：是的，用"编年体"与"纪事本末体"的结合来表述的确更加准确。钱理群老师主编的《中国现代文学编年史——以文学广告为中心（1915—1949）》也是如此。我想我们的这类著作都是期待读者的参与的。读者在这些铭刻在历史时刻中的文学记忆里能够读出什么或者读漏什么，都是很有意义的。"阅读"这一行为使得"编年"可以连缀成为一条具有联系性与连续性的脉络。

季：王老师说《文学史》的体例很"朴素"，但我认为其实也是很开放的。无论是王老师用的"编年体"，还是陈老师说的"纪事本末体"，这都是中国古代的历史著作体例。而"文学史"之于中国学界而言，其实乃是一种"舶来品"，其体例从一开始便是线性的，甚至进化论式的。绝大多数的文学史著作都有很强的方向感。而王老师主编的《文学史》使用"编年体"与"纪事本末体"的结合，反而打破了这一线性逻辑，呈现了更多的问题空间。我感觉这有点像中国传统的"流别"（例如晋朝的挚虞《文章流别论》）——其中的内容是流动的，有时间感，但却不预设

方向性，可以向四面八方铺展开去，非常有趣。

李：您在《文学史》的导论中说："本书最关心的是如何将中国传统'文'和'史'——或狭义的'诗史'——的对话关系重新呈现"，"从而让文学、历史的关联性彰显出来"。在您看来，"文学史"之于"文学"与"历史"的意义究竟何在？

王：我的文学观与历史观，主要受到了两位现代作家的启发。一是钱锺书，他的《管锥编》反转了《庄子·秋水》"用管窥天，用锥指地"的喻意，建构了令我心向往之的"管锥学"。这点我在《文学史》的导论中谈得比较多，这里就不重复了。二是沈从文，你大概也知道，我对于沈从文有一种特别的情怀。我欣赏他在《中国古代服饰研究》的序言中说的，希望读者把他的这部著作当成一部"小说"来看待。我读这本书时，分明感觉就像是在读《湘行散记》，其中大大小小的篇章，就像是一条历史"长河"沿途的风景。而我相信，沈从文在心目中一定也采用了"编年体"。这本书中最精彩的部分是那些情景交融的文字，也就是沈从文每每能够从一件文物生发出对于一个时代的联想。我经常引用钱锺书的"史蕴诗心"的说法，沈从文的这本书便是这一方面的典范。而《中国古代服饰研究》与《管锥编》中的看待"历史"的态度与方法，正是《文学史》背后最为主要的理论资源。

读者看《文学史》时应当特别容易发现，其中有一个年份的"事件"非常密集，即1935年，有4篇文章，分别讨论了阮玲玉自杀、瞿秋白被害、《三毛流浪记》与定县农民实验戏剧。为什么这个年份的"事件"如此密集？我想这就是一种情景交融的呈现。历史叙述在很多时候需要节奏，有时舒缓，有时急促，有时留白，有时又是浓墨重彩，而这正是文学史书写的"文学性"所在。

我喜欢引用沈从文的说法："伟大的历史必先是伟大的'文学'史。"概而言之，我认为"文"与"史"（或者"诗"与"史"）的关系是相互包孕、彼此生成与"传流交错"的。这是我以为文学史书写无法被其他的专门史所取代，并且在历史书写中占有独特地位的缘故。

李：您是否会把文学史书写作为一项志业来对待？

王：我想我与传统的文学史家大概还是不同的。编纂《文学史》的事情，因缘巧合，我也就做了。但我不会认为这是我的学术工作的终极目标。其中当然也有我的情怀，但不是全部。

李：我的最后一个问题是：在主编《文学史》的同时，您的另外一项重要的学术工作是研究并且发展了晚清以降的"抒情传统"论述。您在 2017 年不仅有《文学史》问世，也有《史诗时代的抒情声音：二十世纪中期的中国知识分子与艺术家》（The Lyrical in Epic Time: Chinese Intellectuals and Artists through the 1949 Crisis, Columbia, 2015）的中文本一书付梓。这不禁让我想到两者可能存有的关联。您的"抒情传统"论述的理论资源之一是沈从文做出的关于"事功"与"有情"的讨论。而"事功"与"有情"的张力也同样充盈在"文学史"与"文学史"书写中。例如，"文学史"书写原本就是一种"事功"，而您的努力方向又显然包含使《文学史》成为一部"有情的文学史"的尝试。对于两者的复杂关系，您在编纂时是如何调和的？感谢您接受我的访谈，也感谢陈老师与季师兄参与讨论。

王：坦白地说，在"事功"与"有情"之间，《文学史》可能"有情"的成分更多一些。我在主观上并没有什么"事功"的追求，因为"文学史"在中文世界中已经有一百多年的历史,这样一套既成的强大机制,是《文学史》不足以撼动的。我希望做的只是朝向一种新的秩序或者知识体系迈出一步而已,但距离实现这一目标其实还差得很远。任何对于《文学史》的言过其实的评价都是不恰当的,我期待的只是学界同行了解我们的用心,然后我们可以一道尝试做一些改变的努力。

在某种程度上,《文学史》选择的是沈从文的路数。我必须再次引用他的那句话:"伟大的历史必先是伟大的'文学'史。"这是他阅读《史记》得出的结论。也就是说,历史不但是要把事实层面的东西呈现出来,同时还需要有好的人物、好的氛围与好的场景,这样的历史才"好看"。而"好看"之于历史书写而言,是非常重要的因素,不仅在于其审美性,更在于其中的思辨潜力。我在《文学史》的导论中申明,文学史书写应当具有"文学性"。所谓"文学性"可以从两个层面进行理解:一是作为一种书写技艺,二是作为一种文学观与历史观。我说《文学史》致力成为一部"有情的文学史"也是据此而言的。

而且必须承认的是,如果与夏志清先生写作《中国现代小说史》的时代相比,当下显然已经不再具有可以一举建立某种新的秩序或者知识体系的契机。夏先生的工作是从无到有的,再加上他大开大合的学术个性与风格,所以他能够做开拓性的贡献。但《文学史》的立意要比他的著作低调得多。它可能会带来一些冲击作用,但至于后续究竟会产生怎样的效应,那完全不是我可以把握的。这点并非故作谦虚,而是我还有自知之明。

最后我想说的是,正如最近几天我对你一再谈到的,我所做的一切工作——研究与发展"抒情传统"也好,主编《文学史》也罢——其实都是在为"文学"辩护。在我看来，"文学"是当代最为重要的人文学科。尤其是在中文语境中，"文"的意涵实在太丰富了。我在《文学史》的导论中引用了刘勰《文心雕龙·情采》中的说法："故立文之道，其理有三：一曰形文，五色是也；二曰声文，五音是也；三曰情文，五性是也。五色杂而成黼黻，五音比而成韶夏，五性发而为辞章，神理之数也。""文"既有自身不同的层次与面向，也可以与不同的媒介进行结合，形成各式各样的表述形态，而这本身就是历史的一部分，甚至是其中最为核心的一部分。我们研究"文学"的人，应当相信并且努力开掘"文学"的潜力。

"抒情传统"的议题与《文学史》的话题，在我这里都已经告一段落。未来我会把主要精力转向对于现代中国文论的研究，关注"五四"以后的中国文人与知识分子是如何以文论为一种彰显、介入与诠释现代性的方法，来与诸种现代情境——从西学理论到政治要求，从历史经验到感觉结构——进行互动的。

考古：匡正书本上的历史

受访人——罗泰（Lothar von Falkenhausen）
采访人——李志鹏

罗泰教授

罗泰，美国加州大学洛杉矶分校（UCLA）艺术史系教授、扣岑（Cotsen）考古研究所代理所长，教授美术史和中国考古。在哈佛大学获得东亚研究硕士学位（1982年）和人类学博士学位（1988年）。本科时先后在德国波恩大学（1977—1979年）和北京大学（1979—1981年）分别学习两年。博士生求学期间师从著名考古学家张光直先生，并在日本京都大学留学两年。毕业后先任教于斯坦福大学，1993年起至今任教于加州大学洛杉矶分校。他的研究方向为东亚考古，主要研究中国青铜时代考古，研究领域涉及古代中国青铜器及其铭文、礼仪制度、地区文化、古代跨亚洲的文化交流和方法论等问题。目前已发表近百篇论文，最著名的是他的专著《乐悬：中国青铜时代的编钟》（Suspended Music: Chime Bells in the Culture of Bronze Age China，美国加州大学出版社1993年版）与《宗子维城》[又名《孔子时代的中国社会（公元前1000—前250年）：考古学的证据》[Chinese Society in the Age of Confucius (1000 – 250BC): The Archaeological Evidence]，美国加州大学扣岑考古研究所2006年版]，以及《剑桥古代中国史》中关于春秋时代物质文化的章节。《宗子维城》获美国考古学会（SAA）2009年度最佳图书奖，是有关中国考古学的研究首次获此殊荣。罗泰还是长江上游盆地盐业考古与景观考古中美合作项目的美方负责人，Journal of East Asian Archaeology（《东亚考古学杂志》，荷兰莱顿出版）的创刊主编之一。2010年当选美国艺术与科学院院士。2012年被奥巴马总统任命为美国国务院世界文化遗产咨询委员会委员。2018年被聘为教育部长江学者讲座教授。

主编手记

  2009年6月，中国社会科学院考古研究所助理研究员李志鹏采访了哈佛大学校友、美国加州大学洛杉矶分校艺术史系罗泰教授。罗泰在采访中向我们介绍了他在考古过程中特有的研究方法以及对中国考古学学科发展的独特见解。让人印象深刻的是，罗泰对待此次访谈的态度非常严谨，反复修改，数易其稿，是在出版社的反复催促下，才"交稿"的。

  李志鹏：您最早是怎么对中国考古发生兴趣的？

  罗泰：我从小对考古感兴趣，但是当时西方人对中国考古一无所知。我最早开始学中国考古，是1979年到中国来留学的时候，那一年恰逢中国政府将北大的考古学专业对留学生开放。当时我决定选择考古专业，我的主要目的并不是想学考古，而是想学汉语。因为学考古要描述具体的实物，要学很多词汇，所以我想通过学考古来解决汉语的问题。而且考古界的学问比较杂，也比较扎实，可以学到有关中国的很多有趣的东西。其实，那个时候我们留学生在中国人文学科能够学的课程比较有限，而且因为20世纪70年代末80年代初离"文化大革命"还比较近，大部分学习的内容都是套话，我们在德国国内已经学过了，在中文教科书上都有。反过来讲，我觉得学考古就能接触到在西方没法学的新东西。另外，我觉得学考古能给我一个很好的理由到处去旅行，看一看中国各地的考古遗迹和博物馆，顺便还可以了解中国各地的地理环境和民间习俗。我那个时候并不想将来做一个考古学家，也以为不会有这样的机会。原来在波恩大学读书的时候，我的专业并不是考古而是汉学。我模模糊糊地知道中国有很多重要的考古发现，但是这方面的研究并不属于汉学范围，也不是当时德国考古界所重视的，所以我认为中国考古显然不可能是以后维持我生活的职业。当时我想在中国留学两年以后回国，也许会进德国外交部，也可能改行去做生意或者做点其他事情，反正对于未来还不确定。那时候我才20岁，就我在中国期间所接触的东西来说，足以为我将来做任何事情打下一个好基础。父母也并不反对我的这个想法。我虽然原来在德国上过一点点考古和美术史的课，也看了几本书，但是准备得很不够，所以那个时候在中国学考古也是我第一次真正学考古。

李志鹏：您后来是怎么到美国学考古的？

罗泰：我当时在北大考古学专业学习。那个时候还没有考古系，只有历史系考古学专业。这个专业对留学生开放是因为那年是中美建交的第一年，美国学生第一次可以到中国留学，来的都是高级博士生，可以说水平都很高。中国政府当时也比较看重他们，要给他们机会，使他们能够在比较高的水平上进行他们的汉学研究。在这种情势下，考古学专业就开放了，我也就进去了。当时陆续来了张光直的两个研究生，他们的中文名字叫顾道伟和高有德。我已经听说过张光直，德国波恩大学也有他的书，而且我自己也带着他的《古代中国考古学》（第二版）这本书，是我父亲从美国给我买的。我们在波恩大学的老师说，在西方有两个中国考古专家，一个是郑德坤，他写过一套4册的《中国考古学》；还有一个年轻的，叫张光直，只写了1册，所以当然郑德坤比张光直学问好。我在知道要来中国学考古学后，就先借了郑德坤的4册《中国考古学》来读。张光直的书比较轻，我就带到中国来了，到中国再看。郑德坤对材料的掌握在20世纪70年代末已经完全过时了，但我那个时候不可能知道；但从方法论来说也是过时的，这一点连当时的我都能意识到。总的来说，那套书非常枯燥，现在已经没有人看了，但当时还很有权威性。后来看了张光直的那本书，我才知道，尽管他写得短些，但学问实际上深了很多，而且也写得有意思得多，和郑德坤根本是不同层次的贡献。加上他当时在北大留学的两个学生都对他赞誉有加，我就知道他不仅是一个世界水平的好学者，而且人品也非常好。我当时想，如果回德国的话根本就没有办法再学习中国考古，但在中国待下去也拿不到博士学位（当时外国学生还不可能在北大拿到博士学位，和现在不一样），所以如果要继续学的话，必须要到别的地方去。有两个选择，一个是去日本，一个是去美国。那个时候我日语还不够好，当然我并没有放弃去日本的愿望，后来不就去了嘛！可是，那个时候最现实的是要先进入一个用英语交流的学习环境，美国当时唯一能专门学中国考古的地方就是张光直所在的哈佛。所以，我就给张光直先生写了一封信，从他的学生那里打听到他的地址。我跟他说，我是某某某，现在在中国大陆学考古，如果去哈佛继续在您那里学，您觉得怎么样。张光直先生回信非常小心，他既不说"是"，也不说"不"。他说，你先试一下，来学个硕士，然后再说。其实，他这个说法是对的，因为哈佛这个环境，学生的压力相当大，你去过也知道，不是随便每个学生都能承受的，许多人会受不了。不但压力很大，而且自己要确定方向，导师并不跟你说你要怎么做，你要自己知道该怎么做。张光直先生要先考验我一下，是很有道理的，对我自己也有好处。我第一次和张光直先生见面是在1981年5月他来北京的时候，当时我已经被哈佛录取了。他那时住在现在的台湾饭店，当时是另外一个名字，他约我在那里和他吃午饭。他当时就说，哈佛像是一个压力锅，不是每个人都会喜欢的，你先试一试。其实我16岁去过一次美国，作为一个旅游者参观过一次哈佛，非常向往，当然根本没想到自己有一天会到那里上学。所以后来我真去了哈佛，一点也不觉得陌生。当时我要是不去哈佛，而是回国，那么我很可能在拿到我的中文文凭后，就会去做其他事情。除了哈佛，我也没有申请美国的任何别的学校。这样的做法从现在的情况来看，显得非常冒险。现在有学生申请我们那儿的时候，我的第一句话就说，你不要只申请我们这里，被拒绝的可能性极大，你要好好申请所有可能去的地方。但我那个时候反正也没有想去别的地方，要么就去哈佛跟着张光直先生，要么就改行。

李志鹏：那个时候做中国考古学的外国学者没有办法在中国从事第一线的田野考古工作，这给您学习中国考古学会不会造成一定的困难？

罗泰：当时外国学者在中国做田野考古工作是被禁止的。那个时候，夏鼐先生是这样形容的：考古就像参加奥运会，每个国家都有自己的一队，中国的奥运会队伍里不会有什么外国人。原话我记不太清楚，大致就是这个意思吧。当时北大的宿白先生为我们留学生做了很大的努力，让我们至少可以看一下北大给学生安排的考古实习工地，只是不能正式参加考古发掘。北大有一个老师带我们过去参观两个半天，总共4—5个小时，但不让我们住在那里，也不让我们真正接触。虽然如此，我们至少也受到了一定的影响。另外的时间都是去看人民公社之类的。那个时候中国的情况是现在二三十岁的人不大容易想象得到的。

刚开始在哈佛学习的时候，我其实并没有直接进入人类学系，而是先进入东亚学系学习，因为我的背景是东亚学，主要是汉学方面。尽管我在中国学了一些考古知识，但不是像美国那样在人类学视野下进行的考古。所以，我是否能进入哈佛的人类学系还是一个问题。于是，那个时候我以张光直为导师，先念了一个东亚学研究的硕士，同时旁听人类学的课程，看看是不是适合我自己，我也看看自己是不是真正喜欢。没过几个星期，我就已经确信自己的决定是正确的，人类学系是一个适合我的地方，我可以学好，完全没有问题！张光直先生的意见也差不多。所以第二年我就改系，进入人类学系。人类学系那个时候的观点是，要写考古学的博士论文就应该有一个自己的考古工地，自己收集资料，再根据这些资料写博士论文。当时在中国当然就不可能。张光直20世纪50年代当哈佛大学博士生的时候，他也没有做到。他当时也没法去中国大陆，也不想回台湾。他的导师们考虑到他在台湾的田野经验已经够了，所以就叫他写所谓的"图书馆博士论文"——以理论为主的博士论文，后来并没有发表。我进入哈佛人类学系时好像已经不是那么严格了，但是有一些老师说（包括张光直先生也这样说），如果你想做田野考古工作的话，你就最好改方向，因为中国将来不知道有没有给你做田野考古工作的机会。后来，我就去了两次韩国，因为张光直有一个学生叫崔梦龙，当时已经在韩国做了好几年教授，是一个很好的研究者，他邀请我和张光直的一个韩国女学生到韩国参加工作。我对韩国的文化环境也很感兴趣，所以就欣然前往韩国。我那个时候接触了韩国的文化传统，这又为我对中国和日本的认识提供了一些很特殊的参照物。我在韩国做的田野考古工作也很有用。当时，他们说可以随时来做田野工作，我跟着他们做，不一定自己开一个工地，也没有必要，跟着他们做也可以写出论文。可是，最后我还是觉得自己对中国的兴趣更大一些，毕竟在世界的古老文明中，比起韩国来，中国还是比较重要一些。而且在西方也要考虑到工作市场的实际情况，虽然作为一个中国专家，找到工作比较困难，但至少要比韩国专家好得多。所以我后来就和张光直先生一样，写了一篇"图书馆论文"，是关于中国的古代乐器的。

李志鹏：就是后来您的《乐悬：编钟和中国青铜时代文化》（*Suspended Music. Chime-Bells in the Culture of Bronze Age China*）那本书吧？

罗泰：差不多。论文比书内容更丰富，写得详细得多，因为篇幅有限，只好删掉一些。删掉的那一部分，我后来当作另外的文章发表了。

李志鹏：谈到这本书，我就想到您对中国青铜时代礼乐器和礼乐制度研究的一个贡献。大家都知道，中国古代文明的一个重要特点是礼乐文化。礼器的研究已经很多了，但是对于乐器、音乐的社会背景及其与经济、社会的关系，基本上没有作过一个系统的研究。

罗泰：其实这方面的资料比较好找，反正史书上都写过。然而，随着后来考古资料的增多，我们可以根据考古资料写得更仔细、更具体一些。再就是曾侯乙墓发现的65件青铜编钟，青铜钟上还有铭文提到它们的音名，为我们了解古代音乐理论提供了一些新的材料，跟古代文献上的材料可以连接起来。但它们是另外一个系统，有很大的特点。我写博士论文的时候，中国、日本、欧美都有一些人已经注意到这些材料，而且写了很多文章。我的那篇论文当然也有一些自己的新发现，但也就是首先向西方学术界介绍这些材料，再就是看了许多其他人的研究之后，选择了里面有价值的，否决了没有价值的那部分内容，算是作了一回总结吧。

李志鹏：无论如何，您是首先从考古学的角度出发把各类材料整合在一起的，而且放在一个社会考古学的框架里，涉及经济因素、制造技术、音乐理论等，从各个方面都作了很详尽的研究。

罗泰：这些都是连在一起的。我比较感兴趣的就是精神文化和基础结构（Infrastructure）二者之间的联系。从理论的观点说它们有联系是很容易的，但我们要从考古的立场去证明这些联系的存在，也要揭示出这些联系到底是怎样运行的，所以有时候情况就比较复杂。我对这些方面一直很感兴趣，所以选取的研究对象既有文献，又有考古资料。我主张在研究的时候要采用平行研究的方法，不混合。就是说，一方面用适当的方法研究文献，一方面用另外一套适当的方法研究考古资料；最后能得出结论的时候再把它们结合到一起。我认为这种"分行合击"的方法才是正

哈佛大学自然历史博物馆

确的研究方法。

李志鹏：就是从考古学研究的角度，单独把它的研究优势发挥到一个极致，然后也从文献研究的角度尽量挖掘文献的价值，最后才看二者可以结合的地方。

罗泰：是的。物质文化和文献是两套非常不一样的资料，各有自己的研究方法。我当初作研究是从文献的角度开始，进入汉学领域，然后再接触到人类学的方法和考古学的这些材料，得到了双重训练（尽管现在以考古为主），所以我对两方面的需要都很敏感。我觉得很多的学者，西方的学者也好，中国、日本的学者也好，都有这个问题，就是他们过早地把不同的资料混合在一起。直接把资料拿出来进行比较往往容易产生一些问题，也就是说，对考古非常精通的学者随便处理他们并不熟悉的文献的时候，会让研究文献的专家觉得他们很无知；反过来，我们考古学家对那些纯历史学家或者说纯以文献为主的历史学家使用考古材料的方式也很不满。如果等到两方面的研究各自做到合适的地步以后才结合起来考虑，研究结果就会更加可靠，也更加有意义。

李志鹏：大家经常说，中国上古或所谓三代考古的研究就是文献跟考古并重，但就像您说的那样，许多学者在还没有单独做好研究之前，就很早地把它们结合在一起，所以就有很多问题。关键在于既能够利用文献和考古学整合的优势，又避免那种跟着文献走并且过早地结合的弊病。

罗泰：就是我刚才说的。我主张的这种"分行合击"的研究方法根本不是新方法。但我们搞人文科学和社会科学的还是不太容易做到。最近我又写了另外一本书，就是关于社会考古的。这本书的中文书名叫《宗子维城》，你也可能看过，但是还没有出中文版，希望将来有人能够把它翻译成中文。在这本书里，我一开始就提出我要用这种方法。大家对从西周到东周这个时期的文献应该都已经比较熟悉了，所以我在这本书里面对这方面的内容谈得比较少，主要是为了让大家多了解一下考古方面的内容。然而，有人在写书评的时候，一上来就说罗泰这个人否认文献资料跟铭文的重要性。其实，我并没有这个意思，我在书里也强调了它们的重要性。我只是认为，我们看文献已经看了几千年了，而考古材料都是最近几十年才出来的，还没有真正地被吸收进去，所以要对出土材料作同样精深的分析。目前大多数人都来不及做这个工作。大家都忙着应付新的发现，尤其是做田野考古工作的一些同行，根本就没有时间做这个工作。大家都忙着写考古报告，而且写完报告马上就要着手下一个新的田野项目。当然，这是极为重要的，而且我们在西方的学者常常羡慕中国的田野考古学者，能够就地接触很多具体情况。但是如果完全没有人做总结工作，整个学术研究根本就没有希望发展下去。我们在国外的学者，到中国做田野工作的机会自然少一些，反而就有时间多思考一些比较大的问题，能够考虑如何把各种新的发现、新的资料放在当时整个物质文化发展的框架里。但这要慢慢来。我在那本书里以提出问题为主，并不想完全解决这些问题。那是不可能的，还需要花很多年的时间，并要等待很多新的发现，以及发现已久的材料的正式发表。文献的研究也需要花很多年，才能够比较全面地弄清最近新出土的文献数据和它们在整个古代文化系统里的正确位置。就是传世的文献也还没有研究完，何况这些新出土的考古材料呢。

李志鹏：您在《宗子维城》一书里也提到，考古学家也是做了很多年的艰苦工作之后，才使我们注意到，从西周到孔子前后250年之间社会发展的一些脉络，跟文献记载的不太一样。

罗泰：有一样的地方，也有不一样的地方。可以看出，我们以前对文献的理解并不完全正确。或者文献在一定历史环境里面提出一件事情，在当时是很有意义的，可是并不符合他们写的更早一个时代的情况。我们考古学界有一个优点，就是处理的材料往往年代比较清楚一些，所以就可以想象、勾勒当时的情景。最有意思的一个例子，就是"三礼"尤其是《礼记》提到的周代礼器的使用，往往并不反映《周礼》《仪礼》《礼记》等书成书那个年代，也不是周代最初或者说西周早期的事情，而是从西周晚期到春秋初年的情况。就是从公元前850年前后到公元前600年前后这一段比较短的时间内，礼器的组合才基本上符合后来那些礼书（包括东汉时期学者作的注释）里写的那些情况。青铜编钟也是这样的，文献提到的那些编钟的组合并不是春秋中期以后到战国时期的组合，也不是商代到西周早中期那个时候的情况，而是西周晚期到春秋初年这200多年里的组合。这是很有意思的，如果我们不搞考古的话，我们永远不会知道。我们会认为，中国的礼制基本上没有变，因为后来的人对文献的理解基本上都是把它作为统一的事物来处理。我们现在可以想象，这套知识是逐渐地发展起来的，"三礼"等书在战国时代或者汉代初年成书的时候，是用不同时代的不同片断联结起来的。更有意思的是，战国时期的文人并不是根据他们当时流行的情况来描述铜器的组合，而是描述着更早的，也许被认为是更正确的组合。这让我们可以推断，对礼制的学问已经哲学化了，变成一种从实际宗教习俗独立出来的知识体系。考古发现能够证明这一点，是一个非常重要的贡献。

李志鹏：您刚才提到，特别是在西周晚期，周人才逐渐形成自己的礼仪制度和文化，这就是您说的西周晚期的礼仪制度改革吧？

罗泰：这个也不是我最早提出的。以前王国维已经特别注意了商代和周代之间的区别。商周是有区别的，后来20世纪有不少的学者，中国的学者也好，日本和欧美的汉学家也好，都注意到了。但所谓商周的这些区别并不是在武王克商的时候已经显现出来的。20世纪90年代，英国的罗森夫人（Jessica Rawson）很明确地指出，周代并不是一开始就有别具特色的制度，是从西周中期以后才发生比较大的改变的，而且是系统性的改变，具有很重要的历史意义。这个观念我同意。早在20世纪30年代，容庚、郭宝钧以及瑞典的高本汉这些人，他们都意识到了这一点，注意到这是物质文化发展理念的一个变化，可能还涉及礼制内部的变化。只是他们没有看得更远，还没有把它当作一个历史现象，没有考虑到当时的礼制在整个社会体系中的作用。这方面应该说，罗森夫人是第一个比较大胆地作出一些解释的学者。我在她的基础上也陆续提出一些自己的意见，后来我又分析出春秋中期类似的一个比较大的变迁。

李志鹏：您称作春秋中期的重建或者重构。

罗泰：对。西周晚期的也好，春秋中期的也好，都很直接地反映出那个时候的社会变化。有关两个时代的文献资料也暗示出，在那个时候确实发生了一些重大的变化。

李志鹏：就像您说的，从考古学的角度单独研究就能看出这个趋势，然后再比勘文献就会发现很多问题。

罗泰：根据物质文化内部的这些趋势，有时候自己可以先"胡思乱想"，可以推测考古材料可能反映了一些什么情况，然后看一看是否有人对此作过一些解释，再看看是不是有别的资料能够给我们提供一些线索,能够证实或者否决自己的一些假设。到这个时候,文献资料就可以完全派上用场了。物质文化往往只让我们看到一种形式,为了能够看到它具体的思想内容,还是要到文献中去查找,但未必每次都能找到。如果文献提供不了线索就不要勉强,只要根据考古资料把问题提出来就可以了。

李志鹏:那您是怎么看待这种礼制改革背后的原因的?

罗泰:第一次礼制改革,就是西周晚期的那次改革,背景刚好是西周王朝经过一段时间的分裂之后又统一了,但是力量不如以前那么强,而且统治阶层的人口也大量增加。从西周建立(夏商周断代工程认为是公元前1046年)到公元前9世纪中期,人口已经自然而然地增加到没法安排所有的人,所以必须想出一个办法,把王族里那些能够得到特权和财富、能够做地方政府首领的人,从另外一些亲戚里头分出来。可以说礼制改革还反映着一个家庭或家族制度的改革,也就是把家族里面或者宗族里面地位高的人和地位低的人区分得越来越细致、越来越系统。这种倾向在礼器上面恰恰可以看到,在墓葬的变化中也可以看到。第二次礼制改革不太一样,主要反映了春秋中期统治者的地位越来越高而一般的贵族或者一般的原来有特权的人的地位越来越低这样一种趋势,加上有一些原来地位很低的人财富并不少于那种低级贵族,以至于商代和西周时期以来的阶级划分越来越不清楚。从春秋中期开始,在上层社会里面可以看到一些分化,有一种人手里集中了很多不同的特权和财富;反过来,同一个地方,甚至跟他们有亲属关系的其他一些原来地位也相当高的人反而已经没有这些特权了,而且地位越来越低。在战国时代发生了一些重要的社会变化,这符合我们从史书上获得的一般性知识,但史书上没提到这些变化在礼制里的反映。物质文化资料反映的礼制变化比史书更加具体，也让我们更加清楚地看到这些变化在社会的每一个阶层里的表现。奇怪的是，礼书的作者显然并不以他们当时的实际情况作为出发点，而是以他们记忆中更早、更纯、更正统的另外一种礼制——第一次礼制改革之后，系统化的、有一定的内在逻辑性的那样一种礼制——为出发点。后来的思想家则把这一套他们已经不怎么熟悉的礼制哲学化了。

李志鹏： 那么可以说，礼制改革影响到东周时期很多思想流派（包括儒家）的形成。但是儒家却自以为，他们继承的这些文化是因为西周初年有如周公制礼作乐等一些事件而形成的。正如您在《宗子维城》（Chinese Society in the Age of Confucius，1000–250BC）一书中提到的，他们实际上是继承了西周晚期礼制改革的成果，但却把其当作西周初年的一些文化制度。

罗泰： 对，他们后来已经不太明白他们继承或坚持的这套礼制的源头并不是西周初年就有的。他们把这套礼制跟西周初年的这些圣贤英雄连接在一起。最近几十年来的考古发现已经证明这是不符合历史事实的，而是公元前6世纪到公元前5世纪以后儒家的一种思想意识。但是我们也可以证明，孔子所说的"述而不作"其实是真话，他并不是过于谦虚，因为各种考古的材料可以给我们暗示，孔子那个时候提倡的一些基本态度和对礼制的基本认识，是孔子之前一二百年就已经在上层阶级（知识阶层）中间普遍就有了的，并不是从孔子才开始的。

李志鹏： 所以孔子的治学方法还是"知之为知之，不知为不知"，很客观地"述而不作"。

罗泰： 孔子当然起了很大的作用。可以说他是一条纽带，把早期的这条织带又加工了。当时，他当然还不知道后来的人会怎么利用它。在他的那套思想体系里，他把原来作为一种宗教习俗的东西——就是礼制的，也可以说是社会组织的一种原则——当作一种哲学的理念，而且使其在更广泛的层次上超出社会和宗教的原则，这一点应该说是孔子或者孔子嫡传弟子的一个很重要的贡献，对后来的历史产生了很大的影响，也是使中国和古代世界的其他文明发展方式不同的一个重要因素。所以我的这本书称为《孔子时代的中国社会》，是有一定道理的。尽管我开始谈的这些资料发生的年代比孔子早好些年，而且还谈到了战国末年，但我谈的这些比较早的材料，对孔子的这套思想应该是有直接影响的，而后也通过孔子影响到下一代很多的思想家，并不只是儒家。当然，其中儒家无疑是比较正统的，也是一个焦点。

李志鹏： 我开始看《宗子维城》的时候，对您把书中涉及的时代称为孔子时代还有点疑惑，后来再看您序言里讲的，才明白您的意思：从西周到孔子再到战国时期的这套文化在儒家文化的形成过程中扮演了很重要的角色，为中国整个后来的文化奠定了很大的基础。

罗泰： 不只是儒家的，但儒家的重要性更大。写书评的人又批评我的这一点说，难道罗泰不知道孔子的年代是从公元前500多少年到公元前400多少年吗，等等。他明显没有看到我的这个解释。我也得指出我用这个书名有两个用意。一个是您刚才说过的，十分有道理。另外一个用意是，如果我把这本书称为《中国青铜时代晚期的社会考古》的话，考古学家也许还会看到，但是一般汉学界根本不可能对这本书感兴趣，不可能想到这是跟他们有关系的。但我的意图恰恰是，要指出考古学在一定程度上能够给思想史提供资料，能够让我们了解一些很关键的思想和意识是在什么时候、在怎样的具体情况下形成的，也就是说，能够帮助我们更加正确地理解这些思想原来的意思。换句话说，一般的史学家应该多注意一下考古学的新贡献。所以我一把孔子放到书名里头，另外一部分读者也许就会被吸引过来。我想指出这本书并不只是为考古学家写的。

李志鹏：还是像您前面谈到的，对考古资料的研究不只是考古学家做的事情，也是汉学家与文献学家需要整合的方面。在撰写古代史特别是在撰写上古史的时候大家扮演的角色是不同的，应该互相补充。

哈佛校园一角

罗泰：考古可以提供很多根本没有文献记载的东西，使我们能够更加全面地理解古代文化和现代文化，在这个基础上就可以作跨文化的比较。因为也许有的文献出现得很晚，不可避免地夹杂一些后来的文化理念；也许某些方面刚好没有文献记载；也许被记载下来的东西是出于偶然

的原因；也许当时识字的人喜欢写这种东西而不喜欢写那种东西。还有不同地方之间的区别。但考古却是一门社会科学，所以就可以采取社会科学的方法，在基本的跨文化的范畴内处理各方面的材料，让我们看到在中国符合这些材料的范畴是怎么样的。比如说，像国家、古代饮食营养、社会分层等，反正在各种各样的范畴内加以处理。把这样的材料处理合适之后，再以同样的方法处理其他古代文明的材料。这样，我们可以作出一些很有意义的比较。如果拿古代文献来作研究，当然也是可行的，比如战国时期思想家的各种思想跟古希腊时期的就可以进行比较。但是这种比较操作起来很困难，因为不但在语言上是不一样的，而且有的时候在整个文化环境里提出的问题也不太一样。把两种从完全不一样的文化环境里抽离出来的思维直接作比较的话，有的时候结果会不太理想。当然如果掌握好适当的方法，也能做得到。

李志鹏：世界性的视野在做中国考古学时非常重要，像中国原来所谓的边疆地区，如西南、西北以及北方地区等都可以在世界范围内作比较研究。西南地区跟东南亚地区，西北地区跟中亚地区，北方地区跟欧亚草原，东北地区跟东北亚，山东地区、渤海湾地区跟日本、朝鲜的关系都牵涉到世界性视野的问题。核心地区——中原也是在跟世界各个不同的地区的交流互动中发育成长起来的，而不仅仅是在一种完全独立的或者说自成一体的区域性的文化中慢慢发展起来的。这些当然是很多学者的共识。在您的研究中，您是如何处理世界性视野中的中国考古的？或者说是怎么关注这些问题的？

罗泰：当然一方面就是作跨文化的比较。刚才已经说过，也许互相之间完全没有关系，像新大陆的那些古代文明，很明显没有受到其他地区的影响，更不是别的星球上的生物创造出来的，那是它们自己发展过来的。这些也可以拿来跟旧大陆的一些文化作比较，可以了解人类在社会发展过程中会经历一些什么样的阶段、有什么共通点、有什么特点。当然特点更有意思，反映出当地的一些特殊性，通过它可以发现当地特有的一些东西。共通点有的时候是很抽象的，但是要想认识特点的话，就得知道这些共通点。把这些共同的、基本的抽象原则弄清楚之后，也就更清楚这些特点到底在哪里，而且也能明白为什么这些特点能够在这些环境里出现。这是研究的一个方向。另一个方向就是复原实际存在的一些联系。当然，欧亚大陆的几个文化之间都会有一些关系，其中没有一个完全是孤岛，但是说来说去，反正黄河流域、长江流域离欧亚大陆其他古代文明的发源地距离最远，在地理上的分界也比较清楚，中间的一些地方不太容易过去。从事旧石器时代考古的同行，他们从来都不怀疑人类是到处跑的，那些还比较接近动物的早期人类到处都可以去。在旧石器时代，尤其是在旧石器时代晚期，不同地区之间的文化区别有是有，区别也越来越明显，但比较少，互相之间的影响总是能够看得到。一些专家坚持认为，到了新石器时代农业生活开始的时候，各种地方文化才开始独立发展。这大致是对的，因为人类一旦定居下来，变动的可能性确实就不那么大了。当然还是可以迁移的，局部的一些人可以这样，可是总的来说，到了新石器时代，大多数的人活动范围就变小了。我们知道，两河流域和古代埃及，互相之间是有一定的关系的，二者跟古代印度也有一定的关系。如果先关注它们之间的联系，然后再把这三者跟中国作一比较，一下子就能看出中国和这三者的区别是很明显的，虽说不一定完全没有关系，但是关系比较少。我不喜欢"影响"这个词，太泛，说明不了任何问题。你要具体说明这是在什么情况下发生的：到底是他们直接拿了外面的那些东西；或是他们听说过，然后自己使用，试一试再自己做；还是来了一些人，把那些东西带来了，等等；各种可能性都存在。而且所谓的影响在不同的场合中都会有完全不一样的形态，所以这些方面要慢慢地找材料。西方的学者往往喜欢举马车从西亚传入中国的例子，但"车"这一运载工具本身的情况好像更复杂一点，可能中国在拥有马车之前就已经有一些简单的车子，比如二里头遗址就有一些二里头文化时期的车辙，也没有人说这些早期的车是从外面引进的。可能晚商之前人们已经形成了"车"这个概念。然而到了出现作战用的马车的时候，这些马车无论从它们所代表的社会地位，还是从它们的形状和制造技术的各种细节来看，似乎都能发现跟草原与欧亚大陆西侧的一些马车的联系。但当时中国内地的人不可能像现在美国进口德国车一样，从米索不达米亚或者从哈萨克斯坦那边进口比他们原有的车子更好的马车。因为目前中国内地所发现的早期马车很显然都是当地制造的。事实应该是，他们得到制作马车的这套知识，然后自己制造，在这个过程当中又有所发展和变化，结果到了商代晚期中国的马车就很有自己的特点，与前面说的那些地区的马车已经不太一样了。像那些用青铜做的车的配件，就明显地体现出中国青铜文化的特点，跟西方的不一样。所以当时就是这么一种情况：有联系，但并不是全套吸收。其他的很多文化因素和技术也是这样，比如早期的制铁技术，专家们现在好像基本上都认为，尽管早期中国可能有利用陨铁的萌芽，可是真正开始好像是在中亚、西亚的影响之下。关于青铜器的制造好像还有争论，孰是孰非我也判断不出，但是中国内地一开始大量制作青铜容器的时候，那些容器就沿袭着龙山时代陶器的制造传统，在这个基础之上，创造了一种在其他任何地方都没有的新的文化产物。至于是不是中国内地人自己发现怎么冶炼青铜、铸造青铜器的，这个问题也许是次要的。

另外，是否需要采用全球性视野也要看你研究考古学的哪一个方面，比如说你研究动物考古，那很容易采用一个全球性的视野，因为在这个领域采用的方法是统一的。当然我们可以根据中国特有的资料对动物考古学作出新的突破，像冈村秀典一样，他是一个很伟大的学者。一方面他做着大家都做的动物考古工作，另外一方面他还很系统而无偏见地把考古材料跟礼书、史书的记载放在一起，这一点在中国以前没有人做过。他得到了许多新结论，非常值得注意。但是，动物考古还是比较容易采用全球性视野的。盐业考古也一样，很适合做一个国际性的合作项目。但是中国的盐业又有其特点，有很多文献资料，掌握住全球性的共通点之后可以更好地抓住那些文化特点。总的来说，采用全球性视野要看研究什么题目，如果把古代中国的青铜器拿来和古代印度的青铜器作比较的话，作是可以作，可是可以比较的范围好像很有限，而且意义也不大。印度河文明虽然也发现了一些青铜容器，但是在当地的文化环境里不太重要，既不太醒目，也不太美观。如果在全球性的视野之下研究日本人所谓的威信财（Prestige Goods，威望物品）的话，比较之下可以发现，商周文明以青铜器作为威望物品；印度河文明尽管也有青铜器，但是却选择了另外一种东西作为威望物品；而两河流域又是不一样的。所以，要作全球性的研究就先要把范畴定好，把题目选好，然后根据题目的需要进行。

李志鹏：所以研究的视野要根据你要研究的材料和问题进行调整。

罗泰：是的，研究的视角要符合问题的需要。但是把问题定好了之后，就不可以再说诸如"我是考古学家，所以我不管文献，不管美术"之类的话。这是张光直先生一直对我们强调的：要研究古代中国，必须很踏实地做工作，任何一方面至少都能压下去，都要把握住。比如你研究动物考古的话，就不能完全不了解礼书里面谈到的关于动物的作用，否则就不能深入地了解你的研究结果的意义。

李志鹏：这也正是张光直先生一直强调的，上古史的研究不应该局限于哪一个具体的学科，应该把每一个学科都联合起来。虽然你做的是考古学，人家做的是史学，但是你要对彼此之间的学科发展都有一个深入的了解。

罗泰：这方面我们搞考古的人历来都做得比较好。目前以文献为主的历史学家也许还没有足够重视跨专业的研究，但是将来他们也必须这样做才能够得到新的突破。西方的这个过程也是很慢的，开始的时候大家都以文献为主，不太关心其他方面的材料。我们从20世纪历史学的发展史可以看出，随着研究的不断深入和展开，研究者的视野也会逐渐扩大。在这方面，我们搞考古研究的可以为史学家提供一定的帮助。

李志鹏：您曾经提到考古学既是人文科学也是社会科学，在《宗子维城》一书中，您也特别强调考古学作为社会科学的一面。您认为考古学作为人文科学和社会科学，不同和共通的地方分别在哪里？

罗泰：我觉得考古学既属于人文科学又属于社会科学，而且考古的资料又可以为这两者提供很重要的线索。只不过我在那本书里面主要讨论的是社会结构和社会发展，所以我采取了社会人类学的一些基本概念。我主要还是想讨论具体的材料，然后用社会科学的一些方法作一些初步的分析。但我在别的著作里，比如在有关乐器的那本书里，就比较偏向于人文科学。我从来不想过分地把社会科学、人文科学和自然科学分成三个完全不同的部门，它们彼此之间应该有很明显的联系，德国的哲学传统也强调这一点。科学态度应当是统一的，无论你是从事自然、人文还是社会科学研究的。具体的论证和范畴当然会有所不同。你从事考古研究，就不能像从事纯自然科学研究那样做实验。别的考古学家不能完全像研究自然科学那样根据你的实验再重复一次，看看你做得对不对。下一次发掘同一类考古遗址的时候，研究的结果可能会很接近，但你无法保证这一点，也可能会有让你吃惊的地方。而且第二次发掘同一类遗址的时候，你的意图也不应该是重复上次的研究，而要用更新的方法来探讨一些新的课题。无论如何，作为学者，我们都要采取严谨的科学态度。

李志鹏：前一两年，中国考古学界讨论过中国考古学的定位问题。在美国，考古学一直归于人类学的范畴。您原来写文章说，将古代中国文明的研究跟人类学的课程融为一体，这是需要我们未来一代来完成的迫切任务之一。您认为中国考古学现在的情况怎么样？这方面的结合是否还要加强？

罗泰：人类学有四个分支：社会人类学、体质人类学、语言人类学，还有考古。前三者有很多地方影响到考古，可以给考古提供很好的方法论，考古也在某些情况下给另外三者提供了一些很好的线索。它们连接成一个学科是有历史原因的，比较偶然，因为在美国，原来的人类学就是研究印第安人，研究古代的印第安人就是考古，研究现代的印第安人就是社会人类学，体质人类学就是对印第安人的骨骼的研究，语言人类学就是对印第安人的语言的研究。把印第安人的研究放在同一个系里面最初就是出于这个原因，并没有多么深刻的哲理在里面。英国剑桥大学也是这样做的，尽管不牵涉美国印第安人，但还是可能和帝国主义有某种关系。然而，欧洲大部分的大学跟中国一样，把考古当作跟历史有关的学问来对待。这也是有道理的，我在我的书里也谈到过。我这么说，也许人类学的考古学家听到可能会不太高兴，可是我觉得我们从事考古研究原则上还是要研究历史，而且跟传统历史学是同一个目标，只不过方法不太一样，而且不应该允许传统历史学家过分地给我们从事考古研究的人指定任务。因为那样的话，我们就没法正确地理解自己的材料，我们就会只注意到那些他们感兴趣的局部的、狭隘的问题，而没法对那些只有考古学才能提出的问题作出研究。你们从事动物考古学的大概更能体会到这一点。

李志鹏：我们动物考古学的研究也会涉及一些祭祀的问题，发现跟文献上面记载的会有一些不同，当然也会有一些符合的地方。

罗泰：所以要先从考古的角度去研究，这也不是我先说的，20世纪60年代夏鼐先生就写过这样的文章，写得非常正确，但是好像没有多少人跟着他走。（笑）

李志鹏：大概缺乏在个案上做得很好的人。1993年，您在《论中国考古学的编史倾向》（"On The Historiographical Orientation of Chinese Archaeology"）这篇文章里面说，中国考古学最需要的不是时髦的理论，更重要的是培养中国的考古学家对自己的学科的一种自信，不再根据以前的学者的权威标准确定研究目标，这样也许我们能找到适合中国的方法论，就像世界其他地区有适合它们的方法论一样。那是您那时的一些期待，您觉得从您的文章发表之后到现在，中国考古学在这方面有什么变化吗？

罗泰：随着中国对世界的开放，考古学也越来越迅速地扩大自己的研究范围。我很高兴地看到现在有很多人研究考古学的各个方面，甚至连我们以前不太涉足的地方现在都有人感兴趣。这并不是在张光直先生的影响之下，更不是在我的影响之下发生的事情，我相信学科发展的自然规律就会是这样子的。这样一来，我们在国外的人和中国考古学家就更容易合作了，因为在思想上的这些间隙（gap）变得越来越小。说实话，这些间隙原来也不大，像夏鼐先生跟西方的任何一个考古学家都能很直接地对话，并没有什么根本的文化冲突。但是语言方面的沟通和互释还是需要的，从刚开始做考古工作一直到现在，我把中国的考古学家的著作翻译成英文或德文的时候总是要作一些解释，这个一点也不奇怪。我们在国外做中国考古研究的

罗泰（左）与采访者李志鹏合影

人作用可能就在这里，就是可以把中国学者的理解介绍给西方学界。这应该是我们的任务之一，也是我们的责任。

李志鹏：感谢您！张光直先生以前在这方面做了很好的工作，您也做了比较多的工作。

罗泰：当时张光直先生鼓励大家不要受传统的约束，尽量自己确定自己的研究范围，然后采取严谨的科学态度，在资料所允许的范围之内做得尽量好。他自己在这方面也是这么做的，他是一个很好的模范。可惜张光直先生去世得太早，假如他能够享受一般人的寿数的话，他肯定还会做更多事情，也许会使中国考古在世界考古界的位置更加巩固而突出。但无论如何，中国考古在世界考古界的地位一直在提高，总的来说还不错。我知道，你去过亚特兰大美国考古学会，美国考古学会2009年颁奖给有关中国考古的一本书。这是非常好的事情，也是原来想象不到的。张光直先生如果还在世的话，这本书的作者肯定是他，不会是别人。

李志鹏：当然不光是他，您也在其列。我们刚好谈到张光直先生的教学方法，他在考古学人才的培养上其实也是起到非常重要的作用的。我记得您在回忆张光直先生的时候说，不管是教学方法，还是人品，他对学生的影响都非常大。特别是您在引用《礼记·学记》中的"善待问者如撞钟，叩之以小者则小鸣，叩之以大者则大鸣，待其从容，然后尽其声"那一段话来形容张先生的教学时，我们都非常感动。

罗泰：张先生当然不是一般的学者，他颖悟绝伦。只要他愿意，任何一个学科他都可以做，都可以成为专家。他选择考古作为事业有其自身的非常具体的原因，在他的回忆录里面也有非常清楚的说明，这对考古来说是极大的幸事,一般很少有这么聪明的人进入考古的领域。所以他对学生的期待自然也就比较大,但有的学生不一定能满足这样的期待,出现这样的情况他好像办法也比较少。有的老师还有各种各样的手段,碰到那些不行的学生还能够尽量想办法。到了张光直先生那里,如果你自己非常清楚应该做什么,那么他会帮你很多很多的忙;如果你不清楚自己要做什么,那么他只好对你说声"对不起"。不是不值得跟你说话,他其实很愿意跟你说话,很愿意说很多话,可是如果连你自己都不清楚自己要做什么,那么他就没办法帮助你发展,就是这么一种困惑。我在培养学生的过程当中,发现这并不是张光直先生才有的一个问题,我也有。有的时候,碰到一些学生,我只要稍微指点一下方向,给他们一个空间,他们就能自己发展。这样的学生当然最理想。当然,还有一些学生还不太清楚他们的目标,经过我的指导,他们也可以做到那样。但是,张光直先生很善于调整每个学生的个人需要,只要这个学生愿意做,无论是做什么东西他都会支持,包括他自己不太懂的题目,例如我想写古代音乐的时候,他就给予我支持和帮助。所以,作为他的学生,好像我们每个人跟他的关系都很特别。我们每个人回忆张光直先生的时候都有一些独特的记忆,每个人记忆中的张光直先生都不是完全一样的。

李志鹏:张光直先生很注重因材施教。

罗泰:是的,这一点很不容易模仿,因为很多老师自己的个性太强。而张光直先生的特点是,他虽然个性非常强,但是他并不让他的个性压制、妨碍他周围的学生的发展。这一点我非常佩服。所以我自己在教学的时候,也就试图不让自己对学生产生太大的影响。我要让他们自己发现他们的学习领域,让他们自己选择有用的东西,让他们自己钻研他们想做的东西，创造出新的理论和方法。在这个过程中我有一些和张光直先生一样的体会：每个学生都不一样，需要不同的对待方式。这也是因为我们西方愿意做这方面研究的人很少，他们能够去的地方也少，所以没有两个学生做一样的东西，我们就尽量安排他们自己做。比如，在中国，如果你想研究唐三彩的话，你不会找一个研究秦汉时期的考古专家当老师，对不对？但是在西方呢，也许只有一个研究秦汉时期的考古老师，那唐三彩你自己去了解吧，你就是专家，你必须对自己负责。老师可以发现逻辑上的问题或者常识上的问题，可是具体的问题他发现不了，那是要你自己做主的。我有一个学生，唐三彩研究得非常好。虽然我不太懂甲骨文，但我的学生中还有研究甲骨文的，而且他的博士论文写得很精彩。张光直先生也是这样，所有的学生都各有各的兴趣，尤其是他在耶鲁任教的时候更是如此，因为在耶鲁的时候他的工作范围并不只是中国，而是旧大陆〔旧大陆是指在哥伦布发现新大陆之前，欧洲认识的世界，包括欧洲、亚洲和非洲（全体被称为非洲—欧亚或世界岛）。——编者注〕的全部，所以他的学生研究的领域很广，除了中国以外还有非洲、印度、东南亚、日本、朝鲜，等等。张光直先生不但不怕学生超过自己，而且还期待学生超过自己。我本人虽然并没有达到张光直先生对我的这种期待，但我对学生有同样的期待，而且有一些学生已经接近我的期待了。

李志鹏：您在中国、美国、日本、朝鲜还有欧洲都有学习的经历，您觉得这些国家和地区在考古的学生培养方面各有什么特点？您觉得中国的教育体制应该吸收日本或欧美的哪些优点？他们的培养方式给我们的最大借鉴是什么？

罗泰：这个问题很难讲。因为客观条件不一样，而且中国考古学跟别的国家和地区的学习传统和学术文化都不一样，更加专业化。其实中国学者现在已经不怎么做很广泛的研究工作了，当学生的时候已经只做汉代考古或者玉器考古工作，然后一辈子只研究某个领域。这种情况在欧洲和美国不大可能出现，因为我们所培养的学生要进入的工作市场很杂，如果他们不具备在很宽的范围里教学生的能力，他们就很可能找不到工作机会。日本学者虽然专业化得很厉害，可是在专业化之前的培训范围也是很宽的，这是没有去过日本的人可能不了解的。如果你只看到他们发表的文章，就会觉得他们很枯燥，只研究一些小问题。可是如果你参加过日本大学里面组织的研究会，你就会知道，这些人的理解范围还是非常宽的，尽管他们很善于批评极小的细节，但是大的思想框架他们也很注意，而且很懂方法论。日本比较好的大学，例如我曾经上过的京都大学，有这么一个特点，学生（包括本科生）虽然平时从早到晚都在研究室里各做各的，但他们也经常在一起搞集体活动。他们互相协助，高年级的学生教低年级的学生，上面还有一个助手，当然还有老师给他们讲课。他们就在这样一个环境里得到非常全面的教育。这个教育不只是专业知识的教育，还有怎样成为一个学者的教育，所以20世纪的日本教育，至少到我这一代，培养出一些非常优秀的人才。日本大学界最近经过一些改革，现在不知道是不是还这样做。反正，日本20世纪这种从本科起专门培养学者的教育在别的国家看不太到，即使偶然能看到，但都没有系统化。而且，这种培养方法在其他国家的大学里也做不出来。我在美国也想开像日本这样的研究会，但是完全不成功。你知道日本的研究会是什么样的吗？

李志鹏：不太清楚。

罗泰：那是京都大学的一个教授邀请好几个大学的老师到京都大学一起办的一个研究班，每期都有一个重点题目（例如1985年我在京都大学留学的时候曾经参加过著名学者林巳奈夫先生召开的"中国青铜器时代之诸文化"研究会）。因为当时京都地区只有几个学校才有研究生，大部分以本科生为主，所以那些研究会给平时只教本科生的老师一个机会和同行进行学术交流，互相讨论他们的研究，同时还让他们在某种程度上参与京都大学研究生的教育。因为达到这一水准的研究生也会被邀请参加，这当然是一个相当大的荣誉，给研究生机会慢慢习惯在学者圈子里的活动，把他们的研究成果拿出来跟众多水平比较高的学者一起探讨。这种经验在培养学者的过程当中是极为宝贵的，当然也会给参加研究会的研究生带来特别大的压力，因为他们一定要给前辈们留下一个好的印象。参加者大概2/3是老师，1/3是研究生，本科生一般不可以参加。每个星期或每两个星期聚一次，会议一般持续一个下午，有的时候4—6个小时（正式会议完了以后还要一起喝酒，这是日本文化必不可少的）。每次开会由一个人讲话，有的时候是一个老师，有的时候是一个学生，将自己的研究讲上2—3个小时，之后大家讨论，讨论非常严格，纷纷挑错误。不仅这样，大家还讨论怎么和其他人的研究范围连接起来，讨论哪里有意思，哪里还应该加强，还批评最近学术界流行的作品和方法论。气氛绝对实事求是，也比较平等，不问谁是学生、谁是老师，有什么话都可以说，只要有学术价值就行。参加这样的研究会的学生，除非他太不聪明了，否则绝对会有很大的提高。在美国，只有哥伦比亚大学才有办法召开类似的研究会，利用纽约市的广泛学术圈子，但是据我对它的了解来看，我觉得它的水平远远不如日本。我们西海岸，加州大学洛杉矶分校也好，我以前待过的斯坦福大学也好，也许研究中国早期文明的学者不像京都那么多，但周围地区能够选来参加研究会的人还是有的，我曾经试办过像京都大学研究会那样跨学校的定期学术活动，但是完全失败了。连同一个学校里的同行都无法叫到一起。大家都太忙了，教学的任务都很重，交通不方便，实在没有时间参加这种纯学术的活动。加上我们有的学生过于自信，让他们和老师平等讨论学术问题就会错误地认为自己真的已经变成了成熟的学者，不肯接受批评，一有批评会觉得难为情。日本人反而在这一点上很有自知之明，学生一方面因为自信心不足，另一方面觉得自己能力太小，另外他们还清楚，如果他们有机会在研究会上发言的话，就不能失败，无论怎样都要做好，所以他们会很刻苦、很刻苦，花几个月的时间去准备。我们美国的研究生任务太多，拿不出时间做好准备，所以像日本研究会的学术环境在美国很难开展。哈佛当然也有定期开展的各种演讲活动，但感觉不太一样，参加者水平参差不齐，有的人是去听着玩的，乱问问题，而且社会人士也来参加。记得我在哈佛的时候，有一个穿蓝色大衣的女士，每次有关于中国的演讲她都会来；她每次都会提问，但往往与演讲的话题没有什么关系，浪费了大家的时间。当然，有的时候问得很幽默，或者回答得很幽默，也能减轻现场沉闷的学术气氛，可是这至少表明我们治学的精神和水平同日本的教育方式是很不一样的。中国现在不知道能不能做到，但以前肯定做不到，因为人与人之间的关系太复杂了，他们无法控制。现在年轻人可能稍微好一点，但是往往有学生过分尊敬老师、老师又过分爱讲话的问题，真正的学术讨论也许还是不太

容易进行下去的。

李志鹏：那欧洲又是什么样的一种情况呢？

罗泰：我不能笼统地评价欧洲，每个国家的制度都不一样，尽管最近他们想办法统一起来。最近欧洲的大学制度改革产生了许多问题，把原来各个国家制度的优点基本取消了，留下的往往是不伦不类的东西。我最近又在德国待了半年，那里的大学好是好，但学术环境比美国糟糕，图书馆条件差，老师太忙，没有时间帮助学生。当然，只要个人自己下工夫，想做好的还是能够做好，而且欧洲最好的学者和学生根本不比其他任何一个地方差。可是最近学生的整体质量一直在下降，所以培养一个好学者越来越困难。看到一个好的学生就尽量给他到国外留学的机会，去美国或日本，这样就可以比较全面地培养出一个人才来。欧洲出身的学生到国外往往会表现得非常好，因为他们已经习惯没有人帮忙，因此比较善于独立工作，比较能吃苦。在美国，像哈佛这种私立学校，学生从老师那里得到的帮助还是相当大的，有的学生就会被惯坏。我们美国的公立学校有点像德国，学习和生活的条件没有私立大学好，学生要艰苦些，这一点在教育上未必完全是坏事。总的来说，我想大学制度是次要的，主要的还是人。谁做得好不一定因为是某一个制度的产物，而是因为自己有学术精神，碰到一些好的条件自己就抓住机会尽量利用。

李志鹏：所以，学生的个人努力也是很重要的。

罗泰：个人的努力，加上碰运气。像我，如果没有碰到张光直先生，我也没有把握会是现在这样。同样的，如果我没有去日本，没有接触到日本学界对古代中国的很好理解的话，我就会变成一个很传统的美国人类学家。这当然也不坏，我有一些学生基本上就是这样，但是在日本留学的经历让我研究的领域加宽了一些，研究方法也丰富了一些。此外，我在日本还碰到一些欧洲来的学者，包括法国东方研究院的一些研究东亚宗教的专家，其中对我影响最深的是已故的索安（Anna Seidel，现多译为何安娜）博士，她组织当时待在京都的外国学生和学者在他们的研究所里召开研究会，我也参加并且发了言，学到非常多的东西。在我后来写青铜器的铭文或者写编钟的作用的时候，就受到他们的影响和启发。如果当初没有碰到这些人，接触到宗教研究的角度的话，就会封闭在一些狭窄的观点之下，学术成果不会像现在那么丰富。

李志鹏：中国的考古学生需要在这个方面多学习。

罗泰：反正大家要早点明白自己喜欢什么，尽量地做，拼命地做，广泛读书，不要过分听老师的话，慢慢就会做出来。

期待"中国版本"的考古学

受访人——付罗文（Rowan K. Flad）
采访人——李志鹏

付罗文教授

付罗文（Rowan K. Flad），哈佛大学人类学系教授；芝加哥大学本科毕业，在加利福尼亚大学洛杉矶分校获得硕士与博士学位。

他的研究方向是中国考古学，目前集中在中国新石器时代晚期和青铜时代复杂社会的出现与发展。他的研究涉及的范围很广泛，包括墓葬研究、古代社会的经济与生产活动、礼仪活动以及礼仪与社会生产的关系、动物在中国早期社会中扮演的角色——尤其是在祭祀与占卜中的使用，以及社会变化的一般过程的研究；在盐业考古、古代手工业专业化生产方面尤有建树。他研究的区域包括中国的东北地区、西北地区、中原地区以及四川地区，目前主要集中在四川盆地。

他1999年开始在中国从事田野考古工作，先后参与了重庆三峡地区、四川成都地区的田野考古发掘与调查；目前主要从事四川成都地区的区域考古调查与研究，以研究这一地区古代定居社会的出现到三星堆文明以前复杂社会的起源与发展。他先后与北京大学、四川省考古研究所、中国社会科学院考古研究所、成都市文物考古研究所等机构有多项合作。

主编手记

2009年，中国社会科学院副研究员李志鹏在哈佛大学访学期间采访了哈佛大学人类学系考古方向副教授付罗文（Rowan K. Flad），付罗文谈到了中国考古学的现状和未来，与采访人交流了中西考古的异同和发展趋势。

李志鹏：付罗文教授，您作为一个土生土长的美国人，为什么选择中国考古学作为您的学术事业？是什么吸引您对中国古代文化产生兴趣？

付罗文：我最早开始学习中国考古学实际上是在1996年，当时我在北美从事职业考古已经有几年了。我的本科教育是人类学。作为本科生，我既学习考古，也学习社会人类学或者文化人类学的其他知识。我的兴趣很广泛，但在毕业后，我开始集中学习考古，在土耳其和北美也做过一段时间的考古工作。我开始对人类早期文明的起源、复杂社会的演进方式与国家形成之类的大问题特别感兴趣。我想那时中国是研究这些问题的十分吸引人的地方，所以我开始学习中文，阅读关于中国考古学的文献。对中国了解得越多，我对中国的兴趣就越大。那确实是我兴趣的开始。我试图选择一个区域作研究，这个区域既可以研究复杂社会和文明的出现，给文明的比较研究带来新的观念，又或许可以给古代中国的研究带来新的研究方法与途径。

李志鹏：我知道，您选择了三峡地区作为您在中国考古学研究的开始。选择这个区域，一方面除了您上面提到的原因，比如要研究复杂社会的兴起，另一方面是不是也因为正好有这样一个契机？您也知道，有时候考古项目的开展是需要很多客观条件的。您是不是两个方面的原因正好吻合，所以选择了三峡库区的中坝遗址作为您考古研究

的开始？

付罗文：对，大体是这样。当我做研究生开始研究中国考古学的时候，我更多的兴趣在东北地区。当然我对中原地区也有兴趣，每一个对早期文明感兴趣的人都对中原地区感兴趣。当我对古代中国的了解逐渐增多后，我意识到，东北对于作考古研究来说，是一个非常有趣的地区，不仅是因为这个地区有早期复杂社会的证据，尤其是有红山文化这样的个例，而且也是因为这个地区现在和过去都有非常有趣的各种模式的文化背景和不同的考古学文化。这些集中在一起，使这个地区成为非常适合探讨文化变迁的模式的地点。所以，我最初的兴趣在东北地区，但也不仅限于这个地区。

付罗文（右）在考古现场

至于三峡地区，如你所说，我参与这个地区的考古研究，主要是现实的原因。你也知道，中国以外的考古学家在1991年以后才可以在一些合作项目中做中国的田野工作。我比较幸运能够在那之后进入田野，至少在理论上有可能做田野工作，但机会还是不多。所以如果谁要做田野工作就不得不抓住一切可能的机会。我的导师罗泰自1979年以后做中国考古工作有很多年，一旦有可能在中国做田野考古工作，他就一直和相关大学协商开始田野工作的合作。我参与重庆忠县中坝遗址的考古机会就是在这个协商合作的过程中出现的，是与北京大学和四川省考古研究所合作研究的一个自然结果，这让我有机会在三峡库区做田野工作。这是研究早期盐业生产的大项目中的一部分，也和我个人的兴趣密切相关，我自己是要试图了解早期文明和社会变化的不同方面，因为社会变化中经济活动是很重要的一部分，而盐业生产对于早期经济活动尤其重要，特别是在中国更是如此，例如从《盐铁论》我们可以了解到盐在早期经济的商品中扮演的角色。因此从历史学的角度看盐业生产非常重要，但还没有人真正从考古学上去看待这个问题。我们作盐业考古就既有历史原因，也有现实原因，还有各种考古学关注的一般性问题的兴趣所在。

李志鹏：已故的张光直曾经也在他的研究中提到盐的重要性，他强调盐业资源在商代文明中扮演了一个很重要的角色。他提到山西地区的解池，也提到海盐，但是对四川地区他好像基本没有提及。刘莉与陈星灿在《中国早期国家的形成》（*State Formation in Early China*）一书中有很大比例是在谈论山西南部地区的盐业资源对于中原地区早期中国形成的重要性和它扮演的重要角色，这一点他们也提到是与张光直的启发有很大的关系的。而您呢，据我所知，一直都很关注社会复杂化与经济活动的关系，您选择这个课题，是不是还由于您一直以来的学术兴趣？

付罗文：我想，中国考古学很多领域是与张光直的影响有关的。罗泰与刘莉都是张光直的学生，我想他们都受张光直对与商文明有关的盐业资源的兴趣影响。在某种程度上张光直学术生涯中的许多学术观点与他对历史文献的深刻理解有关，也与他的某些信念有关，就是历史文献或考古资料中所涉及的一些重要问题，无论是与文献同时代的还是更早时期的，在一定程度上都是可以从考古学上探讨的。我想，他对盐的重要性的认识，很大程度上是来自《盐铁论》和其他文献对盐的重要性的论述。这也就是他的兴趣为什么会引到山西的解池地区和沿海的产盐地区的一个很重要的原因，因为这些地区在历史上是非常重要的盐业资源的产地。但是，四川在较晚的历史文献中也很重要，只不过在较早的历史文献中不是这样，比如第一次对盐的垄断是东周时期的齐国。四川在较晚的时期也变得特别重要，但也从来没有占到主导地位，海盐始终都是中国历史时期最重要的生产与贸易的资源。我想不仅仅是张光直对四川地区缺乏关注，美国或其他国家的学者，甚至中国学者，在对中国考古学进行综述时，四川地区也经常被漏掉。因此，在苏秉琦的区系类型研究中，对各个文化区的描述中丝毫没有提及三峡以西的地区。这是一个大漏洞，所以很值得花费时间把这个大家了解很少的地区纳入研究中。我不认为苏秉琦和其他考古学家认为这个地区不重要，只是很少有研究可以作为我们了解这一地区的基础。张光直不能从原始资料来研究，他那时也没有条件做田野工作，所以只能把他的研究建立在出版的资料上。对于他而言，很少有论及四川的考古信息。我想，在有其他学者能处理这个课题之前，把四川地区忽略不论是出于论述的方便。

李志鹏：张光直曾经谈到，从公元前 4000 年前后开始，有着本地起源和自己特色的几个区域性文化联系越来越密切，形成一个更大的文化相互作用圈（sphere of interaction）。这些区域包括您感兴趣的东北辽河流域，还有您前面提到的山东、中原地区，还有长江下游、陕西地区、西北地区，但他没有提及四川地区。而后来辽宁教育出版社出版了他的《古代中国考古学》的一个中译本，在中文序言中他特别提到了四川地区，不过他没法作特别深入的讨论，所以他也应该意识到了这一地区的重要性。他自己也说过，随着新材料的出现，以往基于老的材料的研究往往会崩塌。我想他的意思大概也包括一些我们以往不重视的地区，随着新材料的出现我们会越来越意识到它在考古学上的重要性。就像三星堆的重要发现一公布，不论是对西方学者还是中国学者冲击力都特别大，公众媒体甚至有种说法认为那是一个失落的文明，因为对这样一个文明原来没有了解，不知道它从何而来。您可不可以谈一下三星堆的发现对西方学者原来的认识有什么冲击？

付罗文：我想，三星堆的发现经过了较长的时间才影响到不做中国考古学的西方学者，因为连做中国考古学的西方学者也是在1986年之后才对三星堆发生兴趣的。有点美中不足的是，张光直在1986年出版的主要研究殷商以前的古代中国考古学的著作中仍然没有提到四川地区。你谈到他也提到了1986年以后四川的材料，这已经是在三星堆发现之后了，这时大家都会很容易地想到20世纪80年代晚期之后四川地区将会是一个重要的地区。这意味着四川地区会有很多考古工作要做，这也是我想在四川做考古工作的原因。四川一下子变得极为有趣，非常多的人想在那里做工作。张光直以及其他中国和西方研究中国考古学的学者都在三星堆的发现之后就立刻意识到它的重要性。当时在北美和欧洲有一个三星堆青铜器艺术的巡回展览，美国是在西雅图和纽约举办展览。这的确对考古圈子里的人有一点影响，但也没有到很深的层次。因为还没有专门为西方读者集中介绍三星堆文明的人，也没有把四川地区和更广泛的背景整合起来的人。在世界其他地区工作的人类学的考古学家会说三星堆是可以用来作比较研究的信息来源之一。但我想，人们对三星堆还是处于好奇的阶段。与此形成对比的是和殷墟联系在一起的商文明，北美每个考古学家多多少少对商文明都有一些了解。三星堆还不属于这种情况。我想这要一段较长的时间，要等三星堆本身有更多的材料和更广泛的研究成果发表之后，需要在三星堆工作的考古学家得到更多的材料与信息，可以将三星堆与关于古代中国的文献在更广泛的领域里整合在一起。这正在慢慢地进行。我的意思是说，殷墟的发现距今已有100年左右的时间，而从开始考古发掘算也有80多年的历史了。三星堆需要一段时间的考古工作和研究之后才会变得更加重要。

关于你提到的张光直的观点有两点我想谈一下。

一个是相互作用圈的观点。这个观点我想大多数中国考古学家都知道是张光直从在美国东北部纽约州的一个文化人类学家也是民族学家的学者那里借用过来的。我觉得有趣的是相互作用圈的概念对于在西方讨论中国考古学已经变得非常重要，同样因为张光直提出了这个观点，它对于在中国讨论用西方方法研究中国考古学也很重要。这个概念已经超出了最初形成时候所应用的地区，所以相互作用圈上一个有用的概念，在某种程度上有用，因为它给一个难以定义的现象贴上一个标签，指出龙山时代比之前的时代在更广泛的区域内存在广泛的相似性。这种相似比仰韶时代的相似性更牢固，因为这种相似性存在于墓葬活动、遗址建筑与物质文化各个层面上，因此比仰韶时代的相似更深刻。但是，这种观点并没有辨认出这种相似性背后的政治互动，因此在某些方面有点故意模糊。因为它故意模糊，所以也很难批评，这是因为相互作用圈基本上是一个描述性的用语，而不是一个解释性的用语。它没有解释所有的事情，只是对发生的事情进行了描述，在这一点上它确实有用。哈佛人类学系的教授卡罗夫斯基（C. C. Lamberg-Karlovsky，一般称Karl）也在20世纪70年代发表了关于这个主题的文章。我不能肯定是张光直影响Karl还是Karl影响了张光直，但是他们那个时候都在哈佛人类学系，Karl也发表了相互作用圈的文章。我想这说明了某些有趣的事。张光直提出的概念在中国考古学上很重要，但这个概念是他在与世界上其他地区工作的人讨论的结果。相互作用圈的概念部分来自他阅读民族学的启发，同样很清楚他和Karl一定讨论过这个概念，因为他们实质上同时谈到了同样的问题。

　　同样，我们之前大概谈到的盐的问题，这与Ian Brown（巴盐）的研究工作有关。我们第一次到四川考察盐业遗址的时候他专门去了一趟，他去的原因是他在20世纪70年代的时候就已经在北美研究盐业考古了。他研究美国东南部的盐业生产，而且研究了几十年，现在在阿拉巴马大学（the University of Alabama）执教。因此，我们这里又有20世纪70年代哈佛人类学系的另外一个人可以作为例子。那时巴盐已经完成了博士论文，在皮博迪（Peabody）博物馆工作，也教课。他教一门关于世界盐业生产的考古学。因此从一开始，不仅罗泰和刘莉从张光直那里得到关于中国盐业生产的信息，而且罗泰也通过与巴盐的互动了解到世界其他地区的盐业考古情况。

因此我这里的重点是，在中国考古中刚开始发生的一些问题，却已然是北美考古非常基本的问题。因此，关键不仅仅是让世界其他地区的考古学家对中国考古发生兴趣，而且要与世界其他地区的考古学家进行有意义的对话。最近中国社会科学院考古研究所和其他研究机构开始越来越注重这种对话，吸引在世界其他地区工作的考古学家一起创造同样对话的机会。这必定会对中国考古学带来巨大的益处。

2008年1月，付罗文（左）访问中国社会科学院考古研究所

李志鹏：张光直在自己的文章中也提到相互作用圈的思想受到了谁的启示。但是，对我们来说，另外一个启示是，很多西方学术的理念、理论、方法被运用在中国考古学的实例上的时候，对中国考古学家产生了很大的冲击，但当我们反观西方学术界，会发现这些概念、方法其实在西方已经很流行了，也许已经流行了很多年，只不过在中国还没有人尝试运用这些方法去研究而已。这些西方的理

论、方法可能早已是西方学术界共同的理念，很多研究中国考古学具体实例的思想火花，是来自西方考古学界早已讨论的问题。我们受的冲击很大，很大程度上是因为我们和西方学术界缺少对话。

付罗文：你说得对，这就是对话为什么这么重要的原因。我想，有一点非常有趣，当中国的学生发现一个新的研究理念时，他们本以为是从某个学者发表的文章而来的新的理念，但结果却是西方经常讨论的问题。对一个原型的思想可能会有三个反应：一个反应是这是西方的模式，用于解释西方考古学，没有应用到中国，在我们的视野之外，我们可以忽略，因为与中国没有什么关系；另一个不同的反应是，我应该了解更多的西方的理论与方法，因为西方的每一个学者都在讨论这个问题，我对此觉得内疚，因为作为中国考古学者却不了解现在世界考古学的学术进展；第三个反应是我希望能常看到的，即如果这个问题已经被中国以外的学者讨论过，我需要了解相关的学术对话，我需要了解这一理论哪些方面适用于中国考古学，哪些方面是针对具体的考古背景提出的。这是一个很难的反应，因为需要去做工作，需要阅读大量相关的西方文献，还要对其实很难评估的一些文献作出自己的评估。但是如果有更多的学者有这种反应，我想会产生很多中国特有的新的研究思路，那么会将学术讨论向前推进。因为有时候，中国的考古学家可能会发现自己以往不了解的关于某个主题的文献，比如世界体系理论（the theory of world system）。当然这只是一个例子。当一个中国考古学家发现大量讨论世界体系理论的相关文献，而自己以往对此并不了解时，可能会在阅读文献了解这一理论之后就直接将这一理论应用到中国考古学的实例中。有时候这是有用的，但通常却并不是很有用,因为西方考古学文献中关于世界体系的讨论并不是仅仅应用一个理论模式就可以的,当有了积极的对话,人们就会不断批评这一模式的各个方面,试图使它越来越具有适用性。所以希望中国考古学家在更多地了解世界体系之类的相关西方理论后,能根据中国考古学的资料提出"中国版本"的世界体系理论或其他理论。

李志鹏: 正是这样。张光直曾经讲到,中国的文明形态可能是全世界向文明转进的主要形态,而西方形态实在是个例外,因此社会科学里面来自西方经验的一般法则如果不把中国考虑进去就不能有普遍的应用性。他实际和您刚才谈的有契合之处,就是中国考古学应该在世界考古学的理论发展中发挥自己的作用。

付罗文: 是的,我同意你说的。事实上,关于张光直的影响有一些是很有趣的,这一点我觉得我们讨论得还不够。和你刚才谈到的有关的是,张光直对于西方在讨论文明的模式时把美索不达米亚的文明模式作为世界文明的一般模式是不满意的。他在解释中国早期文明时,强调中国早期国家深深植根在血缘关系的基础上,认为这是中国与美索不达米亚地区早期国家的一个根本差异。美索不达米亚早期国家的特征是行政官僚体制、经济技术上的进步,这是所谓西方朝文明演进的途径。而中国文明却本质上根植于宗教、萨满文化、亲属关系。他提出这是中国文明与美索不达米亚文明主要不同的地方之一。但是,对我来说,另外一个有意思的现象是,近年来,有些西方学者在讨论美索不达米亚与埃及文明时一直有争议,实际上西亚的早期文明也根植于所谓的父系的亲属关系。这在理论层面上有点像张光直在讨论中国考古学时,特别是商文明时强调的。张光直在面对从美索不达米亚文明提出的模式的时候,他的反应是中国不适合这种模式。但有趣的是，对于他提出的中国文明的模式，某些研究美索不达米亚的学者又有争论说这不是中国模式，美索不达米亚地区也有同样的情况。因此某些人可能认为中国的模式适合世界各个地方的情况，我不认为这是实际情况。但我发现有点不幸的是，现在某些研究美索不达米亚相关问题的学者没有意识到，他们对中国的模式的反应，很像张光直当初在20世纪70—90年代对美索不达米亚模式的反应。在任何情况下，如果有更多的讨论关于模式的相似与差异性的对话，不仅会有助于对具体个案的研究，而且对关于国家如何出现以及早期国家的多样性的探讨也会十分有帮助。

李志鹏：所以，关于古代中国与西方早期文明模式的对话，实际上是一个互动的过程。中国不同地区向文明发展的过程或者说社会复杂化进程实际上既有共性，也有多样性。您个人在四川地区所作的研究，最早是三峡地区的盐业生产与这一地区古代社会复杂化发展的关系，现在又转到成都地区做区域考古调查的田野工作，据我所知是要了解在三星堆文明出现之前与之后成都平原社会复杂化的进程。您的田野考古工作与您个人对关于古代文明以及社会复杂化的考虑有什么关系？有要检验或深化相关理论与模式的考量在里面吗？您怎么在实践中实现自己理论上的一些想法？

付罗文：我个人要研究一个问题，那么这个问题必须是既很重要又超越具体个案的研究的。个案研究仍然很重要，但我想作一些更具有广度的问题的研究，既是理论上的，可以在世界上许多地区讨论这个问题；又是历史的，希望有助于对中国古代历史和社会的理解。所以它们必须有助于我研究更具有广度的问题。所以，我的硕士研究生论文是关于中国东北地区的夏家店下层文化的大甸子遗址的墓地。这个问题是实践的，因为我想要具体了解关于墓葬的问题，我想了解随着时间的发展，墓葬的缓慢变化怎么与大的社会变化联系在一起，但我用的只是墓葬的具体材料。所以我的研究要既具体又能反映社会含义。在四川和重庆，我一直对了解如何用不同的因素的复杂性来描述社会复杂性而不是解释社会复杂性有兴趣，因为我想我们在讨论社会复杂性的时候一般都没有做到这一点。我的意思是西方或中国许多关于社会复杂化的文献都集中在政治组织、酋邦和国家什么时候出现，这些固然是一些重要的问题，但社会复杂化不仅限于这些。社会复杂化是一个更大的领域，不仅仅是政治层面的问题，而且是人群内部或人群之间的互动。

所以，当我在三峡地区考察盐业生产的问题的时候，我想弄清楚的不仅是相关生产组织的问题，而且包括生产组织如何与政治、宗教和其他社会活动相互联系的问题。现在我参与四川成都平原的考古合作项目，一方面是想了解三星堆文明，比如三星堆文明从何而来、三星堆文明的社会组织与结构，这是政治层面的，但我们也可以收集资料使我们不光可以讨论社会政治层面的问题，而且可以讨论在区域的层面上社会复杂性的各个方面。这是某种理论层面的问题，但需要资料。在四川收集资料很难，所以我们的精力很大程度上集中在如何收集关于三星堆文明和在它前后的文化的一些有意思的资料上。我们是努力把能收集到的资料并在一起。

至于你问到我们如何在实践中把理论上的一些想法与具体研究结合在一起，其实你可能有很好的理论想法和理论模式，但一般而言，在你能获得的资料与你要检验或想研究的理论想法之间有一些冲突。在中国这一点很常见，因为大多数考古学家经常要做的是抢救性的考古工作，而且考古学家不得不做这些工作。因此，你一般要尽可能多地收集资料，不一定是与你想要研究的有关。这一点要有完善的制度，考古学家应该尽量这样做。但考古学家也要考虑他们用资料可以回答什么问题，否则他们最终作出的研究实际上会变得很窄。

李志鹏：所以考古学家在某个区域有一个考古项目，当然你有自己的想法，有要检验的模式，但实际情况是超出你预想的，有时候甚至很多想法都不能实现，但这也很有意义，你会产生很多新的很有趣也很有意义的想法。

付罗文（左）与采访者李志鹏合影

付罗文：对。如果在考古工作中你有些理论模式，你到野外只收集与你预想的理论模式有关的资料，收集的资料也只符合你的模式，那你做的工作价值其实并不是很大。

因为你如果预先想到了一个理论模式,结果你的资料完全符合这个模式,没有多少可以讨论其他的问题,我不会觉得那很有意思。(笑)我觉得唯一有趣的是收集的资料可以把你引向更多的问题,或者让你调整你预想的理论模式或类似的一些想法。

李志鹏:这可能反而是考古吸引我们这些考古工作者的地方。(笑)因为考古确实是很辛苦的工作,也要做很多单调的工作,但有时候考古工作中你的意外之喜甚至意外的冲击,会让你觉得考古越来越有意思。

付罗文:对,正是这样。这就是为什么考古发现对于考古学家来说仍然非常重要。举一个例子,在1986年三星堆有重要发现以前,已经有人在三星堆做过工作,比如考古发掘之类,但没人真正发现这个遗址的价值。但是偶然的机会,三星堆的两个重要器物坑的发现,一下子吸引了大家对三星堆的兴趣,三星堆的重要性一下子显现出来了。这些发现超出了人们的期待,让人兴奋。做考古工作的时候,一方面我们要做好科学的研究工作,我们要尽量收集系统的资料,可以解答我们可能提出的各种问题,另一方面我们也希望在收集资料的时候能有意外的发现与惊喜。(笑)

李志鹏:我们谈了不少关于学术研究的问题。我还想请您谈谈在哈佛考古教学方面的问题,就您的教学经验而言,您觉得在哈佛学考古的学生对中国考古学感兴趣的人多吗?您有没有有意识地吸引学生在这方面的兴趣?

付罗文:在研究生的层次上,我们当然有专门做中国考古学的研究生,而且大多数研究生都对中国考古学多多少少有一些兴趣和了解。现在多数的研究生都上过我的一门课程"中国考古学导论"。但是在本科生的层次,要吸引学生对中国的兴趣相对不怎么容易。我教了三类不同的课程，有考古学导论的介绍，有中国考古学，有考古学理论尤其是经济考古学的理论，因为我的专业领域之一就是这个。其中只有一类课程是集中在中国考古学的，有时候是针对研究生的，如 2009 年就有一门研讨课。但是我的课程要让一般的本科生对中国考古学的课程产生兴趣就比较难。在我的考古学导论课中我确实采用了很多中国考古学的实例，希望一些本科生会因此对中国考古学产生兴趣。但还是很难，因为很少有本科生一开始就会对中国考古学产生兴趣。我确实做了一些其他工作，如东亚考古学论坛，但还是主要面对研究生和专业学者，而不是本科生。所以我还需要做更多的工作来吸引更多本科生的兴趣。

李志鹏：您曾经在北京大学考古系留学过一年，您对中国考古学的教学也有自己的切身体会，您能据此谈谈哈佛考古教学与中国考古教学相比有什么特色？您对中国的考古教学有什么评价？

付罗文：在北大的时候实际上我没有上过考古的课，因为我全部时间都在做田野考古工作，所以我对北大的考古的教学内容和方法并不是十分了解。但我的印象是，在中国，大多数的大学课程主要是老师讲课（lecture）。所以，最大的不同是中国比较缺乏讨论性的课程。所谓讨论性的课程，就是让学生阅读某个专题的文献，在课堂上相互讨论，老师只是作一些评论或引导。这不仅仅在哈佛，在整个北美也都是很常见的。我想这对学生非常有好处，因为不同学生达到最佳学习效果的方式是不一样的，而且在哈佛经常是不同研究方向的学生会上同一专题的讨论课，如考古方向的学生可能会和艺术史的学生在一起上课。有不同思维视角、受过不同训练的学生在同一个专题上相互讨

论交流，会产生很好的效果。另外，在中国，老师讲课之外，大概很少会有所谓的 section（讨论小组），而哈佛这样的方式非常普遍，因此学生多数的知识与训练还是来自讨论小组。因为老师的讲课只是让学生被动地接受信息，希望能强化某些概念或观念和理论。如果有些听课的学生以前对考古学毫不了解，在讨论小组中可以得到一些很有价值的考古学训练和经验，但在中国上考古学导论课的可能主要是考古专业的学生，所以教学的对象会有些不一样。当然每门课都有点变化，即使是同一门课在哈佛也会有很好的训练。

李志鹏：您怎么看待中国与中国以外的考古学家的合作？您觉得这种合作对中国考古学家或西方考古学家乃至整个世界考古学的发展有什么建设性的意义？

付罗文：我想合作对双方都有建设性的意义，这是我个人的观点。参与合作项目的中国考古学家会对西方同行的考古操作方法、研究理念都有所了解，他们会因此对自己的考古理念与方法有所反思；而西方或中国以外的考古学家在合作中会对当地考古学有很多了解，而且有些中国考古学特有的考古信息与实践经验很可能是世界其他地区所没有的。我个人认为，每一个考古学家都应该参加完全在自己感兴趣的区域之外的至少一个地区的考古调查或发掘，或因地理区域的不同，或因生态环境的不同。中外合作让研究中国考古的西方或非中国的考古学家有机会在中国做一些考古工作，也希望中国考古学家有机会多参加中国以外的考古工作。考古合作对每一个参与合作项目的考古学家都非常有益。现在中国国家文物局做了一个很好的工作，确保对中外考古合作有某种管理，不是每一个人想怎么做就怎么做，而是必须有申请的程序，必须是真正的合作、有目标的合作。希望中国国家文物局最终制定的申请程序能让每一个人都非常清楚明了，明确申请程序的内容。不管申请是难还是容易，我都希望申请程序是清楚的，申请的方针要有英文说明，明确申请的合作目的、需要做的工作、什么时候可以申请、什么时候申请的审批能下来。我想这会对每一个人都很方便，也方便了国家文物局自己的工作。希望这些会在将来实现。

在田野中发现真正的学术问题

受访人——迈克尔·赫茨菲尔德（Michael Herzfeld）
采访人——张清俐、郑讴

赫茨菲尔德教授

迈克尔·赫茨菲尔德，生于 1947 年，英国籍，哈佛大学人类学系资深教授；1969 年求学于牛津大学并获社会人类学博士学位；1991 年正式加盟哈佛大学人类学系，并担任该校皮博迪考古学和民族学博物馆欧洲民族学分馆馆长，也曾担任现代希腊学研究学会和欧洲人类学学会的主席。迄今为止，赫茨菲尔德共出版专著 10 部，发表论文 100 多篇。不少专著被纳入美国普林斯顿大学出版社和芝加哥大学出版社编辑的国际知名人类学系列。他的一些重要理论概念如"全球价值等级"（global hierarchy of value）、"文化亲密性"（cultural intimacy）和"社会诗学"（social poetics）等，被人类学界广泛引用和讨论。多年来，赫茨菲尔德用当地语言分别在希腊、意大利和泰国长期进行田野调查，并在此基础上开展民族学比较研究。1995—1998 年，他担任美国最好的文化人类学杂志《美国民族学家》（American Ethnologist）杂志主编，目前还是《美国人类学家》（American Anthropologist）和《人类学季刊》（Anthropological Quarterly）等数十种杂志的编委会成员。2014 年、2016 年受聘上海外国语大学教育部长江特聘学者。

主编手记

2013年8月,《中国社会科学报》记者张清俐、郑讴采访了当代人类学家、哈佛大学人类学系教授迈克尔·赫茨菲尔德,就当前人类学研究的热点问题、人类学方法对其他社会学科的影响、"参与性人类学研究"(engaged anthropology)观的形成等进行了探讨。时任山东大学哲学与社会发展学院副教授胡宗泽对本次亦有贡献。《中国社会科学报》实习记者赵媛参与了采访录音整理工作。

张清俐、郑讴:我们知道,英美法三国在人类学研究方面关注的问题和提出的理论不尽相同,请您谈谈三国在人类学研究传统上的差异。基于人类学研究的差异,有学者质疑人类学作为一门学科在理论上的一致性,您如何看待这种质疑?

赫茨菲尔德:我认为三国人类学传统存在差异主要是因为各国文化传统有所差别且都希望有自己的研究特色,这对各自人类学的发展演变产生了影响。如果说到具体不同,英国和美国的人类学家仍坚持应进行大量的实地研究;尽管法国人类学界对田野研究相对轻视一些,但一些法国人类学家也投身其中,例如著名人类学家皮埃尔·布尔迪厄(Pierre Bourdieu)和莫里斯·古德利尔(Maurice Godelier)。但总体上,三个国家对人类学的研究是相互影响的,例如在20世纪的人类学研究中,法国人类学家列维·斯特劳斯就曾在很大程度上受到美国人类学传统的影响,而他本人对英国牛津学派的影响也颇深。

我认为"一致性"并不重要,因为它与国家的文化传统关联甚小。学科的多样性发展是十分有益的,不应该被"一致性"所桎梏。的确,英国人类学家强调社会结构和秩序，美国更强调文化符号和象征，但总的来说，英美法三国都很重视社会和文化。当今社会，包括中国在内的很多国家都在研究人类学，越来越多的人类学家可以阅读多语种的文献，促进了人类学领域的交流。人类学已经超越了只局限于某个国家或地域的时代，取而代之的是全球视野下的人类学。

张清俐、郑讴：西方人类学研究集中在异于本国文化的其他社会文化，而中国学者更关注本土文化，您如何看待这两种研究取向的不同？您本人与中国人类学者有学术方面的交流与合作吗？

赫茨菲尔德：我认为中西方人类学研究的不同取向更多源于民族文化和民族传统的不同，但人类学发展方向是在不断演进的，因此现今中国的人类学研究并不能代表未来中国人类学的发展方向。我不是建议中国学者应放弃对本土文化的研究，而是希望他们能兼收并蓄，通过研究其他社会文化来理解这些文化对中国人类学发展所带来的影响。

社会文化人类学在本质上就是以比较研究作为原则，在我们做田野工作时，或多或少会将新遇见的现象和旧有知识进行比较。事实上，在本国文化领域的人类学研究是不容易的，但是通过了解其他人类社会文化，可以更好地理解为什么你的文化如此独特，有哪些独特之处。这与人们对待语言的态度相似，也是我要求学生使用当地语言进行学术演讲的原因，展现了文化研究的高度和对当地学者的尊重。

我一般是单独进行田野研究的，合作则是以会议的形式，比如说研读中国学者的论文，做一些不同文化间的比较研究。我最近在伦敦政治经济学院参加了一个会议，讨论"中国话语中的讽刺",接着我们会研究"中国的父权制"。近期我对中国人类学的研究越来越多,一些研究汉学人类学的同事也能帮助我了解中国人类学。我很愿意与中国学者合作,与他们的交流让我深受鼓舞。我也正在学习中文,准备研究在意大利的中国移民,但我认为这不是不同国别间的学术交流,而是不同文化群体探讨各自不同传统的交流方式。人类学学者应该与有不同文化传统的学者进行交流,以全球化的视野来研究人类学。我也希望下一代中国学者可以对中国以外的社会进行更深入的了解。研究人类学的地区越多,世界范围内的人类学研究就会越繁盛。

张清俐、郑讴:近年来,大量人类学研究著作问世,从这些研究成果来看,您认为当代人类学研究主要有哪些共同关注的热点问题?

赫茨菲尔德:现在的人类学著作卷帙浩繁,许多学术方向上都有很好的研究成果问世。例如在许多社会中,对于宗教仪式或政府官僚体系的研究是相互关联的。对这一领域,我们可以用传统的田野研究来探索。另外,亲属制度、微观政治等问题也是人类学研究的重点,这些问题对社会科学其他领域的研究也具有影响力。

人类学家会以批判的视角审视一切问题,从印度的广告代理,到加拿大的健康产业体系。尽管人类学的研究基础有了很大转变,但我们也不应该忽视这些领域的传统研究,如小型封闭社区的研究等。另外,人类学学者不应轻视田野研究,因为正是田野研究给了人类学不同于其他学科的研究视角。

张清俐、郑讴:20世纪60年代,人类学经典论文集《写文化:民族的诗学与政治学》的发表让人类学家开始反

思田野民族志表述的科学性，有学者质疑民族志表述不能科学地反映研究对象。您如何看待这场民族志的表述危机？

赫茨菲尔德：我不同意这种主客观二分的观点，这与唯物主义观点的基本原则完全相左。在我看来，我们生活在我们主观创造的世界中，区别主体和客体是殖民时期人类学研究的特点，当时人们认为可以将抽象的思想和实体的人类社会分裂研究。但我却倡导坚定的中间立场。

20世纪80年代，著名人类学者乔治·马库斯（George Marcus）和詹姆斯·克利福德（James Clifford）认为使用科学性的语言来描述一些人类学研究体验和主观的人类社会生活，在本质上是不科学的。因此，我们并不需要汲汲追求科学性的语言，而是应该用适合研究语境的语体进行描述，并坚信后代会对我们的学术作品做出修正和改进，人类学会在历史洪流中不断向前发展。但詹姆斯·克利福德在论述民族志的权威时，认为田野研究不利于人们全面了解研究本身，我的观点恰恰相反，在我看来，通过田野研究能掌握更多的一手资料，了解更多的人类学研究问题。

张清俐、郑讴：就您的田野研究工作经历来说，您有哪些突出的感受？

赫茨菲尔德：我对人类学的热爱很大程度上来源于对田野研究的热爱，而正是因为田野研究这种一线调研，让我们掌握更多的一手资料，让人类学永葆青春。例如，我不喜欢打牌，但是通过研究，我发现当地人打牌其实是男性之间的一种竞争方式，持续的研究更让我发觉其中的奥妙与意趣，打牌成了研究当地人性别观念的独特切入点。尽管一开始在咖啡馆观察打牌是很痛苦的，有人会对你发怒，有人会说谎，但这些行为本身又能让你更好地了解当地人。

张清俐、郑讴：传统历史学研究注重对文献资料的考证，关注事件的时间性。近年来历史学者大量应用人类学的田野工作方法，并强调历史事件的空间性与现场感，产生了历史人类学学科。您认为人类学研究方法对历史学研究有哪些帮助？

赫茨菲尔德：历史学家经常会运用人类学家的观点来阐明自己的研究，这无疑是非常有益的，只不过有时只借鉴那些与其设想相同的人类学概念，略显机械化。

每个学科都有特定的经典理论，虽然学科间的差异能引发一些有趣的争论，但也会阻碍彼此间的合作。尽管如此，历史学和社会文化人类学在研究目标和关注内容上更为相似，例如，人类学家也收集文献资料，我把它称作"口头文献"。历史学与人类学都高度关注细节，与不负责任的普遍化概括或宏观模型建构相比，这种对具体事实的解读是非常必要和有价值的。人类学家和历史学家可以互相学习和借鉴的地方有很多，只有通过相互合作才能让彼此真正获益。

张清俐、郑讴：中国和世界上的一些国家正由传统转向现代，您如何看待传统与现代之间的关系？

赫茨菲尔德："传统"这一概念本身就是在现代人类学研究中提出的，它更强调人类学研究中的文化归属感，而非真正起源意义上的"传统"。我们也应该考虑如何定义现代性这一问题，因为当今人类学领域对此有很多定义方式。人类学家并不局限于研究过去的部族、小型封闭社会等问题，但这些问题又与现代社会有着极大的相似性。诸如"发展中国家""发达国家"这些概念并不应该成为人类学领域研究的一种地域划分方法，只是有的国家更多地利用工业技术发展这一优势而已。

另外，理解传统和现代的关系也与如何衡量和定义"发展"有关。当今社会工业科技飞速发展，但也对自然环境带来了破坏。韦伯曾认为现代性一方面对官僚理性化有促进作用，但另一方面也将人类引入了"铁笼时代"，这带有一定的反讽意味，与一般意义上的现代性不同。在研究传统与现代关系的过程中，我发现，现代欧洲政府官僚体制所倡导的理性行为可以追溯到欧洲早期的宇宙观和世界观。在预测形式和预言结果的解释上，现代经济学家对宏观经济和世界经济走向的预测与东非部族的占卜仪式具有某种程度的相似性。此外，我不认为应按社会复杂程度给各个人类社会划分等级，地方性的人类学研究往往可以以小见大，为人类学提供独特的视角。

张清俐、郑讴：近年来，遗产保护与研究进入人类学视野，文化人类学研究是如何界定遗产这一概念的？作为人类学工作者，多年来您一直在田野工作中致力于遗产保护观念与实践的探索，请谈一谈相关研究的工作体会。

赫茨菲尔德：我们对"遗产"这一概念的使用方式非常感兴趣，这并不是想追究具体的研究对象是否真实，而是想考察历史与现在之间的某种联系。

我在希腊、意大利和泰国的工作很大程度是考察历史保存对社会生活和普通民众的影响。如同考古工作一样，对历史的保护总是部分的。因此，我们常常需要对选择哪一部分做出抉择。这些抉择不仅影响当地人对过去的理解，而且还可能造成一定的经济影响和社会影响。而当看到人们因某些不正确的观点或选择而受到侵害时，人类学家应该承担一份道义上的责任。

张清俐、郑讴：您如何看待应用人类学，它和人类学研究的理论特质有什么关系？您提出的"参与性人类学研究"与传统的应用人类学有什么区别？

赫茨菲尔德：这是一个非常重要的问题。应用人类学是指人类学家并不将生产学术知识作为首要目标，而专门服务于银行、政府等某类组织。一些应用人类学常常会采用一些由上至下的社区问题解决方法，而在医药和营养领域也有很多积极的应用人类学。

"参与性人类学研究"则不同，它是从学术工作者的研究中有机生长出来，从比较纯粹的学术实践出发，强调人类学家有担当地参与当地社区、深入田野，发现真正的学术和现实问题。我在泰国发现，当地居民在维护景点的清洁和完整性方面愿意与官方合作，我确信他们这样的思路更好。正是由于亲身参与，我才获得了通过其他途径无法得到的数据。"参与性人类学研究"在做学问的同时也能使当地人受益。我们的研究会以当地居民的利益和需求为尺度，衡量什么有用、什么没用。只有当地人、规划者和官方在"什么对社会有益"问题上达成共识，才能让每个人都受益。

早期人类：中国乃至东亚的证据

受访人——奥菲尔（Ofer Bar-Yosef）
采访人——郭物、曲彤丽

奥菲尔教授

奥菲尔（Ofer Bar-Yosef），1970年获以色列耶路撒冷希伯来大学博士学位，自1988年起受聘为哈佛大学人类学系史前考古学麦克科迪教授，美国国家科学院院士，英国大不列颠科学院外籍院士和格鲁吉亚共和国外籍院士。奥菲尔教授是国际上最著名的考古学家之一。他长期在近东和欧洲等地进行考古工作，其研究领域涉及晚期旧石器时代和早期新石器时代考古、现代人起源、农业起源等，在国际学术界享有很高的威望。自1959年起，为揭示人类文化演化，他积极参与广大范围史前遗址的考古发掘，包括以色列、埃及西奈半岛、土耳其、捷克斯洛伐克共和国、格鲁吉亚共和国、中华人民共和国等国；早期通过发掘和研究约旦乌贝迪亚遗址15000年前的遗存，为证明人类从非洲扩散到欧亚大陆提供了证据。作为以色列—法国—美国大型合作项目的指导人之一，奥菲尔教授领导科研团队在以色列的克巴拉、夸夫泽赫和哈约尼姆洞穴进行了20年的田野发掘和实验室工作，揭示了现代人最初到达这个地区的历史，以及近东地区尼安德特人晚期的出现；研究了以色列、西奈半岛、捷克斯洛伐克共和国、格鲁吉亚共和国和中华人民共和国旧石器晚期的文化。他主要的工作之一是在哈约尼姆洞穴挖掘和调查纳吐夫文化的物质遗存，这是一个更新世晚期半定居的游猎社会。他还合作指导约旦谷地奈提夫哈各达布遗址一个早期新石器时代的聚落。2004—2005年他和袁靖合作指导了湖南省玉蟾岩遗址的发掘，参与了中国和格鲁吉亚的田野考古项目工作。奥菲尔教授合作编辑了14卷的著作，包括四个重要遗址的考古报告；独著或合著了300多篇文章，2020年去世。

主编手记

2009年5月，中国社会科学院考古研究所的郭物博士和北京大学考古文博学院的曲彤丽博士在皮博迪博物馆五楼教授四壁皆书的办公室，共同采访了哈佛大学人类学系奥菲尔教授。

郭物：奥菲尔教授，您好！谢谢您在百忙之中接受我们的采访！我们都知道，您最初研究的地区是黎凡特（就是今天的地中海东岸地区，包括以色列、叙利亚和土耳其东南部地区）。后来您多次到中国开展考古合作工作，取得了令人瞩目的成就，请问您为什么对中国考古感兴趣？

奥菲尔：我1995年第一次去中国，第一项工作是在周口店，我们当时关注北京人用火的问题。这个问题是根据对以色列克巴拉洞穴的研究得到启示的，在那里我们发现了大量灰烬。1995年，我从中国科学院古脊椎动物与古人类研究所得到一个邀请，从1996年到1997年，一周两次在周口店工作。研究文章发表在《科学》杂志上（与他人合著）。我们在现在唯一保留下来的洞穴西区并没有发现古人用火的直接证据，但是有烧过的骨头，所以问题是周口店的古人到底有没有用火。从1999年至今，我们讨论了旧大陆、欧亚大陆和非洲其他地方用火的情况。我们组织了一次去安徽的考察，参观了一些直立人遗址，像人字洞及和县人遗址。有趣的是，沿途我注意那里有一些水田，我开始考虑水稻的栽种问题。当我回到哈佛，我和我的学生焦天龙说，让他跟严文明教授谈，组织一个合作课题项目。严文明教授建议我们去湖南看看。

郭物：你们在湖南收获大吗？

奥菲尔：2001年，严文明教授带我们去看了一些湖南的遗址，我们觉得玉蟾岩是一个非常有前景的遗址。我们花了两年的时间申请了合作发掘的执照。从2004年到2005年，我们发掘了遗址，采集了大量的年代分析样品，还有植硅石和石器等。碳十四数据显示陶器制造的时间大约是18000—17000年前，属于旧石器上层文化。通过对这些课题的研究，我开始对稻作农业的起源感兴趣。2007年1月，我们参观了浙江省的一些遗址，比如河姆渡、小黄山，等等。所有这些都让我对中国的史前史非常感兴趣。

郭物：您能谈谈具体的原因吗？

奥菲尔：我过去比较有意思的研究是人类社会从采集—狩猎社会向早期农业社会的转变。当采集—狩猎社会转变为农业社会时，首先他们会成为充分的定居者，其次他们会有更多的孩子。农业社会保持人口的增长，人们开始扩散，替代采集—狩猎社会。他们一般从一个核心地区开始，然后扩散到其他地区。我相信在中国也有同样的模式，粟作农业也是如此。

我现在仍然不知道最早的村落是什么时候出现的。在彭头山只能看到非常少的栽培稻，但在八十垱却比较多。我们的目标是发现比彭头山更早的证据。我想大约12000年或者是11000年至10000年前，这应当是开始出现农夫的时间，与此同时，采集—狩猎的经济形态仍然继续存在。

曲彤丽：您对中国的材料比较熟悉了，也考察过中国很多地区，您能谈谈现在您对中国现代人起源的看法吗？

奥菲尔：我们现在都知道现代人在55000年至45000年前走出非洲。我们不知道东亚发生了什么。现代人曾迁移到澳洲，因此他们也能扩散到中国。问题是能和这个时期相联系的化石不能很好地断代。现代人是否扩散进入中国、他们是否和当地人通婚，这些都不太清楚。解决这个问题

早期人类：中国乃至东亚的证据

2008年11月，奥菲尔在中国社会科学院考古研究所作交流

的唯一途径是做更多的田野工作，比如对中国南方那些保存较好的洞穴进行很好的发掘。现代人是否真的首先到达中国南部也是个重要问题，像广东、云南或者贵州。东南亚地区的尼雅洞穴发现了42000年前的人类堆积，我们在中国应当会找到同样古老的堆积。在中国北部，在细石器出现之前有些地区有石叶技术。有些学者认为，中国的细石叶来自西伯利亚，后来传播到朝鲜半岛。我们必须搞清楚，中国的细石叶到底是起源于本地还是来自西伯利亚。

曲彤丽：那么直立人呢？

奥菲尔：我们所知道的关于中国早期人类演变的证据，现在还不充分。直立人首先出现在非洲，他们在177万年前到达西亚，约170万年前到达中国和印度尼西亚。直立人如何生存、直立人如何在东南亚和非洲继续进化成别的人种、大脑如何演变、头骨形态如何变化（可能通过一系列基因突变），这些都是尚待回答的问题，我们需要从东亚找到更多的证据。

曲彤丽：是不是中国的遗址太少？在对遗址的研究方面，您有哪些建议？

奥菲尔：中国有很多旧石器时代的遗址，但是考古工作较世界其他地区开展得晚一些。研究史前史需要许多人参与，人越多，工作的进度就会越快。研究旧石器考古的人数在其他国家也很少。

史前遗址的保存状况一般都不太好，只有很少的遗址在石器和动物骨骼以外还保留下其他的信息，这就是为什么科学技术能起到帮助作用的原因。比如研究植硅石，通过研究植硅石，我们可以知道当时的古人把什么植物带入了洞穴，不仅能发现稻米的遗存，还能知道不同种类的植物。我们可以把这些技术运用在那些保存得非常好的遗址中。

碳十四测年技术是非常好的方法。通过这些技术，编年会更准确一些。你不但能根据文化，也能根据年代进行比较研究，发现古人在不同时代的生活。尽管如此，也只能是一些推测。比如中国，有很多河流，而且水流也不是特别快。你们用竹子或者木头造独木舟或是木筏，用这些工具你可以从一个地方迁移到另外一个地方。沿着河移动比走路要容易得多，远距离的联系就显得很方便。如果我们能在另外的地方发现一个地方的物质遗存，我们就要考虑这种可能，从这些发现我们可以勾勒出距离非常远的人们之间的联系。

一个关键的问题在于我们要从遗址中寻找怎样的信息，怎样从遗物中提取信息。以旧石器遗址和遗存为例，你可以通过类型学观察石器，你也可以运用拼合法复原石器制造过程，就像你拼对陶片一样。你把一个新遗址发现的陶片拼对起来，也许这就是首次生产这种陶器的地方。通过追踪这种陶器的分布,你就可以了解人们是怎样迁移的。

曲彤丽:那么我们怎样才能了解呢?

奥菲尔:怎么了解?你得训练你认识材料的眼力。拼合研究对于了解工具如何制造的问题非常有用。拼合研究首先在法国运用。过去 20—30 年在以色列被大量运用。拼合研究对于认识石质工具是如何制造的非常有效。你可以了解制造者在敲制石器时一系列的决定。拼合同样也有助于了解地层学。如果你发现了 20 厘米厚的地层,之后又发现另外的一层,你必须考虑从两层里提取的样品是否能拼对到一起。如果真的能对到一起,你就知道石器在地层中有一些上下的移动。因此你可以了解地层的划分是否完善。拼合主要靠眼睛而不是靠计算机。如果你能训练人运用这个方法拼对陶器,你也可以训练他拼合石器。你必须从原始材料中分辨出有价值的信息。另一个和完善相联系的是微结构分析,你从样品上切下一块,请相关的部门磨光,磨光后,再使它干燥,你在它的一面放上一块玻璃,然后抛光,你就能观察到它的显微组织。

曲彤丽:就旧石器时代的物质文化而言,您认为东亚和西方有什么不同?

奥菲尔:原材料不同。欧亚大陆西部有很多燧石。你如何评估中国东南地区旧石器晚期砾石制造的砍砸工具和欧亚大陆西部的细石叶?原材料决定了工具的形态,比如在旧石器时代末期或新石器时代,中国有大量的平板石磨盘,但西方却使用石臼。

曲彤丽:中国的考古学家比较关注国家的起源和形成,您如何看待这个现象?

奥菲尔:所有关于青铜时代和铁器时代的问题都不是我的专长。我是一个旧石器和新石器时代的考古学家。我绝对尊重中国的考古学家研究这些问题，同时我希望你们能训练更多的人研究旧石器时代的问题。当我在以色列做学生的时候，耶路撒冷只有一个大学有考古系。之后有特拉维夫大学（Tel Aviv University），再以后其他更多的大学建立了考古系。最终有7个大学建立了考古系。

奥菲尔（左）在考古现场进行指导

郭物：您已经去过中国好多次。您不但去过大的城市，也深入到小的村庄。您对中国有什么印象？

奥菲尔：我所有的旅行都和参观考古遗址有关系，当你参观考古遗址的时候，你不能看到很多的城市。不过我还是去过不少大地方，比如西安和上海。除了北京以外，我还没有真正观光过中国的许多其他地方。

郭物：您第一次到中国是1995年，2009年您又去中国工作，您觉得中国都发生了一些什么变化？

奥菲尔：1995年，北京大多数街上自行车比轿车多，从 1996 年至今轿车越来越多。我用自己的眼睛可以很好地看到中国经济发展的进程。政府正在地下修建公共交通系统，从小型便宜的出租车也可以看出变化，公共汽车也在变化。我想中国的经济进程非常好。

郭物：据说您的两个兄弟都在中国工作，您能介绍一下他们吗？

奥菲尔：他们都是农业专家，正在为中国做着不同的贡献。一个在新疆，他在帮当地人建立一种灌溉系统。另外一个为农业部工作，他的专长是教农民如何为市场种植花卉，他已经在云南工作很多年了，有时也去甘肃。

郭物：他们有没有向您谈及这些相对落后地区的故事？

奥菲尔：我通常住在这里，我们不经常见面。但我相信他们每个人都已经在中国的很多地方见到了很多令人惊叹的事情。

郭物：您能给我们提一些建议吗？

奥菲尔：我最希望的是在更多的大学里有考古系。考古学家越多，田野发掘的质量就会越高。另外一个建议是考古项目里应当包括交叉学科的内容，比如古气候、地理和地质地貌，等等。让不同学科的人一起参加工作需要个人魅力，但最重要的是学生要对多学科合作的重要性有充分的认识，而且要知道应该找谁去合作。

郭物：您培养了很多研究生，同时很多学者也曾短期或者长期受教于您，您在这方面有什么经验？

奥菲尔：学习了解新技术、新方法和新问题非常重要。中国的考古学家走出国门，对他们来说，非常有益的是，他们可以带回新的技术。另外学生有机会也应当到国外去学习。

郭物：我记得我在北京大学上学的时候，学习旧石器

考古专业的人很少，即使是现在，在中国学习和从事旧石器考古的人也很少，您觉得原因何在？

奥菲尔：这只是一个时间问题。1960—1970年，以色列研究旧石器的人只有三四个。今天您参加以色列考古学家的会议，你会碰到60—70个研究旧石器时代的专家，他们还在训练更多的考古学家。不幸的是，由于经济原因，他们中的很多人找不到工作，他们不得不转向其他的工作。在我的生命中，我可以在中国看到同样的变化。如果你培养更多的学生，他们当中会有更多的学生对旧石器时代考古感兴趣。有非常多有趣的问题等待他们去解答，比如东亚、中亚和西亚的区别。中国旧石器时代的考古研究结果对西方已有的很多认识将是个挑战，因此交流非常重要。如果你要问我的观点，我建议出版物应当是双语的，在使用中文的同时使用英文。法国面对同样的问题，他们过去也只用法文发表，但现在法文出版物会有一个较长的英文摘要。

另外一个东西中国应当有，就是考古协会。所有的考古学家和研究生都能成为会员，通过这个协会组织大量的讨论。这种好的交流不但要在考古学家之间进行，也要在那些参与考古工作的科学家之间进行。

郭物：好的，非常感谢您！欢迎您继续到中国工作！祝您永远年轻！

中西学术之间的通与塞

受访人——冯胜利
采访人——牛江河

冯胜利教授

冯胜利，1977年考入北京师范大学，先在历史系攻读古史，两年后又考入中文系陆宗达教授门下读研究生，文史兼治。毕业后留校任教，很快即留学美国，受业于宾夕法尼亚大学拉波夫教授，专攻西方语言学，并获得语言学博士学位。曾为美国堪萨斯大学东亚系终身教授；曾任哈佛大学东亚语言与文明系教授、中文部主任，哈佛北京书院主任，北京语言大学长江学者讲座教授，国际中国语言学会理事，《中国语言学论丛》副主编，美国国家自然基金会项目申请评审人；现为香港中文大学中文系教授，北京语言大学和北京师范大学特聘教授、博士生导师，近10种国内外语言学及语言教学杂志编委，以及国内外语言学杂志和出版社审稿人。

冯胜利教授的专业研究领域为训诂学（Exegesis）、历史句法学（Historical Syntax）、韵律构词学（Prosodic Morphology）、韵律句法学（Prosodic Syntax）等。他把韵律构词学理论引入汉语合成词的研究，创建了"韵律句法学"的理论，将韵律句法与词法的研究引入对外汉语教学，为基于汉语语言事实和特点而进行的语言理论研究领域做出重大贡献。

其著作有《汉语的韵律、词法与句法》《汉语韵律句法学》等。

主编手记

  2009年3月,哈佛大学心理系的博士后牛江河采访了哈佛大学东亚语言与文明系教授、中文部主任、哈佛北京书院主任冯胜利教授。冯胜利在访谈中以图表等多种方式详尽地阐述了中西学术研究之道。

  牛江河:冯教授,第一次听您的演讲时,就对您提到的有关中西学术的精辟见解产生了非常深刻的印象,很高兴今天又可以进一步请教。

  冯胜利:那些都是个人的体会,不一定对。

  牛江河:上次您说中西学术是不同的。不同的根本在哪里呢?

  冯胜利:从学理上看,根本的不同可以用这张图来表示(见图1)。在我们中国传统学者的脑子里,一般没有这张图,或者说,没有这幅图的系统。

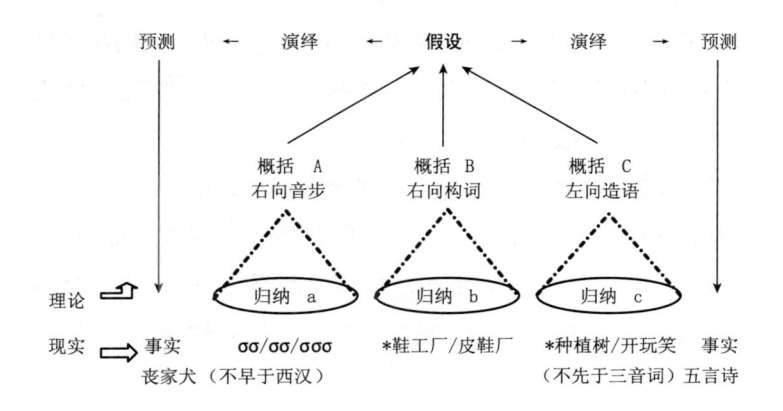

```
预测 ← 演绎 ← 假设 → 演绎 → 预测
              ↑  ↑  ↑
           概括A 概括B 概括C
           右向音步 右向构词 左向造语
            ╱╲    ╱╲    ╱╲
           归纳a  归纳b  归纳c
理论 ⇨
现实 ⇨ 事实  σσ/σσσ  *鞋工厂/皮鞋厂  *种植树/开玩笑  事实
      丧家犬(不早于西汉)            (不先于三音词)五言诗
```

图1 逻辑("归纳演绎"图解表)

  牛江河:这张图的意思是……

  冯胜利:这是我总结的做学问的一个简单路数:既可

以是学术训练的方法，也可以看作学术构建的模式。学问是怎么做出来的？千里之行，始于现象，从现象一、现象二、现象三等开始。这就是所谓的观察现象。做学问的第一步就是观察（observation）。下一步是分类（classification）。要找出两种现象的可比性，会不会比较就是会不会分类。一进入分类就牵涉到概念。拿什么来分类呢？比如图中的现实层面上的"＊鞋工厂""皮鞋厂""＊种植树""开玩笑"这些现象，有的上口，有的拗口。拿什么来区分"上口和拗口"这两类呢？拿意思分，还是拿结构分？拿句法结构分，还是拿韵律结构分呢？如果用韵律结构来分类，你就能往"构学"的上一层走；如果只拿意思分，就卡住了——只能停在这个现实的层面上，在低层表面上打转转。事实上，我们可能停在这里已经很久了，未能突破。为什么呢？因为在这里把意思作为分类的标准，无规律可言。而我们在现实中没发现对象规律的一个很重要原因，就是在观察的时候没有采取多种分类的方法。不会分类的一个原因，得反过来看，是没有穿透现实往图形上部跨越的"构架式逻辑思维"的方式；而跨不上去的一个原因是你没有把不相关的现象扔掉。

牛江河：您的意思是把一部分材料"牺牲"掉？

冯胜利：牺牲的材料是和你眼下的研究无关的，是和本题纠缠在一起但本不相关的材料。我若不把一部分材料丢掉的话，我说的有些类别就不能确立，我说的那些规律也不能发现。

牛江河：有些学者很可能会以您丢掉的那部分材料来反驳您根据剩下的材料得出的结论。

冯胜利：不等别人反驳，你自己就先反驳了。牺牲的那部分材料是什么性质的材料呢？你得对它进行描述、刻画,这就进入了第三步:你得给分类定性(characterization)。

牛江河:先分类,再确定各类的性质。

冯胜利:对!先得分类。分类目的是把不同类别的性质发掘出来。所需材料的性质是一类,而原来牺牲掉的材料也没错,因为它们属于性质不同的另一类。做到这三层,叫作研究生训练的一步,它是科研的第一步。当然,真正的学术研究的境界比这要高,因此还要往上攀。注意啊,传统的很多研究就到此为止了,很多学者也到此为止了。西方人觉得你的研究够不上科学的道理就在这儿,因为你的学理境界不高、不深。因为你没往上走啊!再往上是什么呢?叫作概括,即 generalization。这个词儿我们都知道,但"知道"不等于"会"——不是人人都会概括。概括的要求是什么呢?最基本的要求就是把某类现象的性质变成一条规则、把你分类的结果和归纳的性质变成一种规律性的东西。譬如,上面例子中"*种植树""开玩笑"这类现象的规则是什么呢?我把它们概括成:"凡是动词+宾语的结构,都是后重而不能前重。"这条规则既包含韵律上的结构(轻重),也包含句法上的结构(动宾)。有了这种系统的概括以后,便可以进入更高的层次,使之成为一种学理,甚至一个学科了。比如事实 b,凡是名词+名词的,都不能是右重("鞋工厂"拗口),必须是左重("皮鞋厂"可以说)。再看事实 a,它是纯语音的现象:σσ/σσσ/σσσσ(嗒嗒/嗒嗒/嗒嗒嗒;σ 代表音节)。这种节奏是没有语义和语法干扰的纯韵律现象,是最自然的音节组合。音节组合的单位叫"音步",所以"嗒嗒/嗒嗒/嗒嗒嗒"代表了汉语的"自然音步"。这些自然音步,不能是右重(比如,说 5/55/55 很拗口),而必须是左重(55/55/555 才顺口)。上面

"动+宾，右重""名+名，左重"和"自然音步，左重"都是概括。

  有了准确的概括和精密的规律，就可以达到国内学界的前沿，甚至占据国内领先的地位。然而，仅仅概括还不足以达到国际学术最高峰。注意：我们的研究很多都是前沿性的，但是前沿不等于最高峰。只有登上最高峰才能"一览众山小"。西方学者绝不满足于概括，不满足于前沿。当然，他们学术上的登峰造极一般都从这四个"-tion"（observation 观察，classification 分类，characterization 定性，generalization 概括）开始起步；然而，这四个"-tion"不是目的，它们是用来提炼和生发一个更为宏通的理念的，这就是一般所说的"假设"（hypothesis）。我叫它"通设"，因为"假设"这个词儿在中文里总有点儿"虚假"的味道。注意：英文的 hypothesis 没有"假"的意味，所以我用"通设"。通设的价值在于"别开生面"。有了别开生面的通设才能开始学科的构建。就韵律而言，我把上面那四个"-tion"结合起来，辟出了一个前无古人的新视角：韵律可以控制句法。这就是后来的韵律句法学。注意：给自己的概括想出一个大一点儿的名称（一个响亮的、新奇的、时髦的或者概括无余的大名称），并不等于建立学科。通设当然也是概括（概括的概括），但是仅仅概括并不足以建立学科。其实，发掘通设的目的并不在于将天下万物涵盖无余，而是要建立严密的科学学术体系。通设的目的在于演绎，演绎的方式是预测，预测的要求是证伪，证伪的一种副产品是一批批地显现出从未发现的新现象和新事实。具体来说，我在作出韵律制约句法的通设以后，通过多项、多层的演绎推理，发现了一大批汉语研究中从未发现的新现象。譬如，古汉语中带施事的被字句如"被尚书召问"必然在

"被杀戮"这样的三音节被字句以后才能出现。在现代汉语中，单音节动词带上两个音节的宾语以后，如"负+责任"，就不能再带宾语了。譬如，"*负责任工作"不能说（只有双音节的动宾可以再带宾语，如"负责工作"）。此外，其他新的概念像"最小词""核心重音"等也在通设的促发下应运而生。这种治学模式和传统的不同是：治学的最高境界不只是通过现象发现规律，更重要的是通过规律揭发新的现象、发现新的世界、构创新的认识。因为通设的目的是演绎，演绎的方式是预测，预测的结果必然回到现实，这样不仅新现象可以层出不穷，该学科也可以因此而不断深化和拓展，从一个学科的开拓发展到邻近学科的创立，从而加深我们对对象的了解，增新我们对世界的认识。拿我研究的韵律构词学和韵律句法学来说，最近我准备把它们扩展成这样（如图2所示）：

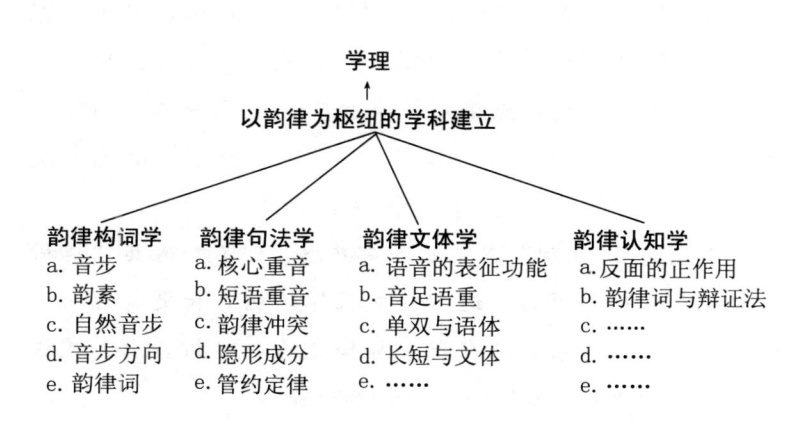

```
                    学理
                     ↑
            以韵律为枢纽的学科建立
     ┌──────────┬──────────┬──────────┐

韵律构词学      韵律句法学      韵律文体学      韵律认知学
a. 音步         a. 核心重音     a. 语音的表征功能 a. 反面的正作用
b. 韵素         b. 短语重音     b. 音足语重      b. 韵律词与辩证法
c. 自然音步     c. 韵律冲突     c. 单双与语体    c. ……
d. 音步方向     d. 隐形成分     d. 长短与文体    d. ……
e. 韵律词       e. 管约定律     e. ……          e. ……
```

图2　以韵律为枢纽的学科扩展

这是一个以韵律为经脉，包括韵律构词学、韵律句法学、韵律文体学和韵律认知学的学科系统。

牛江河：很多学科，韵律、构词、句法、文体和认知

在您的研究中交叉在一起，换句话说，您的研究是一门交叉学科。

冯胜利：我正在努力。很多现象的本质通过交叉学科的研究才能发现，很多专科的理论通过交叉才能适用。

牛江河：您描述了一个完整的理论体系建立过程：观察现象，分类，找出它的性质，寻找本质，然后就是概括，概括出一般的规律，提出假设。

冯胜利：现在就到顶上了，但没完。看到演绎了吗（见图1）？做学问有两种方法。一种是归纳法，就是找材料，就是傅斯年所谓的"上穷碧落下黄泉，动手动脚找材料"，罗振玉收集甲骨文也是在找材料。而另一种方法是演绎，譬如章黄之学，靠传世文献《十三经》做出前无古人的学问，这要靠功力、靠演绎才能有所"发明"。季刚把"用原有材料做学问"叫作"发明"，把用新材料做学问叫作"发现"。你的理论告诉你，必然有一种你以前从来没想过、不知道的现象，这叫演绎。你的理论告诉你，某种现象绝对会有，某种现象绝对不会有，这也叫演绎。演绎是用绝对的方法找出相对的事实。中国传统学术从情感上说是反绝对的，因此和演绎保持很大的距离。

牛江河："发明"是靠别人都熟悉、但不知道其"奥秘和规律"的材料说话，这需要更深厚的功力和更有力的逻辑。您的韵律体系就是在众人都知道的语言材料上，挖掘出来的以韵律主线贯穿的"奥秘和规律"。

冯胜利：是的。我在读研究生的时候，梅祖麟老师就告诉我：这个题目早就有人想过，但你别碰它，做不出来的。

牛江河：做学问时，也不能一上来就演绎吧？

冯胜利：是的，演绎是"高峰"上的事。只有到了假设理论的学科高度,才能演绎。国人有时不善演绎是因为没有达到这个高度,那当然不会去想演绎啦。

牛江河:图里演绎的后面是预测。

冯胜利:对!什么是一个系统?什么是一个理论?除了你观察到的现象以外,你还能预测别的现象吗?譬如,这方面的现象一定没有,那方面的情况一定没有,等等。我在韵律理论上的一个预测是:远古汉语一定是单音节音步的语言。你的理论能不能预测是第一步,你能不能证明你的预测是第二步。有些证明的方法和材料需要很长时间才能找到。我用了多年的工夫才找到了有限的几条证据,说明上古音步的确如此。注意:你必须有逻辑的思维,才能把现象变成证据。否则的话,对于那些知道的,甚至非常熟悉的现象,你也会熟视无睹,不能把它们引为证据。譬如,人类祖先都知道潮涨潮落,但从来不会把它当作地球有吸引力的证据。远古汉语单音节音步的证据是我们熟知的远古二言诗:"断竹,续竹;飞土,逐肉。"天下没有一个音步的诗行。如果远古确有二言诗,那么它必然一言一个音步,非如此不是二言诗。"远古存在二言诗"是事实,因此单音节音步的存在也必定无疑。我从来没想到过,小时习以为常的"二言诗",后来却成了我铁鞋无觅、回首蓦得的音步证据。

牛江河:您的理论还能预测什么?

冯胜利:我的理论告诉我如果动词+宾语已经三个音节了(如"负责任"),它就绝对不能再带宾语了。这个现象是理论告诉我的,我不知道行不行。最后找了半天,都是这样。至今找不出一个反例。动词的两个音节必须是标准韵律词,才能带后面的东西(负责—负责财务)。如它本身不是一个韵律词,不是一个词了,成了一个短语(负责

任），那它后面就不可能再跟别的东西了。我可以预测一，预测二，预测三，我可以永远预测下去。看你的逻辑能力能够推展到哪儿。这不是看你知道多少东西，这是看你能够把逻辑的能力往哪个方向推。推完之后，再回到现实中来验证。

牛江河：西方语言学里已经有韵律词的概念了。

冯胜利：不错，韵律词这个概念西方已经有了，叫prosodic word。但我把它用于中文，给予定义、提出限定、改拓性质，将它纳入中文的系统。

牛江河：您作的韵律构词、句法的研究看来也是东方学术和西方学术的交合，属于交叉学术。如果您当年没有出国，在国内一直教书，没有接触到西方的学问和学术方法，那您能有今天的学问吗？

冯胜利：不大可能，不大可能。因为在过去的学术体系里，只能做到我们前面说的概括。做到这一层，就完了。我不可能往上走，没必要往上走，也不会往上走，我已经到头了。就像尽管现在很多人想建立学科，但只在这个基础（概括）上建立学科，因此很难构建一个真正的、能证明和证伪的学科逻辑体系。若不到西方的话，我们没有与之交合的东西，缺乏能够让学理站得住脚的逻辑体系和办法，即使我可能找到一些韵律句法的表面现象，也不可能找到像"＊负责任工作"这样不合语法的现象。事实上，国内也有人对韵律句法学这个学科有兴趣，但没有用这种方法，因此很难找出别开生面的新现象。为什么呢？很简单，这种现象不是找到的，而是推出来的，是理论告诉你的。这就是说，理论具有探照灯式的功能，它告诉你往哪边走、什么地方有"宝"。于是我就按照它的示意去找，一看，真有。这也反过来说明"通设"的理论是对的。

牛江河：您博士阶段的学术训练和您的学科建立有怎样的关联？我对此有些好奇。

冯胜利和他的语音诊所

冯胜利：这么说吧，我是吃了亏才回头的。用传统训诂学的方法来学当代语言学，开始有点格格不入。最初我和导师谈我的想法时，他总说：什么道理让你这么说？这个问题这么做的原则是什么？那样运作的条件是什么？你考虑这个没有？你考虑那个没有？我心想：你还让不让我说话了？我想解释给他听，可他还是不满意，说："不要浪费我的时间。"气得我不说了。然而，当我稍稍入门以后，他给了我很多的鼓励，让我把文章投出去发表。渐渐地，我开始上路了，再加上不断关注一些西方人讨论学问的学问、科学的科学，我就慢慢总结出那个图形中所展示的系统来。根据这个图中的构学理论，我可以不问老师，我自己动手构建汉语韵律构词学和韵律句法学这两个学科。20

年以前，我只是那么一点儿想法。我现在做的是韵律文体学，准备用两到三年时间把它的理论框架搭起来。在动手构建这个学科的过程中，我利用业余时间搜集韵律认知学的材料，也许三五年，也许五六年，等那方面的材料都搜集得差不多了，我就可以着手考虑韵律认知学的问题了。

牛江河：那现在您能否预测一下您的理论、您的这门学问在中国和在西方的反响如何？有没有什么区别？

冯胜利：好，这问题很有意思，反响很不一样。

牛江河：有什么不一样？

冯胜利：我的韵律句法学在国内反响比较大。因为它是根据汉语的特点，用西方的方法搞出来的。我不是按照西方的热点和话题，根据他们研究的对象搞出来的。因此呢，我搞出来的东西在西方不受重视。

牛江河：他们懂不懂啊？

冯胜利：这是新的学科，他们还没这个东西，没有兴趣或者没有条件（汉语这个条件）来研究这个东西。这是第一点。第二点，我是以西方的方法为工具，根据汉语自身的特点得出来的。西方的语言没有或者很少有这些韵律的特征，所以他们一时看不到韵律的句法作用。就像西方的语言有曲折形式（如 -ing，-s 等）但我们没有一样。因此他们的曲折理论对我们来说有距离；而我做出来的韵律规则，对汉语很适合，对英文则比较遥远。因此研究印欧语的人也不在意。韵律句法学什么时候能在西方产生作用，我不知道。等它再进一步完善，或许是下一代人的事了。

牛江河：研究文学的理论当中想必有语言学理论吧？

冯胜利：现在很少有用当代语言学理论，尤其是当代形式句法理论研究文学的。原因很简单，当代语言学已经越来越接近数学，和文学距离越来越远。它越来越专业化、技术化。

牛江河：还有统计化。

冯胜利：我对统计有一点儿看法。统计的本质是概括，而不是演绎。当代形式句法学用的都是数理逻辑的推演和公式。学文科的，尤其是从事文史研究的人，很少有这种基础，因此他们对当代形式语言学很反感，而且不接受，所以当代语言学的成果很难和文学结合。

牛江河：那您是怎么结合的？由什么而结合的？

冯胜利：我本人对文学非常感兴趣，因为我是从文史过来的。最早喜欢古代文学，后来学历史。19岁跟陆颖明学《说文》，那时候我最喜欢的还是文学，古诗什么的。出国后，又学了十几年的洋学问：形式句法学、社会语言学，等等。所以呢，这两方面我都有一定的体会。用我学到的现代语言学的理论看中国古代的文体学，我觉得里面有很多规律性的东西，一碰就出来了。文学史上很多文体现象都和当时的语言有直接关系。可是，研究古典文学的人没有从这个角度看；研究语言的人呢，也不管文学。在过去十几年韵律构词、句法的研究里，我不断地体味到，文体上诗、文、词、曲的发展和语言的韵律演变及句法发展，是息息相关的。

牛江河：从您的个人经历来看，如果要做学问的话，那么一定要先在国内学文史哲什么的，而不是英语，对吗？

冯胜利：当然了！不然你出来后哪有时间打国学基础？《十三经》《二十四史》怎么读啊？

牛江河：您的知识结构成就了您的今天，真是天时地利人和啊！

冯胜利：一个人总有自己独特的角度，因为你的知识结构跟别人的不一样嘛。你个人的兴趣爱好和别人的不一样，你个人的经历和别人的也不一样，因此，如果你掌握好你个人的独特角度，就一定能做出和别人不一样的学问来。

牛江河：这听起来能给那些既有自己独特的经历、角度，又希望做出独特学问的人以极大的鼓舞。我对那些在其他学科里的、可比照您的论说的例子比较感兴趣。这样的例子有吗？

冯胜利：给你举个例子呵。陈寅恪的一个很大贡献就是通过具体而微小的例子来说明历史大事的。

牛江河：以小见大？

冯胜利："以小见大"说的是表面现象。说他以小见大，其实是贬低了他的学术境界。我觉得他的研究跟马克思一样，是高屋建瓴。马克思认为经济决定历史；他持不同的见解，认为亲缘文化决定历史。他把文化决定历史当作"通设"（hypothesis），由此构建了一套自己独特的历史学说。正因如此，他能够把隋唐以来的一些社会发展的大事件落实到具体的人事和时地上。比如把武则天的派别之争、大臣们的派别之争落实到他们之间的血缘和亲缘关系上。他的研究相当细。能够把历史研究得这么精细，这是一种大师级的功夫。但人们没有注意到，他是把学说当作探照灯去照、去探求历史上的证据的，因此他才能找到别人不曾注意的、小的东西。可见他不是"以小见大"，而是"以大测小"。

牛江河：做大学问不容易啊！

冯胜利：你要首先知道你在自己领域里所要观察的东西。如果你都不知道自己要观察什么的话，你就没法做学问。你观察都观察不出来，怎么能够去分类呢？我对我的研究生说，首先给你半年时间去找现象。你现象找不着，

冯胜利在演讲

还做什么学问？

牛江河：这种现象或东西、信息是前人没有解释过的。

冯胜利：找别人没有观察、没有关注过的。没关注过的肯定是没解释过的。这个现象是前人没有关注过的、和以前的关注不大一样的，你的理解就会不一样了。要找这种现象。

牛江河：很多学者会对别人已关注过的现象给予不同的、新的解释。

冯胜利：对人家都关注了半天的现象给予新的解释，这种做法最没劲，我最不喜欢。你得找一种新现象。你不接触和不揭示一批新现象，不叫学问。

牛江河：不是每个人都能找得到您提到的做学问需要的，而不是其他需要的现象。

冯胜利：做学问嘛，感觉很重要。其实有没有科学研究的素质或能力，是看你对你研究的现象敏感不敏感。这第一步就要看你有没有感觉（sense），你的敏感度怎么样。

牛江河：我特别认同您的这个观点。对研究现象的敏感程度决定着你有多大的可能找到一个有意思的、正确的出发点。除此之外，如您前面所说的，还得看你的逻辑能力有多强。

冯胜利：这么多年来，西方的东西在我看来，最根本的就是科学逻辑。而逻辑就是演绎，不是归纳。这并不是每一个西方学者都能做得到的。然而，前沿学者、一流学者，没有不通逻辑的。要学一流的东西，学一流学者里的一流东西，这是很要紧的。所以有的时候呢，从一个学者的逻辑训练、推理能力上，就可以看出这个学者有多高的学术层次。

牛江河：您能评价一下中国的学者和西方的学者吗？

冯胜利：中国学者，像陈寅恪那样的，逻辑训练是非常强的，是一流的。逻辑不强的学者，不能算一流。中国学者，若谈中国学问，不通小学训诂的，在我看来，都是不到位的。我说的是国学。如果国学功底不够的话，我觉得这个学者无论怎样受时代欢迎、怎么深刻，在中国传统学术上仍然需要补课，因为他对国学了解得不够。一个民族想延续的话，没有语言文字，他可以改名换姓了。

牛江河：那这个民族的思想、文化呢？

冯胜利：在很多情况下，你不能说中国没有把印度的佛教传下来吧？中国不但传下来了，而且还发展成禅宗了。难道中国人就成了印度人了吗？接受思想、传播思想固然是民族继承、沿袭的一个重要特征，但不是唯一的。别的国家的人也可以继承、传播你的思想和你的哲学，可能比你传承得还好呢！但是，他仍然不是你。唯独语言文字才让你成为你，而不是别人。这就是为什么死去的希伯来语今天又复活的原因。因此我说，真正的国学是中华民族的"根学"。离开这个国学，起码说明你在学术上深度不够。深度不够的一个结果就是理解中国的"根"不够。我们的玄奘也能消化佛教，把它带到中国，但玄奘不是印度人。他将佛教传到中国以后，中国人也没有因此而变成印度人。中国人当中可能有人佛教学得比印度人还好，但再好也不是印度人。对不对？印度人也并没有因为"丢"了自己的思想，或者被别人发展了自己的思想，他们就不是印度人了。

牛江河：是因为他们有自己的印度语言。

冯胜利：为什么章太炎要传播小学的道理也在这儿。对洋人来讲，只有通小学，才能真正通中国。不通小学，很难真通中国。不说洋人，就是中国人自己也一样。中国人不是个个都通国学，外国人也不是个个都通逻辑。我有两个标准：第一，用小学来衡量，看到底通不通国学，通到多深的程度；第二，用逻辑来衡量，看到底通不通洋学，通到多深的程度。所谓中西学术的通塞，或许就在于斯。

牛江河：我想有的学者会对您的这种标准产生质疑：从一个方面讲，小学能代表中国吗？如果不懂小学，但精通现代中文、当代中国文史哲、艺术、政治、经济、科技、教育、风土人情等，算不算通中国？反过来说，研究甲骨文的专家是不是也有理由认为精通甲骨文与否是衡量精通中国与否的标准呢？

冯胜利：我说的是绝对了一些。然而，我针对的是研究国学和西学的人，而不是一般意义上的大众。无论如何，不通小学却说精通国学、不通逻辑却说精通西学者，都名不副实。谈一般的思想文化可以，谈民族的灵魂血脉则嫌肤浅。当然，我所谓的小学不只是文字学或甲骨学，小学的根底在训诂，它关涉深化到血液经络中的语义观念及其传承发展，这绝非甲骨字形所能涵括。

牛江河：不在语言、文学学术研究圈内的人或许会问：您研究的这些都有什么用呢？

冯胜利：《孟子》说："君子何必言利？"我说："学者何必言用？"非要说出一点什么来的话，那只能说太微薄了，没有什么大作用。然而，就东西学术的通塞而言，它们早晚会成为中国文化必需的东西。我强调"小学＋逻辑"，就是想让中华民族人种的血液里面融入逻辑的 DNA。除了学科建设之外，如果我有机会，我会用我最大的力量来宣传、促进这一点。中国学术的传统血液里面一定要激活逻辑这一基因。这个基因有了，中国的学术就……

牛江河：强大了！

冯胜利：对！现在中国的国力强大了，但是如果没有强大的学术，也不外乎是个暴发户。

牛江河：很高兴听冯教授谈您对中西学术彼此通塞的看法，希望以后有机会多多交流。

冯胜利：谢谢你的安排！以后有机会再详谈。

跨越边界的深度学习：
比较神学与中国

受访人——弗兰西斯·克鲁尼（Francis X. Clooney）
采访人——潘少铎、孙乃木、游斌

弗兰西斯·克鲁尼教授

弗兰西斯·克鲁尼教授，目前担任哈佛大学神学院教授，哈佛大学世界宗教所所长，当代著名宗教学者。1984年获得芝加哥大学南亚语言与文明系博士学位后，便留校任教直至2005年。2005年，克鲁尼教授担任哈佛大学神学院比较神学教授，2010年担任哈佛大学世界宗教所所长。他从事长期致力于从印度教中汲取基督教神学发展的资源，在理论上则着力阐发比较神学的原则及体系。2017年因其在神学上的杰出贡献获得约翰·科特妮·美利奖（John Courtney Murray Award）。

主编手记

全球化背景下，宗教的多样性已成为当今世界的一个基本特征。如何理解这一多样性的存在，构建宗教间的和谐关系，是学界长期讨论的话题之一。2013年6月，哈佛大学世界宗教研究所所长克鲁尼教授应中央民族大学"比较经学与宗教间对话"基地邀请访问中国，中央民族大学宗教研究院院长游斌教授同时为中央民族大学哲学与宗教学学院博士研究生潘少铎博士就比较神学的理论与实践问题对其进行了访谈。原文刊于《中国宗教》2013年第8期。

比较神学与宗教多样性

潘少铎、孙乃木、游斌：欢迎您来中国访问。在多元宗教和文化背景下，为什么您认为比较神学是基督宗教，甚至也是其他宗教，应对多元宗教的恰当路径呢？

克鲁尼：确实，跨越宗教和文化边界的学习，不止一条路子。不过，比较神学是一种比较理想的照顾到各方的交流方式。神学，当我用这个词的时候，指的是一种知性探究的方式。这种方式倾注全部理性力量，投身于众多的领域之中。当然，一般来说，从事这一活动，也需要认同某一宗教群体的约束，尊重它的经典、传统、实践，以及确认那一传统的真理和价值。更深入地讲，也更简单地重复古代哲人对神学的描述：神学就是信仰寻求理解。它是一个实践活动，其中，信仰、寻求和知性目标这三个概念，都拥有它们全部的力量，并保持了彼此间的张力，这种张力将结出累累硕果。比较神学，在起点到终点上既都是比较的，又都是神学的，表示的是信仰寻求理解的活动。这些活动根植于一个特定的信仰传统，但它从这个根基出发，又大胆地去学习另外一个或多个信仰传统。这个学习，是为了寻求新的神学洞见，而这个洞见，则归功于它自身与其他传统之间的新相遇。尽管"神学"这个词来自基督宗教，但没有理由认为道教、佛教或其他宗教不能进行这样一种学术活动。

潘少铎、孙乃木、游斌：关于宗教间对话，不同学者也提出了一些其他模式，比如经文辩读、全球伦理、全球责任，还有多元宗教归属等，请问您对它们有何评价？

克鲁尼：宗教间对话可以有各种各样的模式。经文辩读就它最初的形式来说，是犹太教徒、基督徒和穆斯林的一个实践活动，因为这三种宗教分享着共同的资源。经文辩读将共有神圣经典的人们聚在一起，彼此聆听其他传统的信仰者的解说，并与其他人分享自己的神圣经典。就当今世界的许多问题来说，全球伦理的探索是必需的，甚至是紧迫的。如果我们能为不同信仰的人们找到共同的基础，为人类的权利和价值共同努力，这将是一个巨大的进步。不过在我看来，多元宗教归属不是一个模式，而是一个结果，也就是说，一些人，无论出于什么原因，发现他们被不止一个宗教吸引，或者认同不止一个宗教。但是，这只是一个生活经验，不像比较神学那样，是个对话的模式。

潘少铎、孙乃木、游斌：在您提倡的比较神学里，如何保持开放性和正统性之间的平衡？

克鲁尼：确实需要保持这两者之间的平衡。从神学的根本来说，那个呼召我们做一个忠实信徒的传统的上帝，与那个将我们推出去从其他宗教身上学习的上帝，是同一个上帝。在学术阅读和写作的过程中，当然要不断地成为自己所认同的传统的继承者，但同时，在具体的工作中，又要慎重、周到、深思，随时准备修正。当我们害怕学习时，或者懒于加快步伐完成工作,或者不尊重我们正在学习的文本,就会丧失平衡。如果在每天的学术生活的细节上,都保持平衡、忠实和开放,我们就能够在一个更大的范围内,同样保持忠诚和开放的平衡。

比较神学的理论与实践

潘少铎、孙乃木、游斌:比较神学将自己定义为"跨越边界的深度学习",这一理解如何与神学的传统定义"信仰寻求理解"联系在一起?

克鲁尼:比较神学如果首先不是神学,那它自身是很难成立的。它有哲学的因素,但不是哲学。它也必然是诠释学的,但它不简单地就是个诠释理论。它是神学,就像上面所提到的,它的简单定义就是"信仰寻求理解"。比较神学里有信仰,植根于群体生活、崇拜及社会服务之中,其中有对知性理解的探索,也需要有开放的心灵、追问、寻求及发现。在更深的层面上,比较神学首先是一种神学探索,只不过它是通过跨越宗教的边界来进行的。

潘少铎、孙乃木、游斌:您从事基督教和印度教之间的比较性对话已有40来年了,您认为基督教可以从印度教那里学习到什么?

克鲁尼:我发现,基督宗教信仰和神学里每一个方面,与印度教都有确切的相对应的地方,当然,有时候也有相对立的地方。我们从印度教里学习了很多知识,例如:关于上帝;关于上帝在世界中的角色,甚至上帝以人的样子进入世界到底意味着什么,如此等等。这不是说耶稣是一个印度教的神灵,或者印度神灵就像耶稣一样。更确切地说,二者的相似性如此地大,我们不得不再三思考我们所

相信的东西，以及我们信仰的独特性问题。这样的例子还有很多，例如：印度女神的能力和母爱、印度神像、礼仪和实践、印度圣徒们的敬虔，所有这些问题，在基督教的传统里都有相对应的。我们当然也能从现代圣徒，比如罗摩克里希纳和莫罕达斯·甘地身上学习到很多。在所有这些问题上，印度教信徒所信的，确实没有哪个方面与基督教完全相同。然而，在所有这些问题上，对应也是确实的。即使我们面对一个实实在在的差异，例如印度教（还有佛教）相信转世，我们也能发现，从印度教的角度，这些差异也有助于重新思考和考察基督教的信仰。

潘少铎、孙乃木、游斌：按照您对比较神学这样的理解，即宗教间可以跨越边界进行深度学习，那么，如果越来越多的宗教从事他们的比较神学，会不会导致宗教彼此间越来越相似，你中有我，我中有你，甚至发展出一种类似于大杂烩的神学？

克鲁尼：比较神学是一种宗教研究的模式。它严肃地对待比较的对象，近距离地注意它们的细节。随着我们理解得越来越深入，我们会以具体的形式，更清楚地看到它们的相似、联系、差异。我们的理解会有很大的增长，但这不会使宗教彼此越来越相像。它不会对宗教有什么改变。它也不会成为一种混合的大杂烩神学，因为我们通过比较神学，将在更多的细节上对宗教了解更多；如果我们彼此了解更多，也就不会混淆或者将它们混合在一起。

潘少铎、孙乃木、游斌：从比较神学的角度看，多元宗教归属是否可能？

克鲁尼：多元宗教归属或者不可能，或者只是生活的现实，取决于你怎么定义它。同时深入地和真正地归属于两个宗教，基本是不可能的。也许最后达到的，只是一种深受其他信仰影响的宗教形式。也就是说，不是"印度教基督徒"，而是"深受印度教影响的基督徒"，或者"深受基督教影响的印度教徒"。比较神学在这里的贡献，不过是一种复杂而又范围更大的、关于两个宗教传统的神学知识。它更多地了解这两个宗教传统的信仰、教义，它们在哪些方面一致、联系或者重叠，并通过各种方式处于富有创造力的张力和交流之中。这是心灵和学习的一种状态，但跟多元宗教归属没有直接联系。

比较神学与中国

潘少铎、孙乃木、游斌：从晚明开始，以利玛窦为首的耶稣会士来华，是中西文化交流史上的一个高峰。您作为一个现代的耶稣会士，提出以比较神学的方式促进文化间的交流与理解，不知是如何看待或发展利玛窦的文化策略？

克鲁尼：利玛窦的根本使命是进行文化的沟通和交流。他是以一个传教士的身份来到中国，但他懂得，他既应该传播新文化，同时也要接受本土文化。在文化的层面来说，既要为中国文化做出贡献，又要自身受惠于中国文化。我所倡导的比较神学，与此类似，既致力于文化的沟通和交流，也期望对其他文化和宗教进行深度学习，并接受这些文化和宗教对我自己的基督教信仰的影响。

潘少铎、孙乃木、游斌：在中国和印度这两个有着多元信仰的亚洲国家，基督教产生的文化冲击或碰撞有何不同？

克鲁尼：中国和印度都不是以基督教主导的国家。然而在这两个国家，耶稣会士意识到他们遇到的都是非常丰

富和古老的文化，并决定尊重他们所遭遇的文化。他们坚决主张将知识和耶稣基督的爱，融入所遭遇的文化之中，而不是将耶稣基督与当地文化对立起来。他们认为，一个印度基督徒，或者中国基督徒，应该在文化、生活方式，甚至表达敬虔的方式上，依然作为真正的印度人或中国人。然而，如果我们阅读文献，就会注意到一个区别：在利玛窦和其后的中国知识阶层，好像已经做好准备认真地对待耶稣会士，与他们展开对话和辩论。但从我们可得到的资料来看，17世纪到18世纪印度的婆罗门，似乎根本就没有注意到耶稣会士，或者以忽视的方式来对待他们。我们有很多耶稣会士和博学的中国学者对话的记录，但在印度，只有耶稣会单方面的文化理解。

潘少铎、孙乃木、游斌：在中国待了十几天后，您怎么看中国宗教？什么给您印象最深？

克鲁尼：要形成任何确定的关于中国或中国宗教的认识，十几天是远远不够的。给我留下深刻印象的地方，是我参观的两个宗教活动场所：北京的白云观和杭州的灵隐寺。这两个地方都是给人深刻印象的圣地，拥有丰富的历史和多重的意义。这些地方都得到了很好的保护，环境优美，去那里的人都很虔诚，这些都给我留下了深刻印象。在某种意义上，这两个地方都是个教育场所。如果你理解那里正在发生的事情，明白不同层次的不同神像的意义，你将开始真正理解道教和汉传佛教。但正如我说过的，这些仅仅是走马观花的第一印象。

海外中国研究的"精彩"时刻

受访人——裴宜理（Elizabeth Perry）
采访人——冯黛梅

裴宜理教授

裴宜理（Elizabeth Perry），哈佛大学政府系亨利·罗索夫斯基讲席教授、美国文理学院院士，曾任哈佛大学费正清东亚研究中心主任及亚洲研究学会主席。现任哈佛燕京学社社长。裴先生同时还担任十多个国际学术期刊编委会成员、八所中国大学的荣誉教授。她长期从事中国革命传统的研究，以独特视角挖掘中国革命政治。其专著《上海罢工：中国工人政治研究》（获美国历史学会费正清奖）、《华北的叛乱者与革命者（1845—1945）》等都被译成中文出版，业界评论"其基于政治学、社会学视角的出色研究，丰富和深化了我们对20世纪中国革命的理解"。2012年出版的《安源：发掘中国革命之传统》是其又一部力作。自2008年起，裴先生担任哈佛燕京学社社长，她的研究领域开始涉足中国高等教育史的研究。2015年11月21日，荣获第三届世界中国学贡献奖。

主编手记

2015年9月，中国社会科学杂志社驻美国记者站记者冯黛梅向哈佛燕京学社社长裴宜理发出采访申请，很快就收到了裴先生的回复。几周后，冯黛梅在燕京学社办公室见到了裴先生。她的日程非常满，也略有疲倦，坐在堆满书籍的办公桌后，大概连转个身的机会都没有，就开始接受冯黛梅记者的采访。采访谈到了中国革命的若干问题、海外中国研究的素材、趋势、国际教育合作等话题。

冯黛梅：您出生于中国上海，父母当时是上海圣约翰大学教授，您一直以来专注于中国革命史的研究，这是否与您家庭背景有关？

裴宜理：我的父亲是历史学家，母亲是文学家，他们在20世纪30年代相识于上海并在那里结婚。父亲在圣约翰大学教书，母亲刚开始是在圣玛丽女子中学教书，之后也转入圣约翰大学。我的父母在中国生活近20年，他们对中国一直都有很深的感情。我想这个应该对我还是有影响的。但是，这并不是唯一的原因。

我对中国革命政治投入兴趣的原因是多方面的。我上大学的时候（我在美国上的大学）正值越南战争，我和当时的大部分美国大学生一样，都反对战争，为此我们投入到各种反战活动中去，如参加反战游行等，我甚至有一次在抗议活动中还险些被捕。而中国当时正好是"文化大革命"时期，其政治生态让人充满好奇。因此，我对中国的政治产生了很大热情和兴趣。当时还有一个想法，认为对中国政治的研究会有助于了解越南的情况。

冯黛梅：您再回到中国大陆的时候是1979年——进入南京大学历史系学习、调研。能否讲讲您当时的经历？

裴宜理：是的，1979年中美正式建交，我就申请到大陆做调研访问。在此之前，我在中国台湾学习，也在日本学习过。当时，我在南京大学历史系茅家琦教授和蔡少卿教授的指导下开展调研。那个时候中国还比较封闭、贫困。虽然申请比较困难，但是最终我还是被批准去淮北做调研了。在当时的情况下申请去调研、查档案资料都要求有很具体的说明，比较具有挑战性。留学生当时都有指导老师，在老师的帮助下，我们的学习、调研进展相当顺利。茅家琦和蔡少卿两位指导老师给我推荐各种资料和研究素材，那些东西是靠自己很难发现的。同时，他们也把我介绍给诸如图书馆馆长、档案馆馆长这样的人，向他们推荐我做的研究。我很幸运，遇上了博学的教授，为我打开各种求知之门，因而学习和调研得以顺利完成。

冯黛梅：您的《上海罢工：中国工人政治研究》获得了1993年美国历史学会费正清奖。有评论说，它的成功立足于大量原始资料的利用。

裴宜理：我倾向于认为在中国大陆实地了解其他地方没有的资料对我的研究很重要。《上海罢工：中国工人政治研究》这本书的资料收集主要是在上海市，特别是上海市档案馆、上海社会科学院两个机构。我同时也参观了上海的一些工厂，采访了老工人以及参与当时组织工人运动的地下党等。

近期完成的研究安源的项目，虽然主要是在江西安源做的调研，也从南昌收集了一些资料，但是我也在其他地方比如北京、南京等地做了采访，查阅了不同地方的图书馆资料等。自1979年后，我进行的主要研究都是利用中国大陆的资料或是基于这些资料完成的。

冯黛梅：从您长期的观察看来，您认为中国革命的特殊之处在哪里？

裴宜理： 革命都不是一蹴而就的，而且中国革命无论从时间还是地域跨度来说都更具挑战性。首先在时间上更漫长，如果说从中国共产党成立算起，到1949年成立新中国，几乎30年的时间，这是个很漫长的历程。其次，从地域上讲，中国革命范围所跨区域之广也是罕见的。从大城市如上海、北京，延伸至农村；从海陆丰到江西、云南等地。总之，无论在地域、社会，还是文化等各个层面，中国革命都面临多样性的挑战。在不同的地方开展工作，需要采取不同的战略来应对不同的问题。中国革命拥有在不同环境下斗争的丰富实践，这是为什么我认为中国革命史可以为后继者提供丰富学习材料的原因。

虽然中国革命当时是学习苏联，但是相比后者革命根据地主要是在城市、革命依靠对象主要是工人和市民，中国的革命不止在城市，而且蔓延至农村并发展成根据地，参加者不仅有工人、农民，还有学生等。而且中国革命的经历更曲折、更艰难，但同时也提供了更丰富的经验。

冯黛梅： 您的新著《安源：发掘中国革命之传统》认为"安源革命展现了那种与地方精英合作、灵活地运用中国文化传统、以非暴力和工人教育为特质的革命范式"，而在您的多篇研究中也常提到文化与治理的关系，这是一个很独特的视角。

裴宜理： 是的，我写作中经常提到"cultural governance"，这个词我还没有找到准确的中文翻译，即便在英文里，也没有很好的解释。这个词的意思是说，治理者通过使用文化符号、仪式，包括本土的、外国的文化素材，来提升和加强其统治的合法性。我用这个词就是想表达文化与政治的关系。

中国革命领导人如毛泽东、李立三等对文化传统在革命中发挥的作用尤为重视，他们善于利用传统文化、礼节来动员群众，让群众感觉到他们领导的革命是"中国的"，是他们可接受的、所认同的。当然，中国革命最初是向苏联学的，但是这些革命领导人非常善于将拿来的东西与中国的实际相结合，并利用中国本身的文化符号、习俗，让老百姓更容易接受和认可。

我在去安源等地做调研的时候，感受到了当地人谈论"革命"的热情、回忆革命历史的热情，因为在他们看来，正是革命，让人们获得了尊严和社会地位，因此他们对革命的历史充满自豪。

在当代中国政治中，也可以看到对文化传统的强调。如习近平总书记访问曲阜、参观孔府，通过"重访"中国传统文化符号，向民众传递出当下中国对传统文化的传承，塑造共同的认同感。习近平总书记提出的中华民族复兴的"中国梦""社会主义核心价值观"等，都是通过传统文化符号来展示当代政治对传统文化的认同和强调。

诚然，每个国家或者政府都会使用文化符号来寻找文化认同、引发民众共鸣。但是，中国革命尤为表现出对文化传统的重视。我认为其中原因之一，应该是来自传统儒学的影响。儒学强调文化具有强大的力量，所以文化的重要性才被中国革命领导人如此强调。这是中国革命的特别之处。

冯黛梅：2008年起，您开始担任燕京学社社长，有人说您开启了燕京学社"裴宜理"时代。能否谈谈您在燕京学社的学术创新？

裴宜理：我担任社长以来，我们在变化的同时也延续继承了哈佛燕京学社的核心项目，即访问学者、访问博士生项目，这两个项目是我们的旗帜项目。当然，我们也进行了一些创新。

首先，改变遴选程序。之前要面试所有申请人，现在是先经哈佛教授审阅申请做出筛选后，选中的人才进入面试，通常占所有申请人的一半。另外，面试也不再由学社社长、副社长去执行，而是由一位哈佛老师和另两位申请人所在国的学社校友去面试。还有一点，以前是我们去每个申请人的学校，现在则是申请人来指定地点面试，这样的程序似乎更复杂些，但是也更有效。

其次，引入导师制度。为每个学员配置一个导师，这些导师通常是和学员研究方向相同或者相近的教授。有来自哈佛的，也有来自波士顿地区其他大学的。甚至还有学员去波士顿之外的其他大学，只要得到对方同意和支持，我们也愿意让学员去美国各地完成他们的进修。这样做的目的就是让学员到了美国之后，不觉得自己是孤立的，而是和哈佛或者其他大学的老师有正式的学术关系。同时，我们对访问学者也提出了要求——以小型研讨会的形式，让每个学员就其研究领域用英文主讲，由他的导师来主持和评论。这种研讨会是完全公开的，面向全校以及校外所有对此感兴趣的人。学期结束后，我问学员他们收获最大的活动是什么，他们认为主讲一期研讨会收获最大，因为就此认识了很多美国同行。

另外，我们也和哈佛其他伙伴机构进行合作，比如和拉德克里夫高等研究院（Radcliffe Institute for Advanced Study），每年他们会接受一两名哈佛燕京学社学员。如果我们的学员对其他机构或者系所感兴趣，我们也会在那里设置他们的办公室。这样做的目的还是让学员更好地融入哈佛，让更多美国读者了解他们的研究。为此，我们还资助我们的学员,包括已经毕业的,让他们参加美国亚洲协会年度会议并提交论文等,以此拓展学员们的学术视野以及学术圈。

我们也引入了培训项目,不仅在哈佛校内,而且在亚洲合作高校和机构展开。在哈佛校内的培训由老师自愿发起,燕京学社帮他们在亚洲招生并提供奖学金,培训学科包括比较文学、艺术史、藏学、泰国研究、拉美考古等。在亚洲各国及地区的合作机构也开展培训,比如在中国的南京大学、复旦大学、香港大学等,以及在越南、韩国等地,学员一般在20人以内。

还有一些新的项目,比如资助校友出书、组织研讨会并出版会议论文集;和新加坡国立大学、香港大学合作培养来自东南亚国家的博士生;资助印度研究中国问题的博士生项目,还有一个值得一提的、很成功的项目是我们的硕士生项目,到现在已有18个毕业生,他们中有一半在哈佛完成博士教育,另一半入读其他名校完成博士教育。

冯黛梅: 前不久,日本教育改革宣布缩减文科教育。之前,美国也有缩减文科课程的报道,您怎么看人文社科的发展?

裴宜理: 我对这样的发展趋势很担忧。这种趋势不仅是在亚洲国家,在美国也同样存在。缩减对人文社科的投入,而将财力人力大量投入到理工科、医学、工程等,全世界的高校似乎都一样。但是,也有一些情况是令人欣喜的,如向来以理工科著称的清华,近年来不断加强它的文科教育。清华大学历来是出中国领导人的地方,我认为文科教育背景对培养领导人很重要。如果清华不只是想在理工领域领先,还要在其他领域领先,特别是想培养出更多领导人的话,那么清华无疑要加强其人文社科教育。

冯黛梅：您认为是什么因素在制约人文社科的发展？是因为缺少资助，还是就业困难？

裴宜理：人文社科缺少资助，这是一直以来就存在的问题，不是新问题。在我看来还有一个原因，就是现在大学排名的影响。一些机构在大学排名时，片面强调医学、理工科优势，而将人文社科置于相对低的位置和分值，所以，大学之间为了相互竞争，让自己在排名中更占优势，只能强调对医学、理工科的投入，而忽视对人文社科的投入。

冯黛梅：哈佛燕京学社从成立之初，就致力于推进传统、推进人文社科的发展，这么多年一直未变。

裴宜理：哈佛燕京学社从成立之初起，就是因为意识到高等教育过度关注理工教育而忽视人文社科，才致力于培养人文社科人才，发展人文社科。今天，哈佛燕京的使命显得更为重要，因为当今世界对理工学科的关注更甚。当然，对医学、科技、工程等领域加强投入很重要，但是如何来利用这些科技、如何让它们造福于社会，我认为人文社科的训练也是很关键的。

冯黛梅：哈佛燕京学社还有一个推动人文学科的项目，这就是多年前和三联合作策划出版的三联·哈佛燕京学术丛书。这个项目成就了不少年轻学者。

裴宜理：自1994年出版第一辑以来，这套丛书已经有21年的历史了，出版书籍近百种。当初出版该丛书的目的，是为还没有资历的年轻学者的原创性著作提供出版机会，很多作者借此一举成名，第一本书就成为他们的代表作。

冯黛梅：丛书多年来一直秉承"只求学术不求闻达"，在这个商业化的时代，要坚持这个原则会不会比较难？

裴宜理：我们很幸运，有三联这样专业的团队多年来严格把关。丛书一开始就实行匿名评审，严格筛选，这在一定程度上也为其他学术出版起到了示范作用。相比而言，哈佛燕京学社因为不需要筹款，没有资金压力，所以不需要在学术与商业化之间挣扎。但是，这对于很多大学、出版社来说确实是个问题，他们因此面临很大压力。我们也出版哈佛东亚研究期刊，可是它并不能给我们带来经济收益。但是这几年，由于有了电子版——更多的学者喜欢阅读电子版——回报因此也增加了。即便如此，回报依然低于成本。但是，我们觉得即使是在赔钱，也要继续，因为这是很重要的学术行为。

冯黛梅：担任燕京学社社长这个职位，对您的研究兴趣有没有影响？

裴宜理：担任燕京学社社长，确实对我的研究领域有影响。由于现在有很多访问亚洲高校的机会，和这些学校的领导、老师以及学生们的交流，让我对高等教育产生了浓厚的兴趣。因为我本身是研究政治学的，所以我对高等教育的政策尤为感兴趣。第一是高校的组织机制；第二是高校与政府之间的互动；第三是政府的教育战略。即如何通过教育实现国家软实力的提升、如何通过科技研究加强国家硬实力等。这都是我认为值得关注的领域。

冯黛梅：当前是否已经有了更具体的研究方向？

裴宜理：我一直以来都对中国历史感兴趣，现在又在哈佛燕京学社工作，由此我目前对燕京大学历史的研究很关注。而且由于父母曾在教会大学，我同时也进行中国教会大学史的研究。

燕京大学和我父母所在的上海圣约翰大学，一北一南，教育方法非常不同。地处南京的金陵大学也是比较研究的一个案例。通过研究发现，这几所大学的学科设置以及教育方法，和它们所在的地域环境有很大关系。圣约翰大学地处上海，而上海是中国的商业、工业中心，所以一些专业比如医学、建筑、工程等是其优长领域；燕京大学地处当时文化中心北平，更注重中国传统文化学科；金陵大学所在地南京，是当时国民党政府所在地，所以学科偏重政治、外交等。考察民国时期本土地理环境对这些高校教育政策的影响是个很有趣的研究领域。

此外，20世纪20—30年代，哈佛燕京学社和中国6所大学有过交流合作，因此民国时期高等教育国际化也是我感兴趣的领域。

冯黛梅： 您现在经常去亚洲各国特别是中国进行访问、交流，您如何看中美教育交流？

裴宜理： 很显然现在中美两国之间的教育交流越来越频繁、越来越多。在我第一次返回中国大陆的时候，那时在中国学习的美国学生屈指可数，现在则有上万的美国学生在中国读书。同样，也有很多中国学生来美国学习。他们中有很多人回到中国，有的人可能喜欢美国，有的人可能不喜欢，每个人有自己的观点、自己的理解，这都是可以理解的。我们需要不同的看法，需要在各个不同层面上的交流。

此外，合作办学也是目前国际教育交流的一个趋势。目前，有越来越多的中国高校和欧美名校进行合作。现在的合作已经不止于某个教学项目、学位项目，而是上升至合作办学，比如上海纽约大学、宁波诺丁汉大学、西安利物浦大学等，这些都是国际教育合作的实验，我认为进行这样的实验非常重要。

冯黛梅： 有人说现在海外中国学已经渐成主流，您怎么看？

裴宜理：我同意这种看法。当我在20世纪60年代开始涉足中国研究领域时，我以为这辈子都不可能去中国大陆了——那是在尼克松访华之前，中美关系还未正常化。在我第一次踏上中国大陆土地的时候，也就是20世纪七八十年代，虽然那时大家对中国产生了很大的兴趣，但是中国研究当时在海外来说还是边缘化的、不寻常的。现在这种情况已经发生了很大变化。很多学生很小就开始学汉语；很多本身不是中国学领域的同事也对中国研究充满了浓厚的兴趣；在政府工作的同事，他们可能都不懂中文，但这却不影响他们在政策分析中引用中国案例，因为他们认为中国在政治分析中的位置太重要了。

现在无论是研究人文社科还是研究专业技术的学者，都对中国研究越来越有兴趣。比如有很多医学机构和中国大陆合作研究肺癌等医疗、卫生、健康问题，在工程领域、信息计算机领域等都开展了与中国的各种合作。所以中国研究已经不再像过去一样是个"新奇"的领域，对美国很多大学来说也不再是个"奢侈"的课程。相反，它已经成为大学的基本课程，无论是教员的教学研究实力还是学生的学习热情都在逐年看涨。

这是一个海外中国研究的"精彩"时刻。我们可以看到很多新气象：英国牛津大学宏伟的潘迪生中国中心大楼、美国加州伯克利大学新成立的东亚研究图书馆、澳大利亚墨尔本大学新启动的当代中国研究项目等，这些都表明世界对中国研究有着巨大的兴趣。

中日中产阶级消费文化之对比

受访人——安德鲁·戈登（Andrew Gordon）
采访人——褚国飞

安德鲁·戈登教授

安德鲁·戈登（Andrew Gordon），哈佛大学 Lee & Juliet Folger 基金历史学教授、日本近代史研究专家、日本劳工史研究方面的领军者，主要研究领域为近代日本的劳工、阶级、社会和政治史，目前正在从事一项以缝纫机为切入点，探究 20 世纪日本消费文化的研究。戈登教授于 1981 年获得哈佛大学东亚语言与文明系博士学位，1984—1995 年任教于美国杜克大学，1995 年受聘于哈佛大学执教至今，其间曾任哈佛大学历史系主任（2004—2007）及赖肖尔日本研究所所长。

戈登教授发表了大量关于 20 世纪日本劳资关系的著作，其中，2003 年出版的《日本现代史：从德川幕府时代至今》如今已成为美国等一些国家的高校教科书，并被译成中文、日文和韩文。他的另一本专著《战前日本的劳工与帝国民主》荣获美国历史学会费正清奖。他的新作《缝纫机和现代日本——制造消费者》已于 2011 年出版。

主编手记

哈佛教授安德鲁·戈登用"很近又很远"来形容中日关系十分贴切。加深对日本的了解，对中国有很重要的现实意义。为此，中国社会科学杂志社国际二部记者褚国飞就日本消费文化、日本的劳资关系、"日本梦"等问题，于2010年8月采访了日本近代史研究专家、美国哈佛大学教授安德鲁·戈登。

褚国飞：您以缝纫机在20世纪日本消费文化中的作用为研究对象。请问当初为什么选择缝纫机作为研究的切入点？

戈登：就消费者、消费文化和社会这个比较宏观的层面而言，在开展这项关于缝纫机在20世纪日本消费文化中的作用的研究之前，20多年来，我一直在研究劳工史和劳工关系方面的问题。从20世纪七八十年代到2000年前后，我一直观察日本和其他地区的劳动者、工人阶级以及工人阶级的身份和认同问题。早在15年前，我就萌生了这样一个想法，即具体的研究范围或者研究对象应有所转移，或转向不同社会文化，或转向另一个历史阶段。在日本近现代史中，尤其是在全球化背景下的日本大众社会中，出现了一个比较明显的转向，即从生产者到消费者的转向，中产阶级的出现也是一个比较突出的历史现象。因此，我对自己具体的研究转向有了比较明确的定位，即研究20世纪日本的消费文化。

然而，具体如何落实这个想法，到底要研究什么问题，也经历了一个逐渐摸索的过程。早在1999年，我写了一篇描述日本中产阶级的文章，主要是关于20世纪初期日本的中产阶级和工薪阶层以及他们的家庭生活，但由于当时我

对这个领域的研究还没有很明确的定位，因此只是泛泛而谈。当时，我参考的材料中有一篇关于20世纪50年代日本家庭中时间分配方面的文章，事实上，这一主题与我先前做的劳工研究有较为密切的联系。那篇文章指出，丈夫是熟练工，妻子则不在外面工作，但家务活中通常包括两个半至三个小时的缝纫活。我想，那她们缝纫的工作量是非常大的，这说明什么呢？

对此，我最初的猜测是：这些人一定非常贫穷，依然生活在一个自给自足的经济体中，与现代消费经济是完全脱节的，正因为如此，她们不得不自己做衣服，而无力从商店购买成衣或无力请裁缝量身定制。那时，我想当然地认为，她们所做的这些缝纫活，应该指的是手工劳作。然而，一个同事告诉我，她们或许是使用缝纫机的。这让我产生了新的猜测：如果真是使用缝纫机，那么意义就完全不同了，因为这就表明，她们是一个更为广泛的工业消费经济网络的一部分，她们购买并使用这种十分复杂的机器，或许还会阅读一些关于裁剪、设计、制作的杂志或书籍。所以，我开始研究这个问题，并找到了切实的根据——在这样的家庭中，有约40%的家庭拥有缝纫机。这一调查结果向我展示了一幅新的图景：20世纪50年代，也就是说，在第二次世界大战刚刚结束后不久，工薪阶层已经比较广泛地与现代消费经济存在某种联系，这些家庭有能力购买昂贵的耐耗品。于是，这一发现引导我朝这个方向作了更深的思考，过去，我对如何研究20世纪日本消费文化只有一个模糊的想法，现在，我把这个想法落实到以缝纫机为切入点，探究20世纪日本消费文化。而且，我发现这个课题研究得越深，就越有意思。

褚国飞：日本家庭拥有缝纫机，这是一个历史现象吗？

目前情况如何？

戈登：日本家庭拥有缝纫机，这个现象一直持续到现在。事实上，到了20世纪70年代，缝纫机已经在日本家庭普及了，此后，这方面的研究已经不如70年代之前那么有意思了，因为大多数缝纫机都已被束之高阁，它作为妇女应该拥有的一件物品的象征意义已经开始大于它的实际应用价值。而且，从某种意义上说，缝纫机在消费文化中占据重要地位的时代已经成为过去，与之相应的价值也已经成为一段历史。可以说，20世纪60年代后期至70年代初期，日本的消费文化经历了一个转折，缝纫机也在此期间逐渐失去其在消费文化中所具有的代表性意义。

如今，只有很少的人因习惯或爱好依然做着缝纫活，大部分人会直接去商店买成品。当然，还有更奢侈的，会请专门的裁缝定制。事实上，美国也经历过类似阶段，从缝制到直接买成品，在20世纪二三十年代发生了大的转变。

褚国飞：缝纫机在日本家庭中的广泛应用对日本社会产生了怎样的影响？

戈登：关于缝纫机的影响，有两个方面很有意思：其一，它是如何影响妇女在家庭中的角色与地位的；其二，它在当时是如何把日本人与现代化这一概念联系起来的。如果我们把这两个方面再进行细化，会发现其中有很多错综复杂的关联。缝纫机赋予妇女一些权力，因为它可以使妇女有挣零花钱的能力并因此提高自己在家中的地位。此外，它要求妇女具备一定的家庭决策能力，比如是买成衣还是交给裁缝做，或者由自己做衣服的决定。而且，自己做衣服一部分用于自我消费，还可能有一部分是出于商业目的，这就需要妇女掌握相当复杂的一整套商业运营技能。

因此，无论是在技术上、管理上、经济上还是在其他方面，缝纫机不仅赋予作为消费者以及家庭式生产者的妇女更大权力，而且也潜在地培养了她们，提升了她们的能力。

与此同时，缝纫机还扮演了另一个角色，它将妇女限制在某一家庭角色中，在中国或西方也是这样。因此，它不仅是一件简单的商品，它对妇女的影响也不止一面，类似一柄双刃剑，一方面既赋予妇女更有权力，另一方面又将她们限制在一定的角色和活动范围内。相较而言，我觉得缝纫机对妇女的影响，在将妇女限制在特定角色和活动范围这一方面更多一些。

还有一个关于认同的问题，这也是一个很有意思的问题。我不清楚别的国家是否也存在类似的情况，在日本，缝纫机往往与西式衣服联系在一起。这是因为日本的传统服装和服，无论是上等和服还是普通和服，都需要拆洗，为便于拆洗，要以稀松的针脚缝制，因此，制作和服的裁缝对缝纫机有很强的排斥，他们拒绝使用缝纫机，认为这个机器不适合做和服，他们将其理解为制作西式服装的工具。

事实上，了解日本文化的人不难发现，在日本的日常生活中，到处都可以看到日式与西式的分界，如日本料理与西餐，还有建筑、音乐、书籍等，而且，两者中隐约存在着争夺胜负的冲突。生活在这两种生活方式中，有时很令人激动，但有时也是个负担，因为拥有两种生活方式经常是昂贵的。缝纫机就是这种双重生活的一部分，可以说，它起到了一种定义这个社会或文化的自觉性的作用，一种关于消费生活和日常生活分界的自觉性，这种自觉性帮助大家加强了一种日本认同，一种不同于西方生活方式的日本认同。

褚国飞： 当前日本消费文化最主要的特征是什么？

戈登： 目前，日本的消费正在从物质商品向精神商品转移，这种转移依然处在进行过程中。事实上，这种转移不仅发生在日本，在世界各地都在发生。如今，人们把越来越多的时间花在网络上，比如网络游戏，他们生活在物质世界和精神世界中。

在人们的印象中，日本更多的是吸收世界其他地区的文化和技术等，但不一定会向外界回馈日本的文化和技术。但在过去的几十年中，特别是在过去 20 年，这种单向的吸收已经很明显地为双向的互动所替代。现在，日本产品已经完全成为全球消费文化的一部分。这种从单向吸收到双向互动的转变始于 20 世纪六七十年代日本汽车和电视的出口，然后是游戏、软件以及其他商品，而且向外界输出的那股力量在逐渐壮大。在我所关注的 20 世纪初的日本，由外界流入的那股力量非常强，当时的日本更多是处于吸收的时代。而现在，在全球化这个大背景下，双向流动已经越来越趋向平衡，我认为这是很健康的一个趋势。

褚国飞： 日本的"一亿中流"是如何产生的？它在日本的消费文化中扮演着怎样的角色？

戈登： 我正在写一本书，这个暑假就可以完成初稿，所写的内容正是关于日本中产阶级的出现。日本中产阶级的出现首先表现在意识上，它是一种自我意识，可以说，自认为属于中产阶级的人比事实上属于这个阶层的人要多。

中产阶级反映了一种生活方式，起初，真正能拥有这种生活方式的人并不多，后来，真正能拥有这种生活方式的人也没有人们想象得那么多，但将之作为一个梦，这一点十分重要。

从第一次世界大战结束后到 20 世纪 30 年代，这种生活方式只为少数人拥有。然而，日后它逐渐成为一个日本梦，直到20世纪五六十年代，中产阶级的生活方式才成为被广泛分享的一种生活方式。一直以来，成为中产阶级的渠道有很多，但有一种信念却是共同的，即只要努力学习、努力工作，就可以成为中产阶级。在20世纪五六十年代，这种信念广为传播。

像美国梦一样，这是一个日本梦。拥有缝纫机是这个梦想中的一部分，当然，我不想夸大缝纫机的地位和作用，它只是作为衡量是否成为中产阶级的标准的诸多物品中的一件。这些商品成为定义一个日本梦的实实在在的内容。

当然，衡量中产阶级的标准除了这些商品，还有其他的内容，成为"一亿"大众，得有一定学历（至少是高中学历），是核心家庭（而不是过去的祖孙三代或者大家庭），还要有作为主劳力的丈夫和妻子（有的是婚后兼职，有的是婚前工作，婚后则致力于相夫教子），此外，再拥有一套现代化的公寓（虽然不一定是豪宅），生活在郊区而非农村。总之，衡量中产阶级的标准很多，并且人们把很多指标理想化了，于是，诸如缝纫机之类的物品仅被视为中产阶级的"生活必需品"。

日本中产阶级的消费对日本经济在20世纪六七十年代的快速增长也起了很大的推动作用。很多人对20世纪六七十年代的日本经济奇迹存在一种误解，他们认为日本经济的增长主要依靠出口。虽然出口确实很重要，但事实上，其份额从未超过日本国民生产总值的15%或16%，相较而言，这个比例并不算高。因此，国内需求对拉动经济也十分重要。当然，出口部分也很重要，因为它带来了外汇，这笔外汇被用于购买原材料，并且出口也是创新的重要动力之一。所以，出口很重要，但如果没有国内消费，特别是日本中产阶级消费这一引擎，当时日本经济的增长幅度会小很多。

褚国飞：在过去近20年日本经济低迷期间，日本中产阶级有何变化？现状如何？

戈登：毫无疑问，在过去20年间，能够成为中产阶级的可能性正在减弱。由此带来的一个后果是，人们必须学会放弃这种生活方式。这种学会放弃并不是最近一二十年才出现的，即使从一开始，也并不是所有人都能跻身中产之列，肯定有一部分人处于中产阶级范围之外。但就主流观点而言，在20世纪六七十年代，大家普遍认为，成为中产阶级这个梦想并不是遥不可及，只要通过努力，是可以实现的。即使地价在20世纪80年代贵得离谱，人们依然看到了希望，虽然这个希望是在做出一定妥协之后——他们住得离城市更远了，他们的通勤仅单程就得花两个小时。

但是，渐渐地，即使人们做出妥协，这种生活方式也离他们越来越远，由此，越来越多的人开始意识到，想成为中产阶级变得日益困难了，特别是自20世纪90年代日本经济开始停滞不前，他们的这种感觉更加强烈了。于是我们看到了另一种社会场景。很多人认为，事实上，日本社会中输家和赢家的分野越来越明显了，我认为这有些夸张。或许很多日本人自我感知如此，即社会中输家和赢家的分野感更强烈了，年轻人在当今社会更难以立足了。正是这种自我感知，导致大家日益倾向于晚婚，生育意愿降低，从而也导致人口老龄化这一社会问题。成为中产阶级的可能性在减弱，使人们的安全感降低，不愿结婚的年轻男女比例上升。在过去，人们更多地将不愿婚育的责任归咎于妇女，认为她们的不负责任和自私是问题的根源，认为她们乐于过单身生活，或与父母生活在一起，买昂贵的衣服，而不想要孩子。然而，事实上，问题的根源并不完全在于妇女，很多30岁左右的"草食"男性也不再有组建并维持新家庭的信心了。

对此，我个人还有一些疑惑，这就是，虽然在过去一二十年间，无法再进入中产阶级这种自我感知越来越普遍，但这并没有导致大规模的政治或社会抗议。当然，虽然也出现过一些抗议，比如2009年新年，很多失业群众聚集在厚生省大楼门口抗议，这是一个比较大的抗议事件，但是，这样的抗议活动并没有成为持续性的群众抗议。也许有人会说，这是因为日本人的"忍者精神"，但这个回答似乎过于简单，因为在20世纪五六十年代早期也有过很多抗议，工人阶级为了增加工资而进行的抗议是非常有力的，甚至还有很多罢工。现在，他们为了环境问题也组织了很多有力的社会运动。

褚国飞：您如何评价20世纪日本的劳资关系？第二次世界大战前后以及冷战后，日本的劳资关系各有哪些特征？

戈登：我对劳资关系所做的一个比较简单的描述是：雇佣体系长期以来形成的一种模式或规范，尤其是针对男性员工，相对而言，他们从事比较固定、长期的（虽然不一定是终身的）工作，而且工作环境也比较单一；从雇主角度看，他们长期保持员工的稳定性，即使在经济大环境不太好的情况下，也尽量设法挽留员工。

这种雇佣体系并不存在于日本的传统中，事实上，它在第二次世界大战之前也不存在。长期以来，日本工人一直在争取这样的工作环境：既有长期工作的保障，也有稳定增长的收入。但是，这种要求往往被雇主拒绝。然而，在第二次世界大战期间，日本政府介入并在某种程度上强制实行这种雇佣体系。因为日本政府认为，只有这样，工人才愿意在战争期间努力工作。所以，这个体系最初是由工人提出的，但是在20世纪40年代由政府强制执行。

到了20世纪五六十年代，这个体系被称为"日本体系"，并开始向更大范围推广（但依然局限于少数大企业，因为小公司负担不起）。它成为一种非常典型的规范，使员工与公司结成了高度统一的共同体，并对公司产生很强的认同感，为了"我的公司"的繁荣而努力奋斗。类似的认同感在美国或其他国家也能找到，但在日本的程度更高。

这个体系的高峰是20世纪60—80年代。如今它已变得更复杂了，在"我的公司"和"非我公司"之间遇到了越来越多的挑战。越来越少的人能够进入这个体系，越来越多的人失去了自信，而在这种工作模式里工作的人也越来越缺乏安全感，来自雇主的承诺也越来越少，甚至连雇主也越来越缺乏安全感了。

但从另一个角度看，合作的能力是这个体系中有活力、弹性和革新性的一个组成部分。一些人指出，那个雇佣体系太僵硬了，因为公司永远不可以解雇员工。事实上，在这个体系中的员工可以从一个岗位换到另一个岗位，也有很大革新空间的。

褚国飞：您如何看待丰田汽车公司出现的危机，您认为这是日本企业精神出现了问题，还是仅仅是丰田这家企业出现了问题？

戈登：首先，丰田危机反映的，不纯粹是公司出现了质量问题，也包括公司决策层对问题严重性的认识反应比较迟缓。一开始，丰田章男给人的印象是，他在极力否认和抵制，从某种角度看，这可能反映出美国方面给日本方面的建议滞后，但此后日本方面的反应是非常积极的。我认为，丰田在美国的信誉一直非常好，相信其能够克服在美国的这场危机。这次危机或许会给丰田带来很大损失，但它完全有经济能力承受这些损失。

我更感兴趣的是，为什么无论在美国还是日本（我不清楚中国是否也这样），都把它当作"日本问题"或者"日本文化问题"来评价，而不仅仅是"丰田问题"？美国报纸评论很多提出了这样的质问："日本态度怎么了""日本的道歉文化怎么了"或"日本负责任的态度哪去了"。他们将之解读为整个国家体系失败的一种表现，甚至在日本也有类似的解读。但是，我认为这只是一个商业问题，一个公司的问题，而不是所谓的整个国家或民族的体系出现了什么问题。

有意思的是，丰田危机与墨西哥湾漏油事件形成了鲜明的对比。外界对英国石油（BP）的质疑仅局限在一个英国公司，没有美国人质问英国的商业体系或者英国问题。在英国，也没有人上升到国家高度来看待这个问题，没有谁质疑："英国体系怎么了"，更多的人都在质问这个公司出了什么问题。

可是，在涉及丰田这样的日本公司时，这就变成了日本问题，而涉及英国公司时，却只是公司自身的问题，这是为什么？而且，如果是中国公司，我相信其结果会和日本公司类似。这实质上表明，不同地区（大西洋彼岸与太平洋彼岸）在美国出现的问题受到了人们的区别对待。

此外，很多日本人指责这是美国政府与通用公司策划的阴谋。在太平洋两岸，都有人从国家高度来解读商业问题。比如，一位日本朋友告诉我，奥巴马借钱给通用，美国政府当然不希望血本无归，他们之所以对丰田穷追不舍，就是希望搞垮丰田，为通用赢回市场，从而保证政府能收回借款。但是，美国政府没有执行如此缜密阴谋的聪明才智，假设有，我们早就可以很有效地对付恐怖主义或出色地完成类似的任务了。从我的好朋友口中也听到这种说法，他们也相信阴谋论，这让我很吃惊。但我认为大西洋两岸不会把美国政府对 BP 的批评也归结为阴谋论，换言之，欧美之间没有类似的怀疑。

褚国飞：很多日本人对日本应该归属于东方还是西方有不同的意见。对此，能谈谈您的看法吗？

戈登：确实，日本人为本国做国际定位时，对选择东方还是西方存在分歧。有人将之称为"分裂的、有冲突性的认同问题"。我认为，实质上，纠结于归属的认同并没有太大意义，因为我们生活在全球化时代，归属于东方还是西方，这种划分本身已经过于简单。一些人之所以要界定这一认同，或许是出于框定认同方式、框定政治认同的考虑。

教育与学术之痛

受访人——丘成桐（Shing-Tung Yau）
采访人——王洋
协调人——胡必亮

丘成桐教授

丘成桐（Shing-Tung Yau），原籍广东省梅州蕉岭县，1971年获加州大学伯克利分校博士学位，师从陈省身，数学界最高荣誉菲尔兹奖得主，现任哈佛大学数学系讲座教授、美国国家科学院院士、中国科学院外籍院士。他的工作改变并扩展了人们对偏微分方程在微分几何中的作用和理解，从而开创了几何分析这一重要领域，并影响了拓扑学、代数几何、表示理论、广义相对论等领域。

主编手记

2009年3月，数学界最高荣誉菲尔兹奖得主，现任哈佛大学数学系丘成桐教授应邀接受哈佛肯尼迪政治学院硕士王洋的采访。整个访谈主要围绕中国、美国教育发展现状以及学术研究的历史与进程，兼及中国学术与教育发展的未来趋势。此次访谈得到了时任北京师范大学经济管理学院常务副院长胡必亮的大力支持。

王洋：丘成桐教授您好，久仰大名！非常荣幸有机会采访您，听取您对中国科技发展和教育政策的看法。

一 通识教育与分科教育，中学教育和大学教育

王洋：最近讨论比较多的一个问题是关于通识教育和分科教育的利弊。您早年博览群书，在理科文史方面尤其多有涉猎，那么您认为当前高中阶段文理分科利大还是弊大？

丘成桐：通识教育很重要。早年我在中国香港念的培正中学是很出名的，毕业生里有崔琦（物理学家，1998年诺贝尔物理奖得主）、卓以和（美国贝尔实验室半导体研究室主任）、萧荫堂、沈吕九和我，后来都成为美国国家科学院院士。要知道中国人里当选美国院士的也只有三四十人，所以我们当时的教育是成功的。我们中学是通识教育，也有分科教育。如果全部学生都同班，对理科程度好的学生或不好的学生都是不公平的。理科成绩比较差的学生需要特别照顾，理科比较好的学生需要加深教学的内容。因此要分文理科，分科的时候看数学和物理成绩。一般来说，理科生需要了解相当多的文科知识，文科生也必须学习较

多的理科知识。

大科学家通常对文学有相当深的认识,因为真正好的学问都是相通的。比如麻省理工学院(MIT)和加州理工学院(CalTech),本来只是工科学校,后来发现还是需要发展基础科学,因为没有好的基础科学支撑,就不可能做出好的工程学。好的科学家文科素养不好也不行,哲学、语文、历史都是需要有一定的训练的。反过来说,有很多杰出的工业家是文科出身的,大政治家、律师、企业家大多是文科出身,他们往往成为理科出身的学者和工程师的领导。所以我认为家长们不用担心小孩子念文科就没有出息。

中国国内的媒体通常以为美国忽视初等教育。其实美国好学区、好学校教育质量是很高的。美国中学教育有这样两个特点:一是重视兴趣培养;二是重视语言表达。关于兴趣,中国家长以为美国的小学不抓书本知识,放任学生去玩;事实上,学校是在培养孩子的兴趣,让他们到博物馆、到郊外多看看。到了高中在学业上就抓得很紧了,同时美国的小孩子因为兴趣所致,这时候也知道开始用功了。美国的中学大多采用小班授课,一个班二三十学生,老师引导孩子进行研究性学习。我的儿子在小学时就选了林肯作为历史人物来研究,去图书馆找资料,还要在班上模仿林肯作演讲。前些天还有中学生联系我,要写关于我的传记。这些小孩已经会自发地做事情,到书本、互联网中找资料,而不是简单按照老师、课本上的要求去做。中国小孩被课本束缚得太紧,更糟糕的是一切以考试为中心。中国的孩子从幼儿园开始就念书,为了父母而念书。高中念得还不错,到了考上北大、清华,觉得终于替父母完成任务了,就不努力了。美国当然也考试,但是没把它看得那么重要。

2008年3月26日，北京"丘成桐中学数学奖"仪式启动

另一方面，美国教授很多都与中学生有来往，不会高高在上，中学生要问问题的话教授都会愿意帮忙解答。这和机制也有关系：教授去申请一个自然研究基金，需要说明在教育上花了多少工夫，而不仅仅是研究。

关于语言表达，美国学生上课要写报告，语文能力不行就很辛苦。不但书面表达能力重要，口头表达也很重要。美国律师、商人的口头表达能力都很好。这和从小参加各种演讲比赛培养出的种种技巧都有关系。美国有些优秀的中学生可能很害羞，但在课堂上表达自己的观点却毫不含糊。

王洋：中国的一流教授很多只带博士生开会，和硕士生、本科生接触都很有限，和中学生接触就更少了。

丘成桐：我想这个最好还是由教员自发地做。在美国我们把做研究、培养学生都看得很重要。教育年轻人成才是我们的天职和值得骄傲的事情。现在很多名校，总是讲引进了多少人才，不讲效果如何。我们这里看重效果，一是看优秀本科生培养，二是看研究成果。可是中国内地的很多大学不认为培养一流本科生是教授的天职，只强调教授研究成果的量化，不在乎学生成果如何。另外教授没有真正重视教书育人，有些教授越不教书越觉得自己重要。

其实所谓教学相长，往往年轻学生提出的问题是年纪大的老师想不出来的。老师要尊重大学生、研究生学术上的意见，这样才能使他们成才。我们在浙大培养过一个博士，现在哈佛大学准备请他来做博士后。当年他本科毕业的时候，就因为想法很独特，教授不高兴他有自己的想法，说他骄傲，不让他读研究生。可是我们坚持收他读研究生，最后终于成才了。

我们哈佛的本科生，数学方面每年都有几篇本科生论文可以发表在一流学术刊物上，我们鼓励他们这样去做。年轻人做得比我们好，我们替他们高兴。这种论文坦率地讲，有些国内有名的学者都做不来。我讲这话国内肯定有人反对，因为不愿意承认这个事实。

王洋：您怎么看中国大学界存在的"近亲繁殖"现象？

丘成桐：真正大的学问都是跨学科产生的。中国大学的弊病在于，导师对由自己培养出来的研究生坚决不放，好像是自己的棋子。美国的大学刚好相反，导师都希望自己培养的学生能到外面走走，在外面证明了自己再回来。另外，我们在美国的大学做兼职是不可能的，如果同时在两所学校里面做事，被发现就要开除。我们也有休假制度，也可以去华盛顿做官，但最多去一年，过了期限就要开除，因为你的本职工作是教学和研究，这个不能改。中国当前恐怕还做不到这个地步，一个院士就可以拥有很多位置，同时得到很多不同学校的薪金。

王洋：哈佛大学的课程改革怎样呢？

丘成桐：本科生主要是通识教育，在美国大部分专业学位都先要求一个本科学位，打好文化基础再上专业科系。而中国的大学生不念通识教育的本科，直接去读分科的专业科系，这样知识面就比较窄。中国要考虑一下这个问题，好的大学里职业教育只在本科后阶段，这样文化水平才能达到一定程度。

二　学术评估、原创能力与长远学术繁荣

王洋：在学术、科研评估方面美国大学是怎么做的呢？

丘成桐：在评估方面，现在中国评估一个教授的能力都靠SCI（Science Citation Index，《科学引文索引》），太量化了，其实这些文章很多都是第二流的成果。美国的媒体当然对大学有评估，但对真正好的大学不具重要影响。美国好的大学大部分是私立学校，不会因为媒体影响来决定他们投入多少经费。而中国大学太注意媒体评估，这样不好。大家都晓得，东京大学是亚洲最好的大学，但东京大学在很多媒体排名上都没有超过北大。东京大学不在乎，随便你们怎么排好了。可是媒体对这个排名看得很重要。

中国评价一个学者，不妨放得开一点，请国外的学者、全世界的同行专家来评，不要将中国国情掺和在里面，尤其是科学，一定要客观。有些人说找专家需要不少经费，其实我们评价都是义务的。现在的评估和领导政绩相关，不少是自己评自己，外行评内行。

王洋：国内的数学方面您有参与吗？

丘成桐：重要教授的评级都不会找我，他们怕我批评。中国称得上世界一流的数学家不多。不找世界一流的来评，只找和自己意见一样的，怎么可能达到世界一流？所以评

年轻时的丘成桐

审制度是中国科技制度里做得很差的一环，非常不客观。做学问的人最大的愿望就是希望自己的成果得到赞赏，如果研究人员发现无论怎样做都得不到赞赏，他又何必努力？评审是一方面，另一方面奖赏要公平。国内有时候盲目推崇海归，海归做的不如本土的人才，却拿到更丰厚的回报，这就不公平。

中国学术界要年轻化。这么多年一直提倡政治领导干部年轻化，可是为什么学术界不提倡？就因为院士不退休，70岁以后还占着重要位置，还在管事。年轻人被一个老头子按住20年，还能做什么事情？被院士看重的路年轻人才能走，自己感兴趣的路却不能走。中国现在有很多基础的数学、物理学方向的研究是没人做的，大概是因为年纪大的教授不愿意做，但他们又不让自己的学生做。这样进步就很慢，和学术昌盛是背道而驰的。在美国有的学者年纪大了就不管事，让年轻人来管。甚至有请20多岁的年轻人来受聘终身职位的，结果很多学者年轻的时候在学问上就有大成就，这在中国很难做到。

王洋： 我们国家现在派出很多访问学者，您认为如何？

丘成桐： 我看中国还是太省钱了，派人出来给的钱太少。教育部派人出来每个月给1000多美元的生活费，你知道在 Cambridge 住房一个月就 1000 美元，实在太拮据。我把中国和日本作一个比较：明治维新以后，日本对教育、科学的投资比中国看重得多，早年整个国家经费的 1/3 花在这方面，派人出国学习，并一度引进大量外国人来日本教书。甲午以后中国派人到日本学习，但当时到学术重镇德国的就很少，这也是图省钱，结果日本大学能出第一流的学问，当时中国就做不出来。

王洋：现在国内对人才很重视。中央组织部就有个"千人计划"。

丘成桐：过去中国对人才工作不够重视，现在中央提出"千人计划"的初衷是好的，但是如何确保"千人计划"人选和评委的学术水准，我认为这是迫切需要解决的问题，一个合理的办法是引进国际评价机制。要注意，很多人学术上未达到一流的水平，却想回国争取好的待遇。要请到真正好的人需要礼待他们，顶尖的学术人才，哈佛、普林斯顿都在抢着要，我们哈佛数学系每年要花很多工夫去研究，谁做的最好去请谁，这才能保持我们的学术领先地位。对好的人才来讲，他们可能会考虑到中国有发展的机会，但在目前的情况下有一部分人不会将回国放在第一位。因为国内学术气氛比不上美国，假如这边学校要请我，我要考虑的不是金钱上的损失，而是那里的学术气氛是否有利于我研究一流的学问。

王洋：那么对于原创能力建设您怎么看？

丘成桐：这本质上是一个文化的培养。真正的原创本质上是反叛的。学校、教授不批准学生走原创的路，怎么原创？中国基本上还是学徒制，教授希望学生最好支持他的理论；不支持他，这些学生就得走人。很多青年学者放弃有意思的研究方向是被迫的。少数学者要连群结党、成帮结派才能得到好处。我自己在哈佛做很多个领域的研究，不怕学生反对。而中国有很多老师只做一个领域的研究，又不见得很有水平，自己的看法有错怕被人家批评，往往不愿意虚心接受，反而通过权术来反击。所以学术昌盛必须要有大师在，有雅量在。

王洋：那这种格局怎样能突破？

哈佛大学科学中心

丘成桐：打破学术上的官僚制度，由真正的学者、真正懂学问的人来主持。中国政府必须要长远规划，不能指望三四年就出成果。很多大学急功近利，盖大楼，重金请院士。盖大楼固然在心理上有帮助，但最重要的还是研究气氛，我在加州大学伯克利分校读书的时候数学系有500多名研究生，都没有自己的办公室，在很简陋的房子里，却做着一流的工作。现在哈佛数学系这边晚上十一二点也还是灯火通明的。

王洋：我在哈佛深有体会，100多个图书馆可以共享。

中国国内的图书馆还有院墙，各自为政。

丘成桐：我们就是为了方便念书的人能够找到资料。举个例子来说，20世纪70年代的"保钓"运动我本人参加了，结果多年以后中国香港电视台采访我，在燕京图书馆找到了那些手抄的资料、传单等。这表示美国图书馆的完备性，美国的大学图书馆的中心任务是为了更好地支持教授和学生的研究。

三　产学研关系

王洋：您怎么看产学结合的问题？

丘成桐：在美国这是分开的，学者离开学校以后才开发产业，因为利益牵扯太多。中国现在是连在一起。那样做，常常是学校没办好，企业也不成功。

王洋：北大方正、清华同方都是独立核算的。校办企业享用学校的人才、科技资源，享受税收优惠，您怎么看？

丘成桐：我觉得最好不要这样，要分就完全分出去，让它独立打天下。因此美国从斯坦福大学分出去的惠普和雅虎等都有自己独创的科技。麻省理工学院也有很多这样分出来的独立企业。我想一个企业真正成长，成为有活力的企业，必须要离开学校；留在学校也会把学校里的气氛搞坏。

中国台湾的工业园区不错，是自然科学基金管的，"工业研究院"从旁帮忙，学生毕业以后到工业园区里面做事。但学校不直接管理，而是公司治理，台积电等都发展成了一流的公司。当然中国台湾公司的科技还是比不上美国，很多中国台湾公司还是在美国的分部做研究。

这个也和中国社会整体比较浮躁有关，学术界也不例外。有水平的人没有得到相应的报酬，就到外面做点事情。不完善的市场化给某些学者提供了机会，不正当的赚钱不受社会斥责，社会反而更加认可，这些赚钱的能人也成了学术界的能人。

四　院士制度

丘成桐：我很尊重中国领导与国内取得的进步。现在国内有点过分推崇院士，反而对学术界造成了不好的影响，有些院士凭此形成学术上的特权，弊端很多；有些院士自以为是，在自身领域之外讲一些不负责任的话。我看要打破院士垄断，学术才能做好。有些年轻人二三十岁做出很好的成果，不管有的院士看法如何，就应当给予鼓励。据说，某院士的学生跟别人讲："我们这个文章我晓得是错的，可老师还是要发表。"院士说："我是院士，我要发表就发表，错了又怎么样！"这可能是很个别的例子，然而这样做年轻人会怎么看？这还有什么科学的精神在里面？人犯错是常有的，可是明明晓得错还是要拿去发表，连基本的学术精神都不在了。学者应该爱护自己的名声，尽量能够为了学术而学术，不应该做这种事的。

王洋：那您认为中国怎样才能建立公共评判制度？

丘成桐：现在经费拨划的一条重要标准就是看院士有多少个。我认为评审学校的时候，不要特别看重院士；而且评审不要太多行政人员参与，要建立一个公平的制度。其实除了院士，还有长江学者等许多机械的标准。你去研究一下，中国的几个大奖——何梁何利、长江、杰青等，有几个数学家十多年来总在那里，实行掌控。你去问问看这几个数学家他们的学问有多好？在这种现状激励下，追

丘成桐（右）接受王洋访谈

逐名利的人就会越来越多，而人们越来越不重视学术，因为这样做不是引导学术向上。

中国应当以论文成果来评判学术，看看你这个系真正做了什么成果出来，这可以很客观地评价出来。可是有些人不愿做这个事情，因为这涉及切身利益。听说江泽民退休的时候提出中国院士要有退休制度，受到一些院士的反对。而在美国如果涉及自身利益的话，是要回避的。中国不是如此，有的院士自己坐在那里就可以威慑别人，有时还要大声自我表扬。另外有的学校将自己的团体利益看得太重，比如只要不是某大学的，我就不支持。

五 私立大学、大学治理与中国大学未来

丘成桐：我想办私立大学能够改变现状。现在主要的私立学校是商学院，没有私立的文理学院。有关部门还是不大愿意支持，这里有意识形态的问题。其实现在中国很

稳定，共产党和国家领导人威望都很高。改革开放应该推广到研究和教育领域，中国科学才能够昌盛，才可能做出大量的第一流的学问。如果民办不行，可以省办、地方办啊！就算不办私立大学，办全新的公立大学也可以。可是有些人就不愿看到有太多的名校出现，因为这改变了当前的格局。

我觉得总应该想个办法把老而不切实际的东西打破才能做出好的东西。中国1949年以前教授薪水是很高的，很多地方做得很好。在蔡元培做北大校长时的薪金为400多块大洋，陈独秀拿280块大洋，胡适拿220块大洋，而一般的职员只有8块。那个时候教授薪水很高，所以有些教授可以花工夫去做学问，不需要为生活问题而烦恼。

中国学术界很奇怪，一方面缺乏学术民主，另一方面又"极端民主"：研究特别好的教授可能因为其他教授的关系而没法出头。而在哈佛，教授的薪水连系主任都不知道，只有研究生院院长知道。院长决定给你高薪，你就拿高薪，完全是市场经济。某个教授觉得薪水不够就想走，院长可能会加薪留人。

王洋： 可是怎样保证院长公正呢？

丘成桐： 首先要晓得哈佛院长、校长请新教授的时候要经过很严格的筛选，组成一个委员会，用三四个钟头来讨论。院长当主席，专家有六七个，有本学校的，也有系里的，不停地讨论，问得很详细。这样院长就了解这个教授有多行，知道他的能力。在该教授升迁时，院长也就知道去问谁。当然哈佛的做法也不是美国每个学校都学得来，因为哈佛大致上每个教授都很好。院长一个人作决定。这涉及他的声誉，所以他不敢乱搞。

中国大学的教授流通太不容易，主要是原单位不放人，讲起来也是理直气壮的：培养一个人才不容易。但是他不放人，却也不能够提供比较好的科研环境给这位教授。所以有些大学留了一两个好的人才，但是由于环境不够好，慢慢地这少数人才也不做学术了，这样就不能让研究人员充分发挥其潜力。好的研究人员还是要聚在一起才能做出成绩的，美国大学普遍能够做到这个程度。

王洋：关于高校改革，大家都可以讲，但似乎还没有形成规范。

丘成桐：往往不切实际，搞不清楚什么比较重要。学术界领导人要有眼光，要看得远，才能对学校的能力有所提升。学校里面的教授往往为了自己的利益和校长争执，校长受到种种阻挠，不敢去做事情。比如有些工科为主的学校，如果校长要做一些对工科无益的事情，需要克服很多阻力。

另外教育部作为政府机关管得太多，人事任免和经费拨划都归教育部管。政府不宜干预太多，如果招生、课程、研究、开发都要教育部管，这怎么能办好大学呢？

王洋：那您有哪些具体的建议呢？

丘成桐：其实有个简单的做法：拨一笔经费，年终的时候评成果，建立很公平的评审机制，依据评审结果确定下一年的经费。问题是现在完全靠现有的印象，按照机械量化的方法，以多少院士、多少 SCI 来作为标准。有些地方大学申请博士点，专家去审的时候，学校还要拉关系，甚至给红包，彼此居然都心照不宣。为了评估就去串联，到处找关系、请客送礼，花的时间是浪费的。现在国内名教授、院士也值钱了，把他捧得很高，其实主要是看重他的资源，能给学校带来一票，这说到底还是一种利益交换关系。选院士也有这种情况，学问做得好坏变成次要的因素。

我觉得很悲哀。我们这边也有政治因素，可是有学术上基本的准绳。这就又回到开始的学术评估问题上，所以我建议用公平的委员会，包括外国专家来评审，因为他们没有利益关系，他们评审比较公平。评审要以学术标准来衡量。这一点上教育部要放权，要对整个国家的长久学术繁荣负责。

王洋：非常感谢丘教授接受我们的采访，以及您的直言批评。

文理教育的终极目标与学者的责任担当

受访人——霍华德·加德纳（Howard Gardner）
采访人——于海琴、Helen Haste、陶正

霍华德·加德纳教授

霍华德·加德纳教授，世界著名发展和认知心理学家，"多元智能理论"创始人。美国哈佛大学教育研究生院认知和教育学教授、哈佛大学心理学教授、哈佛大学零点项目资深主管。1965年毕业于哈佛大学获得社会关系学学士学位，师从美国著名社会学家爱利克·埃里克森（Erik Erikson）；1971年获得哈佛大学发展心理学专业博士学位。1981年获得"麦克阿瑟奖"（MacArthur Prize Fellowship）；1990年成为美国获得路易斯维尔大学葛洛麦尔教育奖（University of Louisville's Grawemeyer Award in Education）的第一人；2000年获得"古根海姆纪念基金奖"（Fellowship from the John S. Guggenheim Memorial Foundation）；2011年获得"阿斯图里亚斯王子社会科学奖"（Prince of Asturias Award for Social Sciences）；2015年加德纳教授被授予"布洛克国际教育大奖"（Brock International Prize in Education），他将所获奖金用于开启了新项目"21世纪的文理教育"。

加德纳教授被31个大学和学院授予荣誉学位，迄今已出版了30余本书，被翻译成多国语言在世界范围内发行。

主编手记

2014年7月至2015年6月，时为济南大学于海琴副教授（现为《济南大学学报（自然科学版）》编审）赴哈佛大学研究生教育学院访学，在其导师 Helen Haste 指导下，与哈佛大学亚洲研究中心职员陶正（Justin Thomas）一起设计访谈提纲，加德纳教授通过邮件进行答复。原文刊于《高等工程教育研究》（2017年第6期）。本文节选时，注释从略。

一　文理教育的使命与挑战

于海琴、Haste、陶正：目前，您正投身于"21世纪的文理教育"项目。请问您这个项目的出发点是什么？您希望这个项目产生怎样的影响？

加德纳：很多人，包括我自己，接受的教育都是四年全日制非职业教育。虽然这种教育制度也存在于其他地方（如某些英国大学），但它主要是美国人的首创。文理教育（education in the liberal arts and sciences）在世界范围内备受推崇，但如今在美国，其地位却岌岌可危。究其原因，一是文理教育费用太高；二是很多人只关心毕业后能否找到工作；三是美国大学校园存在各种病症，如猖獗作弊、使用毒品和性侵犯等。

许多人已形象描述过广泛和深入开展文理教育的优势，但我们无意再写一篇"赞美诗"，而是计划在10个慎重选定的、不同的大学校园，对8个不同群体的代表——即将入学的学生、应届毕业生、教师、高级行政主管、理事会、家长、校友、招生人员，实施深度访谈。我们想确定每个群体如何考虑这种教育形式。根据调查结果，我们将描述一些程序和途径，以缩小各阵营之间的分歧，为这个时代复兴这种卓越教育形式提供最佳机会。

于海琴、Haste、陶正：宽泛的"自由教育"概念深居于美国教育史的核心，但它绝不是一个统一的目的，或者至少不会以美国这样的方式被概念化。请问，您的项目会与拥有不同高等教育目的的其他国家有关联吗？尤其是在又深又窄的专业化高等教育领域？

加德纳：目前，我们的研究仅限于美国。如果这项研究富有成效，我们希望将它推广到其他国家。当然，我们的发现将会与任何愿意提供非职业文理教育的国家或机构相关。毫无疑问，许多国家，包括中国在内，都认为这种教育形式在某些方面是可取的。教育工作者和政策制定者们羡慕威廉姆斯、耶鲁、斯坦福、波莫纳等大学的毕业生身上所具有的广泛见识、批判性思维技能、综合能力、口头和书面沟通能力。

二 "善作"的进展与趋势

于海琴、Haste、陶正：过去20年里，您围绕"善"这个概念开展了多个颇有影响力的项目。请问，您现在如何定义这些语境的"善"？您的定义发生变化了吗？

加德纳：我们与心理学家米哈利·契克森米哈赖和威廉·达蒙一起开展了关于"善作"（good work）的研究。通过对9种不同行业1200人的访谈，我们确定了"善"（good）的含义。在我们第一本关于"善作"的著作中，我们指出"善作"是在专业方面优秀、同时用符合伦理的方式开展工作。后来的研究拓宽了"善作"的定义，把员工忘我投入也包括进去。因为员工如果不能忘我投入，他/她就不能长远开展优善工作。因此我们提到"善作"的三个"E"（excellence, engagement, and ethics），即优秀、投入和符合伦理。

事实证明，好公民也可按相应标准来定义。好公民在专业上是优秀的——他/她遵守规则、了解法律、恪守程序；在社区生活里是投入的；尽力以符合伦理的方式发挥作用（投票、诉讼、辩论）。

我们现已研究了其他"优善"——良序竞争（good play）、良好合作（good collaboration）、好人（good persons）、美好人生（good life）。你们可以登录我们的网站 thegoodproject.org 来了解这项工作。

于海琴、Haste、陶正：定义"善"时，在您看来是什么阻碍其发展？不同国家或社会体系会有所不同吗？

加德纳：无论在哪里，实现"善作"（和其他的"善"）都不容易。人类很擅长走捷径，也容易在追求卓越、工作投入或遵守道德规范等方面做出妥协。我的猜测是，不同社会阶层和文化中，"善作"面对的挑战是相异的。例如，有些行业具有伦理指南，有些则没有；有专业技能的人比那些蓝领工作者有更多的选择；社会中的强大信息——像迅速地赚取大量金钱——往往会破坏实现"善作"的可能性。

三 资深学者的原创与责任

于海琴、Haste、陶正：我们想问问您最近对自己世界观的两个论断。第一论断是，"我虽可称作人文学家或科学家，但我更认为自己主要是一个整合家。"您是如何把您极具原创性的今昔工作看作"整合过程"的？

加德纳：像许多其他在社会科学领域受过训练的人们

一样，我也是通过开展研究开始我的职业生涯的。就我而言，作为一个发展心理学家和神经心理学家，我对人类如何与各种不同的符号系统（语言、数学、艺术等）打交道很感兴趣。我的实验完全没有问题。但我意识到，有许多其他实验者至少和我一样有才能，而且经常比我更有耐心。

我一直喜欢写作，但与多数社会科学家不同的是，我更喜欢写成书那样的长篇幅，而不是短文章。我逐渐意识到我具有将大量资料进行整合的天赋，因此我在发展心理学和其他领域撰写教科书。我希望我整合的材料可称得上学术原创，这确实也是我对自己在智能理论、创造力和伦理领域工作的期望。但其是否具有原创性还得由其他人来判定。

于海琴、Haste、陶正：您对自己的第二个论断是，"我开始第一次反思，作为一位学者，我的责任是什么？"请问，现阶段正是您事业的辉煌期，为什么您感觉这对您来说是个"新理念"呢？还有，您觉得这个责任是什么呢？

加德纳：我从来不是一个不负责任的学者。但如同其他绝大多数学者一样，如果有人关注我的工作，我也会感到惊喜。出版"多元智能理论"后，我在15分钟内一举成名。任何人使用我的理念，我都会兴高采烈。但当我得知这些理念被误用，如用来区分儿童的学习潜力，或预测一个人的最终职业时，我意识到，必须有人出面干预。如果我这一理论的创立者都保持沉默，就几乎不能指望任何其他人站出来说话。于是我和Mihaly Csikszentmihaly、William Damon及一组出色的研究人员一道，开始研究专业人士的责任，也就是上述对"善作"项目的研究。

本着"善作"项目的精神，过去二十年间，当我觉得我的理念遭到不恰当使用时，我尽力去承担责任。同时，我也鼓励同事和学生这样做。甚至在一项研究开始之前，我们会慎重考虑，研究结果可能会如何被使用或误用，尽一切努力确保研究结果不被误用。

如今，作为一位 70 岁出头的资深学者，年轻学者经常咨询我，我也收到来自世界各地的电子邮件，有的甚至来自我在地图上找不到的国家！对于任何看起来是认真或经过深思熟虑的疑问或论断，我都觉得有责任回答。我年轻的时候，每当我向年长学者寻求指导时，他们通常都会回应（我哈佛大学的办公室里，至今还陈列着一打来自我导师的回信）。今天，我也要担负起这份责任。

不过，我应该提一下的是，有一种新的行为我不喜欢。许多学生利用电子邮件的便捷给我写信，请教的基本上是作业问题的答案，或请我为他们开展项目。这种情况下，我会回复学生，肯定他们对作业的兴趣，但是说明：作业对他们来说，应该是一个学习的体验，而不是去复制别人帮他们完成的东西。如果他们付出了一定的努力后，仍然有一、两个问题不明白，我会尽量回答他们。

换句话说，我尽量起到"承担责任"的示范作用，希望他们将来也成为负责任的员工和公民。

数字化教学传播中国文化

受访人——包弼德（Peter K. Bol）
采访人——冯黛梅

包弼德（Peter K. Bol），美国著名中国思想史研究学者，1982年获美国普林斯顿大学历史学博士学位；1985年起任哈佛大学副教授、教授、讲座教授，1997—2002年任东亚语言文明系主任及东亚国家资源中心主任，现任哈佛大学副教务长、地理分析中心主任、国际历史人物数据库项目主任等职。他致力于唐宋思想史研究，出版著作多部，其代表作《斯文：唐宋思想的转型》("This Culture of Ours": Intellectual Transitions in T'ang and Sung China) 及《历史上的理学》(Neo-Confucianism in History) 均被译成中文出版。后者还为他赢得了哈佛大学2009年度卡波特奖（Walter Channing Cabot Fellow）。2015年，包弼德获美国地理学家协会年度荣誉地理学家称号。2005年，他在哈佛大学发起全校范围的讨论，最终创办哈佛大学地理分析中心（Harvard Center for Geographic Analysis）并出任首届主任。他主持哈佛大型在线公开课项目（HarvardX），并担任哈佛大学中国历史地理信息系统（The China Historical Geographic Information System，CHGIS）项目主任以及中国历代人物传记资料库（The China Biographical Database，CBDB）项目主任等职。

主编手记

　　历史学家出身的哈佛大学教授包弼德，不仅是一位著名的中国思想史研究专家，而且在数字化教育方面也做出了出色的贡献。作为负责教学创新的副教务长，他在推广地理分析的教学与研究，以及在线教学方面的成果令人瞩目。那么，包弼德教授如何理解教育、理解慕课（MOOC，大规模开放的在线课程）？作为历史学家，他如何理解中国文化、理解中西差别？在教授、学者、学校领导这几个角色之间，他又如何切换自如、如何平衡？2016年年初，中国社会科学杂志社驻美国记者站记者冯黛梅就这些问题，与包弼德教授进行了面对面的交流。

　　冯黛梅：网上有一首流传甚广的用《两只老虎》旋律改编的"中国历史朝代歌"，在哈佛大学中国课（ChinaX）视频中，您和柯伟林（William Kirby）教授同时出镜，吟唱这首被网友认为"最萌"的朝代歌，用中国话来说这就是"寓教于乐"，这是不是也是你们最初的想法？

　　包弼德：（大笑）哈哈。中国有那么多的历史朝代，如何记忆确实是件比较头疼的事。我们希望能找到一个让学生迅速记住这些历史朝代的方法。在我们看来，唱歌是个非常好的记忆法。《两只老虎》是首朗朗上口、旋律简单的童谣，虽然我们的歌词中没有包括中国所有的历史朝代，但是主要的都包括进去了，而且歌词也是按照一定的逻辑关系来编写的。

　　哈佛中国课是最早进行数字化教学的课程之一。具体来说，中国课的主要教学内容基于哈佛大学的一门中国通史课程，但在制作中融入了教育学里的一些基本教学理论，比如我们把较长的教学内容分解成小块的单元，每一个单元是 7 分钟左右的视频，每一两个单元的视频后都会有测验，这样的教学方法对学生来说很有效。我们在讲解中也借助了不少多媒体工具，比如地图、影音视频、图片、艺术品等，当然我们也有很多小测验。

冯黛梅：慕课这个词的正式提出是在 2008 年。2012 年同时涌现出 Coursera、Udacity 以及 edX 等慕课平台，因此 2012 年也被称为"慕课之年"。哈佛大学也在该年度推出其大型在线公开课程 HarvardX。在您看来，哈佛大学参与慕课的意义是什么？

包弼德：哈佛大学和麻省理工学院为推广慕课起了很重要的作用，为创办这个平台投入了很多钱。这个平台可供全世界的用户免费使用，清华学堂在线用的就是这个平台。现在 edX 已经有 85 个全球合作伙伴。哈佛大学和麻省理工学院希望通过这样的努力让在线教育更容易、更好。

哈佛为什么决定要做这件事？首先我们要问："领先于世界"意味着什么？相对于全世界那么多有资格上哈佛的优秀学生，最终能进入哈佛学习的只是很少一部分人。作为教育机构，哈佛大学是非营利的，所以政府对我们是免税的。我们需要回馈社会，作为世界一流大学，我们能做的就是为人类"文明"做出贡献。

另外，通过慕课我们可以和全世界的用户分享哈佛的课程资源。这有什么意义呢？可以这样来看，我们生活的世界充满了冲突、仇恨、民族主义以及偏见，我们能为这个世界做出的最好的贡献，就是让每个人都有学习的机会。我们认为现代领导力的培养应该基于"学习"。有人认为我们应该只传播美国的价值观，我觉得这是个非常愚蠢的想法。我们要给学生介绍全世界的价值观和文化。去年，迈克·普鸣（Michael Puett）教授所开设的"中国古典伦理和政治理论"课程，在哈佛大学最受欢迎的课程中排名第二，选修的学生近700人。显然哈佛的学生对中国的价值观很感兴趣。作为教育者，我们不应该限制学生学什么。相反，我们要让每个人都获得学习的机会。

冯黛梅：作为哈佛大学的在线课程，HarvardX一定有不少用户注册吧？

包弼德：HarvardX一开始有约20万用户注册，到2014年即超过100万，目前为止大概已有200万遍布全球的注册用户。根据2014—2015年度的统计，来自美国本土的用户约58万，其他国家的注册学生约142万，可以说约70%的用户来自美国之外的国家和地区。

冯黛梅：注册HarvardX的中国用户是不是很多？

包弼德：来自中国的用户并没有我们想象的多。相比之下，印度的用户比较多，约有14万，而中国的只有4万多。

冯黛梅：与传统教学相比，您觉得慕课有什么优劣？

包弼德：课堂教育是有"容量"限制的，也就是说，一门课仅限于让一定数量的学生来加入；而在线教育则允许很多人共享。但后者需要学生有自律性，而前者相对来说则不同，父母为你付了钱，你就得坐那儿，如果表现不好，就得走人。在某种程度上，课堂教育帮助学生自律。所以，这也是为什么70%的HarvardX注册学生都具有大学本科以上学历的背景，因为他们年龄稍长，知道如何自律。

冯黛梅：2005年，您创办了地理分析中心。据说为此您曾发起全校范围的辩论，请谈谈当时的情况。

包弼德：由于我从2000年开始就参与中国历史地理信息系统项目的建设，意识到地理信息系统对研究的重要性，而当时我发现哈佛在地理分析研究方面并未投入很多资源。

为此，我们在全校范围发起了一场讨论，一场关于哈佛应该在鼓励地理分析研究方面做些什么的讨论。我们成立了一个由各院系员工所组成的委员会，定期开会探讨。最终，我们赢得了校方的支持，投入了几百万美元，成立了"地理分析中心"。我也因此被任命为这个中心的主任。

冯黛梅：请谈谈您主持的两个数据库，尤其是中国历史地理信息系统如何为研究人员或者说用户提供帮助。

包弼德：中国历史地理信息系统是和复旦大学合作的项目。这个项目的主要目的，是为用户创建一个从秦始皇时期到辛亥革命时期的历史地理信息数据库。地理信息系统（GIS）可以说是借助于地图对数据进行的一种可视化展示。历史记录中总会提到地名，地名会告诉你人们是从哪里来的、事件是在哪里发生的，等等。通过地名这个基本的地理信息，你可以进行人口研究、人事制度研究（官员）、宗教研究，等等。这就是该系统的基本方法论。用户也可以加入自己的数据作空间分析和专题制图，或按自己的兴趣建立特定的模型。

冯黛梅：除此之外，您还负责中国历代人物传记资料库，这个数据库的突出特点又是什么？

包弼德：中国历代人物传记资料库是和北京大学中国古代史研究中心以及台湾"中央研究院"历史语言研究所合作进行的项目。CBDB 不是一个简单的搜索引擎或者维基百科，而是一个"关系性数据库"。这个数据库允许用户通过历史人物生活记录中的很多不同方面来了解他们，从而进行相关领域的研究。

用户可以通过输入人名、地名、官衔以及亲属关系、婚姻关系等来查询，查询的结果以表格显示。这些信息不只是提供一般性参考资料，而且还可以提供统计分析以及空间分析。研究者可以根据这些数据寻找变量，进行分析研究，比如通过人物的书信往来研究其社会关系；通过某个时期进士出生地的空间信息，研究进士的分布变迁等。

目前数据库已收录37万个人物的传记资料，主要出自7—19世纪。现在正致力于增录更多明清人物的传记资料。这些信息对公众免费开放。

冯黛梅：除了致力于推动教学、研究数字化外，您的专业是中国思想史研究。您是什么时候开始关注中国问题的？

包弼德：在高中时代我就开始对中国感兴趣了。中国人口占世界人口1/5，地理疆域也很大。虽然那个时候美国和中国还未正式建交，但是当时作为一个学生，我已经意识到，如果美国要在世界发挥领导作用，那么就需要了解中国，认识到中国是个大国很重要。而要了解一个国家，首先就要去学它的语言。所以，当我发现有个学习中文的暑期活动后，就去参加了。之后，我在荷兰莱顿大学学习汉语言文学以及历史。再后来，我进入普林斯顿大学东亚系的博士项目学习，获得了博士学位。

其实最初我的主要兴趣并不是中国历史，而是政策研究。但是当时我念大学的时候，中国"文化大革命"刚开始不久。对于历史，我也一直有兴趣，随着我对中国历史了解的加深，兴趣也逐渐加深。作为一个17岁的学生，我花了很多时间来读书和学习，阅读了大量的古文，以及中国历史、文学、哲学、制度、社会等方面的书籍。开始专注中国思想史是我到台湾学习"四书"和"五经"之后。在台湾的学习让我发现了思想史研究的重要性。

冯黛梅：业内评论认为，您撰写的《历史上的理学》没有拘泥于哲学探索，而是将理学置于更广阔的社会历史

发展背景中进行分析。

包弼德：我对宋代的道学运动感兴趣，这个运动由于地方士人的关系，尤其在东南地区影响广泛。道学后来也被称为宋明理学。有种观点认为理学拥护封建社会，但是在我看来，这是一种错误的观点。理学不只是一种哲学思想，它同时也是一种政治观点。理学家们站在批评的立场上对社会以及政治权力提出质疑。我们从一开始就可以看到，当理学在士人中传播的时候，朝廷便开始寻求和他们合作，但是合作从来都没有成功过。这是我想说的第一点，也就是理学的政治立场。

第二点，理学是关于"学"的理论。在许多人看来，儒学的核心是要求人们的行为举止遵循"三纲五常"。但在我看来，理学并不是这样的学说。它的核心是一个学习、认知的理论，它强调人们要有自己作出判断的能力。

第三点，许多人认为理学是一种"内化"（internalization）理论，但是我认为理学强调的是人们有能力了解自己，有能力告诉自己什么是正确的。也就是说，作为个体的人，自身就已经具备了作出判断的基础。我在书中谈到"理学也是一种社会运动"，并解释它作为社会运动是如何传播的。

冯黛梅：您认为传统儒学和理学有什么不同？

包弼德：儒学的种类很多。对于那些认为儒学思想是一个持续的、一成不变的概念的观点，我很难赞成。理学是高于道德教化、强调个人责任的理论，它认为每个个体都拥有作出判断的基本能力，这些是人的天性，是与生俱来的。

冯黛梅：从研究的方法论这个角度看，您认为西方历史学家和中国历史学家有什么不同？

包弼德：在我看来，从方法论的角度，中国的史学家和美国的史学家没有什么不同。但如果问我，中国史学家和美国经济学家谁和我的研究方法更相近，我的回答肯定是前者。当然，虽然研究方法相同，但是我们关注的研究议题可能会有差别。我面对的是美国当下的社会、政治和文化语境，显然我们所关注的问题有可能会和中国学者不一样，中国学者可能会非常关注本土的问题。但是，他们所关注的一些问题我们同样也会关注。

冯黛梅：您觉得美国学生和中国学生有什么不同？

包弼德：我认为没什么不同。很多人都有这样一个假设，认为中国人和美国人是"截然相反"的。其实，所谓的"截然相反"只是我们的主观想象。有的美国学生对现实经验感兴趣，有的则对理论感兴趣；有的对发现问题感兴趣，有的则没有兴趣去发现问题。我想中国学生也是一样的。

不过，有一点不同是，中美之间当下不同的教育政策对其学生可能产生不同的影响。中国的教育更强调"事实性知识"，三四十年前的美国可能也是这样，现在则没有之前那么强调。但这也不见得就是好事。美国的每个州都很独立，地方政策也不一样，说不定10年后又会发生变化，如何变化取决于政策的制定。

冯黛梅：在您看来，目前欧美的中国学研究有什么新的变化？

包弼德：中国学无疑是个非常重要的学科，我们也在努力促进这个学科的发展。我认为，欧美学界一个很重要的进步，就是越来越多的学者觉得不能不去中国进行实地学习和考察，我认为这是一个巨大的变化。

冯黛梅：通过研究思想史，您认为知识分子和社会发

展存在什么样的关系?

包弼德：这里有两个问题，一个是知识分子的作用，另一个是他们的思想及其价值。为什么人们会关心思想的价值？在我看来，人们在现实世界的行动中需要作出判断，而这些判断是建立在他们所学、所知的东西之上的。如果你想了解为什么中国会发生这样或那样的变迁，我们就需要了解人们是如何思考的。知识分子为了界定思想价值和观念而彼此争论，都希望告诉人们应该如何思考、如何理解世界以及如何看待和应对问题。所以，知识分子的一部分作用是影响认知、影响教育、影响价值观。但是我们会发现，思想家们并不是总能达成共识，中国历史上就出现过几次大的思想论争时期，比如，战国、魏晋、北宋、明末清初，当然还有20世纪。要注意到，这些时期也正是社会发生巨大变化的时期。两者（思想辩论和社会发生巨大变革）之间错综复杂的关系也正是历史让人着迷之处。

中国的发展需要中国学者的智慧。中国学者自己应该去判断"中国梦"和"中华民族伟大复兴"等的价值。对我而言，我想要了解他们的看法、他们的选择。当然，中国有很多不同的思想理论，我希望能了解他们是如何思考、如何讨论的。

冯黛梅：您如何评价当代中国思潮？

包弼德：我认为中国当代思潮非常吸引人，从20世纪80年代的思想解放运动、邓小平南方谈话，到市场经济兴起和全球化所引发的关于人文精神的思考等，都有人关注。90年代中国学界开始认真反思学术的意义，探讨学术的目的到底是影响社会和政治，还是"为学术而学术"，这也是很有意思的讨论。之后出现的自由主义与"新左派"的辩论，关于如何寻找中国发展模式的讨论，关于社会主义与现代化之关系的讨论，关于民族主义、新威权主义以及儒学传统的讨论等，都是非常值得关注的现象。

　　我尤其想说的是，中国政府现在明确表示，中国的未来应该建立在对中国历史文化遗产的继承上，这是一个很新的提法。即使在 1978 年，中国政府也还没有意识到，对于寻找中国的未来方向而言，了解中国的过去有多么重要。现在，中国所面临的挑战是如何解释这两者的关系。过去对于未来是一种肯定关系吗？也就是说，中国的未来可以依托历史而发展吗？我非常期待听到中国学者对这个问题的讨论。

　　我知道现在也有很多关于所谓"儒教复兴"的讨论。许多学者认为，随着历史的发展，儒学的内涵也在发生变化。有些学者则认为，未来的儒学思想虽然不一定和过去的思想一致，但还是应该有一定的传承关系。我是同意前者的。中国学者如何就这些问题进行讨论，并最终决定怎么做，都是很重要的问题。

　　冯黛梅：作为副教务长，您的工作主要有哪些？

　　包弼德：在学校，主要有三个小组负责向我汇报。一个是哈佛大型在线公开课，这个组有 40 个左右的全职人员、70 个左右兼职人员。另一个是数据分析小组，主要研究如何提供更好的教学，包括课堂和在线教育两个方面。这个组的成员有 10 人左右，他们是数据科学家，用不同的方案来测试，以寻求更好的教学方法。第三个小组是哈佛教学方案策划组（HILT），其成员通过集合和比较不同院系的专长，为全校提供教学方案。因为哈佛大学有一半是本科生，所以为他们设计更好的教学方案也是我们的工作。

　　冯黛梅：您做这些工作需要进行跨部门协调吗？

　　包弼德：是的，我需要协调不同院系。在哈佛，每个学院都有自己独立的财政资源，由于这种独立的传统，我们需要付出特别的努力去协调。但是对于某些情况，独立基础之上的合作反而会更有效。当人们认为有些目标值得去合作争取时，协调就不会很难。

冯黛梅：您是个教授，需要讲课，还要做自己的研究，同时还是学校的副教务长，您会不会太忙？如何平衡这几个角色？

包弼德：努力工作。学生排第一，因为学生是未来，特别是博士研究生们，他们的研究关乎下一代的学术发展，所以，帮助他们进行研究排在首位。其次是教学，教授本科生中国历史知识很重要。我的研究也重要，但行政管理工作是我的责任。相比较之下，我自己的研究工作要做些牺牲。

冯黛梅：新的一年，您有什么计划？

包弼德：首先要努力为哈佛大型在线公开课增加新的课程。数据研究组现在由很有才干的人负责，进展顺利。我个人准备完成一本关于中国地方文化历史变迁的书，以浙江金华为案例，探讨地方社会变迁对国家层面文化形成的影响。另外，我也在计划写一本关于中国 15 世纪下半叶思想发展趋势的书。

音乐：流动的民风

受访人——赵如兰
采访人——张凤

赵如兰教授

赵如兰，1922年生于美国马萨诸塞州剑桥镇，著名语言学家和音乐家赵元任之女；是第一位当选台湾"中央研究院"院士的音乐专家，曾任香港中文大学音乐系访问教授、台湾清华大学研究所及"中央大学"文学院客座教授等。

赵如兰分别于1944年、1946年、1960年获哈佛女校瑞克利夫（Radcliffe）学院西方音乐史学士、硕士、博士学位。自1942年起，赵如兰在哈佛大学东亚语言与文明系任教，从做她父亲赵元任的助教起，在哈佛教学50年，直到1992年荣退。1960年以《宋代音乐史料及诠释》为题完成博士学位，获得魏毕（Carolyne Wilby）博士论文奖，论文被评为"各系中最有创造性的著作"。这篇论文1968年还在美国音乐学会上获得金克代（Kinkeldy）学术大奖。她以严谨的学术方法处理各种资料版本，极有独到的见解。1974年升为正教授，成为哈佛大学东亚语言与文明系第一位女教授，是第一位东亚系和音乐系两系同聘的教授，也是哈佛前十位的女性正教授之一，同时也是第一位华裔女教授。1980年，母校哈佛大学瑞克利夫学院颁给她杰出成就奖。

1975—1978年，赵如兰兼任哈佛大学南学院（South House，现在的克北学院）院长。1990年夏，当选台湾"中央研究院"人文组的首位女院士，同时当选首位音乐专家（她的丈夫卞学鐄是麻省理工学院的教授，同为台湾"中央研究院"院士）。她一直担任隆基音乐学院的董事。早在1969年，她就与康奈尔大学的谢迪克（Shadick）以及其他对中国演唱文艺有研究的汉学家创立了中国演唱文艺研究会，定期开会并发行研讨刊物。她也曾被推选为有规模组织之后的首任会长，所以一向是这方面的权威学者。

2013年11月30日，赵如兰教授于波士顿剑桥镇的家中安详逝世，享年91岁。

主编手记

　　该访谈是笔者邀请张凤采访的。张凤和赵如兰很熟悉，也很有感情，但是在采访赵如兰后，她还是颇多感慨。她说，数不清是20多年来的第几次，来到剑桥的这个小圆环，走过花园院落，再次进到赵如兰、卞学鐄教授家的客厅。赵如兰是当年哈佛及毗邻的麻省理工学院学者中少有的女教授。平日里她总是挽着一个雅致的髻，留给我们深刻印象的是她额上的美人尖和她那和蔼可亲的笑容。如果不晓得赵元任夫妇1922年在哈佛大学教书时得了最长的千金——赵如兰，就不容易晓得2002年我们已为她庆祝了80大寿。每当有后辈学者问起她在美居住的年份时，她常幽默地说：我第一次来的时候是87年前，第二次来已经70年了！赵教授还是不改那活泼的赤子之心，无论是教书还是已经退休，在学习、研究的路途上，她总是一位永远愉悦的高瞻远瞩的求进者。风度翩翩的卞学鐄教授与赵教授相伴度过64年的光阴。他是麻省理工学院航空工程学系的资深荣退教授，历年来常常应邀到世界各地讲学。夫妻俩鹣鲽情深，同游天下；又喜交朋友，结交了许多"大号儿""中号儿""小号儿"的朋友。他俩对待那些学生辈的朋友，不单奖掖提拔，还亲如家人。他们更以广阔的胸怀不断求知，教学相长，给晚辈学者和学生带来深刻的影响。2009年6月20日，正值文稿完成之际，近年在家中养病的卞学鐄教授与世长辞，享年90岁。永怀他老人家！

　　张凤：您非但承袭了您父亲赵元任在语言和音乐上的造诣，更对中国民族音乐和表演艺术有深入的研究，所以一向是这方面的权威学者，有着精湛的成果。您能不能介绍一下这方面的情况？

赵如兰：过誉了！这都是大家一起努力的结果。1969年，我与康奈尔的谢迪克以及其他对中国演唱文艺有研究的汉学家创立了"中国演唱文艺研究会"，定期开会并发行研讨刊物。我也有幸被推选为有规模组织之后的首任会长。

张凤：您是哈佛大学首位华裔女教授。1990年夏，又同时当选"中央研究院"人文组首位女院士和首位音乐专家。当时您曾很谦虚地说："我第一个反应是也许他们认错人了！"再谈谈您当时的感想吧？

赵如兰：我觉得他们到底承认了音乐学是一门求真的学问并加以重视。这点我倒是非常高兴！但这在国内大多数人还没有认识到。

张凤：您和您的先生，麻省理工学院的卞学鐄教授，同为台湾"中央研究院"院士，这除了黄秉乾、黄周汝吉夫妇外，应该很少有吧？

赵如兰：是很少。学鐄他的专业是航空，我把语言、音乐看成是声音的东西，而他是搞"超音"的。可以说，他懂我的东西比我懂他的东西要多得多了。

张凤：1938年回到美国读书后，您还经常到中国研究音乐，到处采风。这80多年来，您先是跟随父母左右，后来追随卞学鐄教授或是自己独立研究讲学，可以说是足迹纵横千里啊！

赵如兰：我常到中国进行实地音乐研究，在中国还有二妹一家等许多亲戚，所以我过去有机会就往中国跑。早在设备沉重的时代，我就背着器材到处采风，如今依然向往这种生活。我对中国的感情是深的，因为自己本身就是华裔，所以我对中国的学问很感兴趣。在研究中国音乐当中，我对音乐社会学很有兴趣，就是研究音乐在人生里占什么地位、有什么影响等。

张凤：您和卞学鐄教授是我们的大家长，照顾着在哈佛的我们，待我们亲如家人。多少个晨昏，我们相聚在你们家或哈佛燕京楼里开会论学，套句杜维明教授的话说：你们在剑桥的家，已经成为我们历史悠久、人情味浓郁、文艺气息深厚的沙龙。这个传统是怎么来的？

赵如兰：还是由我父母传递下来的。1983年陆惠风教授与我，还有张光直教授等，发起剑桥新语社，相约每个月末的周五，学者轮番聚首于两家研讨文史哲。后来的20年左右，幸得有你协助主要的联络组织工作。

张凤：可以说从以前梁思成、林徽因的客厅，到现在各名校如伯克利加州大学、台大、香港城市大学、高雄师范等，一波一波仿效的组织都如雨后春笋般冒出来，还常来信向我"取经"。几十年来，你们的家是中国留学生聚会的重要场所。来过剑桥镇哈佛大学的访客，相信不会忘却这精神的盛宴和你们拿手的红粥、白粥。"粥会"就是这样传开去的吧？

赵如兰：起因也许是大家开讨论会，中场休息的时候喝粥，所以有人就管它叫"粥会"。这也是几十年的习惯了，每当有贵客光临，我们家一定会精心烹制热粥以飨宾客。我们跟陆惠风很熟，我家供应红粥，陆家供应白粥。我们约定在每月最后一个周五的晚上，交替在我家和陆家举行非正式的学术研讨会；1995年后多在我家。开讨论会几乎什么问题都谈，话题越广越好，大家可以畅所欲言。参加者除了在剑桥附近的哈佛、麻省理工学院等高校的教授外，还有哈佛燕京学社每年邀请来的访问学者。

张凤：这个传统一直延续下来了。我所创办的北美华文作家协会纽英伦分会，和后来同李欧梵、王德威教授一同召集的哈佛中国文化工作坊，也几乎是以此为基础的。

那些宾客包括当年的胡适、傅斯年、梁思成、林徽因等，到今日各行各业的著名人物。你们父女两代名师，使得学术之薪火代代相传。我们能由赵元任夫妇家的留名簿到今日您家的留名簿中探出端倪吧？

赵如兰：杨联升、林家翘、李耀滋、李欧梵、余英时、张光直、李卉、杜维明、王德威、柯庆明、胡永春、林同奇等，都在留名簿上签过名。过去常常是高朋满座，这对我们来说是非常荣耀的事情。我们在此地住了四十几年了，地点对大家来说都很方便。后来人太多的时候，就在你订的哈佛燕京楼聚会厅里开会论学。

张凤：来你们家研讨的朋友中，给您留下深刻印象的文学人物有哪些？

赵如兰：文学人物啊，多少年来光临过这里的有叶嘉莹、李欧梵、王德威、林培瑞、陈幼石、郑洪、刘年玲、柯庆明、郑培凯、张隆溪、叶扬、杜渐，等等。你也带来好些久未谋面的老友如鹿桥、张系国、舒乙、张宝琴、郑愁予、廖炳惠、梁秉钧、杨照、贾福相等的欢声笑语。沙发那边有块"剑桥新语"的牌匾，还是你邀来香港的陈甘棣为我们特制的。

张凤：在哈佛大学新鲜的学问可多了，您现在还召开剑桥新语研讨会吗？

赵如兰：这会连续开了23年，到2006年之后就很少开了。

张凤：现代人不见得理解，哈佛和常春藤盟校等许多高等教育机构原来都是清一色的男性场域，您是哈佛大学东亚系第一位女教授，也是目前唯一一位东亚系和音乐系同时聘请的教授，同时又是哈佛早年前十位女教授之一。您是如何取得这些超群的成就的？

赵如兰：其实早在高中时期，我的数学好得很，还胜过那些男同学。我差点儿像父亲早期一样动了主修数学的念头。直到我跟父亲转到哈佛来之后，才下定决心念西方音乐史。

张凤：初到哈佛大学就钻研民族音乐学？赵教授您在哈佛大学师承为何？

赵如兰：音乐系的华德（Ward）教授，原擅长研究文艺复兴时期音乐，又开通地将各地民族音乐学发扬光大。那些音乐系的教授慨然承认：中古西方宗教音乐理论也有好多盲点，是弄不清楚的。这种"知之为知之，不知为不知"的求真知态度，给我留下了不可磨灭的印象。

张凤：既然决心念西方音乐史，那又怎么转到中国音乐史的？是受到研究导师的爱才指引？

赵如兰：研究导师杨联升教授对我的影响是最大的。他自己对音乐也很有兴趣，会唱京戏，学识非常渊博。他跟胡适是好朋友。我父母也都非常赏识他，可以说他帮了我很大的忙。虽然他对西方音乐没有专门的研究，但他听说我要研究中国音乐，就给予我非常大的帮助，在我写文章、读书、做准备以及探寻研究方法等方面，都给予我热心的指引。因为我到美国来念书，中文的根底很

赵元任、赵如兰（右）父女

音乐：流动的民风

差，所以中国文学、文化、历史的知识都不行，他在背后帮了我很多忙。受他的指引，我把重点转到中国音乐，重新踏踏实实地钻研起中、日的乐谱、音乐史等。

张凤：能回忆一下当时研究的细节吗？

赵如兰：我能有今日的成就，说来应归功于几位导师的持续训练。记得杨联升教授要我把日本的中国音乐专家林谦三有关敦煌乐谱的论文下功夫翻译过来，并亲自到燕京图书馆查找各种文献。早些时候，我家中客人特多，胡适那一辈人经常去我们剑桥行人街27号的老家做客。我常听他们的谈论，受益匪浅。我与学鎏成家后，回哈佛攻读博士，年纪较长，但与同一导师指导的年轻同学如余英时、高友工和主修考古人类学的张光直等常常聚谈，也觉得饶富趣味、颇有收获。

张凤：从您父母开始，家中聚会特多，胡适、傅斯年、梅贻琦、蒋梦麟那一辈名家都曾是你们家的座上客。他们应该对您有一定的影响，是吧？

赵如兰：我父母在此地一天到晚都有客人。很多中国留学生跟我父母熟悉了之后常常来，来多了就等于是家里人一样，像胡适、杨联升等一直到你们。读书时听长辈聊天固然受益，但太频繁了也会有碍学习，于是我常常逃到隔条街的隆基（Longy）音乐学院的图书馆去读书，或到琴房去练钢琴、大提琴等。我从少女时代起，就在那儿学乐器，后来还一直是隆基音乐学院的董事，不时要开会咨询学院校务。

张凤：在美国大学和研究院受高等教育时的情形怎么样？

赵如兰：我在哈佛女校瑞克利夫学院受过几年教育，分别于1944年、1946年、1960年获西方音乐史学士、硕士、博士学位。因为我父亲常常去中国旅行，我们也跟着去，所以后来自己决定主修中国音乐史。当时读的大多是西文书，尤其是20世纪40—50年代的民族音乐学家萨克斯（Curt Sachs）的几本书，还有中国杨荫浏的《中国音乐史纲》及日本岸边成雄的著作等，我读后都深受启发。

张凤：1993年你我同去康州三一学院演讲时，您说过：我们音乐学也是用文学、戏剧、艺术、历史、心理学来研究不同文化所产生的不同民族的音乐。您对音乐的兴趣究竟在哪里？

赵如兰：我对音乐各方面都有兴趣，比如音乐跟生活的关系、音乐跟戏剧文学的关系，还有世界上各种不同的音乐对西方的音乐有什么样的影响等。那时候哈佛还没有教中国音乐，直到我教书的时候才开始有中国音乐课。现在研究中国音乐的人很多，涉及许多方面，比如研究古琴、京剧、昆曲、戏剧跟文人生活的关系等。

张凤：在美国哈佛大学教中国音乐，学生能了解多少？在此开中国的音乐课，您应该也是独占鳌头吧？

赵如兰：开中国的音乐课，大概我是头一个，我不知道从前我父亲在这儿教书的时候有没有提到过。当然，有兴趣的学生才来读，很用功的也有。我就只有拼命想法子让他们可以理解。如果从音乐的社会学方面看，应该没有问题；但完全从技术层面来把握，那就很难了。有很多时候他们得自己学点东西，譬如，有人到此来教古琴的，有人教唱京戏的，有人教唱昆曲的，他们就跟着学点。因为中国在文化宣传方面做得不错，有许多乐团来此表演，学生也有很多机会接触中国音乐。

张凤：如果把西方音乐研究的方法与中国音乐研究的方法作个比较，您觉得有什么不同的地方？

赵如兰：中国音乐研究也是很新的东西。"比较音乐学"研究的题目，不光可以应用在西方音乐上，应用在中国音乐上也很有意思。研究音乐的方法论问题，这是很大的题目。

张凤：在哈佛大学，您是第一位华裔女教授，同时也是音乐系第一位华裔教授。

赵如兰：当年女教授是很少的。我来教的时候，民族音乐学是一门很新的音乐课。不但音乐本身是新鲜的题目，教的方法也是新鲜的。我边学边教，很有意思。

张凤：您以严谨的学术方法处理各种资料版本，极有独到的见解。您还得过博士论文奖状，论文被评为"各系中最有创造性的著作"。您在哈佛大学和其他学会得过很多大奖吧？

赵如兰：我在1960年以《宋代音乐史料及诠释》（*Song Dynasty Musical Sources and Their Interpretation*）为题完成博士论文，当年获得魏毕博士论文奖。这篇论文1968年还在美国音乐学会上获得金克代学术大奖。1980年母校哈佛瑞克利夫学院颁给我杰出成就奖。

张凤：您家两代大师，门下高足无数。杜维明教授曾妙趣横生地提道：在语言教学方面，赵教授您是哈佛好几代同学所敬畏的女中豪杰。包括杜教授自己和李欧梵教授的导师史华慈教授，以及许多极有声望的美籍汉学家，他们的中文都是由您启蒙、鞭策、教导的。您在汉学界的轻重，自不待言。

赵如兰：呵呵，我的学生是比较多。写《日本第一》《广东经验》等书的傅高义也是我的学生，因喜欢收集资料，曾应允征调到中央情报局担任首长，也曾任费正清东亚研究中心主任。另外一位主任马若德也是我的学生。普林斯顿鸳鸯蝴蝶派小说专家林培瑞、耶鲁大学的何尔等，也都是我的学生。

张凤：您是名人赵元任和杨步伟之后，这种家庭环境再加上您自身的禀赋，在大家看来实在是得天独厚。您对这个自身无法选择的出身，是怎么看的？

赵如兰：唉，这个说起来啊……名人之后这个身份常常造成我的压力。在中国社会，别人在介绍我的时候都会说，我是名人之后，赵元任的女儿；可是外国人不在乎你的家庭怎么样，他们听了这样的介绍就会起疑心，会在心里问：那么你自己有什么能力吗？所以中国式的介绍常常造成我的压力。

张凤：你们是从20世纪60年代中期搬到这Brattle Circle 的房子里来的？

赵如兰：是的，住了40多年，连我自己都没有想到的。1922年，我就是在与这里相隔几条街的医院里出生的，因父亲第二次到哈佛客座讲学，所以我就生在哈佛大学所在的剑桥镇奥本山医院（Mt. Auburn Hospital）中。后来在此地定居下来，一晃就不知多少年了。我们在哈佛的生活，像父母一样频于社交，许多往事都一时记不起来了。

张凤：当年北京媒体《晨报》报道：1921年6月1日，赵元任和杨步伟在北京举行新式婚礼。婚后，杨步伟牺牲了自己早年留日的医生资格，随赵元任远涉重洋，奔赴哈佛和伯克利加州大学，直至终生。您能谈谈您的母亲吗？

赵如兰：要不是母亲结婚以后就做家庭主妇，无怨无悔地照料父亲，父亲一生是不容易有那么多成就，又活到89岁的。母亲爱做菜，也非常好客，在清华和哈佛的时候常烧中国菜请胡适等朋友来吃。尤其是抗日战争时，常留哈佛学生在家吃饭，在家境并不宽裕的情况下还热心关照

自己的同胞，以慰其思乡之念。

张凤：1925 年，在您 3 岁时，曾跟随家人经法国回清华园。您还记得儿时的生活吗？

赵如兰：记得。母亲曾提到我的第一语言是法国话，因为我最初就是在法国开始学说话的。那时的我很好动，常玩些追鸡砸碗的顽皮儿戏。3 岁的时候回清华园。王元化是我上清华幼儿园时的同学，我常笑称他是我的小男朋友。母亲在清华园的时候，还跟人合办过一个饭馆。后来，她为推广中国文化，还写过一本介绍中国菜的英文食谱。这类书当时很少有，包括林语堂在内的许多人都争着写序，最后只放了赛珍珠和胡适两位的序。这书最初由我翻译成英文，父亲觉得我翻译得非常单调，枯燥无味，他就整个儿接过来翻，趁机把很多笑话添加进去。他给人最初的印象是寡言和善，但接触多了之后，时常能领略到他的幽默风趣，他是很喜欢、很会说笑话的人。

张凤：您小时候读过很多学校？

赵如兰：太多了。3 岁回中国，在北京清华园、上海、南京、长沙、昆明等地都住过。16 岁到夏威夷。17 岁到美国东部逗留直至今日。进的学校太多了，在美国的华盛顿、新港、波士顿等地都上过。

张凤：您的父母亲对您的一生影响很大吧？

赵如兰：父母亲一天到晚都很忙，所以对我们的教育原则上很自由，从来不逼着我们做什么，也并不正式教我们做什么。我们从小就跑来跑去的，在中国呢，中文不行；在美国呢，英文不行。我有三个妹妹，二妹新那学化学，三妹莱思学数学，四妹小中学天文物理，只有我是学文科的。二妹现在长沙，三妹在西雅图，四妹就在附近，常来找我。我自小就对语言学感兴趣，我在哈佛跟我父亲一块儿教中文，教了很多年，互相看文章，有问题的时候就问他。

音乐：流动的民风

赵元任一家合影

张凤：您父亲在音乐方面一定对您造成很大的影响吧？

赵如兰：他在原则上是提倡自由自在的，鼓励孩子们玩音乐，所以我们除钢琴外，喇叭、双簧管、大提琴、小提琴都玩得很好。家里有很多书，但他并不要求我们一定要看什么书，而是把书放在桌上，我们高兴看就看，不看他也不管。我们从小对于学校要求的事都会用心去做。父母看着我们用功，就很高兴。他们还为我们创造各种机会去接触外面的世界，常带我们去听演讲。我们的知识都是从这些自由自在的活动中获得的。

张凤：可是在音乐方面，赵元任先生是创作编写了百余首歌曲的名家。《上山》《海韵》《也是微云》《教我如何不想她》等均出自他之手。连黄自教和声学，都总以他的作品为例。父亲在这些方面对您的影响应该不小吧？是否还有与生俱来的因素？

赵如兰：可能父亲遗传给我一些音乐天分吧！小时候

虽然常搬家，但只要有可能，家中总备有钢琴。我们常常同父亲一块唱他作的歌。创作的新曲子，父亲总是先唱给母亲、我和妹妹们听。父亲经常弹琴，喜欢巴赫、海顿、莫扎特、贝多芬、肖邦，特别喜欢舒伯特。父亲兼收并蓄，无论是古典的还是浪漫的，无论是古代的还是近代的，只要是好作品他都喜欢。难得听到他全盘地拒绝哪个派或哪个作曲家的作品。

有一次，我们正在北京邮局等挂号信，父亲掏出他带在身上的小本子捕捉音乐灵感，就与我们坐在一条板凳上一起练唱。20世纪30年代，他写了许多家庭歌曲，有二重唱，有三重唱……让我们唱着玩。他还作过一首三部合唱曲《小中！小中！如兰、新那、莱思在叫你！》给我们四个女儿。

张凤：能请您谈谈赵元任先生与您研究工作的同与不同吗？

赵如兰：其实我与父亲的工作，基本上有许多方面是不一样的。他对语言所作的是学术性的分析研究，在音乐上主要的是艺术性的创作；而我是致力于音乐方面的学术性研究，在语言工作上只关心实用的教练问题。父亲也编过一本着重实用的中文教科书，叫《国语入门》，内容非常丰富。我没有正式学过语言学，修过一两门课而已，但是我相信我比一般教中文的老师对《国语入门》这本书下的学习功夫要多些，这也是我的基本训练。我后来还编了一些附带的补充练习材料。

张凤：这些语言、音乐上的熏陶，怎能不深远？

赵如兰：在学术的研究方法上，父亲并没有正式教过我，但我相信自己很可能无形中也受到一些他的影响。总而言之，在家里父母都是任我们随意发展的，比方我写完了那小册文法上的补充练习材料，请父亲过目，他不过点个头说声 OK，也并没有加什么意见。

张凤：我在赵元任先生的自传中发现，他从 14 岁起，在长达 77 年的时间里（1906—1982 年），天天写日记。只在 1910 年赴京报考庚子赔款第二批公费留美学生的 87 天里停写过。这么珍贵的《赵元任日记》整理得怎么样了？

赵如兰：日记收进《赵元任全集》了。全集一共 20 册，出了几本了。有中文的，也有英文的。

张凤：他读过康奈尔的理学士、哈佛大学的哲学博士，在康奈尔、清华教过数学、物理、哲学、心理学，可以说是天宽地广地做学问。是否到哈佛教语言课之后，他才一心投向语言学和语音学的？他懂那么多国家的语言，在家跟你们讲吗？

赵如兰：是的，他是专门搞这一行的。他自己当然是中文、英文、德文、法文都会，中文的好多种方言他都研究过。但这只是他研究的题目，并不会拿我们做练习。他的专业就是研究中国的方言。我们还没有他那么聪明，学不会的。他的兴趣虽然广，但后来也没有工夫涉猎太多。

张凤：1921—1924 年，您父亲在哈佛开设中国语言课，任讲师一职。这是在 1879 年戈鲲化之后，哈佛再度开这门课，是吧？

赵如兰：在哈佛教中国语言课，是父亲第一次在国外开这方面的课程。1922 年我就出生在这里；1924 年父亲带我们远赴英法；1925 年回清华国学研究所，成为"四大导师"中最年轻的一位。父亲离开哈佛之后，就推荐了梅光迪接替他在哈佛的教学。1941 年父亲再度来哈佛开课，并和王岷源等人编撰字典；1947 年父亲接受柏克莱加大的聘请，担任语言学教授；而他生命中的最后两年（1981—

1982年）就是在此地度过的（赵元任生卒年：1892年11月3日至1982年2月25日）。

张凤：我听说，他就这样春风化雨数十年，终身不仕，甚至连南京中央大学的校长也不想担任，风范备受学生爱戴。

赵如兰：他一生多少次受人邀请去做"长"，但他都回绝说：任何与人事有关系的，我都不愿意干，我只愿终生做学问。

张凤：胡适曾说过，"元任辨音最精细，吾万不能及也"。胡适念过音乐理论课，所以他的音乐创作在词曲结合上有独到的见解成就。我记得您说过，有段时间常到胡适的住处去喊他到你们家吃饭。

赵如兰：胡适是很看重我父亲的，他也是我父母新式婚礼的见证人之一。他跟我们都很亲近，一点也不摆架子，在哈佛讲学时常来我家，在我家自在地吃饭、聊天，拿我们当家人一样。

张凤：今天，我想问问在哈佛轰趴（Home Party）上，最常听到旁人问起的问题：赵元任的歌《教我如何不想她》中的她究竟是谁？是后来的台大教授赵丽莲吗？

赵如兰：（呵呵）虽然是父亲作的曲，可词是刘半农填的啊！赵丽莲教授亲口跟我说："把赵先生与我连在一块儿，那真是可笑！"20世纪30年代中国正经历社会、政治、思想上的新变化，到处都在传唱热情洋溢的歌曲，有爱国歌曲，也有批评社会的歌曲。父亲的人生观是入世的，他对于种种社会改造总是很热心。朋友们还找他写了许多教育歌、团体歌和校歌等，从南京逸仙桥小学校歌到后来的台大校歌都是我父亲写的。《教我如何不想她》的那个"她"，在当时也可能是指国家吧！

也可以说,这个"她"是因人而异的,你想怎么理解,就可以怎么理解。

张凤:据年谱记载,您父母和您的女儿、女婿在1973年回中国时,周恩来在5月13日晚间设宴会见他们,历时3小时,说到很多方面,如周恩来说自己在清华时曾考虑去跟您父亲学语音学。

画家陈丹青绘的清华国学院导师像

(从左至右为:李济、梁启超、王国维、赵元任、陈寅恪)

赵如兰:是吧!我也是听说的,因为当时我不在场。听说我父亲向周恩来介绍我母亲时说:"她既是我的内务大臣,也是我的外交部长……"

张凤:父亲赵元任和母亲杨步伟的故事,您是否有记忆犹新的感觉呢?

赵如兰:我对父母亲的有些事,不记得,也不了解,是看了别人写的文字,才明白了一点。我父亲在很多方面都值得我们学习。我们四姊妹全部加起来，也不如他懂得多。

张凤：这些年赵教授您在哈佛开的课程有哪些？

赵如兰：音乐系方面有"民族音乐学介绍""中国音乐概论""古琴音乐""京戏的音乐结构"；东亚系则有"口传文学""说唱艺术""初级、中级语言"等。

张凤：您有计划也有选择地收得无数自民间采集的音乐素材，能详细谈谈这方面的情况吗？

赵如兰：我写博士论文的时候还没有调查这方面的情况，我写的论文是关于宋朝的音乐史、音乐材料。我可以说是毕业以后才开始搞中国俗文化的。刚开始时资料不足，而且那时音乐学还是挺新的学问，在方法论上还要进行很多试验，因为以前没有人这么干过的，也没有人愿意像我这样到处跑。但我只是偶然的田野工作者，并不是很有系统地搜集这方面的材料。反正我有机会就到处去，身上带着录音机，往中国内地、中国香港、中国台湾及日、韩各地收集录音、录影材料。经过自己的努力，搜集到的录音、唱片、乐谱书、录影带等逐渐地丰富起来。

张凤：可否具体谈谈您是怎么做俗文化、音乐的研究的？

赵如兰：就是听、调查、录音。很惭愧，通过录音搜集到的资料，只有少数在研究时利用起来了，很多都浪费了。记得1964年的整个夏天，我对京戏着了迷，就独自返台，每天坐在大鹏剧团演戏班子的场面里头，考察、录音，锣鼓咚锵，差点把我的耳朵都震坏了，但我一点也不后悔。那时候，我很难得地录到许多从头到尾的好戏，再加上后来到处搜集的材料，经过一番又谱又译的淘炼之后，利用它们开了一门京戏研究课。昆曲是因为我父亲喜欢唱，所以我很早就有接触。

张凤：至于其他音乐乐器呢？

赵如兰：古琴也是我研究的兴趣所在。我对分析古琴琴曲音乐的结构特别感兴趣，曾到中国内地访问过音乐界研究古琴的学者，也曾向台湾、香港的古琴专家专门求教过。

张凤：曾有幸在哈佛大学"说唱艺术"的课上聆听过您的教诲。您对于民俗说唱资料的网罗可以说是巨细靡遗，内容包罗万象、不胜枚举。很愿意再度闻其详，请详细谈谈。

赵如兰：我这课的讲题由京戏、山东快书、相声、数来宝、昆曲、越曲、苏州评弹、十字唱儿、大鼓，到二人转、山歌等民族歌谣。单举一项大鼓为例：我由奉调大鼓、西河大鼓、京韵大鼓各家比较他们不同的风格，分析结构、配字填词等，由魏喜奎自创一格的奉调大鼓，讲到章翠凤的《大西厢》《丑末寅初》或小彩舞的《子期听琴》，教材有音带、影带。

张凤：记得有一天，您笑眯眯地给大家听各种录音，选了"讨论民歌唱法、通俗唱法和美声唱法"为主题。您是否还记得？

赵如兰：那天并不是以声乐家的观点评论高低，只为诠释他们风格之不同。影响风格的原因很多，和区域、表演环境、观众的亲疏多寡、歌曲内容、歌唱者脾气、演出目的等都有关系。

我特别选取了1985年阴历六月初到甘肃兰州南边180千米的莲花山的"花儿"会听到的各种民歌的实例。那次是首度开放给外人研究，共请去4位学者，其余3位都是美、日裔。欢迎餐会后，就先请来公认的花儿王——朱仲禄来表演。此外，还有比赛，采用斗智形式的唱法，另有3人或5人一组的洮岷唱法，常是男女找对象的方式，每人唱一句，还没唱完，就有脑筋快的"串把式"的人，指点下一个人唱，尾声还唱着："花儿……莲叶儿……"上山那晚，我们不想依照接待安排休息，只想到村子里去看满街的热闹，结果意外地看到各种唱"花儿"的实况：一串轻快的女声唱了起来，感受不同于响亮圆润的花儿王，难以想象，街道桥上、铺子里、山顶上，黑黝黝的，谁也看不见谁，一丛丛、一堆堆的男女老少，刁难的、调情的、一触即发的歌声，不绝于耳。

张凤：除上述山歌外，您还举了20世纪50年代法国学者在长江上录的工人打夯歌、劳动号子、儿童游戏歌的例子，对吗？

赵如兰：对！那些全不是为观众而歌，都是有实效、有目的的民歌。民歌的定义，不只是代表国家民族的特点，也不一定都是简单朴素的。音域可以广，也可以变化复杂，有各种花音。在浪漫主义的时期，民歌是时髦的作曲材料，可以配上钢琴交响乐，不过那就不能算是民歌了，譬如20世纪40年代斯义桂唱的《锄头歌》，那是已经把一首民歌表现为美声唱法的艺术歌曲了。

张凤：那我们听石慧儒唱的单弦牌子曲《杜十娘》"十娘误坠勾栏院，托身李甲结下良缘……"一般大家都承认这是传统的说唱艺术。

赵如兰：是！这就是通俗唱法，虽然也是跟着时代潮流发展的，不过变化缓慢多了。中国本有的通俗唱法，甚至于在"信天游迪斯科""二人转迪斯科"中有时也听得到。

张凤：您后来又给我们听熟悉的《教我如何不想她》。

钢琴伴奏、美声唱法的唱片刚放完，观众掌声、哨声四起。您当时曾反问我们：美声对我们中国人一定美吗？

赵如兰：西方的表演传统，大家习惯地叫作美；我们听惯了京戏，听金少山唱花脸，听马连良唱老生，也就认为美。听多了，耳朵受到磨炼就能欣赏。《教我如何不想她》的美声唱法录音，是我 1986 年在长沙听广播时偶尔录下来的，可惜不知是谁唱的。他的唱法，因为咬字很清楚，可以说是有点中国化的美声。这种唱法我们也都听惯了，我也很喜欢。

张凤：最兴奋的是听第二首，改用交响乐，唱者有点江南口音，软软地、明晰地吐字，刚唱出"天上飘着些微云"，我们就笑了起来，每唱一句大家都笑。有些朋友懂戏，听完了像看戏时一样鼓掌叫好，现场叽里呱啦、热烈透顶。您又问：有多少人喜欢第一种唱法？又有多少人喜欢第二种唱法？

赵如兰：我给你们听是有用意的。第一种唱法表达的是：爱情多么伟大，天上的云，地上的风、草、水、花、树都让我想起了她！爱情！你看这就是我的爱情！是我在那说爱！想她！第二种唱法表达的是：你跟我把这爱情收起来，它是咱们的，这儿让我想到你，那儿也让我想到你，我唱歌给你听，所以唱的是《教我如何不想你》！两种唱法风格上完全不同，我想问：假如这两人跟你谈爱，你更喜欢哪个？再告诉你们，第二首是我父亲自己唱的，是 1953 年百代公司要他唱的，录音前他们就对他说："赵先生，这是一首情歌，请您唱得年轻一点儿……"他唱完了回家跟我们说："我特意给他们唱得甜甜的。"

张凤：当时，我们开心得不得了，议论纷纷，各投所好。大家又笑又指的，大声欢呼起来！您平时无论教课还

音乐：流动的民风

503

是演讲，都擅长运用手势，生动活泼、戏剧化地把民歌曲艺中的精髓栩栩如生地表现出来。据《赵元任早年自传》里说，刚上中学时，赵先生的绰号是"泼"，活泼的简称，后来又说："韵卿和我都喜欢说让人吃惊的话。"您常逗我们，人人都笑弯了腰，您也不以为忤，依我推测，还是得自家传吧？

赵如兰：对吧！父母他们都爱说笑！

张凤：2008年您跟记者李怀宇谈到音乐也可以作严肃的研究，这极有意思，请谈一下。

赵如兰：音乐平常说是玩的东西、娱乐的东西，可是你也可以作严肃的研究。这最重要。不管是什么样的音乐，都可以作为研究的音乐课题；不管是什么阶级、什么地方的人，都可以研究音乐。研究可以涉及很多方面，比如：在什么样的情形下产生的？为什么会有音乐？音乐起什么作用？音乐不单在经济方面有它的用处，对人的心理调节也有用处。为什么有这个需要，这就是心理学的问题，也就是社会学的范畴了。而且，为什么有些音乐听起来觉得很激进或很重要，而有些音乐听起来觉得很平常？是不是所有的艺术都有这种分别？除了音乐以外，舞蹈、绘画是不是都有这种分类？音乐属于社会学，音乐社会学相当重要。音乐对于净化人的心灵的作用，也是一个很有意思的心理学问题。最要紧的是，在我看来，不管是什么音乐，都可以把它当作严肃的研究题目。

张凤：1945年1月13日，您刚由哈佛瑞克利夫学院音乐系毕业一年多，《基督教科学箴言报》就配大照片报道您和您父亲赵元任的音乐成就，说这位在哈佛教语言特别训练班的极有天赋的赵家大小姐，常协助其父亲整理音乐细节（参照《赵元任年谱》进行印证：1942年，他开授中国方言、粤语课程；1943年，美国政府实施军队特殊训练计划，由陆军战略服务处委托大学开办中日语训练班，每年派遣100多名官兵来哈佛接受为期10个月的速成中国话——北京话和粤语训练）。这就是报道中所说的您的哈佛大学教学生活的开端吧？

赵如兰：美国大兵班啊！我当时还是学生，同杨联升、卞学鐄、周一良夫妇等，都曾兼任训练班助教。哈佛大学对做学问是很认真的，完全不能造假。我时时刻刻问自己：做得对不对？为什么做？走哪一个方向？说起来，我现在八十几岁了，还受它的影响。在这里教书很开心，可以说我的运气很好，我教的都是我喜欢的课题，如中国音乐、中国音乐史、语文等。

哈佛是不管你班有多大，只要你认真教，喜欢教，学生喜欢听你的课，都没有问题。我想还有一个好处就是，此地除了哈佛，还有麻省理工学院，还有波士顿大学等好多大学，大家可以互相作个比较，互相作个观察，不把自己的研究对象限制得太窄，可以看看其他的可能性，这个很重要。有时候有的学生来听你的课，他们对研究中文或者音乐史有特别的看法，跟你平常想的不一样。对于他们的看法是应该接受还是拒绝，需要我在不停的学习中加以思索。这个对我们是很好的启发，照理说应该是可以接受的。学生不一定在你的研究领域里，他们有自己的科目，有他们的经验，可以让你一边教导一边学习。在这方面，我对哈佛是很尊重的。

张凤：犹记得赵教授宽敞的办公室里书架极多。四壁除了门窗外，尚备一方黑板，其余全是离地一尺直到天花板的书架，书架上全放满了书。中间放张长会议桌，可供我们进行讨论，十来人团坐都不成问题。家中的几个书房自不待言，就连客厅也是摆满了一壁一壁的书。1992 年您退休了，将来有什么计划呢？

赵如兰：退休了，就可以悠然自得地研究、讲学。书架上杂乱堆放了一些资料，如音带、影带等，丰富的藏书也得整理。书满为患，这辈子研究不完了。

张凤：千禧年秋天，我同您及杜维明等，联袂前往纽约，参加李又宁教授的"华族对美国的贡献大会"。一路欣赏铁路沿线纽英伦金秋的枫红，欢欣之情难以描绘。您接到的演讲邀请一定很多，经常要忙着奔波吧？

赵如兰：在哈佛时自不用说，连退休后也还很忙，忙着应邀到各国去演讲。这 80 多年来，我先是跟随父母左右，后来或是追随我的先生或是自己独立研究讲学，可以说是跑遍天下了。

张凤：您未婚之时已慨叹婚姻、事业不能两全，您的双亲是如何帮助你们照看宝贝女儿以成全你们的？

赵如兰：说来惭愧，女儿一岁半时还在我们自己这儿，那时我打不定主意是否再深造。母亲看我们每天把女儿交给人家照看，自己又忙成这样，就说："你们把她交给我吧！"自己的父母帮忙照看，比交给谁都放心，所以女儿一直待在他们身边，长到 15 岁要读高中一年级了才回来。我母亲管她叫"老五"。母亲为我们分忧，对我们事业的帮助当然很大！

张凤：您是怎么跟 60 年前就开始发表重要的结构动力学论文、声名远播的卞学鐄认识的？

赵如兰：他在麻省理工学院念书，此地经常有中国同学会的成员来来往往。1943 年秋，我快毕业的时候，第一次在房间里看着他随其表哥严仁赓（北大经济学教授）从窗外走过，走进当时位于剑桥行人街 27 号的我家。认识之后，他更是经常出入我家。不过我们各人有各人的天地，我研究的是有声音的，他研究的是超声音的——太空工程超音速方面！

张凤：卞学鐄在南开中学时与胡永春、鹿桥、吴纳孙等同班，他们个个长相俊朗，玉树临风。尤其是卞学鐄，剑眉星目，仪表堂堂，堪称美少年！现在虽已年过八旬，但依然记性极好，豁达沉稳，身形卓立如昔。您当年对他的印象如何？

赵如兰：很帅哦！（笑）那时候因为经常召开中国同学会，又一同参加哈麻（哈佛与麻省理工学院）合唱团，所以有很多机会接触。

张凤：当时在哈佛大学主修音乐、活跃亮丽的您肯定是指挥吧？你们一同做赵元任先生的中文助教。赵家有钻石四千金，出入你们家的男士差不多户限为穿了吧？

赵如兰：呵呵，是的！因我父母亲在此，所以抗日时候会有很多同学到我们家来。在波士顿的中国同学很多，有上百人。大家一到晚上就在一起，讨论国事、看报、合唱……熟了就一起出去看电影、听音乐、跳舞……

张凤：卞教授沉静、谦和，在"剑桥新语"的粥会中，常见他微笑聆听。您在美国依俗被称为卞赵如兰教授，能谈谈对卞教授的感想吗？

赵如兰：他很开通，我要上哪儿去，他就会让我去。1958年我到日本跟从宫廷里出来的乐师学雅乐，1964年到大鹏剧团去录京戏，20世纪七八十年代又去中国香港当了三次客座教授，全是我一个人去的。1975年春天，我正在香港任客座教授，他也刚由东京大学到柏林去客座教学，哈佛的教务长罗索夫斯基（H. Rosovsky）来电话说：南学院提名你当他们的院长（Master）。原来有几个学生是我教

过的。在我与学锁刚结婚时，我们就讨论过什么样的生活是我们最喜欢的。他说跟学校有关的最好。我想这学院院长是完全生活在学校里边的，他一定会喜欢，所以连问也没问他，就先答应了，之后才打电话给他。回来一住就是3年。他是副院长，我们只有周末才偶尔回家看看。虽然很忙（兼职院长只把原来的教书工作减少1/4），所幸他也并不讨厌，我们倒还能自得其乐。

张凤：卞教授是个爱书之人吧？我知道他出身于天津仕宦望族，外祖严范孙是南开大学和中学的创办人之一。我记得卞教授也爱参加文艺活动，令人感动的是他还不忘赞许并参与太太同我们小辈的文艺活动。

赵如兰：他睡前常喜欢阅读中国近代史一类的书。藏书极多，客厅里到处放着书，一楼满墙都是，从中国的经史子集到科技文化等各类书籍均有收藏。我们还典藏家传的古书。学锁很喜欢参与我同你们小辈的文艺活动。他还喜欢工艺，曾亲手制作原木书架送给我。

附录一　本卷采访人、合作者简介

冯黛梅，《中国社会科学报》驻波士顿记者，就中国政治与国际政治、经济体制改革以及金融问题等采访多位美国知名学者，在《中国社会科学报》刊登近百篇稿件，还曾翻译 J. 马丁·拉米雷斯的文章刊载于《国际社会科学杂志》。

郭物，男，1971 年 2 月出生。1999 年毕业于北京大学考古系，获硕士学位。2005 年毕业于中国社会科学院研究生院考古系，获博士学位。1999 年至今在中国社会科学院考古研究所工作。

洪越，北京人。本科就读于北京大学中文系，于北京大学中文系近代文学专业读硕士，然后在美国科罗拉多大学（University of Colorado）学习六朝和唐代的文学。2002 年开始在哈佛大学东亚语言与文明系读博士学位。博士论文的题目是《九世纪中国的浪漫文化》。采访时在美国卡拉马祖学院（Kalamazoo College）任助理教授。曾在《现代中国》、*T'ang Studies*（美国的《唐学报》）上发表论文。

胡必亮，北京师范大学经济学教授。学习和研究经历包括：中南财经政法大学经济学学士、亚洲理工学院和德国多特蒙德大学联合理学硕士、德国维滕—赫尔德克大学经济学博士、美国哈佛大学博士后。曾任世界银行驻中国代表处经济官员、法国兴业证券亚洲公司副总裁兼首席中国经济学家、中国社会科学院研究员、中国社会科学院研究生院教授、博士生导师。其研究代表作分别于1994年和2006年两次获孙冶方经济学奖、1997年获国家图书奖提名奖、2008年获第二届张培刚发展经济学优秀成果奖。

胡秋蕾，哈佛大学文理学院博士候选人，师从宇文所安教授研究中国古典文学，曾任教于波士顿大学及卫斯理女子学院。研究领域包括六朝诗歌、诗歌中的性别表述和拟代现象以及明清小说和戏曲，等等。

黄畅，女，1989年出生，安徽芜湖人。2019年毕业于北京外国语大学，获外国语言文学博士学位。现为中国社会科学院历史理论研究所海外中国学研究室助理研究员、中国社会科学院国际中国学研究中心特约研究员。主要研究方向为海外汉学（中国学）、中外关系史等。

贾建飞，男，1974年出生于山西省长治市。2002年获得历史学博士学位。2002—2008年在中国社会科学院历史所工作，现为中国社会科学院中国边疆史地研究中心研究员。主要研究方向为清代西北边疆史地、中外关系史等。

李琳，江苏扬州人，成长于古城南京，毕业于南京大学外国语学院。从初中开始在全国中学生作文刊物和南京主流报纸上发表习作，1993 年获得全国首届奥林匹克作文大赛初中组特等奖，高中时创建学校记者团并担任首任团长。大学时代主修国际商务，多次担任国际性会议如世界华商大会、中印软件交流大会等英语翻译，于课内课外了解体悟社会生活。2002 年赴美留学，主攻政治学和国际关系，更是在读书与教课之余观察中西文明的异同，并用全新的视角回顾中国。2006 年应邀为美国亚洲文化传媒集团旗下《侨报周刊》（波士顿版）写作专栏《波城人物志》和《波城纪事》。2007 年成为该报全职记者，也是该报驻波士顿地区首席记者，访谈报道过杜维明、于丹、易中天、郎朗、闾丘露薇、傅聪、王安忆等多位著名文化艺术人士以及新英格兰地区各大政经文史事件，文风深受当地读者欢迎，文章多次被各类刊物、网站转载。

李志鹏，中国社会科学院考古研究所助理研究员，主要研究方向为夏商周考古、动物考古学，目前研究主要关注古代畜牧业经济与早期文明、复杂社会的发展，早期城市化的经济基础，古代动物祭祀与礼仪的考古学研究。

刘涛，男，1982 年出生于山东省胶州市。采访时为复旦大学中文系现当代文学博士生。2008 年 9 月至 2009 年 9 月在哈佛大学东亚语言与文明系访学。主要研究方向为中国 20 世纪文学、电影和西方美学。曾在《学术月刊》《南方文坛》《当代文坛》等发表论文数十篇。

马韶青，女，1997 年 9 月至 2001 年 6 月就读于山西大学法学院，2001 年 9 月至 2004 年 6 月在中国社会科学院研究生院攻读法学硕士，2004 年 9 月至 2007 年 6 月在中国社

会科学院研究生院攻读法学博士。采访时为北京中医药大学人文学院法律系副教授。主要研究方向为法律史学、法理学和卫生法学。

牛江河，哈佛大学心理系的博士后。她在加拿大的卡尔顿大学获得心理学博士学位。目前研究有关中国、美国、加拿大三国个人、机构、政府、团体和国家领导人之间的相互信任。她还对个人和团体信任、亲密人际关系、社会性比较和分享感兴趣。其研究成果以中英文发表在国内外教育学、心理学的学术刊物上，并有译著《在工作中学习》。

曲彤丽，女，1981年7月26日出生。北京大学考古文博学院考古学专业旧石器时代考古学博士。

沈素萍，教授、博士，任教于中国对外经贸大学，美国哈佛大学费正清研究中心访问研究员，主要研究中外金融制度文化比较。沈素萍教授从事高校英语及金融英语教学近30年。近年来，专注于金融英语与文化的研究，主编了各类金融英语出版物50余种。其主持的"金融英语"被评为北京市精品课程。现担任北京市高教学会大学英语研究会常务理事；中国财经院校外语教学研究会副理事长；全国金融英语证书考试专家组成员；对外经贸大学国际商务英语研究所副所长，曾担任多年英语学院副院长。

汪小烜，哈佛大学东亚语言与文明系博士生。学术兴趣：中华帝国晚期与近代中国社会史，中国民间宗教。学历：2004—2006年，就读于美国科罗拉多大学宗教系，获硕士学位；1998—2001年，就读于北京大学历史系，获硕士学位，专业为魏晋南北朝史；1994—1998年就读于杭州大学历史系，获学士学位。

王洋，男，1983年出生于山西。2003—2007年就读于中国人民大学国际关系学院，获法学学士学位。2007—2009年就读于哈佛大学肯尼迪政府学院，获公共政策硕士学位。采访时在清华—布鲁金斯公共政策研究中心工作。精通英文、德文，略懂法文。

魏长宝，1968年出生，湖北京山人。1990年毕业于南开大学哲学系，2000年毕业于中国人民大学哲学系，获哲学博士学位。曾任中国社会科学杂志社总编室主任、编审，时为哈佛燕京学社访问学者。现任中国社会科学出版社总编辑，主要从事中国哲学与中国文化方面的研究。代表作有《一代儒宗顾亭林》（合著，台湾文津出版社2000年版）等。另有中英文论文十数篇在《哲学研究》、《光明日报》、《新华文摘》、Contemporary Chinese Thought（New York）等国内外重要学术期刊上发表。

张安泽，美国纽约Frekhtman & Associates律师事务所律师，先后在英国杜伦大学（Durham University）和美国华盛顿大学（圣路易斯）取得法律学士和硕士学位，其专攻领域为国际知识产权法（International Property Right Law）。

张凤，祖籍浙江。现任职哈佛燕京图书馆编目组，并在哈佛研究跨国当代文化、文学历史思想。为北美华文作协纽英伦分会创会会长、理事长，哈佛中国文化研讨会、哈佛中国文化工作坊、剑桥新语联络人，曾任海外华人女作家协会审核委员等，主持组织百场文学、文化会，持续应邀前往各地作协及大学作演说。曾任大波士顿区中华文化协会艺文小集召集人、《女性人》杂志编委，作品入选陕西人民出版社《域外著名华文女作家散文选集》、河南大象出版社《世界华人学者散文大系》。

张冠梓，男，1966年8月出生，山东省苍山县人。曾任中国社会科学院青年人文社会科学研究中心理事长，研究员，博士，2008年至2009年8月在哈佛大学肯尼迪政府学院做访问学者。曾任中国社会科学院人事教育局局长、东莞市委（挂职）、市政府副市长等。目前担任中国社会科学院历史理论研究所党委书记。主要从事中国传统法律文化、中国少数民族法律文化、法律人类学等领域的研究。

张梅，国务院侨务办公室侨务干部学校副教授，国家留学基金委公派美国哈佛大学访问学者，中国与全球化智库研究员，在哈佛访学期间就中国政治、经济问题与多位学者交流，载于《华中科技大学学报》《环球时报》等学术期刊、报刊。

张清俐，《中国社会科学报》记者，在《中国社会科学报》发表文章近400篇，涉及中国传统文化、考古学、社会学、中国政治与国际政治、中国文学、社会科学理论与方法、中国语言文字等问题，对儒学有深入的报道以及见解。

郑讴，《中国社会科学报》记者，在《中国社会科学报》发表文章近百篇,涉及政策研究、中国经济体制改革、社会科学理论与方法、环境科学与资源利用等问题,曾编译多篇域外报道、全球会议等国际稿件。

张泽,女,陕西西安人,时为中国社会科学院法学系在读博士生,研究方向为传统法律文化、法人类学,获香港中文大学硕士学位,曾工作于金杜律师事务所,西安某法院。

褚国飞,《中国社会科学报》记者,曾驻波士顿、华盛顿等地深入采访,在《中国社会科学报》发表国际关系与全球治理、中国经济发展与公共政策、中美智库交流与合作、中国传统文化以及世界历史等文章近四百篇。

附录二 三十年河西 哈佛看中国
——记张冠梓和他的哈佛访谈计划

李 琳

2008年夏,中国社会科学院研究员张冠梓博士为即将开始的哈佛大学访问学者生活作准备。对于所有中国青年学者来说,能够到这个世界最高学府访问交流是一种特殊的荣誉,是名副其实的"镀金"之旅。除了分享共同的兴奋和憧憬,青年访问学者们也分享同样的忙碌:走出书斋置办行装、联系美国的朋友、为家人办理陪行的相关证件……

张冠梓也一样地忙,但他的忙碌是反方向的:走进书斋。数日之后,他起草了长达23页、中英双语的《"哈佛看中国——哈佛大学中国问题研究专家访谈活动"工作手册》,呈交给中国社会科学院。

创意:"哈佛看中国"

"当时我的访学期限是半年,而这半年里,我们国家将迎来改革开放30周年的历史时刻,每次想到这一点,我的内心都有种说不出来的激动,总觉得应该做一点什么,以躬逢盛事。哈佛大学是举世公认的世界一流学府,云集着来自世界各地的著名经济学家、政治学家、法学家、历史学家、文学家、哲学家等，其中不乏研究中国问题或与中国问题有关的学者。他们对中国的主张和认识见仁见智，但不乏真知灼见，对我们不无裨益，具有重要的参考价值和借鉴意义。"张冠梓说。

夏末来到哈佛之后，张冠梓刚刚安顿好住处，便开始着手实施他的访谈计划。他的设想是邀请在哈佛大学学习交流的部分中青年学者，拜访哈佛的中国问题研究专家，双方围绕中国的过去、现在和将来，特别是新中国成立以来和改革开放以来的经济社会发展的看法，结合自己的研究领域，展开深入的、面对面的访谈和交流，最终形成访谈录，分别以中、英文结集出版。

最初，张冠梓把截稿日期定在2008年12月20日。时间紧迫，再加上人生地不熟，一开始的工作可以说举步维艰。其实，"哈佛看中国"这个创意绝非始自张冠梓，记者相信许多来过哈佛的大学者、小学者、不大不小学者都曾有过这种想法和激情，但皆以时间不足、经费不足或精力不足最后不了了之。而张冠梓揣着社科院发的一小笔经费，却义无反顾、热火朝天地干开了。

时间短、经费少，但质量关张冠梓把得很严。在《工作手册》中，他提出参加访谈的青年学者的基本条件：专业研究领域应与被访问的中国问题研究专家相同或相近；已获得一定学术成绩，在学术界崭露头角；一般应具有博士学位或副研究员以上职称，也可以是在读博士研究生；以中国前来哈佛求学的中青年学者为主，但也可以是外国中青年学者。

制定"一对一"访谈方式

他制定了"一对一"的访谈方式，访谈提纲可由访谈双方协商确定，希望被访者从本研究领域出发，谈对中国问题的总体看法，有自己原创性、代表性的学术观点，并发表对中国改革发展的意见和建议。对于参加访谈的中国中青年学者，张冠梓要求访谈记录应确保客观、真实；应力求有深度、有思想性、有学术性，避免泛泛而谈；应力求可读性较强，便于其他专业的人士阅读。

联系哈佛学者和愿意加入项目的中国学者之余，张冠梓抓紧时间采访了哈佛肯尼迪学院亚洲研究中心主任、著名中国问题专家托尼·赛奇（Anthony Saich）教授，并把前后三次访谈的录音整理成40页、25000字的文稿《转型的中国与中国的转型》。该文成为访谈项目的参考范文，既启发了参加项目的中国学者，也巩固了他们对于该项目的信心。

为新中国成立60周年献礼

到目前为止，已经有近30位中青年学者先后应邀或主动请缨参加了"哈佛看中国"，在哈佛各学院面向著名中国问题专家展开了"遍地开花"式的访谈活动，涉及文学、历史、文化、语言、哲学，乃至环境、物理等多个学科。

在赛奇的帮助下，张冠梓接触到了活跃在中国研究领域的哈佛顶级大师们，而他们对于"哈佛看中国"的创意也颇为欣赏。哈佛法学院研究生院副院长、东亚法律研究主任安守廉（William P. Alford）教授表示，应该也相应组织一个"中国学者看美国"的访谈项目，形成你看我、我看你的学术互动和相互关照。而张冠梓对此笑言，"哈佛看中国"由中国学者发起并组织，"中国学者看美国"则应该由美国学者发起。

然而这个空前的学术访谈项目毕竟是大手笔，纵使争分夺秒，也很难在 2008 年底全部完成。张冠梓在取得社科院和家人的理解后，将访问期延长了一年。他表示："我打算在国庆节期间推出访谈合集。这本凝聚着中美学者心血和智慧的亮丽小书一定会与众不同，我们会尽量做到让它出现在百姓书桌上、领导案头前和校园课堂里。不论是知识分子，还是贩夫走卒，都会喜欢读它，看看在改革开放 30 年后，在我们辛勤工作挣下点家底之后，那些站在世界学术制高点的人是如何看待我们，如何述说我们的故事，如何预见我们的未来。"

张冠梓表示，本书（原）计划于 2009 年 10 月前夕出版，为新中国成立 60 周年献礼。而与赛奇教授的访谈稿已先期于 2008 年年底在人民网上发表，向中国改革开放 30 周年致敬。这一投石问路的办法迅速引起了较大反响，在短短的三天内，有 150 多家网站进行了转载。

（摘自《侨报周刊》2009 年 3 月 3 日）

附录三 对外交流应考虑的若干问题
——兼谈编写《哈佛看中国》的体会

张冠梓

张冠梓,时任中国社会科学院青年人文社会科学研究中心理事长,博士,研究员;本文由笔者根据其2010年8月14日在北京社科书店举行的"《哈佛看中国》贡院学人文化沙龙"上的发言扩充而成。原文载于《科学时报》2010年8月19日A3版。

从2008年8月开始,我应邀在美国哈佛大学做了为期1年的访问学者。在学习研究之余,我直接采访或者邀请他人采访了近50位国际知名的中国问题专家。这些采访后来编成《哈佛看中国》一书,于2010年4月由人民出版社出版。由于访谈稿件数量较多、规模较大,该书分成了"政治与历史卷""经济与社会卷""文化与学术卷"三卷出版。

通过这次访谈活动,我对我们国家的对外交流产生了几点粗浅的认识。

他者的视角不仅有益而且必须,但必须服从和服务于自我的审视

在后殖民的理论中,西方人往往被称为主体性的"自

我",殖民地的人民则被称为"殖民地的他者",或直接称为"他者"。这一理论后来被人类学加以借鉴、延用,有学者又和语言学里面的"主位"观察、"客位"观察联系起来思考,来解释不同文化间的互相审视、观察现象。不管这一理论是否正确,我们权且套用一下。和中国人研究、审视自己的问题相比,哈佛的教授看中国问题,是可以被视为"他者的视角"的。外交家吴建民说过,中国在鸦片战争后首次走到了世界舞台中心,这一新变化世界没有准备好,中国自己也没有准备好。中国正处在快速变化、急剧转型的历史时期,无疑需要"他山之石",需要听取不同的意见和声音。我们一方面要自主地研究好自己的问题,一方面还需要倾听其他国家、地区和文化背景下的人们的观点和意见。可以说,《哈佛看中国》作了这方面的尝试,而且是成功的。这个活动、这本书所提倡的"站在对方的角度思考对方问题"的方式,也应成为今后思想文化交流的有益方式。哈佛大学费正清中国问题研究中心原主任傅高义教授在接受采访时说,西方国家对中国的误解是各种矛盾长期积累的结果,消除这些误解也不是一蹴而就的事情。可以看到,在哈佛的不少学者已经换位思考,试着站在中国的立场上思考中国的问题,提出了许多比较深刻、比较中肯、比较客观、比较有建设性的意见和建议,有的可以说是真知灼见。

  当然,许多学者的观点不是不变的。大家知道,哈佛大学教授约瑟夫·奈是"软实力"一词的首创者。2004年,他在其著作《软实力:世界政治中的成功之道》中写到,既不看好也不强调中国的软实力,同美国相比,中国的软实力微不足道。然而仅一年后,他的观点就发生了变化。奈在《华尔街日报》专文介绍《中国软实力的崛起》。

被美国人视为"重大国际事务权威观点发源地"的《外交》杂志的编辑部门——外交关系协会在其网站上也开辟专门网页，以问答的形式介绍中国的软实力。"伴随着中国经济的飞速发展，被称作'软实力'的文化、外交等方面，中国的影响力已经渗透到世界许多角落，无论在东南亚、拉丁美洲，还是在非洲，都可以发现中国的影响。"

当然，在访谈中也可以碰到个别自命不凡的为中国"支招"的人，感受到那些精致却平庸的美式学问（当然，相比之下，中国的学术研究到目前还有相当一部分停留在"不精致却平庸"这个水平），一些观点有镜花水月、隔靴搔痒之感，个别观点有肤浅、片面甚至荒谬的问题。有人认为，美国的学术传统不太关心你是不是平庸，但非常关心你是否精致。有一个经济学家给了一个形象的比喻：只要你用复杂的模型作为论证方法，哪怕得出的结论是"人渴了就喝水"这样的废话，也会有很多杂志愿意发表你的文章。还有一个，我注意到，许多所谓"中国通"，不管是被我们划分为亲华的，还是反华的，在中国的诸如民主、人权、自由、社会制度、民族与国家统一等问题上，基本的看法其实是差别不大的。为什么他们给我们的印象这么迥然不同呢？关键在于，一些"中国通"出于维系与中国良好关系、与中国政府官员与学者良好关系的考虑，在与中国交往，特别是在与中国政府交往时，隐瞒了自己的真实观点。他们通过这种关系，可以从中国获得研究资料，拿到研究经费，找到在中国讲课、合作、课题研究的各种机会。这些人知道中国人爱听什么，在中国只说好话，说那些中国人听了比较受用的话。即使有批评，也是很用心、很乖巧，点到为止。而他们在美国国内的观点，包括在美国的讲坛上、会议上的言论，则恐怕和我们在国内听到的不一样。还有一个,我也注意到,依然有个别学者,有的甚至充当过美国政府所谓"智库"的学者,还是有"冷战思维"和敌对意识的,有点逢中必疑、逢中必反的味道。

对待这些学者的观点,我们应当采取自主的、审慎的态度。需要多听多想,有取舍,有鉴别。要擦亮自己的眼睛,调动自己的大脑。关键是,中国的问题还是需要我们自己去积极地研究、自主地解决。我觉得,首先要做的一件事,就是要主动出击,积极做好宣传、交流工作。中国在面对世界目光的检视时,当然会有褒扬,也会有批评,甚至有误解、有歪曲。只有积极主动做好宣传工作,只有更加公开透明地展示自己,才能让谣言与误解遁于无形、止于真相。同时,要切实改进宣传、交流工作,注重宣传、交流的效果。我们的对外交流,多数老外感到很隔膜、很生疏,没有和我们交流下去的兴趣。应当采用西方人"惯常"的、更易于明白和接受的方式来进行。老实说,在这方面我们是有很大的改进余地的。

既要保持应有的自尊,又要保持必要的自省,两者同样重要

在对外交流中,持有什么样的姿态是一个非常重要的问题。正确的态度是,既要有应有的自尊,又要有应有的自省,二者不能偏废。但是,实际却不是这样。

首先说中国人缺少自尊的问题。我想,谁都能举出一些中国人缺乏自尊、缺乏自信,甚至崇洋媚外、挟洋以自重的例子。

——二三十年前,西方人在中国下馆子、住酒店总能享受到特殊待遇。如今,在饭馆和商店里一掷千金购买香

槟、名牌服装和豪华轿车的往往是中国人。但这些人却常常发现自己仍无法享受到和外国人一样的待遇。饭店会将较好的桌位留给外国人，一些商店只准外国顾客进入，在提供服务时也是老外优先。

——在马路上，时常可以看到漂亮的中国年轻女性挽着一个西方"丑八怪"的胳膊。有一个老外在博客里说，他在中国居住的不长时间里，已和众多漂亮的年轻女性有过交往；他大讲特讲中国女性是多么主动、多么疯狂。外国人十有八九在中国生活得幸福得难以想象。他们承认，自己一旦回国，这种生活就不复存在，只会规规矩矩地找一个女朋友，过普通日子。

——一个中国女性嫁给了一个欧洲人，住在北京某公寓。她回家忘了带小区的通行卡，门口保安往往会刁难一番，而她丈夫就从未遇到过这种麻烦。而事实上这个中国人才是房主。

——做同样的工作，外国人的薪水会高出一大截。他们不必理会那些惩罚条例或加班时间，报酬仍然有增无减。如果中国公司想吸引外国专家，必须提供比中国员工高得多的薪水，有时甚至得超过西方国家的水平。外国人往往习惯于抱怨在中国这也不好那也不好，但谁也不否认在这儿的生活要比在自己国家舒服得多。原因是，外国人在中国享有太多的特权了。

——一些老总出差时身边往往带着一名白人随员，"身边带个白人，当地人会高看我们一眼"。尽管随行外国雇员不必开口，其存在却往往会使事情进展更顺利，至少能让氛围变得更友好。当然，这些"白人策略"也有缺陷，那就是别人往往将白人当成老板，而老板在别人眼里只是个翻译。

——一个白人女性在中国某公关公司担任项目经理，然而她除了参与各种会议，几乎没有任何实际工作可做。开会时她只是安静地坐着，不知道会议议题，甚至对客户一无所知。她在中国之所以拿钱却不用出力，仅仅因为她是白人。那家公司想让公司显得更加"国际化"，通过雇用西方人（特别是白人）来衬托自身，好让公司显得地位很高、运作很成熟。

——不少中国法律都不适用于外国人。在国外开车规规矩矩，到中国就可以任意行驶。遇见红灯可以不停车、超速、超车，在禁行区驾驶却不受任何惩罚。即使有哪个"不开眼"的交警没收了驾照，也可以轻易地取回来。中国法律对他们网开一面，而越来越多的外国人也学会了玩弄他们可以享受的特权和"潜规则"了。

——很多中国人口头上挂着"只有民族的才是世界的"，但在他们的潜意识里，只有西方的，特别是美国的才算是世界的。在一些媒体的推波助澜之下，我们的衣食住行、耳濡目染，几乎沉浸在美国化的氛围之中。最典型的例子莫过于对"奥斯卡"金像奖的追捧了。本来是美国国内的一个专业电影奖，俨然成了世界电影最高奖，而"奥斯卡"三个字也成了各类竞赛的世界水平的代名词。大家随时可见"中国的××"报道（而这××又几乎都来自欧美），比如，中国的"纽约"、东方巴黎、中国的"时代广场"、中国的"麦当劳"、中国的"绿卡"、中国的"硅谷"等。

所有这些都说明，中国人在与外国人，特别是与欧美国家的人打交道时，缺少自尊和自信。哈佛大学东亚系前主任包弼德教授在接受采访时谈到，有些中国人，哪怕是受过教育的人，其实对自己的文化不够了解，对自己的文化存在这样或那样的偏见，时而表现出对自己的国家和民族的不自信，时而又表现得过于自信和狭隘。其中一个突出的现象，就是看不起自己的历史，感觉不到自己的历史有多么伟大，感觉不到自己的文化有多么好。哈佛大学退休老教授林同奇也感慨，有些中国人一个劲地骂自己的祖宗，把中国说得一团漆黑、一无是处，这在世界上很少见。

另外一方面，和缺乏自信、自尊截然相反的是中国人的"虚荣""虚骄"，缺乏应有的自省、自觉意识（有时，这二者会奇妙地同时在一个人身上表现出来）。有学者说，某些中国人患上了"民族自尊官能症"，老是盯着外国人的脸色，过分在意他们对中国的议论，捕捉他们的只言片语，听见一句好话就飘飘然。一些人总是过分地夸大中国的魅力，夸大中国对其他国家的影响力及其在世界上的分量。对此，知名学者余秋雨说，要直率地告诉国内，世界上对中国文化的了解少而又少。其实，全世界并没有多少人痴迷于中国的儒家、兵法、武打、变脸、权谋或唐装。

2011年年底，好莱坞大片《2012》在全国上映，引起了很大反响。这部近3个小时的影片讲述的是，地核过热威胁人类，世界领袖们着手在中国境内建造一座方舟，以便日后让人类和动物再度生活在地球上。看完后给人的感觉是，世界末日来临时，中国将拯救世界。当看到中国军队护送富人和大人物进入方舟时，不少中国观众露出了笑容。很多人对一些据认为"亲中"的场面很有快感，包括中国军官对进入中国的美国难民敬礼、中国率先同意打开方舟接纳更多难民等。当一位美国官员说"只有中国人能在这么短的时间内造出如此规模的方舟"时，中国观众听了高兴得笑出声来。有的人说，看到中国军官救出平民，作为中国人感到很骄傲，让我意识到中国已经成为世界舞台上受人尊敬的国家。在许多电影院，人们排着长队买票，有的地方一票难求，大家都想看中国拯救世界。有的观众说，世界把我们看作重要盟友的时候到了。但事实是，这是美国的一个典型商业运作。随着中国经济的持续繁荣，好莱坞把目光放在了这个13亿人口的国家身上。他们认识到，把中国人描绘成穷人或敌人的片子在中国赚不到钱；要赚中国人的钱，就必须先把中国人哄高兴了。

因此，强调全民族的自我反省意识非常重要。更深一步说，需要"文化自觉"。文化自觉是由前些年故去的著名社会学家费孝通多年前提出来的。按照费孝通的解释，文化自觉是指生活在一定文化中的人，对自己的文化有"自知之明"，具体说，就是明白自己文化的来龙去脉、特色和发展趋向，从而增强自身文化转型的能力，并获得在新的时代条件下进行文化选择的能力和地位。此外，应具有世界眼光，能够理解别的民族的文化，增强与不同文化之间接触、对话、相处的能力。现在，学术界对文化自觉甚为关注。但是对于文化自觉理念的诠释，人们过多地强调其属于"宏大叙事"范畴的层面，重视学理的层面，而轻视了其实践的层面，忽视了其本身具有的提升一个国家和民族"软实力"、塑造全社会文化精神的内涵。

在进行中外文化交流，特别是比较研究中，还有一个先进与落后的问题。过去，人们将中西文化的不同定位为"时代差异"，今天，人们开始更多从"类型差异"上来认识。应该说，一百多年前，为了冲破保守思想的束缚，以图强自新，人们将中西文化差异定位为"时代差异"，在当时有其合理的一面。而在今天，人们应当更加注重的是中西文化的"类型差异"。譬如，中国传统文化倡导"自然合理"，认为凡是符合"自然"的——也就是事物本来状态的——就是合理的；强调尊重自然，因势利导地推动事物的发展。西方近代以来注重"科学合理"，但其发展指向却是按人的意志用科学去改造自然。这一点，已经引起了当今越来越多西方学者的反思。

秉持开放的心态不可或缺，但必须以坚守自主的立场为前提

在全球化的今天，全球化是一个命定的、不可违的大趋势，但也没有哪一个国家和民族，是不注重自己的传统或文化的独特性和自主性的。我们强调文化的自主性，不是不讲开放，不是意味着简单地复古或回归"东方"，因为这个时代在推着我们一步一步走，这个世界已经把我们笼罩在里面了，我们再也不能闭关自守，而是需要在西方或者其他世界里汲取一些为我所用的东西。鲁迅说过，"取今复古，别立新宗"。也就是说，简单地恢复过去是不可能解决今天中国的社会问题的。为什么不是一个简单的复归问题？因为很难复归。倘若有人想象着"复归"，就真的会万劫不复。但是，不能简单地复归，并不等同于没有必要学习传统。当我们传承、学习传统的时候，应针对当代整个支配我们的基本关系，通过对传统的研究和思考，来面对和解决我们当代的问题。如果我们不能够面对现代社会最真实的挑战，抽象地讲传统、讲道统、讲国学、讲民族文化，就会很容易又走到了另一个极端。因此，在以西方为中心、为主导的当代世界中，讨论自主性是有必要的。无论在文化上、政治上、经济上还是思想上，没有自主性、没有特点，就没有了自我。当然，反过来说，这个自主性不是孤立的、绝缘的、封闭的，而是通过跟别人的对话、

交流形成的，开放和自主、他者和自我之间必须有一个恰当的关联和平衡。

最近看楼宇烈的《中国的品格》一书。书中说，近百年来，人们自觉不自觉地在借用西方的思维方式来看待我们的传统文化，对传统文化的认同和理解正在不断衰减，使得国人在面对文化传统时，缺乏自尊和自信，很多人心中的传统文化已失去了本来的面貌。他举了一个例子，是关于中国人对待中医的态度的。有调查显示，六成以上的被访者不赞成取消中医，但同时只有三成人表示看病会首选中医，而真正选中医就医的，则更少之又少。为何有如此反差？这说明，绝大多数人是出于对传统文化难以割舍的感情而赞成保留中医的，但缺乏对中医的深入了解又使他们在遇到实际问题时，对中医缺乏信心。不仅如此，近年来很多人倡导的所谓"中西医结合"，实际结果却是在用西医瓦解中医——用西医的观念去理解中医的理论、用西医的检查仪器代替了中医的"望闻问切"、用西药取代中药——事实上，就是把西医作为先进的、科学的方法去改造"落后的""不科学"的中医。与西方擅长作定量定性分析、务求"精确"不同，中国文化强调的是事物的整体性和关联性，往往用"模糊"的方法来阐述事物的复杂性。实践证明，有时"模糊"比"精确"更接近事物的本来面貌和本质。两种思维方式各有所长，但如今，许多人总是在用西方观念作为衡量中国传统文化是否"先进""科学"的标尺。

强调自主性，就是要提醒我们注意，认识世界需要有自己的立场和独立判断，不能糊里糊涂地落入别人的圈套。现在，美国老用"国际社会"一词。所谓"国际社会"，这个词是对某些事物或现象带有价值判断的描述，许多情况下是反映美国的价值判断和利益诉求，也常被我们借用，于是我们的视角和口气无形中来自别人，无意之中成为别人的传声筒和扩音器。譬如，近来常在报上见到关于国内"民族主义"的报道和评论，一些学者也发出劝告，好像确有其事。客观地说，关于民族主义的问题，应当辩证地、一分为二地去看。根据《不列颠百科全书》的定义，民族主义是"对国家的高度忠诚，即把国家的利益置于个人利益或其他团体利益之上"。民族主义在世界文明史上意义之大是不必多说的，譬如，拜民族主义之赐，欧洲各国才有自己的语言、文学、艺术、文化，很多民族国家才能站立在世界舞台上；但如今，民族主义似乎成为一种纯粹负面的东西。

记得1989年，民主德国和联邦德国要求统一的呼声渐高，时任英国首相的撒切尔夫人说要警惕民族主义在德国复活，道出了英国在地缘政治上的隐忧：欧洲大陆一有强大的力量崛起，他们就会本能地皱眉。但他们喜欢把民族主义这顶帽子送给别人，自己从来没有这种毛病。德国人完全可以问：撒切尔夫人如此说话，是不是出于狭隘的英国民族主义？还可以深究一步：英国到底有民族主义情绪吗？英国作家奥威尔的《英格兰，我的英格兰》一文挺能说明问题。里面写道，英国劳动人民（原文直译是下层阶级）忠君爱国，有狂热的仇外、排外的情绪，做出格的事，说出格的话，毫无顾忌。爱好体育运动的人都知道，英国足球迷喜欢唱"上帝保佑吾王"，这或许是世上最早的国歌，产自民族主义形成的18世纪。他们的民族自豪感之强，是别国球迷中少见的。他们唱得最多的大概是"统治吧，不列颠！不列颠统治着海洋"。里面有强烈的民族自豪感，但也夹杂民族主义情绪的喧嚣。奇怪的是，英国评论员不会把齐声高唱爱国（或曰帝国）歌曲的球迷称为民族主义者。他们中如有人使用暴力，那也被定性为"足球流氓"。

这些年，国外的许多人说中国的民族主义思潮盛行，就连国内的一些学者也跟着嚷嚷。这些人往往对中国人民对国家和民族的质朴感情、对国家利益的合法关心，进行误解，或故意曲解。中国有没有民族主义，应该是有的。可能会有人排外仇外，拒绝学习或使用外文，只看自己国家的影视和体育节目，拒绝学习国外的长处，嘴上还喊着"中国第一"。但这种人在中国恐怕极少。最近十几年来，由于对外部世界了解增多，中国人尤其是年轻人开始关注国家利益、国家安全等问题，与以往过度的意识形态关注相比，这无疑是一个不小的进步，应当予以鼓励。不能就此说中国的民族主义情绪多么强烈，更不能故意曲解。美国有一份很有名的杂志叫《国家利益》（*The National Interest*），福山的《历史的终结？》（*The End of History*？）一文就是在该刊发表的。谁把在这里不停讨论美国利益的人士称为民族主义者了吗？美国参众两院的政治家们讨论事情首先考虑美国利益；美国学者在美国利益的大背景下判断别国的崛起或衰落，其中暗含的问题总是：这对美国意味着什么、应该采取什么应对措施，这些人被定名为美国民族主义者了吗？爱默生要同胞立足本土，老罗斯福号召美国人民奋发，准备好牺牲自己最心爱的东西，以让祖国立于强国之巅，有谁说这两位杰出人士是民族主义者了吗？

但事情到了中国头上，似乎就不一样了。一些海外留学生自发保护奥运火炬并抗议西方媒体的涉藏报道，有外电便称这些年轻人为"中国的民族主义者"。西方某些人士的双重标准总是把自己洗得干干净净，而不断地往别人身上泼污水。无论怎么说，对国家产生认同感并维护国家的尊严，不能被任意地曲解为民族主义，爱国的精神是每个国家对公民的基本要求。这些年轻人有宽阔的视野、比较的眼光，他们知道中外报道的差别，更想维护新闻报道中的客观公正原则。他们中有的已申请了绿卡，甚至连国籍都不是中国，却被称为民族主义者。有人说，中国的大学里也有民族主义的氛围。然而稍加注意就会发现，这些年轻人的文化参照体系往往是超越国界的。他们当中有很多人外文不错，可能在为留学作准备，他们穿的T恤衫上或许还印着外文，外套上还可能有一面米字旗或星条旗，或是美国海军、美国海军陆战队的字样。这样的年轻人是民族主义者吗？中国的报纸、电视、网络整天在报道世界大事；中国城市街头的报亭，那些漂亮杂志的封面人物，其中大部分可能是白人；在中国的体育频道，英超、NBA是收视率最高的节目；世界杯足球赛没有中国队，中国观众依然看得极其投入，中国人说，我们欣赏的是足球艺术。但就是这样一个国家的百姓，却被扣上民族主义的帽子。

　　对于这些乱扣民族主义大帽子的人，我们不能轻信、不能上当，更不能附和，不可被别人牵着鼻子走。对于西方人的观点，我们要积极听取，认真借鉴，但要有所取舍、有所鉴别。我们不排斥西方的观点，但要清楚的是，我们站在什么样的立场上，他们又是出于什么目的。对于民族主义，我认为，有教授的说法很有意思：所谓中国的"民族主义"，实际上就是民间的爱国主义。

　　这里还要思考一个问题，为什么西方在吸收中国文化精髓后能顺利实现文化转型，而中国近代以来对外来文化的吸收却总是毁誉参半？西方在吸收外来文化思想时，并没有抛弃其传统文化，而是试图设法在自身文化之根中寻找相应源头。而我们的问题在于，有些人根本拒绝接受外来文化滋养，有些人则主张抛弃自身文化——不是用外来文化丰富自己，而是要"改造"传统文化的灵魂。因此，当务之急是要树立我们文化的主体意识。只有这样，我们对自身文化的不足、别人文化的长处，才会看得更加清楚，取长补短才能更恰如其分。这里需要注意的一个"时髦"现象是，有些人将传统文化作为装饰品，好像只有背《论语》《三字经》，着汉服、唐装，才算弘扬传统文化；或将传统文化当作一种时尚，进行商业炒作。更有甚者，以"创新"的名义，在传统文化中强行注入流行元素，表面上热闹非凡，实际上却是对前者的扭曲与消解。必须明确，我们的现代化，一定是具有中国内涵的、中国式的现代化。如果我们能从传统中去寻找那些对今天有实质性建设意义、启发意义、鼓舞意义的东西，而不是买椟还珠，只学得其表象和皮毛，那么，几千年的文化将真正成为我们最宝贵的财富，成为我们不断前进的动力。

　　说到这里，我想起下面这个故事，对我们也许会有些启迪。20世纪50年代末修建人民大会堂的时候，选择什么样的建筑风格成为工程设计人员的一个难题。在西方，传统的教堂建筑有意识地将礼拜堂做得高高大大，前面的神坛显得高耸入云，使信徒们一进教堂就有诚惶诚恐、非常渺小的感觉。而在新中国，人民站立起来了，建设一座体现人民当家做主、人民代表行使民主权利的殿堂，应该避免这种人为的落差。当时，周恩来同志以唐代诗人王勃《滕王阁序》中的名句"落霞与孤鹜齐飞，秋水共长天一色"，来说明人在海阔天空的大自然怀抱中非但不觉得自己渺小，反而觉得心旷神怡、悠然自得。设计人员由此得到启迪，将大会堂的天花板与墙体的连接线设计成圆曲状，如同水天相连，水天一色，浑然一体。人们进入人民大会堂的时候，没有渺小和失落的感觉。同理，走向世界的中国人，要自尊、自信、自主，同时要自省、自律、自觉，要有主见、善学习、会取舍；要以宽阔、平和、冷静的心态审视大千世界，倾听外界的声音，用开放胸襟体验西方文化，在西方现代文明的精髓与中国传统文化基因碰撞中，融合出更有创造力和包容力的新中华文化。

附录四 当代哈佛汉学家的"中国观"

——从张冠梓主编的《哈佛看中国》谈起

刘悦笛[*]

谈到《哈佛看中国》，它在中国的意义就不可小觑，因为在本土许多大众眼中，这种大洋彼岸的遥远凝视，似乎就代表着"美国看中国"，乃至于"世界看中国"。由张冠梓主编的《哈佛看中国：全球顶级中国问题专家谈中国问题》（三卷本，人民出版社2010年版），以近70万字的篇幅，对于哈佛大学健在的共47位汉学家与中国问题专家进行了深度的访谈，全面而深入地展现出这座世界学术名府"本色的中国观"。在一定意义上，这不仅仅是从"哈佛视角"看中国，由于采取了国内学人直接访谈的形式，这三卷本实际上也是通过"中国视角"来看哈佛，或者进一步来说，这是一种中美之间的"互看"。

如果拨开出版商们用"哈佛"作为标签的教材教辅、学术秘籍及经商宝典的噱头，回到这所美国"常春藤联盟学校"的纯学术本位，那么，最为本土思想界所接受的就是两位哈佛巨子：一位就是开创了东亚研究的历史学家费

---

[*] 中国社会科学院哲学所研究员，国际美学协会（IAA）总执委。本文刊于《中国图书评论》2010年第5期。

正清，另一位则是拓展了思想维度的思想史家本雅明·史华兹。然而，在费正清身处的"冷战时代"，他更多把"中国"看作是面对西方刺激而产生反应的对应物，这种被动反应的存在居然具有某种后殖民的"东方想象"的意味，然而，即使是这样伟大而严谨的汉学家，也并未将中国看作是自主的对象。

深入中国的腹地才能了解中国，这到了史华兹的时代才成为现实。在中美开始交通的时代，史华兹力图运用超越文化和语言差异的概念，透过表面上的差异来寻求中国思想当中的普遍性或者所谓的"思想的一致性"。这就与另一位英国著名汉学大家葛瑞汉（Angus C. Graham）的理路刚好相反，后者努力透过中西之间所有的共同之处，来发现受文化差异制约的、同汉语与印欧语言结构差异相关的思想差异或者"关键词汇的差异"。但无论是"求同存异"也好，还是"求异存同"也罢，"同"都是比较的基础，哈佛对中国的关注与中国对哈佛的反应之所以愈来愈密切，就是因为我们面临着"共同的问题"，我们有着可以相互沟通的各种平台。

然而，从费正清到史华兹活跃的战后年代，中国还是政治封闭的国度，他们的研究都是在几十年之后"时间错位"地移植到了中国。而且，那时美国的"中国观"基本上皆带有"政治的意图"，费正清的贡献在于将近现代中国研究作为东亚研究的主体部分，但他还是把中国研究打造成了为美国对华政策服务的实用性的学问。然而，费正清所强调的从中国特殊的历史传统和条件来理解中国的基本思想，在哈佛乃至美国的中国研究当中至今仍一脉相承。

从改革开放之初到奥运盛会结束，而今的中国已成为

"世界的中国",已非原初的那个"仅仅属于中国自己"的中国,特别是在后金融危机时代,中国的角色在世界之林当中由于经济的升级与外交的成功而广被注视。在中国从边缘移动到中心的意义上,《哈佛看中国》在这个"全球对话"时代,为我们展现出来了哈佛对于"当下中国"的研究、观感和体认,也就是为我们展现出在史华兹之后哈佛大学的"中国问题研究"的魅力所在。

张冠梓和他的"哈佛计划"

2008年夏季,张冠梓作为访问学者在造访哈佛之前,萌生了"哈佛大学中国问题研究专家访谈活动"的宏伟计划。他将长达23页、中英双语的《工作手册》呈交给中国社会科学院并获得了相应的资助。而后来到哈佛他利用了整整一年的时间完成了预期的规划。但身居哈佛还仅得"地利",关键还需要邀请更多的参与者来实现这个计划,所以,张冠梓认定的参加访谈的学者的基本条件为:专业研究领域应与被访问的中国问题研究专家相同或相近;已获得一定学术成绩,在学术界崭露头角;一般应具有博士学位或副研究员以上职称;以中国前来哈佛求学的中青年学者为主,但也可以是外国中青年学者。从访谈者的阵容,我们就可以看到"哈佛计划"的层次。从"人和"的意义上看,这是历史上最大一次"哈佛大学访谈活动"。其中,哈佛肯尼迪学院亚洲研究中心主任、著名中国问题专家托尼·赛奇(Anthony Saich)教授对于推动这一工作来说的确是功不可没的。

这些哈佛访谈录,具有共同的两个特色:从形式上说,采取的皆为"一对一访谈模式",从而使得访谈内容更为深入,张冠梓本人为了访谈,还曾选修了访谈者半年的课之后而进行;从内涵上讲,都带有独特的"中国问题意识",这是由于访谈者都在学术前沿工作并生活在当下的中国,所以这些访谈就不仅仅是"就学术而论学术",而是充满了"与时俱进"的时代气息。由此,张冠梓对于访谈做出的基本定位就是,访谈提纲由访谈双方协商确定,被访者从本研究领域出发,谈对中国问题的总体看法,有自己原创性、代表性的学术观点,并发表对中国改革发展的意见和建议。对于参加访谈的中国学者,张冠梓也要求访谈记录应确保客观、真实;应力求有深度、有思想性、有学术性;应力求可读性较强,便于其他专业的人士阅读。这些都保证了《哈佛看中国》的高质量和新鲜度,我们拟从三个中国化的视角来反观哈佛的"中国观"。

"复数多元化"的中国文化与学术

首先,《哈佛看中国》让我们通过哈佛视角看到了"复数多元化"的中国文化与学术。我们知道,所谓的"波士顿儒学"不仅在美国而且在中国都影响巨大,在文化与学术访谈录当中,杜维明先生首屈一指。他的一贯主张仍是要使儒学成为"中华文明""东亚文明"乃至"世界文明"的精神资源和源头活水,海外新儒学的目的就是要把地方价值的全球意义和普世意义开发出来。面对国内日前正在升温的"国学热",哈佛受访者的态度和立场尽管不同,但是对于传统中国文化的复兴,确实是他们大多数人的希望,因为随着20世纪80年代的激进西化思潮之后,这些外来观照者更为关注国内的"新保守主义"潮流。但遗憾的是,在史华兹之后,哈佛汉学研究的主流似乎偏离了史华兹所独创的传统。这种传统主张从经验和常识出发，尽量进入对方的思想世界并尽可能地做出理解。令人欣慰的是，诸如林同奇这样的学者却在坚守着这一思想路线，这在对他的名为《中国思想与文化的新动向》的访谈当中可见一斑。

然而，在《哈佛看中国》当中绝大多数的受访问者却显露出对于中国多元化的理解，这意味着中国的文化和学术是一种"复数"的综合性存在而非"单数"的统一性存在。这种"多元化的意识"，是笔者在阅读相关部分时最深切的感受。东亚语言与文明系田晓菲教授在《文化的传承需要世界眼光》的访谈当中就直接声明：传统中国文化并不是纯粹的、单一的东西，她非常反对那种认定中国文化就是儒家文化的传统说法，中国传统文化是多元的、复杂的、不断变化的、充满了矛盾的价值观的文化。在这个意义上，不同的学者从各自的角度做着不同的贡献，无论是欧立德（Mark C. Elliott）教授从拒绝"满族被完全汉化"的角度出发对于满族史的考察，还是柯文（Paul A. Cohen）教授对于中国文化的"区域性"分殊与差异的关注，都显露出这种多元意识甚至是边缘意识。这也就是黄万盛教授所强调的"文明对话"的观点，他认为，中华民俗起码有四个价值资源，比自由、平等和民主更为重要："安全"是存在，"公益"是社会结构，"信赖"是伦理原则，"学习"才是超越的存在。从比较的视角来看，哈佛大学费正清研究中心副主任薛龙（Ronald Suleski）教授甚至在《植根于传统的文化创新》的访谈中认为，中国文化与美国文化是更为接近的，这是因为，它们同样是宽松、开放、多样并且多变。虽然中国和美国之间存在很多差别，但是相比较日本而言，中国文化更接近美国文化。

"复合整体性"的中国政治与历史

其次,《哈佛看中国》让我们通过哈佛视角看到了"复合整体性"的中国政治与历史。正如著名中国史学家包弼德(Peter K. Bol)在《在细微处观察中国历史》的访谈中所认为的那样,现在所用的中国是"China"的意思,而不是中央国家的意思,20世纪"China"的意义已经不同于古代"China"的含义。这些都充分说明了中国历史的变动性,政治体制也由此呈现出一种复合型的结构。哈佛大学亚洲中心主任、美国著名东亚问题专家傅高义(Ezra F. Vogel)坚持认为,外来观者质疑中国发展道路是"姓资"还是"姓社"仍有争议,但主义只是意识形态问题,只要中国坚持公有制就不必强调姓资姓社问题,我们都知道,这场资社论争恰恰成为中国改革开放的瓶颈。肯尼迪政府学院国际事务教授托尼·赛奇更多看到了中国政治和社会的统一性,他认为,中国社会目前的急切任务是找到一种"黏合剂",就像基督教、天主教发挥的作用那样,但是中国这个非宗教的国家仍需要找到使得整个社会"整合"起来的东西。

美国著名的人类学家华琛(James L. Watson)从时间和空间两方面来看待中国的政治和历史。从时间上来看,中国的国家政府经历了千年的历史,经过了"帝国时期""民国时期""毛泽东时期"和"改革以来"的不同阶段,但是却保持了民众对于"中国人"的身份和统一的中国文化的"认同"。从空间上来看,中国地大物博、广袤多样,这被华琛生动地比喻为一床五光十色的"百衲被"。当然,这种时间与空间结构是相互融合的,美国汉学家们既看到了中国政治与文化的复合性，又将它们视为有机的统一体。其中，哈佛大学肯尼迪政府学院的前院长约瑟夫·奈（Joseph S. Nye）的观点最为引人注目，他在《中国的软实力与对外交往》的访谈当中，盛赞了中国在文化上、政策上以及价值观念上正在形成巨大的"软实力"的吸引力，这是顺应了从早期军工时代靠"硬实力"向后工业时代靠"软实力"治理的模式的转轨。但这并不意味着，国家的发展只靠"软实力"就足矣了，关键是有效结合硬软实力从而形成一种"智能实力"，这对于中国和平崛起时代打"软实力"这张牌的路线来说无疑具有很大的启迪意义。

"复调发展式"的中国经济与社会

最后，《哈佛看中国》让我们通过哈佛视角看到了"复调发展式"的中国经济与社会。这种"复调式"的发展，首先就在于与外部的关系，中国的经济与社会处于"全球多元发展"的境遇当中。世界著名国际经济问题专家理查德·库珀（Richard N. Cooper）就认为，经济问题并不是"彼与此"的关系，而是"并且"的关系，所以，在这种相互密切关联和互动的情况下，中国经济体所发生的事情将影响到世界各地。库珀教授对于中国的建议是，面对危机要尽量，但并不是过于谨慎地借"越管越多"来避免危机，通过危机还可以改善中国的监管体制。但更多的经济学家和社会学家还是关注中国近期的发展，他们都称赞中国从计划经济到市场经济的经济转型，连续30年取得了年均9.8%的增长率，与此同时还避免了苏联与东欧社会的政治风波。

总而言之，张冠梓主编的《哈佛看中国》对于呈现当代活跃的哈佛汉学家和中国问题专家所提出的当下"中国观"具有两种功能：一个功能就是"按图索骥"，通过他们提供的路线图，读者可以自己找到相关的研究线索；另一个功能则是"画龙点睛"，通过与他们直接面对面的对谈，读者可以从哈佛教授的娓娓道来当中把握到"中国观"的精髓所在。这便是《哈佛看中国》访谈录的主要价值所在。

附录五　我的哈佛一年

——访中国社会科学院研究员张冠梓

陈绍婵

【引爆点】

2008年8月，北京奥运会如火如荼，世界人民瞩目北京，然而张冠梓却只身离京赴美。自然不是张冠梓不想留下，只是去哈佛的访问机会委实难得。这个哈佛梦，从1998年到2008年。十年间，张冠梓也曾与哈佛仅一步之遥，然而命运弄人。十年后，机会再次降临，怎能不倾心倾力？终于叩启哈佛大门，张冠梓会怎样圆梦？

【点滴志】

张冠梓，山东省苍山县人，法学博士，研究员。现任中国社会科学院青年人文社会科学研究中心理事长，曾获中国青年法律学术奖（法鼎奖）金奖、国务院颁发的政府特殊津贴、第五届"胡绳青年学术奖"等荣誉。

他主编的《学问有道——学部委员访谈录》一书，获得中宣部、文化部和新闻出版署等单位联合颁发的"原创图书奖"。

2008年8月，张冠梓以访问学者的身份飞赴美国哈佛大学。回国后，他主编的《哈佛看中国》——全球顶级中国问题专家谈中国问题的政治与历史卷、经济与社会卷、文化与学术卷，以中文版结集问世，英文版可望下一步出版。

【访谈录】

确切地说，张冠梓的哈佛梦始于他听到这所学校的时候，可是这个"确切"如今已经很难精准到是哪一年哪一月了。

倒是1998年曾离哈佛一步之遥，但又很快失之交臂，让他记忆犹新。用他自己的话说："如何叩开这座'围城'的大门，这件事可以说已经成为我难以排遣的情结。"十年后，张冠梓终于以访问学者的身份来到哈佛。

亲历哈佛

2008年8月的北京，奥运会和各项精彩比赛"战犹酣"。张冠梓却不能在北京体味这番盛事了，此时的他抓到了难得的机遇，要飞赴地球另一端的知名学府——哈佛大学。

张冠梓心里一直有出国看看的想法，异国的风土人情、西方的学术研究，这些都让他充满好奇。最直观的原因似乎是，他工作的地方是中国社会科学院，而社科院是中国哲学社会科学研究的最高学术机构和综合研究中心，自然，对于西方学术研究探个究竟成为一种常情。

然而，为什么一定要去哈佛呢？

在张冠梓的文章中，我们很容易看出端倪。他写道："在美国，盛传着'先有哈佛，后有美利坚'的说法，说明这所学校的古老和重要，哈佛大学始建于1636年，比美国成为独立国家几乎要早一个半世纪。"

学术的传统几经延续，几百年过去之后，哈佛大学在美国名牌大学中名列前茅，培养了无数政治家、科学家和作家，被公认为美国政府的思想库，在世界范围内享有国际声誉。或许是从这些角度出发，他一直认为哈佛是值得一去的大学。

所以要出国看看，美国势必是一个落脚之地——战后的美国不光是经济、科技发达，在文化上的影响也非常强势，而哈佛也顺势成为到美国做研究的最佳选择。

几经波折，终于如愿。

"到哈佛之后什么样的感觉？"

"查尔斯河畔坐落着不少世界知名大学和研究所，哈佛大学和麻省理工学院（MIT）是其中最著名的两所大学。同时，这是两所世界性的学校，各色人种比例都差不多。"张冠梓所说的"各色人种比例差不多"，毫无疑问暗示着这里凝聚着来自全球各个角落的一流的学生。

这是学者天生的敏感，对于人才有一种本能的关注与关怀。不过，风光旖旎的查尔斯河蜿蜒六英里、相互毗邻的这两所大学没有明显的界线、独具风味的哈佛红，才是第一时间触碰到张冠梓感官的。

坐在你好网记者面前，张冠梓娓娓道来，我的眼前接连浮现一幅幅哈佛图景，灵动、安宁、执着，让人神往。

他说这些年到哈佛大学的中国人越来越多了，有读书的、任教的、短期访问或者参加学术会议的。张冠梓于哈佛的时间是一年。十年追梦，一年亲历，似乎执着得有些"残忍"。让我吃惊的是，他这一年超乎外人想象的充实。

了解哈佛自不必多说，学校规模庞大、师资一流、获赠最多、学生最优秀。而需要深深体会的，也是哈佛历任校长都坚持的3A原则——学术自由、学术自治和学术中立。这些对于在社科院工作的张冠梓来说亦有触动，但他清楚地知道哪些能为"我"所用，而哪些则不适合自己和

自己的国家。

哈佛看中国

用十年争取访问哈佛的时间虽然长了些，但是也给了张冠梓充足的准备时间。

"去之前有没有明确的想法，到了哈佛要做些什么？"

"我做了很多准备工作，也有了初步的想法。"张冠梓说道。去哈佛之前，他做了一件大事，这件大事让他为自己的哈佛之旅定下了基调。

那还是2007年，张冠梓参与从事社科院的青年工作，当时，他和他的同事组织邀请了一场社科院150余名青年学者向142名社科院学部委员学习交流的活动。社科院之所以是中国哲学社会科学研究的最高学术机构，主体自然是人，也就是这些老一辈的学部委员支撑下的综合研究中心。

张冠梓的想法是，在青年学者与老一辈学者的沟通中，挖掘学部委员们的成长之路、学术生涯和治学经验，以此，学术研究、为人之道之精髓得以传承。这场活动以《学问有道——学部委员访谈录》的面世而轰动——经济学家于光远、刘国光、汪敬虞汪同三父子、李京文、李扬，语言学家吴宗济、江蓝生，翻译家杨绛、高莽，以及从事美国问题研究的陈乐民、资中筠；对学部委员成长产生过重大影响的周扬、夏鼐、贺麟、季羡林、金克木、吕叔湘、钱锺书等老一辈学者的风范尽显于文字之间。

此书一经推出，立即收到颇多、颇好的关注。这给了张冠梓一个灵感，如果用同样的操作方式在哈佛大学进行一场访谈，或许大家也会受益匪浅，那样的话，此次奔赴美国也不会是一人独享哈佛盛宴了。

于是，张冠梓开始思考。第一个出现在哈佛校园里的中国人究竟是谁？这所校园里到底有多少中国人？哈佛大学是美国第一家设置中国学的学校，也是最早进行当代中国研究的学校，现有的11个学院中，就有3个学院（文理学院、肯尼迪政府学院和法学院）设有从事当代中国研究和教学的专门机构。那么在哈佛一定有一些研究中国问题的专家学者，再加上哈佛对中国学者的吸引力如此之强，也势必有一批在哈佛的中国青年学者。他们到底形成了怎样一个哈佛大学的中国研究阵容？这个或零散或有组织的学术队伍是怎样看中国的？

思路逐渐清晰。2008年6月，接到哈佛的邀请函之后，张冠梓就为即将开始的哈佛大学访问学者生活起草了长达23页、中英双语的《"哈佛看中国——哈佛大学中国问题研究专家访谈活动"工作手册》。

两个月后，身处哈佛，他找到哈佛大学肯尼迪政府学院国际事务教授、哈佛大学亚洲民主管理与创新中心主任、哈佛大学亚洲及中国公共政策项目机构主席托尼·赛奇，商讨这项访谈活动。托尼·赛奇是美国著名的中国问题专家，对这个活动感兴趣，也很支持。

得到肯定之后，张冠梓逐一拜访哈佛大学各个领域的中国问题专家，以及在哈佛大学的中国学者，就这样促成了《哈佛看中国》——全球顶级中国问题专家谈中国问题的政治与历史卷、经济与社会卷、文化与学术卷。

虽然贴上哈佛的标签图书就好像镀上了金边，但此书集结的是全球顶级专家、在中国热度最高的时候、于全球最高一级学府哈佛大学进行的对话，因此其学术价值和社会意义可以预想。

这就是张冠梓为自己哈佛生活做的规划，也是他此行可见的收获之一。

带着收获回来

人生就是如此,同样的机遇、同样的时间,不同的人可以画出不同的轨迹。

原本是半年的哈佛访问时间,因为《哈佛看中国》预约的 47 位学者访谈无法在这么短的时间完成,也间接成就了张冠梓的一年哈佛生活。这期间,他还听了很多课,甚至去了印第安部落,做了民族志的调查。

我问他:"出国之前都要做好什么准备?"心里想着他可能给我学者式的最官方套话回答。

"很多人把出国当成是目的,其实出国只是个手段。好多人,特别是学生,觉得出国以后就没什么问题了,就万事大吉了,家长也觉得出国是个大事情,是一步登天的事情。其实完全错了。如果没有准备,出国不啻瞎耽误工夫,甚至还不如在国内按部就班地学习。"张冠梓的回答很实在。

在他看来,能够出国学习国内教育中缺少的一些研究方法、思考问题的角度和眼光视野,是难得的机会。如果出国了,还不知道自己想去干什么,不了解自己去的学校、专业、教师情况,不了解所属国家的情况,就算是学习了语言,也是意义不大。他建议,不要把出国当成仅仅是外语的进修,而对专业不重视。如果真那样的话,就本末倒置了。

就像是现在社会上很强烈的一种声音,出国学习一门语言尤其是英语就很好了,归国之后,会大大降低进入知名企业的门槛。不少外企的中高层也都说,企业内部出过国的比没有出过国的最明显的优势在于语言。听罢,有些让人寒心。

张冠梓说,其实是不能简单地用二分法,将学生、学者、员工简单地分为"出过国的"和"没有出过国的"。还是那句话：出国是手段，关键是学到真本事，学到看问题的视角和新知识、新本领。如果仅仅是开阔视野，在国内生活的人不一定是视野狭隘的，在国外生活过的也不一定就是视野宽广的。

抱有平静、平和的心态，或许能够让置身事中的人保持头脑的清醒。我想，这或许就是张冠梓所说的，出国时机取决于自己的取舍，取决于自己的成熟度，而不能一概而论。的确，如果是去研究社会科学，最好是先了解了中国，再去研究西方，似乎研究生期间出国为宜；但是，如果研究自然科学，年龄小些出去亦可。

只是，不论是做短期的访问，还是长期的留学生活，一份淡定的心态、理性的自我把握、学习的激情、生活的热情，都是必要的。正如张冠梓对留学者的祝福和提示——"带着目的出国，带着收获回来"。

附录六　多面体与多面镜
——张冠梓主编《哈佛看中国》读后记

唐　磊[*]

三卷本的《哈佛看中国》（张冠梓主编，人民出版社2010年版）以学术访谈形式集合了哈佛大学46位不同学科的顶尖学者谈论个人学术成长经历及中国研究的心得，采访者也是相关领域的才俊。如此手笔，该书的信息价值与知识价值已不在话下。主编张冠梓研究员自述其耗时一年、颇费心力完成此项中西学术交流盛事的深衷在于："看看在改革开放三十年后，在我们辛勤工作挣下点家底之后，那些站在世界学术制高点的人是如何看待我们、如何述说我们的故事、如何预见我们的未来。"

由于接受访谈的学者来自文史哲政经法等诸多学科，并且他们的学术成长环境和价值、情感倾向各自不同，故而诸贤虽同在哈佛帷下，却是各具只眼地来"看中国"。尽管我们可以察觉到他们身上或多或少都共同存有西式学术训练与美国价值理想的烙印，但终究是异大于同，组合起来是一块多面镜。

---

[*] 中国社会科学院国际中国学研究中心副主任、秘书长。本文刊于《学术界》2010年第10期。

再说被看的"中国",它不是一个浑然如一的对象。在包括受访诸贤在内的许多中国学家眼中,古代中国与现代中国、中国北方与中国南方差异之大足以令人怀疑它们是否是一个连续体或统一体。甚至,几乎任何一种关于"中国"连续性和完整性的意见都会受到有力的理论挑战——这些理论大多筑基于外部的话语框架(主要由西方学术和媒体搭建的话语框架),例如民族国家、文化族群等。一方面,我们越来越不满足于在一个外生的知识体系内诠释,进而构塑"中国"这个复杂的多面体(海外中国学家们也是如此);另一方面,笼聚在"中国"旗帜之下的事实及依据这些事实所讲述的故事是如此不同,以至于我们关于"中国"的认同常常为这些不同所动摇。更为重要的是,无论事实还是叙事,都缺乏明晰的指向,也正因此,才会出现目前知识界在有关中国发展模式、核心价值以及未来道路等问题上的莫衷一是。这是中国问题的魅力所在,更是困惑所在。

从这个意义上,主编的深衷也反映了某种期待:希望听到那些站在世界学术制高点的人对中国故事的演述和中国道路的预测。那么中国这局棋在权威知识那里是否能被读得懂、解得开也自然成为本书读者的期待。

正如史华兹所说:"问题,由于是存在性的,所以是普遍的;答案,由于是人做出的,所以各种各样。"即使关于"中国"的叙事如万花筒般缤纷,但对于当下的中国,我们仍然可以清理出一些关键性的同时又是事实逻辑的必然问题。例如,经济持续进步与民主政治的相对滞后的矛盾、环境破坏对工业发展与城市化的掣肘、城乡差距与地区差距扩大对经济—社会稳定的威胁、开放金融市场与保证国家金融安全的两难、缺乏共识的价值多元与核心价值观的诉求间的困惑，凡此种种，都是今日中国遭遇的"存在性"且"普遍"（从合逻辑意义上讲）的问题。

至于答案，也确实因人而异。比如在民主政治的问题上，政治经济学领域的珀金斯教授认为不能像管理哈佛（主要由6位完全自我任命的理事会成员决定学校重大事务）那样管理一个12亿人口的国家，必须逐渐找到一种能让大部分人参与政治的方法。而社会学出身的傅高义教授则希望看到一个坚持共产党领导、坚持公有制的中国。

又如在传统文化资源对当代社会建设的意义问题上，新儒家代表者之一的杜维明教授仍坚持儒家文明可能产生积极力量，问题只在于该继承的没有继承，该扬弃的没有扬弃，没有一个制度可以没有价值、没有理念而建立起来。而人类学家华琛觉得儒家思想只是一种意识形态，是财产体系和亲属制度体系这些基础东西的次生性产物。思想史家林同奇则认为儒家与现代民主、科学之间没有什么必然的因果联系，只有在民主、科学已经开始启动时，儒家文化中的某些因素方可以推动它、平衡它的发展。如果说珀金斯与傅高义关于民主政治方式的对立主张主要反映着研究者个体的判断差异，这里杜维明等人的各异主张则体现了不同路径的理念分殊。这正是多面镜的意义，使我们得以从多角度投影中认识自身，让各种话语、各种可能相互碰撞，极大地拓展我们自我认知的视野与能力。更进一步的意义则是史华兹说的：中国问题研究是人类可选择的探讨自身问题的智库和博大实验室，有助于深化和丰富对人类发展经验的认识。

对于并不满足于被看或互看的读者来说，《哈佛看中国》的价值或许还在于，当多面镜的折光会聚，也就是当众多最博学多识的头脑都共同敏感到某些问题和相应的发展路径时，那可能也正是我们能做出的最适当的理性判断和选择。谨慎地开放金融市场、大力度地改善环境、扩大媒体监管自由、为公民组织提供立法保障、缩小中西部地区法治发展不平衡、改造学术评审制度……几乎每篇访谈都有精彩的对策建议。也许会有人认为这无非是对"普遍性"问题的"普遍性"解答，但我更愿意相信这些哈佛学者的看法建立在对世界（经济—社会）运行的深刻理解之上。

因个人兴趣的关系，我于"文化与学术卷"所获最多。尽管受访者大多早已为国内学界熟知，也接受过类似的学术访谈，但这一次显然采访和受访双方都做了很好的准备，每有令人击节之论。林同奇先生治思想史，既能批判地反思又兼具"同情地理解"，素为学界推重。此番读林先生访谈录，最受启发的是他关于"天人合一"的一番见解。王德威治现代文学兼及现代性问题，每有创见。这次访谈他提出两个问题，值得深思。姑且摘下：①我们在谈本雅明、阿多诺、布迪厄、拉康等人的同时，也应能充分认识同辈的中国学者在方法及理论上的独特建树，但现在又有多少时候，我们能够平心静气地思考章太炎那种庞大的既国故又革命，既虚无又超越的史论历史观呢？②归根究底，既然讨论中国文学的现代性或后现代性，我们就必须有信心叩问：在什么意义上，19、20世纪的中国文学发明，可以放在跨文化的平台上，成为独树一帜的贡献？在治学上，华裔学者不同于非华裔中国学家的地方常在于前者有更深重的责任感存于学术思考中，略举这两个问题也可以说明这一点。

在提出第二个问题后，王德威还不客气地指出（相比较而言，这次受访的非华裔中国学家都显得比较客气）：

"讲了那么多年的文化交流、学术交流，却还是单向的。"平心而论，他说的是事实。不论我们如何自信于经济发展，我们都无法回避中国的包括人文社会科学学术在内的文化生产总体呈落后态势的现实。无论一人或是一国，其学术真实成就的高低都有实实在在的标准。对此，冯胜利教授在访谈中提及的观察、分类、定性、概括、通设五层次理论框架值得重视。他说：治学的最高境界不只是通过现象发现规律，更重要的是通过规律揭发新的现象，发现新的世界、创构新的认识。其实，冯氏此说并非创见，而是现代社会科学的一套普遍标准，倒是中国学术界缺乏如此自觉的衡鉴。笔者看来，与其大开特开"学术创新"的空头支票，不如研究者在写作每篇学术论文之后平心静气地以此标准比量一下，进而努力回应王德威先生那第二个问题。从这一点上说，《哈佛看中国》又是一面可以用来进行学术自省的镜子。

最后，借用伊维德教授的话："研究中国文学，我们最终还是回到我们自己的民族文化上。"心同理同，阅读《哈佛看中国》，仿佛从多面镜反观中国，无论从哪个角度，都会有所收获。

附录七　后现代化中国发展的思考
——张冠梓与他的《哈佛看中国》*

闫　娜

人们细致地观察在中国到底发生了什么，并不表明反对中国，只是表明在中国发生的事情被认为对世界其他地方有重要影响，表达了西方国家渴望认识中国，细致观察中国的愿望。

当中国道路、中国模式引人注目之时，恰逢美国深陷金融危机之中。全世界都在思考，这是否是世界格局发生根本性改变的开始？中国在经历了30年的改革开放后该如何走向可持续发展？

上帝之所以对人类的思考发笑是因为思考的结果往往是未果的，甚至又回到了思考的起点。但是思维的乐趣往往并不在于结果，而在于过程。《哈佛看中国》就是这场中国与美国之间发生的、关于后现代化中国如何发展的思维交流。编者张冠梓精心策划，用时一年，直接或间接与哈佛大学47位中国问题研究专家进行访谈，并编撰成册，形成70万字的书卷。该书的观点保持了访谈时的"原生态"，既有对改革开放以来中国政治、经济、法治、社会等方面

---

* 本文发表于《中国社会科学报》2010年6月22日。

取得成绩的肯定，也有对发展中存在问题的探讨和在未来发展方向上与主流观点不尽一致的观点，保留了访谈记录的客观与真实性，交由读者见仁见智。

云集哈佛顶级中国问题专家

哈佛大学研究中国问题在美国有很高的地位，该书云集了哈佛大学研究中国问题的一流学者，如研究中国政治和社会问题的前亚洲研究中心主任傅高义、研究中国经济问题的原经济系主任德怀特·珀金斯、原副国务卿理查·库珀、研究中国法律的现法学院副院长安守廉、研究中国历史的现费正清中国研究中心的柯伟林、研究中国政治和公共政策的现肯尼迪亚洲中心主任托尼·赛奇、研究新儒学的哈佛燕京研究学社社长杜维明等，不胜枚举。他们除了一直从事中国问题研究之外，大都多次来到中国，亲历中国改革开放前后的巨变，并且与中国政府或高校科研单位保持着紧密的学术交流与项目合作。这些位于学术制高点的学者对中国全方位的了解与研究超乎我们的想象，他们的见解不仅引导着世界对中国的看法，可能也影响着许多国家、政府对中国的政策。

独立思考的政治与历史

《哈佛看中国》全书共分三卷，分别是上卷"政治与历史卷"、中卷"经济与社会卷"和下卷"文化与学术卷"。

"政治与历史卷"展现给我们的是在以史为鉴的基础上，对中国政治体制改革、法律、外交等领域取得的成就和未来改革进行的独立思考。这种独立思考更多的是以强调问题的相同性和承认认识的差异为基础的。

研究中国政治和公共政策的托尼·赛奇教授认为，中国在政治上的改革是多方面的，而且效果显著，但更多的是行政层面和程序上的改革，目的是解决政府效能方面存在的严重问题。他认为这不是政治体制改革。腐败、征地、公司治理等是中国应该着力解决的问题，而这属于政府治理层面。这样，如何在一党执政情形下逐渐建成一个透明、可问责的政府就成为必须回答的问题。当然，他不认为中国的政治形态和政治制度应该与欧洲或美国趋同。

裴宜理也认为，改革开放给中国带来很多变化，主要表现在中国的经济发展、中国的国际化、人口流动性的增强，但是中国政治领域或许是变化最小的领域。对于中西方对权利观念的差异，裴宜理认为，在西方对于权利的理解也各不相同，很多甚至是相互矛盾的，但人是有基本权利的，即公民权、政治权、社会权。

附录八 难忘的一次学术沙龙

张冠梓

在社科院工作，最幸福的事儿无疑是一头扎进书斋、潜心学术研究。无奈，工作性质决定自己难得有这样的福分。每每头昏脑胀地开完会、办完事后，到社科书店走一遭就变成了难得的消遣，总是满足我的些许"嗜好"。可以说，除办公室外，我在社科院去的最多的地方，一个是食堂，另一个就是书店。而且，在社科书店，我又多个身份，是读者，也是买书人，还是作者，感觉就是回到了家。书店的"店主"黄德志老师也格外关照我，还曾在书店里为我的一部书《哈佛看中国》举行了"贡院学人沙龙"。

我清晰地记得，那次沙龙是在2010年8月14日，我出版《哈佛看中国：全球顶级中国问题专家谈中国问题》（人民出版社出版）不久。黄总邀请我在社科书店主办的"贡院学人文化沙龙"与学界交流一下主编和出版这部书的感想。中所引发的一系列人们关注的热点课题，以及中美之间用怎样的视角进行着"互看"。中国社会科学院社科书店经理、编审黄德志先生亲自主持沙龙，来自学术理论界的一些专家学者和新闻记者，有的还是老前辈、名专家，都参加了讨论。

哈佛对于中国，既是美国主流文化的标志，也是学术神圣殿堂的标志。能到哈佛访学一年，遂了我多年的心愿。

《哈佛看中国》以三卷本、近70万字的篇幅,对哈佛大学的47位汉学家与中国问题专家进行了深度的访谈,在一定意义上可以说,深度地展现了"哈佛"这座世界学术名府的"中国观",也是中国经历了三十多年的改革开放后,世界就中国的后现代化如何发展的思维交点。

在沙龙上,我谈了编写《哈佛看中国》的体会,也谈了对我们国家对外交流问题上的一些感想和认识。记得当时谈了三点。

第一个感想是,他者的视角不仅有益而且必需,但必须服从和服务于自我的审视。我觉得,在后殖民的理论中,西方人往往被称为主体性的"自我",殖民地的人民则被称为"殖民地的他者",或直接称为"他者"。这一理论后来被人类学加以借鉴、延用,不一定正确。如果权且套用一下,和中国人研究、审视自己的问题相比,哈佛的教授看中国问题,是可以被视为"他者的视角"的。外交家吴建民说过,中国在鸦片战争后首次走到了世界舞台中心,这一新变化世界没有准备好,中国自己也没有准备好。中国正处在快速变化、急剧转型的历史时期,无疑需要"他山之石"。需要听取不同的意见和声音。我们一方面要自主地研究好自己的问题,另一方面还需要倾听其他国家、地区和文化背景下的人们的观点和意见。可以说,《哈佛看中国》作了这方面的尝试,而且是成功的。这个活动、这本书所提倡的"站在对方的角度思考对方问题"的方式,也应成为今后思想文化交流的有益方式。哈佛大学费正清中国问题研究中心原主任傅高义教授在接受采访时说,西方国家对中国的误解是各种矛盾长期积累的结果,消除这些误解也不是一蹴而就的事情。在哈佛的不少学者已经换位思考,试着站在中国的立场上思考中国的问题,提出了许多比较深刻、比较中肯、比较客观、比较有建设性的意见和建议，有的可以说是真知灼见。

当然，他们的观点不是不变的。哈佛大学教授约瑟夫·奈是"软实力"一词的首创者。2004年，他在其著作《软实力：世界政治中的成功之道》中既不看好、也不强调中国的软实力，他认为同美国相比，中国的软实力微不足道。然而仅一年后，他却在《华尔街日报》专文介绍《中国软实力的崛起》。被美国人视为"重大国际事务权威观点发源地"的《外交》杂志的编辑部门——外交关系协会在其网站上也开辟专门网页，以问答的形式介绍中国的软实力。"伴随着中国经济的飞速发展，被称作'软实力'的文化、外交等方面，中国的影响力已经渗透到世界许多角落，无论在东南亚、拉丁美洲，还是在非洲，你都可以发现中国的影响。"

通过访谈也可以看到，也有个别自命不凡的为中国"支招"的人们。还有一个，所谓"中国通"，出于维系与中国良好关系、与中国政府官员与学者良好关系的考虑，在与中国交往，特别是在与中国政府交往时，隐瞒了自己的真实观点。对待这些学者的观点，我们应当采取自主的、审慎的态度。需要多听多想，有取舍，有鉴别。要擦亮自己的眼睛，调动自己的大脑。关键是，中国的问题还是需要我们自己去积极地研究、自主地解决。一个是，要主动出击，积极做好宣传、交流工作。中国在面对世界目光的检视时，当然既会有褒扬也会有批评，甚至有误解、有歪曲。只有积极主动做好宣传工作，更加公开透明地展示自己，才能让谣言与误解遁于无形，止于真相。另一个是，切实改进宣传、交流工作，注重宣传、交流的效果。我们的对外交流，老外感到很隔膜、很生疏，没有和我们交流

下去的兴趣。应当采用西方人"惯常"的方式、更易于明白和接受的方式来进行。

　　我谈的第二个感想是，既要保持应有的自尊，又要保持必要的自省，两者同样重要。我认为，在对外交流中，持有什么样的姿态是一个非常重要的问题。正确的态度是，既要有应有的自尊，又要有应有的自省。首先说中国人缺少自尊的问题。举一些中国人缺乏自尊、自信，甚至崇洋媚外的例子。譬如，做同样的工作，外国人的薪水会高出一大截。他们不必理会那些惩罚条例或加班时间，报酬仍然有增无减。如果中国公司想吸引外国专家，必须提供比中国员工高得多的薪水，有时甚至得超过西方国家的水平。譬如，一些中国老总出差时身边往往带着一名白人随员，"身边带个白人，当地人会高看我们一眼"。尽管随行外国雇员不必开口，其存在却往往会使事情进展更顺利，至少能让氛围变得更友好。再譬如，一个白人女性在中国某公关公司担任项目经理，然而她除了参与各种会议，几乎没有任何实际工作可做。开会时她只是安静地坐着，不知道会议议题，甚至对客户一无所知。她在中国之所以拿钱却不用出力，仅仅因为她是白人。那家公关公司有西方客户，他们想让公司显得更加"国际化"。还譬如，不少外国人在国外开车规规矩矩，到中国就任意行驶。即使有哪个交警没收了驾照，也可以轻易地取回来。中国法律对他们网开一面，而越来越多的外国人也学会了玩弄他们可以享受的特权和"潜规则"了。这些例子说明，中国人在与外国人、特别是欧美国家人打交道过程中，缺少自尊和自信。而缺乏自信、自尊相反的一面，是中国人的"虚荣""虚骄"，缺乏应有的自省、自觉意识。因此，全民族需要"文化自觉"。对自己的文化有"自知之明"，具体说，就是明白自己的文化的来龙去脉、特色和发展趋向，从而增强自身文化转型的能力，并获得在新的时代条件下进行文化选择的能力和地位。此外，应具有世界眼光，能够理解别的民族的文化，增强与不同文化之间接触、对话、相处的能力。

我谈的第三个观点是，持开放的心态不可或缺，但必须以坚守自主的立场为前提。我始终觉得，在经济全球化的今天，经济全球化是一个不可违的大趋势，但也没有哪一个国家和民族是不注重自己的传统或文化的独特性和自主性的。我们强调文化的自主性，不是不讲开放，不是意味着简单地复古或回归"东方"，因为这个时代推着我们一步一步走，这个世界需要我们在西方或者其他世界里汲取一些为我所用的东西。无论在文化上、政治上、经济上还是思想上，没有自主性就没有了自我。当然，反过来说，这个自主性不是孤立的、绝缘的、封闭的，是在通过跟别人的对话、交流中形成的，开放和自主必须有一个恰当的关联和平衡。强调自主性，就是要提醒我们注意，认识世界需要有独立判断，不能糊里糊涂地落入别人的圈套。我们的现代化，一定是具有中国内涵的中国式的现代化。如果我们能从传统中去寻找那些对今天有实质性的建设意义、启发意义、鼓舞意义的东西，而不是买椟还珠，只学得其表象和皮毛，那么，几千年的文化将真正成为我们最宝贵的财富，成为我们不断前进的动力。

我谈的这些体会，引起了与会者的热议。他们鼓励我整理发表出来，这就是后来在《科学时报》上刊登出来的那篇体会文章。

回忆起社科书店，点点滴滴，让人难忘。

后　记

　　《哈佛看中国》2010 年经人民出版社出版面世以来，受到了思想界、学术界和社会大众的肯定。然而时至今日，中国又经历了一系列的巨变。经济上，我国成为世界第二大经济体，但同时经济发展进入新常态，正从高速增长转向中高速增长，经济结构正从增量扩能为主转向调整存量、做优增量并存的深度调整，经济发展动力正从传统增长点转向新的增长点。政治上，党的十九大召开以来，中共中央关于全面深化改革若干重大问题的决定对转变政府职能、提倡行政审批改革、简政放权做了一系列政策改革，反映出政府行政管理体制将是全面深化改革的核心议题。文化上，世界正处在大发展大变革大调整时期，文化在综合国力竞争中的地位和作用更加凸显，维护国家文化安全任务更加艰巨，增强国家文化软实力、中华文化国际影响力要求更加紧迫。实现走中国道路，弘扬中国精神，凝聚中国力量的"中国梦"成为 14 亿中国人民对中华民族伟大复兴的憧憬和期待。

　　因此，原书"政治与历史篇"、"经济与社会篇"、"文化与学术篇"有对应时代背景而更新的必要。本人结束为期一年的哈佛访学生活后，中国学界与媒体对哈佛的兴趣有增无减，更加明显地，海外研究中国的"中国热"随着中国的崛起而成为持续受到广泛关注的一门显学，无论是政治、经济、还是文化层面，不关注中国的国情特色以及深刻变化的美国学者几乎是不称职的，更遑论哈佛费正清东亚研究中心、肯尼迪政府学院的"中国通"教授，对中国晚近的变化发表了大量的专著、论文，已经渐渐成为一门独特的学问，或者称为"哈佛中国学"也无不可，这也是本书名称的由来。本书依照原先的标准选取了一些哈佛教授谈中国问题的访谈稿件作为《哈佛中国学》的增订内容，其中若干学者已在原版中接受过访谈，但正因为其作为中国问题的专家，其对中国问题与时俱进的观点更值得我们关注。我们有理由相信，《哈佛中国学》代表中美两国学者将进一步引起中美两国学界关注和海外中国研究的发展。

《哈佛中国学》的创作过程并非易事，存在时间紧、任务大、联络难等种种困难，本书也是副主编张泽、黄畅，翻译以及采访人罗祎楠、编辑喻苗等学友和出版人的集体智慧成果。

"山僧不解数甲子，一叶落知天下秋"，希望本书对中青年学者起到抛砖引玉、见微知著的作用，倘有纰漏笔误之处，也请不吝指教。

张冠梓

2021年6月14日